Berthold Vogel

Wohlstandskonflikte

Soziale Fragen, die aus der Mitte kommen

Hamburger Edition

Hamburger Edition HIS Verlagsges. mbH
Mittelweg 36
20148 Hamburg
www.Hamburger-Edition.de

© 2009 by Hamburger Edition

Umschlaggestaltung: Wilfried Gandras
Typografie und Herstellung: Jan und Elke Enns
Satz aus Sabon von Dörlemann Satz, Lemförde
Druck und Bindung: CPI – Clausen & Bosse, Leck
Printed in Germany
ISBN: 978-3-86854-200-4
1. Auflage Februar 2009

Für Anke,
Paula Luise, Robert Alois und Johann Elias

Inhalt

Einleitung

Die Eule der Minerva beginnt ihren Flug erst in der Dämmerung. Dennoch lassen sich bereits in den Nachmittagsstunden des sorgenden, auf sozialen Ausgleich und berufliche Statussicherheit zielenden Wohlfahrtsstaates die ersten Konturen eines vergehenden Zeitalters erkennen. Dieses Zeitalter war von der Praxis wie dem Geist kollektiven Aufstiegs und materieller Sekurität geprägt. Ihr Strukturbild fand diese Epoche wirtschaftlichen Wohlstands und sozialer Wohlfahrt in der weithin bekannten Formulierung Helmut Schelskys von der »nivellierten Mittelstandsgesellschaft«. Garant und Wegbereiter dieser Ära war ein rechtsstaatlich gerahmtes und sozialpartnerschaftlich gestaltetes Arrangement, das gerade in den mittleren Lagen aufstiegsorientierter und fachgeschulter Arbeiter und Angestellter für Statussicherheiten und Karriereaussichten sorgte. Der Wohlfahrtsstaat der westeuropäischen Nachkriegsgesellschaften war keinesfalls nur eine auf Sozialversicherung und Daseinsvorsorge zielende Verwaltungsapparatur, sondern immer auch ein soziales und normatives Ordnungsmodell wie Strukturprinzip. Darüber hinaus eröffneten sich mit dem Ausbau des Wohlfahrtsstaates neue berufliche Tätigkeitsfelder und Beschäftigungsperspektiven. Das Bildungswesen, das Gesundheitssystem, die Einrichtungen der Sozialversicherung oder der öffentlichen Verwaltung waren berufliche und soziale Aufstiegsleitern für eine Generation, deren Eltern ihren Lebensunterhalt als Arbeiter, Kleinselbständige oder Bauern in Fabrik, Krämerladen oder Landwirtschaft bestritten. Infolge der Politik des sorgenden, mit dem Anspruch auf Gestaltung auftretenden Staates, dessen Grundlage die Organisation von Sozialpartnerschaft und korporatistischer Wohlfahrtsproduktion war, etablierte sich in der zweiten Hälfte des 20. Jahrhunderts eine breite soziale Mittelklasse, die die kollektiven Mentalitäten, Moralvorstellungen und Manieren dieser Gesellschaften bis heute prägt. Es entwickelte sich eine »Arbeitnehmergesellschaft« (M. Rainer Lepsius), »die eine kapitalistische Angebotsdynamik mit einer universalistischen Anrechtsordnung in Einklang brachte«.[1]

---

1 Bude, Was kommt nach der Arbeitnehmergesellschaft?, S. 123.

Doch diese Welt des sozialen Aufstiegs, der beruflichen Sicherheit und des wirtschaftlichen Wohlstands steht zu Beginn des 21. Jahrhunderts unter wachsender Spannung. Wo diese Spannungen auftreten, in welchen Konflikten sie sich ausdrücken und mit welchen Konsequenzen hierbei zu rechnen ist – davon handelt diese Studie. Besondere Aufmerksamkeit verdient hierbei die Mittelklasse. Denn alles deutet darauf hin, dass nach Jahrzehnten staatlich garantierter Sicherheit, arbeits- und sozialrechtlich gewährter Stabilität und beruflich realisierter Aufstiege gerade diejenigen Abstiege und Statusverluste fürchten, die in der Mitte der Gesellschaft angekommen und etabliert sind. Hartz IV und Ich-AG, Eigenheimzulage und Pendlerkosten, Alterssicherung und Kopfpauschale, Mini- oder Midijob und Zumutbarkeitsregelung – das sind die landauf, landab diskutierten Signalworte einer Reformagenda, die sich nicht damit zufriedengibt, die politische Neujustierung und Neubegrenzung der Wohlfahrt auf die Außenbezirke der Gesellschaft zu beschränken. Die Eckpfeiler der sozialen und wirtschaftlichen Existenz der Mittelklasse, die Familie, die Bildungslaufbahn, die Erwerbsarbeit und der Beruf, aber auch der Wohlfahrtsstaat, verlieren an struktureller Festigkeit sowie an normativer Relevanz und Überzeugungskraft. So stehen die materielle wie moralische Substanz der Familie und die mit ihr verknüpften sozialen Beziehungen in der Ära sinkender Geburtenzahlen und steigender Scheidungsquoten in Frage. Die Grundlagen der Bildung drohen zwischen Hauptschulelend und Hochschulelite zerrieben zu werden. Der Zwang zu demonstrativem Konsum bei sinkendem Realeinkommen droht die solide Haushaltsführung mittelständischer Lebenswelten zu untergraben. Sparguthaben mittlerer Größe und überschaubare Vermögenswerte sind den Unwägbarkeiten der Finanzmärkte ausgesetzt. Im Arbeits- und Berufsalltag büßt der Sozialtypus des sozialversicherten, disziplinierten und karriereorientierten Arbeitnehmers seine arbeitsorganisatorische und -rechtliche, aber auch seine mentalitätsprägende Leitfunktion ein. Berufliche Unsicherheiten und die sukzessive Minderung (tarif)rechtlichen bzw. arbeitsvertraglichen Schutzes verstärken sich gegenseitig und setzen die fachgeschulten Milieus der Arbeitswelt unter Druck. Schmerzlich drängt sich weiten Teilen der Mittelklasse ins Bewusstsein, dass ihre soziale und berufliche Stabilität von der Form, der Struktur und der Funktionsfähigkeit eines schützenden und sichernden Wohlfahrtsstaates nicht zu trennen ist. Die unter Spannung gesetzte Mittelklasse sieht sich mehr und mehr mit ihrer Staatsbedürftigkeit[2] konfrontiert.

Aus der Mitte der Gesellschaft sind daher durchweg angespannte und aufgeregte Töne zu hören. Es sind nervöse Zeiten. Auf der Tagesordnung vieler, die etwas zu verlieren haben, stehen nicht mehr Karriereplanung, Vorteilsnahme und Zugewinn, sondern der Kampf um Wohlstandssicherung und Klassenerhalt. Alles deutet darauf hin, dass soziale, materielle und berufliche Gefährdungen als Alltagserfahrungen von den Randlagen in das Zentrum der Gesellschaft vorrücken. Der immerwährenden und politisch gestützten Erwartung des Mehr folgt in breiten Kreisen der Gesellschaft nun die Furcht vor dem Weniger. Die Neuordnung staatlicher Eingriffe und Bestandsgarantien in der Arbeitswelt, der Rentensicherung, der Gesundheitsvorsorge oder der Eigenheimförderung machen den mittleren Lagen der Gesellschaft zu schaffen. Diese Ordnungsbemühungen und Justierungsversuche markieren nicht den Abschied vom Wohlfahrtsstaat und nicht den Sieg des vielzitierten Neoliberalismus. Sie sind vielmehr der Ausdruck eines grundlegenden Wandels staatlicher Aufgabenbestimmung und politischer Interventionsbereitschaft. Der *gewährleistende Wohlfahrtsstaat*, der auf Spielregeln und Verträge achtet, der Projekte initiiert und begleitet, der Statusverantwortung zurückweist, aber dafür die soziale wie materielle Grundsicherung organisiert, tritt mehr und mehr an die Stelle des *sorgenden Staates*, den ein umfassenderes Verständnis von gesellschaftlicher Gestaltung, Ungleichheitsdämpfung, Statussicherung und politischer Verwaltung prägte. Die Geschichte, die Ursachen und die Folgewirkungen dieser institutionellen Fortentwicklung moderner Wohlfahrtsstaatlichkeit sind zentrale Bezugspunkte dieser Untersuchung. Dabei wird deutlich, dass die Analyse von Wohlstandskonflikten, Abstiegssorgen und Statusunsicherheiten nur dann Kontur und Gestalt gewinnen kann, wenn sie im Zusammenhang mit den Veränderungen des Wohlfahrtsstaates bzw. mit den Auseinandersetzungen um

---

2 Vgl. zum Begriff Forsthoff, Der Staat der Industriegesellschaft, und Vogel, Die Staatsbedürftigkeit der Gesellschaft.

Rolle und Funktion des Staates steht. Daraus ergeben sich eine Vielzahl interessanter Fragen: Welche gesellschaftlichen Gruppen und Klassen führen in den Wohlstandskonflikten das Drama des Sozialen auf? Fordert die Neujustierung der Staatlichkeit veränderte soziale Fragestellungen heraus? Von welchen Orten der Gesellschaft her denken wir die Prozesse sozialer Ungleichheit?

Es ist ebenso unbestreitbar wie unverkennbar, dass in der Entwicklung sozialer Ungleichheit die Fragen nach Armut und Elend keineswegs an Schärfe verloren haben. Gleichwohl spricht auf der anderen Seite sehr viel dafür, dass sich die Klassifikation der Armut und des Ausgeschlossenseins in unseren sozialen Breitengraden vom Wohlstand her bestimmt. Das ist ein historisch betrachtet eher ungewöhnlicher Zustand. Der Wohlstand, dessen möglicher Verlust oder dessen verhinderte Erreichbarkeit, ist der Referenzpunkt der politischen, sozialen und ökonomischen Entwicklung, nicht die Armut und ihre Überwindung. Die Wohlstandskonflikte repräsentieren daher die sozialen Fragen, die aus der Mitte kommen. Dabei treten zwangsläufig die dominanten Sozialfiguren staatsbedürftiger und erwerbsarbeitszentrierter Wohlstandsgesellschaften hervor: die »Aufsteiger« und die »Statussucher«. Deren Erfahrungen und Orientierungen, deren Befürchtungen und Ressentiments prägen das gesellschaftliche Klima weit stärker als diejenigen, die in die Randzonen der Gesellschaft abgedrängt sind. Aufsteiger und Statussucher achten peinlich genau auf soziale Abstände und berufliche Differenzen, auf erworbene Privilegien und erkämpfte Positionen. Wer über den Wohlstand spricht und über den Verlust seiner Selbstverständlichkeit, der tut dies mithin vor dem Hintergrund einer differenzierten und individualisierten *Aufsteigergesellschaft*. Dieser Gesellschaftstypus, so schreibt Robert Castel in seiner großen Sozialgeschichte »Die Metamorphosen der sozialen Frage«, scheint »von einer unaufhaltsamen Aufstiegsbewegung getragen zu sein, was in der Anhäufung von Gütern und Vermögen, der Schaffung neuer Positionen und völlig neuartiger Opportunitäten, dem Anwachsen von Ansprüchen und Garantien, schließlich der Zunahme von Sicherheiten und Absicherungen zum Ausdruck kommt«.[3] Diese Aufsteigergesellschaften set-

---

3 Castel, Die Metamorphosen der sozialen Frage, S. 285.

zen spezifische soziale Energien frei. Diese Energien sorgen für die Vitalität, die Innovationskraft, die Dynamik und die Legitimität der sozialen Ordnung, aber zugleich auch für ein ausgeprägtes Sicherheitsstreben und eine ebenso angespannte wie wachsame Ungleichheitssensibilität. Das strukturelle Resultat wohlfahrtsstaatlicher Aufstiegsmobilität und Aufstiegsmobilisierung ist die Etablierung einer breiten Mittelschicht, die in zahlreichen soziologischen Zeitdiagnosen wirkmächtig beschrieben wurde. Diese Aufwärtsmobilität scheint seit einigen Jahren freilich ins Stocken geraten zu sein. Das soziale Klima prägt die Erfahrung, dass es nicht mehr viel zu gewinnen, aber sehr viel zu verlieren gibt. Soziale Konflikte finden nicht mehr als Klassenkämpfe zwischen Kapitalbesitz und Arbeitskraftbesitz statt, sondern sie werden als Statuskämpfe um Anrechte auf Wohlstand und um Verpflichtungen zur Wohlstandssicherung ausgetragen. So weit das demoskopische Auge reicht – Wachstumsskepsis, Abstiegserwartung und Stabilitätsresignation prägen eine von Zukunftssorgen geplagte Gesellschaft.

Die vorliegende Studie betrachtet und diskutiert diese Konflikte aus unterschiedlichen Perspektiven. Die *soziologische Perspektive* zielt auf eine identifikatorische Ausleuchtung der Mittelklasse. Das beinhaltet zum einen die Reflexion der sozialen und politischen Klassifikationen der sozialen Mitte und zum anderen die Skizze einer »Biographie der Mittelschicht« (Barbara Ehrenreich), in der Aspekte der Wohlstandssorgen und der Statusbeflissenheit im Mittelpunkt stehen. Hierbei kommen immer auch Grundfragen des Sozialen ins Spiel: die Frage nach der sozialen Herkunft, nach der beruflichen Mobilität und nach der gestaltenden bzw. (status)sichernden (oder entsichernden) Kraft des Rechts. Zugleich geht es um die Explikation einer *zeitdiagnostischen Perspektive*, die das Vergehen des Zeitalters des sorgenden, auf Intervention zielenden Wohlfahrtsstaates anspricht und den Übergang vom sorgenden zum gewährleistenden Wohlfahrtsstaat skizziert. Die Begriffe der Sorge und der Gewährleistung dienen als zeitdiagnostische Muster, an denen sich das sich wandelnde Verhältnis von Staat und Gesellschaft nachzeichnen und bestimmen lässt. Diese Überlegungen, die zu einem guten Teil der staats- und verwaltungsrechtlichen Literatur entnommen sind, lassen sich mit einer *konzeptionell-theoretischen Perspektive* verknüpfen. Dabei geht es nicht um die Bestimmung von »(Wohlfahrts-)Staatstypen«, sondern um die Verbindung zwischen der politischen Ordnung der Gesellschaft auf der einen Seite und den sozialökonomischen Prozessen der Ungleichheitskonstitution und Klassenbildung auf der anderen. Die wohlfahrtstaatlichen Grundlagen der bundesdeutschen Aufsteigergesellschaft und deren fiskalische, moralische und soziale Dimensionen kommen hierbei in den Blick. Vor diesem Hintergrund zielt die Untersuchung schließlich in kritischer Auseinandersetzung mit den aktuellen soziologischen Debatten zu den Formveränderungen sozialer Ungleichheit auf eine Erweiterung des sozialstrukturellen Vokabulars. Als Vorschlag werden im Sinne einer *empirischen Perspektive* die Begriffe der »sozialen Verwundbarkeit« und des »prekären Wohlstands« ins Spiel gebracht. Beides sind mittelschichtorientierte und wohlstandsbezogene Begriffe, die auf Wohlstandskonflikte und Statusbedrohungen hindeuten. Schließlich werden auch einige konzeptionelle Überlegungen zu einer Soziologie des Wohlfahrtsstaates und seiner politischen Regulation sozialer Ungleichheiten angestellt, die unter analytischen und normativen Gesichtspunkten das Verhältnis von Staat, Recht und Gesellschaft neu bedenkt. Hiermit sind normativ orientierte Fragen verknüpft, die dem politisch-wissenschaftlichen Mainstream der Staatsresignation und des Wohlfahrtsstaatsressentiments zuwiderlaufen. Nach langen Jahren der soziologischen Staatsvergessenheit plädiert diese Untersuchung für eine empirische Wohlfahrtsstaatsforschung, die durchaus dem Geist der von Dolf Sternberger formulierten »Staatsfreundschaft« verbunden ist. Der Kernpunkt dieser Überlegungen sind die öffentlichen Dienste und die Leistungen der Wohlfahrtspflege bzw. der Daseinsvorsorge. Immer wieder scheint im Folgenden auf, dass es sich hierbei keinesfalls um »gewöhnliche« Felder der Dienstleistungsproduktion handelt, sondern um soziale Orte, an denen substantiell über die Qualität des gesellschaftlichen Zusammenlebens entschieden wird. Eine »gute Gesellschaft« bedarf eines wohlgeordneten und leistungsfähigen öffentlichen Dienstes sowie eines Verwaltungs-, Sorge- oder Bildungspersonals, das materiell und normativ imstande ist, gemeinwohlrelevante Leistungen zu erbringen.

Zur Gliederung

Entlang dieser Perspektiven ergibt sich für die Gliederung und den Aufbau der Studie, dass zunächst in diagnostischer und systematisierender Absicht die Orte der Gesellschaft näher bestimmt werden, an denen sich Wohlstandsfragen stellen – die beruffachlich qualifizierte und statusbewusste Mittelklasse ist das Eingangsthema (Kapitel I). Nach dieser topologischen Skizze und Vorüberlegung geht es um den in der soziologischen Debatte der vergangenen Jahre bemerkenswert vernachlässigten Zusammenhang von Wohlfahrtsstaat und Gesellschaftsgestaltung. Es ist notwendig, darauf hinzuweisen, dass der Wohlfahrtsstaat in seiner historischen Entwicklung und in seiner aktuellen Gestalt stets mehr ist als nur ein Arrangement sozialer Sicherheit und fiskalischer Verteilung. Er ist immer auch Programm der politischen Ordnung und der normativen Gestaltung des Sozialen. In dieser Hinsicht tritt er uns auch als eine spezifische technische und soziale Infrastruktur entgegen (Kapitel II). Die Infrastrukturen des Wohlfahrtsstaates umgrenzen ein zentrales Beschäftigungsfeld, sie treiben einen kräftigen Wirtschaftsmotor an – die öffentliche Wirtschaft – und sie repräsentieren eine tragfähige Aufstiegsleiter beruflicher Mobilität. Diese Aufstiegsleiter wussten und wissen insbesondere die gesellschaftlichen Gruppen für sich zu nutzen, die in der sozialstrukturanalytischen Debatte als »Dienstklassen« (Ralf Dahrendorf) vorgestellt werden. Die klassenbildende Kraft des Wohlfahrtsstaates lässt sich zudem an der Etablierung von »Versorgungsklassen« (M. Rainer Lepsius) und »Verteilereliten« (Abram de Swaan) nachvollziehen. Im Mittelpunkt dieser Prozesse der Klassenbildung und der sozialen Aufwärtsbewegungen stehen der öffentliche Dienst und die Strukturen der Wohlfahrtspflege. Sie bilden ein gewichtiges Tätigkeitsfeld, aber nicht nur das. In ihnen spiegelt sich so etwas wie der normative Haushalt der modernen Gesellschaft, der Gemeinwohlorientierung, Sorgebereitschaft und Ausgleichsleistungen bereitstellt (Kapitel III). Zugleich gehen vom Wohlfahrtsstaat starke sozialstrukturelle Mobilitätsimpulse aus. Deutschland ist, wie die große Mehrheit der europäischen Nachkriegsgesellschaften, in sozialstruktureller und mentaler Hinsicht eine Aufsteigergesellschaft. Doch diese Aufstiegsgeschichte scheint aus erwerbswirt-

15

schaftlichen, demographischen und fiskalischen Gründen ins Stocken geraten zu sein – wozu im deutschen Fall nicht zuletzt die fiskalischen und wirtschaftlichen Folgen der Wiedervereinigung beigetragen haben. Das bedeutet freilich nicht, dass keine soziale oder berufliche Aufwärtsmobilität mehr möglich ist, allerdings sind in der Neujustierung des Wohlfahrtsstaates kollektive Aufstiegsversprechen verlorengegangen. Der Wohlfahrtsstaat als politisches Arrangement und rechtliches Ordnungsgerüst des Sozialen zerfällt nicht, aber die wohlfahrtsstaatliche Formierung der Gesellschaft tritt in eine neue Phase. Vieles spricht daher dafür, dass die architektonischen Veränderungen der Wohlfahrtsstaatlichkeit nicht ohne Folgen für das Gefüge sozialer Ungleichheiten und Mentalitäten bleiben. Um diesen sozialen Wandel hinreichend beschreiben zu können, ist ein verändertes sozialstrukturelles Vokabular erforderlich. Dessen empirische Präzisierung steht freilich noch aus. Gleichwohl können wir mit Hilfe der Begriffe der »sozialen Verwundbarkeit« und des »prekären Wohlstands« auf konfliktreiche und spannungsvolle gesellschaftliche Veränderungen hinweisen, die insbesondere die Orte, Lagen und Milieus im sozialen Raum treffen, die in besonderer Weise von der langen Welle des expansiven Wohlfahrtsstaates profitieren konnten. Die Formverluste industrieller Arbeit und öffentlicher Beschäftigung werden in diesem Zusammenhang näher in den Blick genommen und mit Verweis auf empirische Studien zur »Dekonstruktion der Arbeitswelt« (Luc Boltanski und Eve Chiapello) diskutiert (Kapitel IV). Die Gesellschaftswissenschaften sehen sich durch die Fragen nach der Qualität und der Gewährleistung des Wohlstands herausgefordert. Um diese Herausforderung wird es im abschließenden Kapitel gehen. Hier besteht eine der wesentlichen Aufgaben darin, eine empirische Soziologie des »arbeitenden Staates« (Lorenz von Stein) in Gang zu bringen, die die Partikularitäten sozialer Interessen und Konflikte ebenso im Blick behält wie sie die Universalität des rechtsstaatlich geordneten Zusammenlebens nicht übersieht. Das gilt für die Fragen der Rechtsordnung wie der politischen Herstellung des Gemeinwohls. Eine besondere Funktion kommt in diesen Zusammenhängen den öffentlichen Diensten im Allgemeinen und der kommunalen Verwaltung im Besonderen zu. Die Fixpunkte der Qualitätsbestimmung des

Wohlstands bleiben freilich die grundlegenden »Baugesetze der Gesellschaft« (Oswald von Nell-Breuning): Solidarität und Subsidiarität, »gegenseitige Verantwortung« und »hilfreicher Beistand« (Kapitel V). Doch wie leistungsfähig sind die Steuerungs- und Sicherungssysteme des Wohlfahrtsstaates noch? Wer trägt welchen Anteil zum Gelingen von Gesellschaft bei? Welche Gruppen werden in welcher Weise politisch und wirtschaftlich in Anspruch genommen? Wem müssen welche (Eigen-)Leistungen zugemutet werden? Welche Gruppen müssen neue Privilegien erhalten? Und vor allen Dingen: Wo sind die Orte in der Gesellschaft, wer sind die sozialen Trägergruppen, die über die Qualität und Zukunft des Sozialen entscheiden? Vieles spricht dafür, dass die Legitimität der politischen Gestalt der Gesellschaft in der Kritik steht, da auf die genannten Fragen aus dem politischen, aber auch aus dem gesellschaftswissenschaftlichen Raum kaum mehr befriedigende Antworten gegeben werden. Die Ursachen hierfür liegen sicher in den wachsenden materiellen Ungleichheiten innerhalb der Erwerbsbevölkerung und im sozialen Ungleichgewicht von Privilegien und Belastungen. Eine gesellschaftspolitisch aussagefähige Soziologie muss daher gleichermaßen die empirische Infrastruktur von Staatlichkeit, die Arbeitsbedingungen ihrer Trägerschichten, die wachsenden sozialen und materiellen Disparitäten, aber auch die normativen Grundlagen des Verhältnisses von Staat und Gesellschaft im Blick behalten. Denn die anstehenden Wohlstandskonflikte erfordern mehr als ein gut ausgebildetes verwaltungsrechtliches und betriebswirtschaftliches Wissen. Der empirischen Sozialforschung erwächst hier mit Blick auf die öffentliche Verwaltung und auf die arbeitssoziologischen Voraussetzungen funktionierender Wohlfahrtsstaatlichkeit ein neues und weites Aufgabenfeld.

Zum Abschluss dieser thematischen Hinführung sei noch ein terminologischer Hinweis gestattet: Im Mittelpunkt der nachfolgenden Überlegungen steht der *Wohlfahrtsstaat* im weiteren Sinne, verstanden als ein *generalisiertes politisches Ordnungsmodell des Sozialen,* und nicht der Sozialstaat im engeren Sinne, der auf die soziale Sicherung der Risiken des Erwerbslebens, des Alters und der Gesundheit zielt. Zwar hat sich der Begriff des Sozialstaates in der deutschen öffentlichen und politischen Diskussion in Anlehnung an die Sozialstaatsklauseln (Art. 20 (1) und 28 (1) GG) des Grundgesetzes etabliert. Unter »Sozialpolitik« wird dementsprechend die Summe der punktuellen gesetzlichen Eingriffe des Staates in die gesellschaftlichen Verhältnisse auf der Grundlage konkreter Problemdiagnosen verstanden. Der Sozialstaat ist in diesem Sinne ein institutionelles Gefüge der Problemlösung und der Problemmilderung. Doch im Unterschied zum geläufigen Begriff vom Sozialstaat öffnet die Rede vom Wohlfahrtsstaat die Perspektive auf das spannungsreiche Verhältnis von Staat und Gesellschaft. Er repräsentiert ein universales, keineswegs nur problemlösendes, sondern in erster Linie Gesellschaft herstellendes Gestaltungsprinzip des Sozialen. Der Wohlfahrtsstaat markiert eine bestimmte Form gesellschaftlicher Organisation. Deren Kennzeichen ist zum einen die Verbindung von demokratischer Staats- und privatkapitalistischer Wirtschaftsform. Zum anderen ruht der deutsche Wohlfahrtsstaat auf einem korporativ organisierten und regulierten Sozialsektor, auf dessen Leistungen und Dienste ein staatlich verbürgter Anspruch nach rechtlich definierten Bedarfskriterien besteht. Im Begriff des *Wohlfahrtsstaates* sind daher im Unterschied zur Kategorie des Sozialstaates die vier zentralen Dimensionen moderner Staatlichkeit enthalten: die *Ressourcendimension*, in der es um die Steuerhoheit des Staates geht; die *Rechtsdimension*, in der der Staat das Recht als verbindliches soziales Ordnungsprinzip durchsetzt; die *Legitimationsdimension*, in der die Anerkennung staatlicher Herrschaftsansprüche eingefordert wird; und schließlich die *Interventionsdimension*, die auf die wirtschaftliche und soziale Gestaltung der Gesellschaft und ihrer Institutionen zielt.[4] Nach diesen Kriterien und in diesem Grundverständnis steht der Wohlfahrtsstaat nicht nur für eine An-

---

4 Vgl. Zürn, Die Zukunft des Nationalstaats; siehe auch den Hinweis von Niklas Luhmann, Politische Theorie im Wohlfahrtsstaat, S. 7: »Der Wohlfahrtsstaat, der sich in den hochindustrialisierten Zonen des Erdballs entwickelt hat, ist nicht zureichend begriffen, wenn man ihn als Sozialstaat auffaßt, nämlich als einen Staat, der auf die Folgen der Industrialisierung mit Maßnahmen der sozialen Hilfe reagiert. Dies ist und bleibt ein wichtiges Moment seiner Zielstruktur; aber Wohlfahrt meint und erfordert in der gegenwärtigen Situation mehr als nur soziale Hilfe und mehr als nur Ausgleich von Benachteiligungen.«

sammlung politischer Institutionen und rechtlicher Praktiken, sondern in einem umfassenden Sinn für einen Modus »politisch veranstalteter Vergesellschaftung« sowie für einen historisch-konkreten Gesellschaftstyp: »It is an active force in the ordering of social relations.«[5] Im Übrigen ist der Begriff des Wohlfahrtsstaates in den hiesigen Gesellschaftswissenschaften keineswegs fremd bzw. nur als negativ besetzter Begriff bekannt. So sprach im 19. Jahrhundert bereits der »Kathedersozialist« Adolph Wagner emphatisch vom »Cultur- und Wohlfahrtsstaat«. Er betrachtete diesen nicht allein unter dem Aspekt quantitativer Ausweitung staatlicher Aufgaben und Ausgaben, sondern auch unter dem Blickwinkel einer qualitativen Veränderung öffentlicher Intervention. Die Rede vom Wohlfahrtsstaat zielt auf die daseinsvorsorgende und risikominimierende Wirkung der Sozialpolitik, auf die Infrastrukturleistungen der öffentlichen Dienste und nicht zuletzt auf den Staat als besonderes Beschäftigungsfeld, als Wirtschaftsmotor und als soziale wie berufliche Aufstiegsleiter. Von der integrativen und der formativen Kraft staatlicher Politik wird daher im Folgenden immer wieder die Rede sein. Diese Arbeit über Wohlstandskonflikte möchte mithin ein Anstoß sein, auf soziologische Weise Fragen nach der politischen Gestaltung des Sozialen zu stellen – in Verteidigung der Staats- und Verwaltungsbedürftigkeit demokratisch organisierter, korporativ formierter und subsidiär geordneter Gesellschaften.

---

5 Esping-Andersen, The Three Worlds of Welfare Capitalism, S. 23.

I. Wohlstandspanik und Statusbeflissenheit

Perspektiven auf die nervöse Mitte der Gesellschaft

Über wen sprechen wir, wenn wir die »soziale Mitte« zum Thema soziologischer Überlegungen machen? Gleicht die Mitte der Gesellschaft heute nicht mehr denn je einem ebenso bunten wie unübersichtlichen Wimmelbild differenzierter und divergierender Soziallagen? Wie ist diesen mittleren Zonen im sozialen Raum diagnostisch und analytisch beizukommen? Wenn wir einen Blick in die Literatur werfen, dann sehen wir, dass es sehr unterschiedliche Wege gibt, um sich der Mitte der Gesellschaft zu nähern – beispielsweise den Weg der *Sozialreportage*, die fallbezogen Geschichten sozialen und wirtschaftlichen Wandels erzählt; oder den Weg der soziologischen *Strukturanalyse*, die darum bemüht ist, Klassifikationen der sozialen Welt zu erarbeiten, bzw. den Weg der *Ungleichheitsforschung*, die mit unterschiedlichen methodischen Mitteln den zahlreichen Differenzen und Konflikten von Lebensbedingungen und mentalen Orientierungen nachspürt; und schließlich den ebenso ehrwürdigen wie traditionsreichen Weg universaler gesellschaftswissenschaftlicher *Ordnungsüberlegungen*, die nach der Stabilität und der Integration des Sozialen fragen. Auf allen diesen Wegen geht es darum, ein Bild von dem Ort der sozialen Mitte zu gewinnen und eine Topologie des Sozialen zu erarbeiten. Die Gesellschaft von der Mitte her zu denken umgreift mithin sowohl das Bemühen, deren strukturelle Gliederung, ihre Beziehungsnetze und Bewegungsformen zu erfassen, als auch den Versuch, die mit dem Bild der Mitte verknüpften sozialen Ordnungsideen zu markieren. Die Sozialstrukturanalyse ist daher niemals nur ein zeitdiagnostisch motivierter bzw. methodisch ausgefeilter Versuch der statistischen Klassifikation differenter Einkommensgruppen, Berufsfelder oder Sozialmilieus. Bei der Frage nach dem Oben, der Mitte und dem Unten, nach der vertikalen und horizontalen Gliederung der Gesellschaft geht es immer auch um die wissenschaftliche Produktion normativer Ordnungsvorstellungen des Sozialen.

Das methodische Grundproblem des Nachdenkens über die Mitte der Gesellschaft benennt in exemplarischer Weise der Schweizer Nationalökonom Fritz Marbach. In der Einführung zu seiner »Theorie des Mittelstands« schreibt er: »Wer über den Mittelstand etwas aussagen will, befindet sich nicht in der beneidenswerten Lage der Naturwissenschaftler, die, welches immer das Forschungsobjekt sein möge, einem willentlich frei abgrenzbaren und zur klaren Umschreibung geeigneten Fragenkomplex gegenüberstehen. Der Mittelstand ist, wie wir bald erkennen werden, ein praktisch nicht leicht zu umgrenzendes Gebilde.« Wer über die soziale Mitte spricht, der spricht über die Dynamik und Beweglichkeit sozialer Beziehungen, »insofern nämlich, als die Menschen auch in einem Verhältnis zu Sachen stehen, also etwa zu wirtschaftlichen Gütern, deren Wachstum oder Schwund, Standortwechsel oder Qualitätsveränderung«.[1] Die Schlussfolgerung Marbachs lautet daher, dass »der Mittelstand« nur relational zu bestimmen und dass er nur sehr begrenzt sozialstatistisch fixierbaren Momentaufnahmen zugänglich ist. Eine ähnliche Problemdiagnose legt der französische Soziologe und Analytiker der »feinen Unterschiede« Pierre Bourdieu vor. Die Mitte der Gesellschaft kennzeichnet nach seiner Auffassung gerade die Synchronität gleichlaufender oder einander entgegengesetzter sowie auf- und absteigender sozialer Prozesse und Laufbahnen. Die empirische Sozialforschung trifft in der Analyse der Mittelklasse und ihrer unterschiedlichen sozialen, wirtschaftlichen und kulturellen Fraktionen auf eine »Stätte der Ungewissheit« und auf zahlreiche Orte der »relativen Undeterminiertheit« (Pierre Bourdieu). »Um der Wirklichkeit noch näher zu kommen, ließen sich die mittleren oder zentralen Positionen kennzeichnen als in Bewegung begriffene, sich selbst verändernde Durchgangsstationen – und dies in einer relativ unbestimmten Region des gesellschaftlichen Raum-Zeit-Kontinuums, das diesen geordneten, aber partiell Unordnung stiftenden Bewegungen nur die Struktur vorgibt; [...] die Vorstellungen, die sich die Akteure von der Zukunft ihrer eigenen Position machen, und die ihrerseits von deren objektiver Zukunft, aber auch von den entsprechenden Vorstellungen anderer Akteure

---

1 Marbach, Theorie des Mittelstands, S. 11.

abhängt, [entscheiden dabei] über die objektive Zukunft der betreffenden Position [mit].«[2]

Wer die soziale Mitte zum Gegenstand seiner Überlegungen macht, wer nach Wegen sucht, die Mitte der Gesellschaft zu bestimmen, der muss Beziehungen *und* Bewegungen im Blick behalten. Der Begriff der Mittelklasse ist auf der einen Seite ein *Relationsbegriff*, aber auf der anderen Seite immer auch ein Mobilitäts- und *Prozessbegriff*, der sich der »Momentphotographie der Gesellschaftsstruktur« entzieht und ein »kinematographisches Bild der Gesellschaft« erforderlich macht.[3] Diese Beweglichkeit und die daraus entstehenden sozialen Unschärfen hat schließlich auch Georg Simmel im Blick, wenn er über die Mittelklasse bzw. den Mittelstand schreibt: »Der Mittelstand bringt zu diesen beiden (der oberen und der unteren Schicht) tatsächlich ein ganz neues soziologisches Element hinzu, er ist nicht nur ein drittes zu den vorhandenen Zweien, das sich zu jedem von diesen ungefähr und nur in quantitativer Abschattung so verhielte, wie sie beide untereinander. Das Neue ist vielmehr das Hervorgehobene, dass er selbst eine obere und eine untere Grenze hat, dass an diesen fortwährender Austausch mit den beiden anderen Schichten stattfindet und durch diese ununterbrochene Fluktuation eine Grenzverwischung und kontinuierliche Übergänge erzeugt werden.«[4] Die Analyse und Diagnose der sozialen Mitte muss daher den naiven Realismus einer Soziologie vermeiden, die ständig auf klar abgegrenzten Bereichen, auf festgelegten Definitionen oder auf »Bezifferungen«[5] besteht. Genau dieser »Bezifferungen« wird sich an dieser Stelle erst einmal enthalten, wenn der Welt der Mittelklasse aus den *Erfahrungen der Sozialreportage* nachgegangen wird, wenn weiterhin die stets komplizierte Beziehung zwischen *soziologischer Strukturdiagnose* und expansiver Mittelklasse zu diskutieren ist und wenn schließlich die *Ordnungsvorstellungen* zur Sprache kommen, die sich seit jeher mit dem Denken von der Mitte her verbinden. Im Folgenden geht es zunächst um den Versuch, ein

---

2 Bourdieu, Die feinen Unterschiede, S. 537f.
3 Geiger, Die Klassengesellschaft im Schmelztiegel, S. 149f.
4 Simmel, Soziologie, S. 676.
5 Bourdieu, Die feinen Unterschiede, S. 538.

Bild von der nervösen Mitte der Gesellschaft zu gewinnen. Es muss deutlich werden, dass immer dann, wenn wir über die Mittelklasse sprechen, Fragen der *Stabilitätserwartung*, der *Integrationsfähigkeit* und der *Konfliktbereitschaft* ins Spiel kommen.

Gefährdete Mitte. Zeitdiagnose aus der Erfahrung der Sozialreportage

In den vergangenen Jahren sind mit einer gewissen Regelmäßigkeit Unternehmen in die Schlagzeilen geraten, die zu den betrieblichen Wegbereitern und Garanten der deutschen »Mittelstandsgesellschaft« zählen. Markante Beispiele sind hier zum Beispiel der Autobauer Opel und der Warenhauskonzern Karstadt, der Elektronikhersteller Grundig oder die Allianz-Versicherung. Vor einiger Zeit gerieten alle diese Firmen mehr oder weniger stark und mit unterschiedlichen Folgen wirtschaftlich ins Straucheln. Der massive Arbeitsplatzabbau und die Schließung von Standorten standen rasch auf der Tagesordnung. Auf die Beschäftigten, deren Verbleib im Betrieb gesichert werden konnte, wartet weniger Lohn, längere Arbeitszeiten und der Wegfall zahlreicher betrieblicher Sozialleistungen. Der Preis der Arbeitsplatzsicherung ist stets die Akzeptanz schlechterer Arbeitsbedingungen. Die fachgeschulten Arbeiter und Angestellten, mithin die Kernbelegschaft der Unternehmen, gerieten rasch unter Druck und wurden zu Konzessionen gezwungen. Das war in der Vergangenheit anders. Qualifizierte Arbeitskräfte fanden über Jahrzehnte sichere Beschäftigung, Karrierechancen und großzügig gewährte betriebliche Gratifikationen. Eine Anstellung bei Opel, Karstadt, Grundig oder der Allianz bedeutete vielerorts den Einstieg in berufliche wie soziale Respektabilität und Sicherheit. Hinzu kam, dass die Arbeitskräfte, die in diesen oder ähnlichen Betrieben tätig waren, immer auch die Konsumenten der dort hergestellten Produkte waren. Opel repräsentierte stets die Automarke für den soliden und keinesfalls extravaganten Mittelstand, Karstadt bot die Warenfülle des täglichen Bedarfs für den gemäßigten Geschmack und den durchschnittlich gefüllten Geldbeutel. Mit der wirtschaftlichen und betrieblichen Neuordnung dieser Unternehmen sind daher nicht nur Arbeitsplätze und Beschäftigungsmöglichkeiten in Gefahr geraten, sondern auch Modelle der Lebensführung, Bezugspunkte beruflicher Anerkennung und Symbole materiellen Wohlstands sowie gesellschaftlicher Etablierung. Diese Unternehmen markieren in besonderer Weise die deutsche Aufsteigergesellschaft. Sie sind in vielerlei Hinsicht Repräsentaten des Aufstiegs, aber in ihrem betrieblichen Schicksal auch Gespenster des Abstiegs. Insbesondere den in die Krise geratenen Warenhäusern, die stets eine mittlere Anzahl von mittleren Dingen zu mittleren Preisen für eine mittlere Gesellschaft bereithalten, kommt in diesem Zusammenhang eine markante symbolische Bedeutung zu. Denn an ihrem wirtschaftlichen Schicksal lässt sich zeigen, dass sich die Konsummuster von der Mitte wegbewegen und die Ränder des Billigen und Exquisiten stärken. Die Discounter und die noblen Outlets sind die Gewinner dieser Abkehr von den mittleren Angeboten der Kaufhauskultur.

Karstadt und Opel, Grundig und Allianz sind in den vergangenen Jahren keine Einzelfälle geblieben. Sie passen sich vielmehr in das facettenreiche Bild sozialen und wirtschaftlichen Wandels ein, der der wohlstandsorientierten arbeitnehmerischen Mitte allmählich ihre Grundlage zu entziehen droht. Ein weiteres Beispiel für die Neubewertung qualifizierter Erwerbsarbeit und für grundlegend veränderte berufliche Karrieremuster sind die Entwicklungen der öffentlichen Dienste. Dieser Hort stabiler Beschäftigung und planbarer Berufslaufbahnen, diese Zone beruflicher und sozialer Aufstiege steht seit Jahren unter erheblichem Veränderungsdruck. Kaum ein Bereich des Arbeitslebens hat sich in der letzten Dekade so stark und zugleich von der Öffentlichkeit so unbemerkt gewandelt wie der öffentliche Dienst. Dessen Arbeitsorganisation wurde flexibilisiert, die Entlohnungsbedingungen verschlechterten sich und die beruflichen Aufstiegsperspektiven schrumpften. Während die Umbrüche in Industrie und Privatwirtschaft durch die industrie- und arbeitssoziologische Forschung mehr oder weniger solide und umfassend empirisch dokumentiert sind, ist in der sozialwissenschaftlichen Forschung vom Wandel der staatlichen Verwaltung und der öffentlichen Dienste nur wenig zu lesen. Ohnehin scheint die Soziologie den Staat und seine institutionelle Infrastruktur als eigenständigen, kritisch zu prüfenden Forschungsgegenstand weitgehend aus den Augen verloren zu haben. Empirisch und normativ bleibt dieses Feld bislang das Revier der Verwaltungs- und Politikwissenschaft. Kommen Soziologen zu Wort, dann eher im Sinne der Beratungs- und Gestaltungsforschung. Grundsätzliche soziologische Einlassungen zu Aufgaben und Organisation oder zu Status und Personal der öffentlichen Verwaltung sind rar oder liegen lange Jahre zurück.[6] In den folgenden Kapiteln dieser Arbeit werden die öffentlichen Dienste als soziale und berufliche Kerngruppe der Mittelklasse immer wieder im Blickpunkt stehen.

Auch die quantitativ orientierte soziologische Sozialstrukturanalyse hilft uns bei der Suche nach der nervösen Mitte der Gesellschaft nicht so recht weiter. Gegenüber dem Prozess allmählichen sozialen Wandels zeigt sich die quantitative Sozialforschung weitgehend irritationsresistent. Hier regiert unerschrocken der sozialstatistische Strukturkonservatismus. Nichts Neues, solange die Daten stabil und die Zahlenreihen kontrolliert sind. Gefragt sind in den Momenten sozialen und wirtschaftlichen Wandels daher vor allem die »Impressionen des Augenblicks« (Wolf Lepenies), die Reportagen aus dem Zentrum der Gesellschaft. In zeitdiagnostischer Absicht geht es hier darum, ein Bild der sich allmählich verändernden sozialen Wirklichkeit zu gewinnen. Wer etwas darüber erfahren möchte, in welcher Weise und in welcher Richtung sich soziale Strukturen und Lebensverhältnisse im neuen Wohlfahrtsstaat zu verändern beginnen – und wir befinden uns ja in vielerlei Hinsicht erst am Beginn der Neujustierung des Verhältnisses von Staat und Gesellschaft –, der ist in starkem Maße auf die Quelle der Sozialreportage angewiesen. Für eine auf Exploration und eine erste Systematisierung angelegte Soziologie gesellschaftlichen Wandels ist dies kein ungewöhnlicher Bezugspunkt.[7] Die soziologisch sensible und informierte Reportage ist eine gute gesellschaftswissenschaftliche Tradition.

In seinem Buch »Die Entdeckung der Stadtkultur« würdigt Rolf Lindner am Beispiel der stadtsoziologischen Forschung der »Chicago School« – deren prominenteste Vertreter Robert E. Park und Ernest W. Burgess sind – die Entwicklung einer »Soziologie aus

6 Vgl. Grunow u.a., Soziologische Probleme.
7 Vgl. König, Soziologie und Ethnologie.

der Erfahrung der Reportage«. Lindner betont, dass die journalistische Reportage bei der Entwicklung der soziologischen Stadt-
forschung Pate stand. Das aufmerksame und neugierige Um-
herschweifen sowie das Protokollieren des Unfertigen sind die
Leitprinzipien solcher an Gesellschaftsdiagnostik orientierter
journalistischer Arbeit. Für Robert E. Park standen im Mittelpunkt soziologischer Methodik weder Fallstudien noch statistische Erhebungen, sondern Spaziergang, Gespräch und Beobachtung.[8] Park plädierte für eine soziologische Haltung. Zu dieser
Haltung zählte, »die Stadt zu Fuß zu erkunden, mit den Leuten zu
reden und [die eigenen] Beobachtungen detailliert festzuhalten;
eine Art der Felderkundung, die sich im ›As one walks …‹-Stil der
ersten Kapitel verschiedener Studien niedergeschlagen hat. ›Get
the feeling‹ war eine von Parks Maximen bezüglich der Erkun-
dungsphase, eine eigentümlich vage Begrifflichkeit zur Charakte-
risierung eines Forschungsprozesses, der entscheidend zur kogni-
tiven Identität einer soziologischen Richtung beigetragen hat. Und
doch haben Begriffe wie Gespür und Gefühl eine gewisse Plausibilität, wenn man sie auf der Folie des Journalismus liest.«[9] Es geht
um die soziologische Entwicklung der »art of looking«, die jenseits
des Bibliothekswissens und diverser statistischer Rechenkünste
liegt, und die den Maximen folgt: »Go into the district«, »get the
feeling«, »become acquainted with people«.[10] Paradigmatisch ist
ein Artikel von Robert E. Park, den er 1893 in der *Detroit Tribune*
unter dem Titel »Life in A Flat« veröffentlichte und in dem er den
Wandel der amerikanischen Gesellschaft am Typus des Apart-
menthauses fixierte. »Sein Thema ist […] die für die moderne Gesellschaft charakteristische Mobilität der individuellen Person,
das ständige Kommen und Gehen, das sich in Einrichtungen wie
Hotels, Häusern mit möblierten Zimmern (rooming-house) und
Apartmenthäusern niederschlägt.«[11] Diese Reportage über ein
Apartmenthaus legt Park als eine »Hausführung« an, indem er
den sozialen Wandel an den veränderten Lebensformen und den

---

8 Vgl. Lindner, Die Entdeckung der Stadtkultur, S. 116.
9 Ebenda, S. 116.
10 Ebenda, S. 118.
11 Ebenda, S. 112.

neuen Berufstypen, die in den Apartmenthäusern anzutreffen sind, demonstriert. Zum Einstieg stellt er den Hauswart und dessen tägliche Arbeit vor. Der Hauswart oder Hausmeister ist als Sozialtypus, so Park, einer der jüngsten Repräsentanten der modernen, urbanisierten Gesellschaft. Im nächsten Schritt charakterisiert er den Personenkreis, der in Apartmenthäusern lebt: »In einer Art Hausführung nennt er den Typen des Handlungsreisenden, jung verheiratete Paare, vor allem aber, als typische Bewohner, unverheiratete Frauen und Männer [...] und wohlhabende, kinderlose Ehepaare.«[12] Das Apartmenthaus in Detroit als Laboratorium der kapitalistischen Moderne. Das Mietshaus in Hamburg-Eppendorf als Katalysator wohlfahrtsstaatlichen Wandels? Unter dem Titel »Die Mitte und der Abgrund« schreibt Frank Drieschner in einer bemerkenswerten Sozialreportage: »Geografisch gesehen, steht das Mietshaus, von dem hier die Rede sein wird, im Zentrum einer westdeutschen Großstadt. Politisch betrachtet, liegt es eher im Grünen. Sozial befindet es sich ziemlich in der Mitte des Landes. Demografisch gesehen, steht es am Rande eines Abgrunds. Aber wichtiger als das Besondere ist das Allgemeine: Dieses Haus ist in vieler Hinsicht typisch – typisch deutsch mit seinen Beamten und seinen Selbständigen, seinen Alten und seinen kleinen Kindern und sogar mit seinen Ausländern. Nun, da Arbeitsmarkt, Alterssicherung, Gesundheitsvorsorge umgewälzt werden sollen wie seit Jahrzehnten nicht mehr, ist dies kein schlechter Platz für eine kleine Untersuchung: Was werden all diese Sozialreformen bewirken? Was geschähe ohne sie?«[13] In Manier und Methode der Chicago School führt Drieschner in seiner Reportage die Leser treppauf, treppab durch die Wohn- und Lebenswelt der Mittelklasse, die gleichwohl deutliche Zeichen der Brüchigkeit und Ungewissheit trägt. Seine Diagnose: »Wohin man schaut, überall nagt die Krise. Wie ein Schwamm hat sie sich im Fundament des Hauses festgesetzt und lässt die Wände dieser Mittelschichthaushalte bröckeln. Da ist der Fernsehvolontär aus dem dritten Stock, der sich nach Abschluss seiner Ausbildung bestenfalls Hoffnungen auf einen befristeten Vertrag machen kann.

---

12 Ebenda, S. 113.
13 Vgl. Drieschner, Die Mitte und der Abgrund.

Da ist seine Lebensgefährtin, Architektin, deren Büro die Aufträge wegbrechen und deren Kollegen entlassen werden. Da ist der freiberufliche Englischlehrer, der zu wenig Schüler findet und dessen Auftraggeber ›zahlen, wann sie wollen‹, wie er sagt. Und da ist der Kochlehrling aus der Wohnung über ihm, der nach Ende seiner Ausbildung um seinen Job fürchtet, weil in Krisenzeiten zu wenige etwas für die französische Küche übrig haben.«[14] Die journalistische Hausbesichtigung in Eppendorf liefert eine knappe soziologische Studie zur Befindlichkeit der etablierten Mittelklasse in Zeiten disparater Erwerbsarbeit, überbeanspruchter öffentlicher Kassen und sozialer Vereinsamung.

Geradezu eine Welle personen- und haushaltsbezogener Recherchen und Reportagen aus der vielfältigen und unruhigen Welt der Mittelklasse haben die gesetzlichen Neuregelungen zur »Modernisierung des Arbeitsmarktes« nach sich gezogen. Als 2004 im publizistisch forcierten »Sommer des Unmuts« die Proteste gegen die sogenannten Hartz-Reformen ihren kurzen, aber durchaus wirkungsvollen Höhepunkt erreichten, titelte unter anderem das Wochenmagazin *Der Spiegel* mit der »Angst vor der Armut« und beschrieb in Reportagen vielfältige Szenen aus der ebenso verunsicherten wie beunruhigten Mitte der Gesellschaft. In der Berichterstattung kommen zum Beispiel eine Industrie-Mechatronikerin und ein Buchbinder, ein älterer Diplomingenieur der Elektrotechnik und ein gelernter Reproduktionsfotograf zu Wort – die ganze Bandbreite der beruffachlich qualifizierten Mittelklasse. Zur selben Zeit machen sich in der *Frankfurter Rundschau* die hauseigenen Kulturredakteure Sorgen über die »Boheme mit Lebensversicherung«, die die Angst vor dem Abstieg entdeckt, den Fall durch das soziale Netz fürchtet und um Anerkennung kämpft. Aber auch über die Sorgen und Kontroversen des Reformsommers hinaus bleiben die soziale Nervosität und ihre institutionellen, ökonomischen oder kulturellen Grundlagen ein gewichtiges Thema der Sozialreportage in der Tages- und Wochenpresse. In der Mitte der Gesellschaft überfordern unvermutete Arbeitslosigkeit, überspannte Haushaltsführung, plötzliche Krankheit, familiäre Probleme Haushalte, Ehepaare und Familien. Sie können ihre einmal

---

14 Ebenda.

erreichten Wohlstandspositionen nicht mehr halten, sie vermögen berufliche Vorstellungen nicht mehr zu realisieren und soziale Selbstbilder sind nicht mehr aktualisierbar. Die schleichende Degradierung und Demoralisierung mittelständischer Lebenswelten ist die Folge. Die Arbeitslosigkeit, der periodische oder dauerhafte Verlust des Arbeitsplatzes erreicht die Mitte der Gesellschaft. Das Risiko des dauerhaften Statusverlustes durch Arbeitslosigkeit begrenzt sich nicht auf soziale Randlagen. Es droht vielmehr zum unkalkulierbaren Schicksal mittelständischer Existenzen zu werden. Selbst Qualifikation, Wendigkeit, Mobilität und gute Beziehungen helfen nur noch beschränkt. In der Mittelklasse werden Fallhöhen des sozialen Absturzes ausgemessen und unsanfte Landungen in sozialen Regionen spürbar, die man nie kennenlernen wollte. Bemerkenswert ist, dass in diesen Reportagen auf der einen Seite ein Panorama sozialer Unsicherheiten sichtbar wird, in dem Deklassierungsängste und die Furcht vor Wohlstandsverlusten dominieren. Hier werden von den vorgestellten Repräsentanten einer beunruhigten Mittelklasse Wahrscheinlichkeitsrechnungen darüber angestellt, wer unter veränderten Konstellationen das größte Risiko trägt, zu den Verlieren des sozialen Wandels zu zählen. Doch dabei bleibt es nicht. Diese Reportagen liefern auch einen eindrucksvollen Statusreport faktischer sozialer, materieller und symbolischer Abstiege, der auf Überlegungen potentieller Bedrohungen und Handicaps verzichtet. Die Drohung ist hier bereits zur Realität geworden, die Verwundbarkeit zur Verwundung.

Die Gefährdung der sozialen Mitte, die politische Neuordnung ihrer materiellen, mentalen und moralischen Verhältnisse, die Vergeblichkeit ihrer Aufstiegshoffnungen und die Furcht vor sozialem Abstieg sind nicht nur in Deutschland publizistisch vielbeachtete Themen. Beispielsweise sind die realen und drohenden Lebensverhältnisse der amerikanischen Mittelklasse der Gegenstand zweier Studien, die sich auf journalistische Recherchen stützen. Zu nennen ist hier zum einen die 2006 erschienene Reportage »Qualifiziert und arbeitslos« von Barbara Ehrenreich und zum anderen die Studie »The Working Poor. Invisible in America« (2004) von David Shipler, die hierzulande bereits als Vorgriff und Ausblick auf die sozialstrukturellen Folgen der Hartz-Reformen rezensiert und gedeutet wurde – als *Apologie der Absteigergesellschaft*. In der Tat zeichnet Shipler ein eindrucksvolles und differenziertes Panorama vergeblicher Mühen, schwindender Kräfte und aufgebrauchter Energien. Die Unaufhaltsamkeit von Abstiegsprozessen kommt ebenso in den Blick wie der aussichtslose Kampf um Aufstieg und Stabilität. Markant treten hier die Ängste vor sozialem Kontrollverlust derjenigen hervor, die sich als Aufsteiger ihrer gesellschaftlichen Position nie sicher sein konnten. Shiplers Studie zeigt die wachsende Furcht der Aufsteiger vor der eigenen sozialen Vergangenheit. Auch die arbeitsmarktpolitische Reformdebatte hierzulande wird von dieser Furcht bestimmt. Die Dynamik der Proteste gegen Hartz IV, also gegen die Beseitigung der materiellen und sozialen Abstiegsbremse der Arbeitslosenhilfe, hat ihre Quelle nicht in den Randlagen der sozial Deklassierten, sondern im Zentrum derer, die es zu etwas gebracht haben.

Die zahlreichen Sozialreportagen und protosoziologischen Studien aus dem angespannten Alltag wohlfahrtsstaatlicher Neuordnung, in denen es eher um die gefühlte Unsicherheit und um die allmähliche Gewissheit des Verlustes als um sozialstatistische Fakten geht, öffnet Stück für Stück den Blick auf die Mittelklasse, auf deren wachsende Wohlstandssorgen und nervöse Statusbeflissenheit. In diesen Recherchen und knappen Studien journalistischen Typs verdichtet sich der Eindruck, dass die Erfolgsgeschichte der deutschen Aufsteigergesellschaft nicht mehr ohne weiteres fortgeschrieben werden kann. Die Mittelklasse, ihre Veränderungen, ihre sozialen Gefühle und Mentalitäten sind verstärkt zum Gegenstand der Reportage geworden, aber auch zum Stoff für Literatur und Theater. Das Bild einer sich allmählich verändernden sozialen Wirklichkeit im Zentrum der Gesellschaft gewinnt in der Tages- und Wochenpresse, in der Belletristik und auf der Theaterbühne allmählich Gestalt. In der Ungleichheitsforschung und Sozialstrukturanalyse kommen diese Veränderungen aufgrund methodischer Sorgfalt und notwendiger konzeptioneller Skepsis eher langsam an. Dennoch gilt, dass seit jeher wirkmächtige soziologische Entwürfe die Entwicklung der Mittelklasse zu ihrem Ausgangs- und Referenzpunkt nahmen: Die Bestimmung und Klassifikation der sozialen Mitte ist ein Grundthema der Soziologie. Doch in den vergangenen Jahrzehnten dominierten entweder unübersichtliche Bilder der Lebensstilforschung oder scharfgeschnittene Analysen der Exklusion und Desintegration die theoretischen wie empirischen Strukturdebatten sozialer Ungleichheit. In den Pluralitätsbefunden moderner Milieus und Lebenslagen oder in den Spaltungsszenarien der sozialen Ausgrenzung ist die soziale Mitte nur schwer auszumachen. Die Gesellschaft zerfällt entweder in ein buntes Bild divergenter Vielfalt oder in ein dramatisches Bild von Innen und Außen. Damit sind wir bei den Problemen soziologischer Strukturdiagnose[15] angekommen.

Gesuchte Mitte. Anforderungen an die soziologische Strukturanalyse

Die Mitte der Gesellschaft, ihre relative Unübersichtlichkeit, Beweglichkeit und Dynamik waren stets eine empirische und sozialtheoretische Herausforderung – oder bisweilen auch ein gesellschaftspolitisches Ärgernis. Exemplarisch spiegelt sich dieser ewige Ärger mit der Mittelklasse in der marxistischen Klassentheorie. Gerade die sogenannten Kleinbürger, also die Angestellten und Staatsbediensteten, die Krämer und Einzelhändler, widersetzten sich aufgrund ihrer unklaren Klassenlage und ihres aus marxistischer Sicht unbefriedigenden Klassenbewusstseins allen antagonistischen Ordnungsversuchen. So taugen Kleinbürger und Mittelstand weder zum Bourgeois noch zum Proletarier. Sie sind vielmehr eine Figur des Ressentiments all derer, die es in Politik und Wissenschaft gerne übersichtlich haben. Sie repräsentieren insofern eine soziale Klasse marxistischen Missvergnügens. Denn im Programm des historischen Materialismus sollte die Mittelschicht eigentlich verschwinden, doch sie tat es nicht – im Gegenteil –, in der Realität der modernen kapitalistischen Gesellschaft wuchs sie zahlenmäßig stetig an. Diese sozialhistorische Tatsache der expansiven Mitte entwickelte sich in der Folgezeit zu einer zentralen theoretischen wie auch methodischen Herausforderung der Soziologie.[16] Die

---

15 Einen instruktiven Einblick in die Bestände, Defizite und Perspektiven der soziologischen Sozialstrukturanalyse liefert beispielsweise Berger, Soziale Unterschiede, und ders., Kontinuitäten und Brüche.
16 Vgl. insbesondere Geiger, Die soziale Schichtung des deutschen Volkes, und ders., Die Klassengesellschaft im Schmelztiegel.

mentale und strukturelle Vielfalt der Mittelklasse als Zwischenzone und Ort sozialer Auf- und Abstiege wurde vor diesem Hintergrund immer wieder zum Ausgangs- und Bezugspunkt ein-
flussreicher soziologischer Zeitdiagnosen. Ein hierfür geradezu
paradigmatischer Text ist »Die Klassengesellschaft im Schmelztiegel« von Theodor Geiger aus dem Jahre 1949. Diese frühe und
stilbildende Studie der empirischen Sozialstrukturanalyse reagiert
markant auf die marxistische Analyse und Prognose der sozialen
Strukturentwicklung des Kapitalismus. Während in deren Zentrum die These von der zwangsläufigen Proletarisierung der Mittelklasse und der damit verknüpften Zuspitzung und Dramati-
sierung der Klassenkämpfe und -gegensätze stand, demonstrierte
Geiger in seinen Analysen, dass nicht Vereinfachung und Polarisierung der Klassenstruktur das Merkmal der Entwicklung des
sozialen Strukturgefüges sind, sondern Differenzierung und Entschärfung des Klassenantagonismus. Geigers Strukturdiagnose
verweist paradigmatisch auf die Multidimensionalität sozialer
Ungleichheit. Dieser vielgestaltige Begriff sozialer Schichtung richtet sich gegen die ökonomische Fixierung des Klassenbegriffs, der
die Stellung zu den Produktionsmitteln zur zentralen sozialen Leit-
differenz macht. Für Geiger geht es um den empirischen Nachweis
der Ungleichzeitigkeit und der Pluralität sozialer Schichtungspro-
zesse. Hierbei vertritt Geiger im Kern drei Thesen, die er in seinen
Untersuchungen verifiziert: Erstens die These einer nachstän-
dischen Stabilisierung der Mittelklasse, das bedeutet, dass sich die
Mitte der Gesellschaft im Zuge der industriellen Dynamik des Kapitalismus nicht im Sinne einer »Proletarisierung« auflöst, vielmehr gewinnt sie neue soziale Stabilität und Form. Zweitens pro-
letarisiert sich die Mittelklasse nicht nur nicht, es setzt sogar ein
immer stärker werdender Prozess der sogenannten Entproletarisierung und der Verbürgerlichung in der Arbeiterschaft ein. Die
Mittelklasse expandiert und erhält stetigen Nachwuchs aus der
Arbeiter- und Bauernschaft. Die prekäre Stellung »ewiger Unsicherheit« der ländlichen und industriellen Arbeiterexistenz wird
durch regelmäßige Lohnzuwächse, durch den Ausbau der sozialen
Sicherung und mit Hilfe der Herausbildung neuer beruflicher Positionen, Chancen und Gelegenheiten stark gedämpft. Geiger trifft
in diesem Zusammenhang eine noch heute die Sozialstrukturana-

lyse und die Ungleichheitsforschung prägende Unterscheidung zwischen »altem« und »neuem« Mittelstand. In seiner Definition des »neuen Mittelstands« setzt er sich über die bis zu diesem Zeitpunkt klare Trennung zwischen Arbeitern und Angestellten hinweg und fasst entlang der Frage nach Fachgeschultheit und Qualifikation bestimmte Arbeiter- und Angestelltengruppen gemeinsam in einem Schichtbegriff zusammen. Dieser analytische Schritt nimmt die bundesrepublikanische Formel des »Arbeitnehmers« vorweg. Zugleich wirft Geiger damit einen Blick auf die wachsende Bedeutung von Bildungsabschlüssen für die Schichtungsstruktur einer Gesellschaft. In engem Zusammenhang mit den Thesen der Entproletarisierung und der Verbürgerlichung steht schließlich die dritte These Geigers von der »Institutionalisierung des Klassenkonflikts«. Hier zielt er auf die politische Regulierung des Kapitalismus, auf staatliche Intervention in das wirtschaftliche Geschehen, auf die arbeitsrechtliche Beschränkung und Einhegung der bürgerlichen Vertragsfreiheit und auf die Etablierung einer Wirtschaftsbürokratie als herrschende Gesellschaftsschicht der Zukunft. Diese Form zunehmender Steuerung sozialer und wirtschaftlicher Prozesse befriedet und organisiert freilich nicht nur die Interessenkonflikte zwischen Arbeit und Kapital, sie strukturiert und gliedert auch die Gesellschaft in neuer Weise. Auf diesen politischen, rechtlichen und sozialen Wirkungszusammenhang wird zurückzukommen sein.

Die historische Expansion und Vervielfältigung der Mittelklasse stehen auch im Zentrum der Soziologie Helmut Schelskys, der das einflussreiche Bild der »nivellierten Mittelstandsgesellschaft« prägte, und sie finden sich in der Neubestimmung der gesellschaftlichen Mitte durch den Begriff der »Dienstklassen«, den Ralf Dahrendorf der Gesellschaftsanalyse Karl Renners entlehnt hat. Im internationalen Maßstab liefert die wegweisende Studie von John H. Goldthorpe und John Lockwood »Der wohlhabende Arbeiter« wichtige empirische Hinweise auf die strukturelle Verbreiterung und kulturelle Dominanz der Mittelklasse.[17] Goldthorpe und Lockwood untermauern in ihrer umfangreichen Studie die ökonomischen und sozialstrukturellen Tendenzen, die

---

17 Vgl. hierzu ausführlicher Kapitel III.

Geiger und Dahrendorf bereits einige Jahre zuvor konstatierten. Hierzu zählen die materielle Verbesserung der Lebenslage breiter sozialer Schichten (insbesondere in der Arbeiterschaft), die ausgleichende Rolle des Staates in den sozialen und wirtschaftlichen Konflikten der Arbeitswelt und die wachsende Bedeutung von Ausbildung und Beruf für die Formung sozialer Ungleichheit und die Prozesse der Klassenschichtung. Schließlich setzt auch die spätbundesrepublikanische Beschreibung der »Risikogesellschaft« durch Ulrich Beck diese soziologische Erzählung von der Herausbildung einer ebenso gesellschaftsumgreifenden, sozial dominanten wie auch in ihren Arbeits- und Lebensvollzügen individualisierten Mittelklasse fort. Doch zugleich wendet sich Beck gegen eine klassen- oder schichtbezogene Erklärung sozialer Veränderung. Becks Entwurf eines sozialen Strukturgefüges jenseits der sozialen Vertikalität von Klasse und Stand öffnet konzeptionell und empirisch rasch die Tür für den soziologischen Diskurs der horizontalen Pluralität individualisierter Lebenslagen und multioptionaler Milieus. In dieser Debatte wird mit auf den ersten Blick guten empirischen Gründen eine Sozialformation auf die Bühne gestellt, in der das alltägliche Chaos der Ungleichheit dominiert wird und in dem die sozialstrukturelle Orientierung schwerfällt. Es gibt kein gut bestimmbares Oben mehr, keine Mitte und kein Unten; es sind keine kollektiven Aufstiegsbemühungen oder Abstiegsängste, keine dominanten oder dominierten Mentalitäten mehr auszumachen. Die Mittelklasse, ihre Mentalität und Gesinnung, ihre Risikofurcht und Bildungsbeflissenheit, ihr Therapiebedürfnis und ihre Reflexionsbereitschaft gewinnen ubiquitären Charakter. Sie scheint nun überall und nirgends zu sein.

Doch die soziologische Suche nach der sozialen Mitte kämpft nicht nur mit der Diagnostik der sozialstrukturellen Vielfalt. Auch im prominenten strukturellen Befund sozialer Polarität und Dichotomie hat die soziale Mitte keinen rechten Ort. Der »Flüssigkeit« sozialer Strukturen wird in der sozialwissenschaftlichen Debatte seit den 1990er Jahren mehr und mehr die neue »Festigkeit« der Ungleichheitsverhältnisse im Sinne sozialer Spaltung entgegengehalten, die sich der aus dem politischen Raum übernommenen Terminologie der Exklusion und der Inklusion bedient.[18] Die empirischen Gründe für dieses Plädoyer ungleichheitstheoretischer Neuorientierung liegen in den beträchtlichen und lang dauernden Strukturproblemen des Arbeitsmarktes und in den grundlegenden Veränderungen in der Organisation der Arbeitswelt. In dieser Diskussion wird nun zwischen denen unterschieden, die dazugehören und über Erwerbsarbeit Zugang zur Gesellschaft finden, und denen, denen dieser Zugang verwehrt bleibt oder dauerhaft verweigert wird. Der frühkapitalistische Klassenantagonismus zwischen Bourgeoisie und Proletariat kehrt hier im modernen Gewand des erwerbsarbeitszentrierten Antagonismus zwischen Exkludierten und Inkludierten, zwischen Überflüssigen und Integrierten, zwischen Ausgeschlossenen und Teilhabeberechtigten zurück.[19] Mit der Diskussion um Exklusion und Inklusion werden Formen sozialer Benachteiligung ins Spiel gebracht, die – so die These – mit den herkömmlichen Mitteln soziologischer Ungleichheitsforschung nicht mehr in den Griff zu bekommen sind. Der Begriff der Exklusion verweist nicht auf die Spaltung der Gesellschaft in Arm und Reich, sondern auf eine insbesondere durch den Verlust der Erwerbsarbeit sich entwickelnde grundlegende Spaltung des Sozialen. Der soziale Graben verläuft nun zwischen dem Teil, der zu den vielfältigen Bereichen des gesellschaftlichen Lebens Zugang hat, und dem Teil, dem die Partizipationsmöglichkeit aufgrund von Armut oder Arbeitslosigkeit verschlossen ist. Die Exklusionsdebatte geht davon aus, dass die Kluft zwischen denen, die vermittelt über den Arbeitsmarkt dazugehören, und denen, die von den Leistungen und Möglichkeiten einer wohlhabenden Gesellschaft ausgeschlossen sind, wächst. Doch auch für diese Diskussion gilt, dass die Frage nach der sozialen Mitte einerseits keine Rolle mehr spielt, da sich das Soziale entlang einer klaren Spaltungslinie zwischen den Räumen der Exklusion und der Inklusion auftrennt. Andererseits scheint es so, dass sich die Kategorie der Inklusion in gewissem Sinne zu einem Stellvertreterbegriff für eine universale Mittelstandsgesellschaft entwickelt, der diejenigen nicht mehr zugehören (können oder bisweilen auch wollen),

---

18 Vgl. Kronauer, Exklusion, und Herkommer, Soziale Ausgrenzungen.
19 Vgl. Bude/Willisch, Exklusion.

die in den Sozialraum der Exklusion fallen bzw. von der inklusi-
ven Mehrheitsgesellschaft dorthin verwiesen werden. Zwar gibt
es durchaus Stimmen in der Exklusionsdebatte, die die Vorstellung eines zentralen Inklusionsbereichs, der klar von einem
problematischen Exklusionsbereich getrennt ist, ablehnen und
darauf hinweisen, dass soziale Exklusion als Prozess begriffen
werden muss, stets innerhalb der Gesellschaft geschieht bzw. von
dort ihren Ausgang nimmt.[20] Doch mit dem Begriff der Exklusion zu arbeiten setzt immer voraus, theoretisch und konzeptionell eine soziale Zone zu konstruieren und kategorial festzulegen,
die defizitär ist gegenüber einem als stabil vorausgesetzten Nor-
malerwerbsleben der Mehrheitsgesellschaft. Exklusion scheint
die Abweichung vom erwerbsbezogenen und biographischen
Normalfall der universalen Mitte zu sein. Die Mitte der Gesellschaft tritt als Mittelklasse in dieser Diskussion nicht auf, aber
sie ist dennoch offensichtlich überall da, wo zumindest keine
Ausschließungen stattfinden. Die beiden angesprochenen aktuellen Strömungen der Sozialstrukturanalyse – die Pluralisierungs-
und die Polarisierungsdiagnose – helfen daher nur begrenzt, um
der nervösen Mitte der Gesellschaft konzeptionell und empirisch
auf die Spur zu kommen. Vielmehr dethematisieren die Thesen
der Pluralisierung und der Polarisierung die Mittelklasse auf paradoxe Weise, indem sie normativ und strukturell ihre Existenz
nicht nur festhalten, sondern geradezu als sozialen Normalfall
voraussetzen. Ohne sie zum Gegenstand und Thema der Analyse
zu machen, gerät die Mittelklasse – ihre Lebensweise und ihre
Arbeitsformen, ihre materielle Lage und ihre kulturelle Erfahrung – zu einem »Modellhorizont« des Sozialen. Je weniger die
soziale Mitte als expliziter Gegenstand empirischer Studien und
theoretischer Überlegungen sichtbar wird, desto mehr scheint sie
als Fixpunkt und als Ordnungsbild präsent. Es ist daher eine wichtige Aufgabe, die soziologische Sichtbarkeit der sozialen Mitte
wiederherzustellen, indem die Orte und Milieus benannt und diskutiert werden, die die Mittelklasse repräsentieren.

---

20 Vgl. die kritischen Bilanzen der Exklusionsdebatte bei Kronauer, Exklusion, oder auch Bude/Willisch, Das Problem der Exklusion.

Gedachte Mitte. Lokalisierungen sozialer Ordnungsvorstellungen

Die knappe Skizze der soziologischen Diskussion und Problematisierung der sozialen Mitte zeigt, dass die Debatte des sozialen Strukturgefüges, ob geschichtet, pluralisiert oder polarisiert, immer zur Präsentation und Vergegenwärtigung von Ordnungsideen des Sozialen dient. Diese Ordnungsideen sind in das Denken über die Mitte und von der Mitte her eingewoben. Die Suche nach dem gesellschaftlichen Ort, wo die Mitte liegt, ist daher zu einem guten Teil gesellschaftspolitische Ordnungssuche. Es geht um die Lokalität sozialer Ordnungsvorstellungen, es geht um angemessene Topologien des Sozialen und es geht um die normativ »richtige« Ordnung der Gesellschaft. In der soziologischen Diskussion der Mitte der Gesellschaft kommen stets die Vorstellungen vom notwendigen Maß an Stabilität und Integration und vom zulässigen Grad an Konflikt und Turbulenz zum Ausdruck. Der Ort der Mitte repräsentiert in diesen Ordnungsvorstellungen das Vitalitätszentrum der Gesellschaft.

Welche Bilder der sozialen Ordnung kommen in diesen Lokalitätsdiskursen zum Tragen? Ideengeschichtlich ist mit dem Ordnungsbild der Mitte primär die Vorstellung politischer Stabilität und Beständigkeit verknüpft. Die Mittelklasse ist Maß und Mäßigung gleichermaßen, sie besänftigt die Extreme und garantiert sozialen Ausgleich. Der antike Meisterdenker der »Mitte« ist zweifelsohne der griechische Philosoph Aristoteles. Im zweiten Buch der »Nikomachischen Ethik« legt Aristoteles in erzieherischer Absicht einen ebenso umfangreichen wie systematischen Katalog mittlerer Haltungen, Lebensformen und Verhaltensweisen vor. »Die Mitte liegt aber zwischen zwei Schlechtigkeiten, dem Übermaß und dem Mangel. Während die Schlechtigkeiten in den Leidenschaften und Handlungen hinter dem Gesollten zurückbleiben, oder über es hinausgehen, besteht die Tugend darin, die Mitte zu finden und zu wählen.«[21] Aristoteles verbindet mit diesem Lobpreis der auf die Mitte gerichteten Lebensführung die politische (polisbezogene) Feststellung, dass diejenige Gesellschaftsform die

---

21 Aristoteles, Die Nikomachische Ethik, S. 141.

beste sei, die sich auf die »Mittleren« (oi mesoi) gründe. Denn eine breite mittlere Bürgerschaft verhindert die Dominanz des Extremen und ermöglicht eine gefestigte politische Verfassung der Gesellschaft. Während die Armen und die Reichen in aristotelischer Lesart zu sehr mit sich selbst, das heißt mit der Verfolgung ihrer wirtschaftlichen Eigeninteressen befasst sind, ermöglicht der wohltemperierte Wohlstand der Mittelklasse die Pflege der bürgerlichen Tugenden des Maßhaltenkönnens und die Bewahrung der inneren Balance. Diese Tugenden ermöglichen nach Aristoteles freilich nicht nur eine gelungene »private« Lebensführung, sondern sie gewährleisten auch, dass sich der Blick der »Mittleren« auf das allgemeine Wohlergehen der politischen Gemeinschaft zu richten vermag. Die innere Stabilität und Ausgeglichenheit des Einzelnen ist in dieser Perspektive die Voraussetzung für die äußere Stabilität des Gemeinwesens. In der Formel der »aurea mediocritas« des Horaz wirkt diese Sichtweise fort und prägt bis auf den heutigen Tag das Nachdenken über die rechte Ordnung der Gesellschaft. Auch in der bürgerlichen Literatur findet sich seit dem 18. Jahrhundert der positive Grundton einer produktiven Mitte, der bis in die aktuelle politische Rede fortklingt, die sich – ob liberal oder grün, ob christ- oder sozialdemokratisch – um die »neue Mitte« der Gesellschaft müht. Ein besonders schönes Stück liefert der Novellist Magnus Gottfried Lichtwer: »Vergnügte Tage findet man, woferne man sie finden kann, nicht auf dem Thron und nicht in Hütten. Kannst du vom Himmel es erbitten, so sei dein eigner Herr und Knecht; dies bleibt des Mittelstandes Recht.«[22]

Gerade in ökonomischer Perspektive wird die Mitte im Sinne einer robusten *Stabilitätszone* der Gesellschaft begriffen. Als Orientierungspunkt fungiert der gewerbliche Mittelstand, der generationenübergreifend auf Familienbesitz gründet, der Loyalität, Verantwortung und Ausgleich als wirtschaftliche Umgangsform pflegt und der in regionalen Milieus verankert ist.[23] Im ökonomischen Ordnungsbild des Mittelstandes markiert die soziale Mitte den wirtschaftlichen und in gewissem Sinne auch moralischen

---

22 Zit. nach Brunner u.a., Geschichtliche Grundbegriffe, S. 53.
23 Vgl. Berghoff, Moderne Unternehmensgeschichte.

Gravitationspunkt der Gesellschaft. Eng verwandt mit diesen politischen und wirtschaftlichen Perspektiven auf die Mittelklasse als Stabilitätszone ist die kulturelle Perspektive, die die soziale Mitte als *Integrationszone* der Gesellschaft begreift. Hier geht es um die Durchsetzung bürgerlicher bzw. kleinbürgerlicher Normvorstellungen und Wertesysteme. Die mentalen Dispositionen der Mittelklasse sind Ausdruck bürgerlicher Emanzipation und Aufstiegswillens, die auf eine »vernünftige« Fortentwicklung aller Mitglieder der Gesellschaft zielen. Mit der sozialen und wirtschaftlichen Etablierung der Mittelklasse verbinden sich hegemoniale kulturelle Ansprüche. Zentraler Bestandteil dieses Prozesses der Emanzipation ist der Ausbau des öffentlichen Schulwesens: Die Begriffe der Bildung und Erziehung, der Nation und der Mitte der Gesellschaft werden sinn- und zielverwandt in einen Zusammenhang gebracht. Emmanuel Joseph Sieyès, der Theoretiker der Französischen Revolution, identifizierte den sogenannten Dritten Stand als den Repräsentanten der Gesamtheit. Der Göttinger Staatslehrer Ludwig Timotheus Freiherr von Spittler adelte im Jahre 1837 den Mittelstand als ein »Organ der Erfrischung für die ganze Nation«.[24] Auf eine ähnliche integrative Erfrischung der neuen deutschen Klassengesellschaft durch die Mittelklasse hofft zu Beginn des 21. Jahrhunderts der Historiker Paul Nolte. Nolte plädiert im Sinne der von ihm postulierten »Generation Reform« (die sich auf die geburtenstarken Jahrgänger der frühen 1960er Jahre gründet) für die kulturelle Mobilisierung der sozialen Mitte. Diese soll mit Blick auf die strukturelle Verhärtung und sozialmoralische Vernachlässigung der Unterschicht gleichermaßen integrative und Vorbild stiftende Funktionen erfüllen. Eine mittelschichtbasierte Gesellschaftspolitik darf nach Auffassung Noltes nicht mehr in der »fürsorglichen Vernachlässigung« der Unterschichten bestehen, sondern in der Mobilisierung der »Verantwortungsgesellschaft«.[25] Erziehungsfragen werden aktualisiert und die bildungsbeflissene und um den »richtigen« Lebensstil bemühte Mittelklasse muss die Deutungshoheit über die »richtigen« Konsumgewohnheiten erobern: Was darf ich essen? Welches Programm

---

24 Vgl. hierzu Brunner u.a., Geschichtliche Grundbegriffe, S. 49f.
25 Nolte, Generation Reform, S. 149ff.

im Fernsehen soll ich einschalten? Wo muss ich einkaufen? Das sind die Grundfragen des mittelschichtzentrierten Integrationsprojekts der »Generation Reform« zur kulturellen Vitalisierung einer »blockierten Gesellschaft«.

Das soziale Ordnungsbild der Mitte verweist jedoch nicht nur auf die Stabilität, die Integration oder die Festigkeit der Gesellschaft, sondern auch auf deren Durchlässigkeit und »Flüssigkeit«.[26] Die Mitte ist in soziologischer Perspektive nicht nur die *Stabilitäts- und Integrationszone*, sondern auch die *Mobilitäts- und Turbulenzzone* der Gesellschaft. In paradigmatischer Weise kommt dieses Ordnungsbild immer wieder in Texten der Sozialstrukturanalyse zum Tragen: beispielsweise in dem 1930 verfassten Aufsatz von Theodor Geiger, »Panik im Mittelstand«. Geiger betrachtet die soziale Mitte zunächst in ihrer »gesellschaftsnotwendige[n] Doppelfunktion als Durchgangsstufe beim sozialen Auf- und Abstieg und als Regulativ- und Pufferzone, in der die Interessenkontraste der äußersten Flügel vermittelnden Ausgleich erfahren«.[27] In der Diskussion der sozialen und mentalen Konsequenzen der sich im kapitalistischen Gesellschaftsgefüge etablierenden Mittelklasse zeichnet Geiger dann jedoch vor allem ein Bild der sozialen Turbulenz und Mobilität. Die »Panik« und die »Verwirrung«, die Geiger der Mittelklasse als strukturell begründeter Gemütszustand zuschreibt, sind einerseits der Ausdruck eines permanenten Abstiegskampfs, dessen sozialer Ort »die berufs- und besitzständisch strukturierte[n] Bevölkerungskomplexe«[28] der Bauern, Handwerker und Kleinhändler sind. Andererseits spiegeln sich in der Mentalität der Panikneigung und der latenten Verlustängste rasche soziale Aufstiegserfahrungen, die vor allem im neuen Mittelstand der technischen, kaufmännischen und öffentlichen Angestellten beheimatet sind. Wie auch immer die für die Interpretation des politischen Erfolges der Nationalsozialisten einflussreiche Zeitdiagnose Geigers heute im Einzelnen zu beurteilen ist – für unsere Fragestellung nach den sozialen Ordnungsbildern, die sich mit dem Begriff der sozialen Mitte verbinden, ist in

---

26 Bauman, Flüchtige Moderne, S. 7ff.
27 Geiger, Panik im Mittelstand, S. 637.
28 Ebenda, S. 639.

erster Linie die empirisch dichte Beschreibung der Mittelklasse als ein Ort höchster sozialer Dynamik von Interesse. Die Strukturen dieser »sozialen Zwischenzone« sind stets beweglich, die Pfade sozialen Aufstiegs und Abstiegs kreuzen einander, Platzierungsängste und -hoffnungen überlagern sich. In der »Buntheit der durch Herkunft eingebrachten Lebensformen«[29] werden die gegen die Arbeiterschaft gerichteten Abgrenzungswünsche ebenso wie die »bürgerlich-ständischen« Anerkennungsbedürfnisse als starke soziale Gefühle sichtbar. Auf ebensolche Gefühle, deren struktureller Bezugspunkt soziale Aufstiegs- und Abstiegskarrieren sind, kommt die amerikanische Soziologin Barbara Ehrenreich zu sprechen, wenn sie in ihrer Soziographie »Angst vor dem Absturz« die strukturellen und mentalen Umrisse der (amerikanischen) Mittelklasse skizziert: »Wie jede Klasse, die nicht im Geld schwimmt, lebt sie [die Mittelklasse, B. V.] in ständiger Angst vor dem Schicksalsschlag, der zum gesellschaftlichen Abstieg führen könnte. Doch die Mittelklasse kennt noch eine weitere Angst – die Angst vor der inneren Schwäche, Angst davor, weich zu werden, Strebsamkeit, Disziplin und Willenskraft zu verlieren. […] Ob die Mittelklasse hinunterschaut in die Welt der Entbehrungen oder hinauf ins Reich des Überflusses, die Angst vor dem Absturz verlässt sie nie.«[30] Es ist bemerkenswert, dass gerade das einflussreiche Stabilitätsbild Helmut Schelskys von der »nivellierten Mittelstandsgesellschaft« vor dem Hintergrund einer eindrucksvollen soziologischen Skizze gesellschaftlicher Mobilitäten und Turbulenzen entstanden ist. Die deutsche Gesellschaft der ersten Hälfte des 20. Jahrhunderts, so diagnostiziert Schelsky in seinem 1953 entstandenen Text zur »Bedeutung des Schichtungsbegriffes für die Analyse der gegenwärtigen deutschen Gesellschaft«, prägen dynamische und umfangreiche soziale Aufstiegs- und Abstiegsprozesse: »Zunächst bildet der kollektive Aufstieg der Industriearbeiterschaft und der mehr individuell, im ganzen aber ebenfalls schichtbildend vor sich gehende Aufstieg der technischen und Verwaltungs-Angestellten in den neuen Mittelstand die breite Aufstiegsmobilität der industriell-bürokratischen Gesellschaft. Mit diesen Aufstiegspro-

---

29 Ebenda, S. 640.
30 Ehrenreich, Angst vor dem Absturz, S. 21 f.

zessen kreuzen sich in etwas jüngerer Zeit breite soziale Abstiegs-
und Deklassierungsprozesse, die im Ersten Weltkrieg begannen, in
den Jahren nach 1945 in den Heimatvertreibungen, politisch be-
dingten Deklassierungen usw. bisher kulminierten und besonders
die Schichten des ehemaligen Besitz- und Bildungsbürgertums betroffen haben. Das Zusammenwirken dieser sich begegnenden
Richtungen der sozialen Mobilität führt zunächst zu einer außer-
ordentlichen Steigerung der sozialen Mobilität an sich, darüber
hinaus aber vor allem zu einem relativen Abbau der Klassengegen-
sätze, einer Entdifferenzierung der alten, noch ständisch geprägten
Berufsgruppen und damit zu einer Nivellierung in einer verhältnis-
mäßig einheitlichen Gesellschaftsschicht, die ebenso wenig prole-
tarisch wie bürgerlich ist.«[31] Die Stabilitätsordnung des Sozialen,
die in der sich nivellierenden Mitte der Gesellschaft begründet ist,
erwächst in Schelskys Diagnose aus verschärfter Mobilität, offe-
nem Konflikt und lange währender Turbulenz. Doch mit der soziologischen Bestimmung der gesellschaftlichen Mitte als Mobili-
täts- und Turbulenzzone ist immer auch das Bild des die soziale
Ordnung gefährdenden Konflikts verbunden, der im Funktions-
verlust der sozialen Mitte als dem ökonomischen, kulturellen und
politischen Gravitationszentrum zum Ausdruck kommt. Denn immer dann, wenn es in politischen, publizistischen oder auch wissenschaftlichen Diskursen um eine Gefährdung, Bedrohung oder
gar den Zerfall der sozialen Mitte geht, werden Ordnungsverluste
in Aussicht gestellt. Dann steht die Stabilität des sozialen und
politischen Gemeinwesens in Frage, die Integrationskraft der Gesellschaft erlahmt, die Beweglichkeit der Gesellschaft schrumpft,
soziale Aufstiegs- und wirtschaftliche Innovationsperspektiven
schwinden. Sehr vieles spricht dafür, dass sich aktuell die spannungsreiche Welt der Mittelklasse sukzessive von einer Stabili-
täts- und Integrationszone zu einer Turbulenz- und Konfliktzone
entwickelt. Erste Anhaltspunkte sozialer Nervosität in der Mittelklasse finden sich beispielsweise in den Auswertungen des »Wohl-
fahrtssurveys«.[32] Sie weisen mit Nachdruck auf Tendenzen der
Verunsicherung, die über ein Randphänomen hinausgehen. So

---

31 Schelsky, Die Bedeutung des Schichtungsbegriffes, S. 332.
32 Vgl. Böhnke, Teilhabechancen und Ausgrenzungsrisiken.

wächst seit den 1990er Jahren die Angst vor Arbeitslosigkeit und Deklassierung. Zwar sind die Erfahrungen der Destabilisierung weiterhin stark einkommens- und schichtspezifisch verteilt. Die Angehörigen strukturell benachteiligter Statusgruppen bewerten ihre soziale Zukunft nach wie vor weit skeptischer als bessergestellte Schichten. Bekannte materielle und bildungsbezogene Ungleichheitsstrukturen verfestigen sich sogar.«Abstiegsängste, antizipierte Sicherheitsverluste und ein hohes Maß an Verunsicherung betreffen aber mittlerweile auch Bevölkerungsgruppen in einem beträchtlichen Ausmaß, deren soziale Lage nach objektiven Maßstäben, die sich an der Verteilung von Ressourcen orientieren, keineswegs überaus prekär sein muss. Auch in der Mittelklasse sind Ängste und Verunsicherungen verbreitet, die vor allem aus Veränderungen am Arbeitsmarkt resultieren: Befürchtungen, den Voraussetzungen für den Anspruch auf statussichernde Versorgungsleistungen nicht mehr gerecht werden zu können, Angst vor Arbeitslosigkeit und sozialer Degradierung.«[33]

Doch um die Mitte als ebenso angespannte wie spannungsreiche Turbulenz- und Konfliktzone analysieren zu können, müssen zunächst die strukturellen und mentalen Grundlagen wie Voraussetzungen dieser Mittelklassewelt nachgezeichnet werden. Hierbei wird einerseits deutlich, dass die Mittelklasse mit besonderem Recht als wohlfahrtsstaatlich formierte Klasse zu analysieren ist. Ihre wesentliche (Existenz-)Grundlage findet sich nicht nur im System der Erwerbsarbeit, sondern vor allem auch im staatlich garantierten Prinzip der Statussicherung. Andererseits tritt klar hervor, dass staatliche Steuerungs- und Regulationskonzepte zentralen Einfluss auf die Gestalt der Gesellschaft, auf die Lebensbedingungen ihrer Bürger und auf deren moralisch-normativen Haushalt hatten und immer noch haben. Von einer Erosion oder gar einem Verschwinden der (Wohlfahrts-)Staatlichkeit kann keine Rede sein. Und es bedarf in einem weiteren Schritt eines veränderten sozialstrukturellen Vokabulars, um die soziale Mitte als Turbulenz- und Konfliktzone auf den Begriff zu bringen: soziale Verwundbarkeit und prekärer Wohlstand. Dieses Vokabular verweist auf Erfahrungen, Orientierungen und Gefühle des Sozialen, die in der

---

33 Ebenda, S. 36.

Mittelklasse lokalisiert sind. Hierzu zählen ebenso die Angst vor dem Abstieg wie die Hoffnung auf Aufstieg bzw. Stabilität. Statusfurcht und Wohlstandssorgen bedürfen soziologischer Aufmerksamkeit. Gefordert ist eine soziologische Diagnostik strukturell bedingter sozialer Nervosität. Dabei treten neue soziale Gefährdungen hervor, die einer ausschließlich quantitativ orientierten Indikatorenforschung oder der statistischen Fixierung sozialer Strukturanalysen nur begrenzt zugänglich sind.

II. Wohlfahrtspolitik
und Gesellschaftsgestaltung

Die formative Kraft des Wohlfahrtsstaates

Wer die gesellschaftliche Mitte in den Blick nimmt und Fragen nach Stabilität und Fragilität des Wohlstands stellt, der darf den staatlichen Programmbegriff der »Wohlfahrt« nicht übersehen. Die Organisation der »Wohlfahrt« ist ohne Zweifel zentrale Aufgabe und wesentliches Merkmal moderner Staatlichkeit. Mit deren politischer und institutioneller Gewährleistung verändern sich mittel- und langfristig soziale Beziehungen, Geschlechter- und Generationenverhältnisse, Lebensläufe und Mentalitäten. Bevor wir diese Prozesse näher betrachten, gilt es zunächst, einige selektive Schlaglichter auf die Geschichte staatlicher und politischer Programmatiken der Wohlfahrt zu werfen. Das Streben nach Wohlfahrt ist bereits zentraler Gegenstand der Staats- und Rechtsphilosophie im »Alten Reich«, also der Epoche »zwischen dem Ende des Mittelalters und dem Beginn der bürgerlichen Gesellschaft von Luthers Reformation bis zur Französischen Revolution«.[1] Wenn von der Wohlfahrt als Produkt staatlicher Mühen die Rede ist, dann sind stets zwei wichtige Grundelemente des Politischen im Spiel: die *Verantwortung der Herrschenden für die Beherrschten* und die *Bewältigung des Konflikts zwischen Gemein- und Partialinteressen*. Denn die Wohlfahrt des Ganzen ist mit der Wohlfahrt der Einzelnen wechselseitig verknüpft. Eine frühe, markante Definition absoluter, aufgeklärter und wohlfahrtsorientierter Staatlichkeit liefert im 18. Jahrhundert auf exemplarische Weise der Hallenser Gelehrte Christian Wolff. »Die Absicht eines Staates besteht im hinlänglichen Lebensunterhalt (sufficentia vitae), d.i. im Überfluss alles dessen, was zur Notdurft, zur Bequemlichkeit und zum Vergnügen des Lebens, auch zur Glückseligkeit der Menschen erfordert wird, in der inneren Ruhe des Staates (tranquillitas

---

1 Wesel, Geschichte des Rechts, S. 349.

civitatis), d.i. in der Befreiung von der Furcht für Unrecht, oder Verletzung seines Rechts, und der Sicherheit (securitas), oder der Befreiung von der Furcht vor äußerer Gewalt. Die Wohlfahrt eines Staates aber (salus civitatis) besteht in dem Genuß des hinlänglichen Lebensunterhalts, der Ruhe und der Sicherheit. Insoweit diese nun zu erhalten stehet, wird es das gemeine Beste (bonum publicum) genannt.«[2] Der Zusammenklang staatlichen Ordnungsdenkens mit wirtschaftlicher Prosperität und sozialer Wohlfahrtsentwicklung ist mithin kein industriegesellschaftliches Phänomen. Die gedanklichen Wurzeln des staatlichen Programmbegriffs der Wohlfahrt – *cura promovendae salutis* – liegen vor vom Zeitalter der arbeitsteiligen und sozial sich differenzierenden Industriegesellschaft und ihrer spezifischen sozialen Fragen. Zwei Wurzeln erweisen sich dabei als besonders kräftig: Auf der einen Seite die normativen Prinzipien der katholischen Caritas und des protestantischen Pietismus. Hier verbindet sich auf produktive Weise der partikulare Subjektivismus der christlichen Nächstenliebe, die in jedem Menschen ein Ebenbild Gottes erkennt, mit der staatlichen Organisation des universalen Wohlergehens der Gesellschaft. Die Bewirtschaftung der und die soziale Sorge um die Armutspopulation spielt hier seit dem frühen Mittelalter eine starke Rolle. Auf der anderen Seite denken die Kameralisten und Merkantilisten seit dem 18. Jahrhundert über die gesellschaftliche Produktion kollektiver Güter und produktiver Kräfte nach, die staatlicherseits zu fördern sind. Diese Staatsbedürftigkeit der wirtschaftlichen Wohlfahrt fasst Adam Smith in seinem Standardwerk der politischen Ökonomie »Der Wohlstand der Nationen« zusammen. Er kommt zu dem Schluss, dass dem Staat unweigerlich die Aufgabe zukomme, »solche öffentlichen Anlagen und Einrichtungen aufzubauen und zu unterhalten, die, obwohl sie für ein großes Gemeinwesen höchst nützlich sind, ihrer ganzen Natur nach niemals einen Ertrag abwerfen, der hoch genug für eine oder mehrere Privatpersonen sein könnte, um die anfallenden Kosten zu decken, weshalb man von ihnen nicht erwarten kann, dass sie diese Aufgabe übernehmen«.[3] Zu den Voraussetzungen dieses Denkens ge-

---

2 Zit. nach Brunner u.a., Geschichtliche Grundbegriffe, S. 617.
3 Smith, Der Wohlstand der Nationen, S. 612.

hört in besonderer Weise auch die Verwaltung des Sozialen durch frühneuzeitliche »Policeyordnungen«. Sie repräsentieren einen markanten Einschnitt in der »Geschichte der Staatsgewalt [...], der sich jedoch nur allmählich bemerkbar machte. Denn in Policeyordnungen verloren Rückgriffe auf das alte Herkommen, auf Privilegien und vor allem auf das gute, alte Recht allmählich an Bedeutung. Basis von Rechtssetzungsakten wurde stattdessen zunehmend die Landesherrschaft.«[4] Die Quelle des Rechts war nun die staatliche Obrigkeit und nicht mehr die von Kirche und Klerus sanktionierte göttliche Ordnung des Sozialen.[5]

Doch die kameralistische und merkantile Staatssorge um individuelles Wohlergehen sowie um öffentliche Wohlfahrt, die christliche Fürsorge um die Armen und Gebrechlichen oder die »Policeyordnungen« als verwaltungspraktische Handreichungen der Wohlfahrtsorganisation können nur begrenzt und mit Einschränkungen als Prototypen heutiger gesellschaftlicher Ansprüche auf Wohlfahrtsgewährung durch den Staat betrachtet werden. Einen strukturellen und normativen Kontinuitätsbruch in der Politik der Wohlfahrt markiert das 18. Jahrhundert. Hier ist es insbesondere Immanuel Kant, der einen klaren und bis heute bedeutungsvollen Trennungsstrich zwischen dem »salus civitatis« auf der einen und dem »salus civium« auf der anderen Seite zieht. Die paternalistischen Gesellschaftsmodelle des aufgeklärten Absolutismus werden auf diese Weise in ihre sozialen, materiellen und rechtlichen Schranken verwiesen. Der Wohlfahrtsstaat als Normprinzip gesellschaftlicher Organisation kann nach dieser Auffassung kein Wohlstandsgarant der Bürgerschaft sein. Vielmehr haben die verschiedenen Einrichtungen des Staates für die Voraussetzungen der Wohlfahrtsproduktion Sorge zu tragen, mithin für eine öffentlich vorhandene Grundversorgung, die ein Leben in Würde und Sicherheit zu garantieren hat. Doch, so Kant, »eine väterliche Regierung, die den Untertanen wohlwollend, wohltätig aufzwingt, auf welchem Wege sie ihre Glückseligkeit suchen sollen, ist despotisch«.[6] Die staatliche Wohlfahrtspolitik soll die Glückseligkeit des Bürgers

---

4 Landwehr, »Gute Policey«, S. 3.
5 Vgl. auch Berman, Recht und Revolution.
6 Zit. nach Brunner u. a., Geschichtliche Grundbegriffe, S. 624.

im Blick haben und die rechtlichen wie wirtschaftlichen Voraussetzungen für das Streben nach sozialem Glück schaffen. Es geht hierbei um die Öffnung von Möglichkeitsräumen des Glücksstrebens. Denn die staatlicherseits definierte Glückseligkeit und ihr politischer Vollzug enden in aller historischer Regel in Angst und Schrecken. »Der dunkle Kontinent«, das Europa des 20. Jahrhunderts, liefert dafür eine Vielzahl an Beispielen.[7]

Zum Aufbau politischer und administrativer Einrichtungen der Wohlfahrt und zu Ansätzen einer Institutionalisierung des Wohlfahrtsstaates kommt es in Frankreich während der Ersten Republik. Im Verfassungstext vom 24. Juni 1793 findet sich der Passus: »Die Gesellschaft schuldet ihren unglücklichen Bürgern den Unterhalt, sei es, dass sie ihnen Arbeit verschafft, sei es, dass sie denen, welche zu arbeiten außerstande sind, die Existenzmittel gewährt.«[8] Diese zunächst programmatische Formulierung entspricht einer Neudefinition sozialer Beziehungen, ja mit ihr ist eine neuartige Politisierung des Sozialen verbunden. In seinem Standardwerk »Vom Armenhaus zum Wohlfahrtsstaat« skizziert der Sozialpolitikforscher Jens Alber die Konsequenzen, die mit dieser verfassungsgestützten Neuausrichtung des Verhältnisses von Staat und Gesellschaft für die weitere Entwicklung im 19. Jahrhundert verbunden sind. Mit der sukzessiven, durch die wirtschaftliche Entwicklung vorangetriebenen Aufhebung der Ständeordnung veränderte sich auch die Staatsauffassung. Der Staat als institutionelles Ordnungsprinzip der gesellschaftlichen Dynamik entwickelte sich von einem Ort der Privilegierung der höheren Stände zu einer »Agentur der Nation« (Jens Alber), die für das Wohlergehen und die Prosperität des sozialen Ganzen da ist. Die Ordnung der Gesellschaft und das Voranschreiten der wirtschaftlichen Entwicklung waren nun Bestandteil der Staatsverantwortung. Alber kann in seiner historischen Studie insbesondere zeigen, dass mit dieser Neubestimmung staatlicher Aufgaben eine Art sozialer Mobilisierung in Gang gesetzt wurde, denn »gleichzeitig [...] mit der Aufhebung ständischer Beschränkungen im Zuge der Durchsetzung der Gewerbe- und Arbeitsfreiheit [wurde] die traditionelle Begren-

---

7   Vgl. Mazower, Der dunkle Kontinent.
8   Alber, Vom Armenhaus zum Wohlfahrtsstaat, S. 33.

zung der Aspirationen beseitigt. Während die konventionelle und auch rechtliche Definition einer standesgemäßen Lebensführung der Wahl von Bezugsgruppen zur Einschätzung der eigenen Lage enge Schranken gesetzt hatte, stand mit dem Vordringen der rechtlichen Gleichheit jedermann der Vergleich mit den oberen Schichten der Gesellschaft offen. Die damit einhergehende ›Entfaltung der Bedürfnisse‹ wurde durch die dynamische Entwicklung der Wirtschaft noch verstärkt, die an die Stelle stabiler Armut eine unbestimmte Zukunft setzte. Relative Deprivation und unsichere Zukunftserwartungen traten somit als neue Elemente der Existenzunsicherheit an die Seite primärer Armut.«[9] Von zentraler Bedeutung ist in diesem Zusammenhang, dass der allmähliche Aufbau wohlfahrtsstaatlicher Institutionen eben nicht nur ein neues soziales Sicherungs- und Schutzsystem etablierte, sondern dass mit der Entwicklung der Wohlfahrtsstaatlichkeit zugleich auch der Startschuss für den Wandel von einer ständisch-stabilitätsorientierten hin zu einer mobil-aufstiegsorientierten Gesellschaftsordnung erfolgte. Woraus bezog die Entwicklung von der paternalistisch gewährten Wohlfahrt im aufgeklärten Absolutismus hin zur demokratisch legitimierten und rechtlich geformten Wohlfahrtsstaatlichkeit ihre wesentlichen *Kräfte und Ideen*? Bemerkenswerterweise haben das moderne wohlfahrtsstaatliche Denken und seine verwaltende staatliche Praxis gerade in den eher staatsdistanzierten und staatskritischen Milieus des 19. Jahrhunderts neue und starke Kraftquellen gefunden. Das gilt mit Blick auf die Entwicklung des politischen Liberalismus, des sozialen Katholizismus, der sich aus katholischen Laienverbänden und Vereinsorganisationen entwickelte,[10] und schließlich mit Blick auf die Entwicklung des sozialdemokratisch geprägten Genossenschaftswesens.

Die Pragmatik moderner Wohlfahrtsstaatlichkeit entspringt wesentlich dem Milieu liberaler Staatsvorstellungen, exemplarisch und paradigmatisch repräsentiert durch den Staatswissenschaftler Lorenz von Stein, dem wir das Bild vom »arbeitenden« Staat verdanken. Stein dachte den Staat weniger von theoretisch-norma-

---

9 Ebenda.
10 Vgl. Maier, Katholizismus und Demokratie, sowie Kersbergen, Social Capitalism.

tiven Prinzipien der Verfassung her als vielmehr von den praktischen Erwägungen der Verwaltung. Diese Bestimmung und Ausrichtung der Verwaltung als »arbeitender Staat« hatte manifeste Folgen für die Programmatik und Organisation des Verwaltungshandelns. »Ließ sich der liberale Staatszweck des Ordnens und des Sicherns noch in die abstrakten Gesetzesbestimmungen von Wenn-Dann-Schemata fassen und über die Mechanismen bürokratischer Routine vollziehen, so mußte die Verwirklichung einer ›Staatsidee der sozialen Reform‹ in Entscheidungs- und Handlungssituationen führen, die über die etablierten Ordnungen hinausweisen und den gezielten Eingriff in soziale Lebens- und Problemlagen erforderten. Die über Konditionalprogramme standardisierte Deduktionslogik des bürokratischen Vollzugs mußte nun abgelöst werden durch eine neue Programmstruktur administrativer Verfügung, die nicht mehr in den Grenzen gesetzlich festgeschriebener Wenn-Dann-Routinen zu halten war. Vielmehr gab nun das gesellschaftspolitische Leitprogramm der sozialen Reform die Richtlinie, über die jeweils akute Problemlage der Gesellschaft situationsgerecht und zugleich zielbewusst zu verfügen.«[11]

Eine weitere zentrale Quelle wohlfahrtsstaatlichen Denkens im 19. Jahrhundert entspringt – in Reaktion auf den hegemonialen Erfolg der säkularen Industriegesellschaft – im katholischen Sozialmilieu. Hier spielte der Mainzer Bischof und Sozialethiker Friedrich Wilhelm Ketteler eine wichtige Rolle. Ketteler kann ohne Zweifel als Vordenker und indirekter Initiator der päpstlichen Sozialenzykliken »Rerum novarum« und »Immortale Dei« von Papst Leo XIII. betrachtet werden. In diesem Milieu entfaltet sich der staatskritische wie staatszugewandte Gedanke der Subsidiarität, der sich sowohl auf Strukturen der Selbsthilfe und Selbstorganisation stützt als auch auf die unbedingte Notwendigkeit des staatlichen Schutzes und der staatlich organisierten Unterstützung dieser Selbsthilfe. In der Enzyklika »Quadragesimo Anno« von Papst Pius XI. wird das Subsidiaritätsprinzip folgendermaßen gefasst: »Wie dasjenige, was der Einzelmensch aus eigener Initiative und aus eigenen Kräften leisten kann, ihm nicht entzogen und

---

11 Vgl. Pankoke, Soziale Politik als Problem öffentlicher Verwaltung; Böckenförde, Lorenz von Stein als Theoretiker.

der Gesellschaft zugewiesen werden darf, so verstößt es gegen die Gerechtigkeit, das, was die kleineren und untergeordneten Gemeinwesen leisten und zum guten Ende führen können, für die weitere und übergeordnete Gemeinschaft in Anspruch zu nehmen.«[12] In den sozialpolitischen Debatten der Weimarer Zeit erfuhr diese Sorge um die »kleinen Kreise« eine neue Wendung. Es ging nicht mehr allein um die Selbstbehauptung und den Schutz der Organisationen des kirchlichen Sozialmilieus, sondern um den systematischen Aufbau regelrechter Sozialorganisationen der katholischen Wohlfahrtspflege unter Zuhilfe- und Indienstnahme staatlicher Unterstützung. »Von einem Grundsatz der Gestaltung des sozialen Volkslebens wandelte Subsidiarität sich so zu einem Organisationsprinzip des Wohlfahrtsstaates. Damit gingen Subsidiarität und Wohlfahrtsstaat in Deutschland erstmals jene spezifische Synthese ein, die für die Weiterentwicklung sozialer Sicherung vor allem in der Bundesrepublik charakteristisch werden sollte.«[13] Die Befürwortung einer interventionsfähigen und daseinsbesorgten Staatlichkeit ist in der katholischen Soziallehre immer mit der dezidierten Kritik staatlicher Allzuständigkeit und bürokratischer Vermachtung des Sozialen verbunden. Das »Recht der kleinen Kreise« als ordnungspolitisches Modell der Subsidiarität lebt gleichermaßen vom und gegen den Staat. Die Bezugnahme auf das Subsidiaritätsprinzip forcierte die wohlfahrtsstaatliche Entwicklung – die Zuspitzung und Ausformulierung des Gedankens der Subsidiarität zu einem weithin sichtbaren Baustein, ja zur Erfolgsbasis des modernen Wohlfahrtsstaates erfolgte in der zweiten Hälfte des 20. Jahrhunderts insbesondere durch Oswald von Nell-Breuning.[14] Zugleich wird das Prinzip der Nachrangigkeit des Staates gegenüber anderen Formen der gesellschaftlichen Gestaltung als Strategie gegen die Gefahren eines wohlfahrtsstaatlichen Totalitarismus ins Feld geführt. Daran anknüpfend promovierte schließlich Josef Isensee die Subsidiarität zum ordnungspolitischen Gegenstand der Staatsrechtslehre.[15]

---

12 Zit. nach Marmy, Mensch und Gemeinschaft, S. 443 ff.
13 Sachße, Subsidiarität, S. 203.
14 Vgl. Nell-Breuning, Erwägungen zum Subsidiaritätsprinzip.
15 Vgl. Isensee, Subsidiaritätsprinzip und Verfassungsrecht.

Eine dritte Quelle bildet schließlich das sozialdemokratische Milieu selbstbewusster und aufstiegsorientierter Handwerker und Industriefacharbeiter. Hier findet sich die Vielfalt genossenschaftlicher und korporativer Ordnungsvorstellungen, die von den Gewerkschaften über die Sportvereine bis hin zu den Sparvereinen und Versorgungskassen reicht. Diese Ordnungsvorstellungen der sozialdemokratisch orientierten Arbeiterbewegung waren einerseits (obrigkeits)staatskritisch, andererseits eng mit materiellen Sekuritätswünschen, sozialen Etablierungsbemühungen und kulturellem Anerkennungsstreben verbunden. Und tatsächlich hat die sich etablierende staatliche Sozialpolitik seit dem Ende des 19. Jahrhunderts keine gesellschaftliche Klasse in ihren Mentalitäten und Möglichkeiten mehr verändert als die Arbeiterschaft.[16] Mit der staatlicherseits initiierten Durchsetzung der Sozialversicherung entsteht historisch etwas Neues: Sozialeigentum für die, die nur ihre Arbeitskraft besitzen. Zudem trocknen die wohlfahrtsstaatlichen Aktivitäten die sogenannte »zweite Ökonomie« systematisch aus. Im Rahmen staatlicher Subventionen und sozialer Leistungen entsteht so etwas wie eine »Arbeiterfamilie«. Auch innerhalb der Arbeiterschaft entstehen Privathaushalte, die einem bürgerlichen Modell der Lebensführung entsprechen. Michael Krätke gibt mit Blick auf diese Veränderung der Lebensweisen der »unteren Schichten« durch Sozialpolitik interessante Hinweise. Er betont, dass die staatliche Initiierung von sozial- bzw. wohlfahrtspolitischen Maßnahmen die Interessenlagen der Lohnarbeiterschaft in sehr grundsätzlicher Manier verändert. Innerhalb der Klasse der abhängig Beschäftigten entwickelt sich mit der Sozialpolitik ein monetäres Interesse, das weit über die finanzielle Organisation des Alltags hinausgeht. Krätkes These ist, dass die Lohnarbeiter an der Entwicklung einer »rent-seeking-society« teilhaben, »in der jeder, wo und wie er kann, beständig bestrebt ist, kleinere oder größere finanzielle Vorteile zu ergattern. Lohnarbeiter entwickeln zwangsläufig Subventionsinteressen, wenn sie die Erfahrung machen, daß das Ausnutzen der vielerlei Subventionsregeln, die auf ihre Lebenslage zugeschnitten sind, für ihr Haushaltseinkommen nicht weniger wichtig ist als ihre eigene Arbeitsleistung

---

16 Vgl. Mooser, Arbeiterleben in Deutschland.

für ihren Verdienst. Als Dauerschuldner entwickeln sie Geldmarktinteressen – Interessen an Zinssätzen und sonstigen Kreditkonditionen. Kurz, nichts Kapitalistisches ist dem modernen Lohnarbeiter im Wohlfahrtsstaat mehr fremd. Sozialpolitik macht die Lage der Arbeiterklasse zu einer Staatsaffaire.«[17] Diese gesellschaftlichen Impulse einer zunehmend an Selbstbewusstsein gewinnenden Arbeiterschaft kamen unter den Schlagworten »Sicherheit«, »Aufstieg« und »Respekt« in der zweiten Hälfte des »sozialdemokratischen« 20. Jahrhunderts zur vollen Blüte. Nach wie vor repräsentieren diese Schlagworte zentrale Leitvokabeln aktueller Gesellschaftspolitik.

Ohne an dieser Stelle ins historische Detail zu gehen, ist es für die Diskussion des staatlichen Programmbegriffs der Wohlfahrt von zentraler Bedeutung, dass die entwickelte, institutionell verankerte Ordnungsidee des Wohlfahrtsstaates, verstanden als soziales Arrangement und als normative Programmatik, durch und durch ein Produkt benevolenter und selbstgewisser Staatsdistanz ist und keineswegs das Resultat autoritär-fixierten Staatsglaubens. An der Wiege des demokratischen Wohlfahrtsstaates stehen die liberalen, katholischen und sozialdemokratischen Problematisierungen des Sozialen. Das Soziale wird hierbei aus unterschiedlichen Perspektiven als Ort der politischen Verwaltung und des gesellschaftlichen Zusammenhalts bestimmt, an dem sich die strukturellen und mentalen Verwerfungen des Industriekapitalismus ablesen lassen. Das Soziale ist ein Problem politischer Gestaltung. Der Wohlfahrtsstaat als rechtlich durchgesetztes Prinzip des Sozialen ist keineswegs ein Ausdruck bürokratischen, totalitären und zitadellenhaften Denkens.

Wir haben gesehen, dass der Gedanke und das Programm der Wohlfahrt die Entwicklung des modernen Staates begleitet. In der zweiten Hälfte des 20. Jahrhunderts erfährt das gesellschaftliche Arrangement der Wohlfahrt freilich eine starke Beschleunigung. Ralf Dahrendorf entwirft in den 1990er Jahren in seinem Buch »Der moderne soziale Konflikt« unter der Kapitelüberschrift »Raymond Arons Welt« ein metaphernreiches Stimmungsbild der Ära des auf Sorge und Sicherung orientierten Wohlfahrtsstaates.

---

17 Vgl. Krätke, Sozialpolitik im Wohlfahrtsstaat, S. 684 f.

Nach dem Ende des Zweiten Weltkrieges »schien es den Überlebenden, als läge hinter ihnen der Alptraum einer stürmischen Winterfahrt über den Nordatlantik, und sie segelten jetzt in den karibischen Frühling. Zunächst lag noch Dunst über der Szenerie – schließlich konnte niemand wissen, wie lange das neue Klima halten würde –, aber bald strahlte die Sonne auf das glitzernde Meer. Ein dramatischer Umschwung vollzog sich im Leben der Menschen. Viele Jahre lang hatten die Turbulenzen der Zeit den meisten ihren Rhythmus aufgezwungen; auf einmal entdeckten sie, dass verlässlichere Umstände sie zu Herren ihres eigenen Schicksals machten. So weit die Erinnerung reichte, hatten die Imperative des Überlebens den Alltag bestimmt; jetzt ging es zunehmend um Konsum und um sozialen Aufstieg. Die Angebotsseite des Lebens trat in den Vordergrund.«[18] Als Bezugspunkt dienen Dahrendorf die »Achtzehn Vorlesungen über die industrielle Gesellschaft«, in denen Raymond Aron eine Struktur- und Mentalitätsgeschichte der westeuropäischen *Aufsteigergesellschaften* entwirft. Diese Gesellschaften prägte in der zweiten Hälfte des 20. Jahrhunderts eine sozial-demokratische Grundverfassung, die von einem konsensorientierten Gemeinwesen, von einer demokratisch orientierten politischen Kultur und von der breiten Zustimmung zu sozialen Bürgerrechten getragen wurde.[19] In der Dahrendorfschen Skizze tritt ein zentraler Bezugspunkt des expansiven Wohlfahrtsstaates deutlich hervor: die Erfahrung und die Folgewirkungen des Zweiten Weltkriegs. So ist der offensive »Sozialdemokratismus« im Binnenklima europäischer Nachkriegsgesellschaften zweifelsohne zu einem guten Teil Kriegsfolgenbewältigung. Das »europäische Sozialmodell«, das sich seit Ende der 1940er Jahre in den westeuropäischen Gesellschaften in unterschiedlichen nationalen Variationen etablierte, ist ohne die Vorgeschichte zweier verheerender Weltkriege kaum zu verstehen. Auf diesen Zusammenhang verweisen in exemplarischer Weise sowohl Werner Abelshauser in seiner »Deutschen Wirtschaftsgeschichte seit 1945« als auch in detailliertem Bezug auf die politische Konstruktion sozialer Anrechte durch den »Lastenausgleich« der englische Sozialhistoriker

---

18 Dahrendorf, Der moderne soziale Konflikt, S. 142.
19 Vgl. ebenda, S. 245f.

Michael L. Hughes in seiner Studie »Shouldering the Burdens of Defeat: West Germany and the Reconstruction of Social Justice«. Diese historische Erfahrung bündelte sich zur sozialpolitischen Gesinnung, die wesentlich zum Aufstieg und zur Expansion (nicht nur) bundesdeutscher Wohlfahrtsstaatlichkeit nach 1949 beitrug. Neben dem »Lastenausgleich« waren das vor allen Dingen die Ausgaben für Kriegsopfer und Heimkehrer nach dem Bundesversorgungsgesetz und dem Bundesheimkehrergesetz. Beide Gesetzeswerke stammen aus dem Jahr 1950. Im Mittelpunkt dieser sozialpolitischen Initiativen stand das »Bundesausgleichsamt« in Bad Homburg, das einen Ausgleichsfonds verwaltete, mit dem Kriegsschadensrenten, Hausratsentschädigungen, Aufbaudarlehen oder Wohnraumhilfen finanziert wurden. Waren diese sozialpolitischen Initiativen zunächst noch vor dem Hintergrund von Kriegszerstörung, Flüchtlingsintegration und Währungsreform entstanden, entkoppelte sich die Diskussion um Sozialpolitik und Wohlfahrtsstaat doch im Laufe der 1950er Jahre zunehmend von dieser historischen Zäsur und gewann universale, das Ganze der Gesellschaft gestaltende Züge. Forciert wurde diese Politik sozialer Gestaltung in den 1950er Jahren durch den »Schreiber-Plan«, der eine Reform der Alterversorgung und Rentensicherung unter dem programmatischen Titel »Existenzsicherung in der industriellen Gesellschaft« vorsah. Drei zentrale ordnungspolitische Prämissen kamen hier zum Tragen, die die Aufstiegsgeschichte des formativen Wohlfahrtsstaates in der zweiten Hälfte des 20. Jahrhunderts in nahezu allen industriellen Gesellschaften prägen sollten: Zum einen wurde das Schutzbedürfnis der aktiven Arbeitnehmer in den Wechselfällen des (Berufs-)Lebens in den Mittelpunkt gerückt. Hierzu zählen der Schutz vor gesundheitlicher Gefährdung im Arbeitsleben und die soziale wie materielle Absicherung im Krankheitsfall. Zweitens die Sicherung des erreichten beruflichen und bildungsbezogenen Status sowie die temporär begrenzte materielle Unterstützung im Fall des Arbeitsplatzverlustes. Das Zentralelement des »Schreiber-Plans« war schließlich die Sicherung der Existenz des Einzelnen und seiner Familie im Alter. Hans Günter Hockerts beschreibt in seinem Essay zu den »Metamorphosen des Wohlfahrtsstaats« die sozialgeschichtliche Zäsur des Durchbruchs der Lebensstandardsicherung in den 1950er Jahren.

Die sozialen Leistungen des Staates, die den Ausfall von Arbeitseinkommen ausgleichen sollten, verloren sukzessive ihren kümmerlichen Charakter und boten etwas Neues, den materiellen Verlust Übersteigendes: die Sicherung des im Arbeitsleben erreichten beruflichen und sozialen Status.»In diesem Funktionswandel von der Überlebenshilfe zur Status-Sicherung liegt einer der wichtigsten Gründe dafür, dass die Sozialleistungsquote bei wachsendem Wohlstand nicht gesunken ist, sondern gestiegen.«[20]

Was charakterisiert die Epoche staatlich organisierter Wohlfahrt, die in der zweiten Hälfte des 20. Jahrhunderts das Gesellschaftsverständnis nahezu aller europäischen Staaten prägte? Welche Konsequenzen waren mit der Entwicklung bzw. der Expansion des Wohlfahrtsstaates für das Strukturgefüge, für die Entwicklungsdynamik und für die kollektiven Mentalitäten der Gesellschaft verbunden? Welche Aufbau- und Gestaltungsprinzipien kamen und kommen in der Ordnungsidee des Wohlfahrtsstaates zum Tragen? Diese Fragen müssen wir nun im Blick behalten, wenn die Entwicklung sorgender Wohlfahrtsstaatlichkeit und die damit verknüpfte sozialstrukturelle Etablierung der sozialen »Zentralkonstellation« (Henri Mendras) der Mittelklasse zu diskutieren ist. Es geht um einen knappen Überblick über die *normative Programmatik*, die *strukturelle Architektur*, die *politischen Steuerungsprinzipien* und um die *vorwärtstreibenden Konflikte* in der Entwicklung und Formierung des Wohlfahrtsstaates.

Die Programmatik. Staatspflichten und soziale Infrastrukturen

Wenn in der nationalen und internationalen sozialpolitischen Forschung die Rede auf den Wohlfahrtsstaat kommt, dann wird er in der Regel mit allerlei statistischem Aufwand als soziales Sicherungssystem und fiskalische Umverteilungsmaschine analysiert und beschrieben. Der Nestor der Sozialpolitikforschung, der Bielefelder Soziologe Franz-Xaver Kaufmann merkt hierzu kritisch an, dass sich die Wohlfahrtsstaatsforschung »weitgehend auf den Bereich der Geldleistungen der sozialen Sicherung (social security,

---

20 Hockerts, Metamorphosen des Wohlfahrtsstaats, S. 37.

social protection)«[21] beschränkt hat. Die weit überwiegende Mehrheit der Studien beziehen sich nahezu ausschließlich auf die »sozialen Ausgaben«, also »auf die staatlichen und parastaatlichen Systeme der Einkommenssicherung [...]. Die Regulierung der Arbeitsverhältnisse und die sozialen Dienstleistungen geraten dagegen nur selten ins komparatistische Blickfeld. Das hat plausible Gründe, denn nichts ist leichter zu vergleichen als in Geldeinheiten definierte Statistiken.«[22] Die jeweilige Höhe der Sozialleistungsquote, die allein die fiskalischen Leistungen zur sozialen Sicherung zum Ausdruck bringt, wird in diesem Reduktionismus zum Maßstab der Gegenwart und Zukunft des Wohlfahrtsstaates. Diese eingeschränkte Sichtweise des Wohlfahrtsstaates führt dann immer wieder dazu, dass aus der Tatsache sinkender oder reduzierter Sozialleistungen ein genereller Rückzug oder umfassender Bedeutungsverlust des Wohlfahrtsstaates geschlussfolgert wird.

Doch der Wohlfahrtsstaat ist mehr als die Summe finanzieller Transferleistungen. Kaufmanns Schrift »Die Entstehung sozialer Grundrechte und die wohlfahrtsstaatliche Entwicklung« ist eine dezidierte Kritik dieses komparativen Reduktionismus. Er rückt den Wohlfahrtsstaat als normatives Ordnungsprinzip ins Zentrum gesellschaftswissenschaftlicher Aufmerksamkeit. Wer über den Wohlfahrtsstaat spricht, der darf nicht übersehen, dass hier das Universale stets vor dem Partikularen rangiert, dass sich die Vorstellung Raum verschafft, dass die materiell und sozial »Starken« in einem produktiven Verpflichtungszusammenhang mit den »Schwachen« stehen, und dass den »Schwachen« die Möglichkeit eröffnet werden muss, selbst einmal stark zu werden. Es geht um die Erweiterung der politischen und wirtschaftlichen Rechte durch die sozialen Rechte.[23] Kaufmann zeichnet die internationalen Auseinandersetzungen und Bemühungen um die Etablierung sozialer Menschenrechte nach, er skizziert die historische Entwicklung der wohlfahrtsstaatlichen Programmatik, die weit über die Frage der

---

21 Kaufmann, Sozialpolitisches Denken, S. 171.
22 Kaufmann, Die Entstehung sozialer Grundrechte, S. 8.
23 Vgl. zu dieser Typik bürgerschaftlicher Rechte Marshall, Bürgerrechte und soziale Klassen.

Finanzierbarkeit spezifischer sozialpolitischer (Ver-)Sicherungs-
fälle hinausgeht, und er diskutiert die sozial- und wohlfahrtspolitischen Konventionen, die auf die Gestaltung der Lebensbedingungen von allen Bevölkerungsgruppen zielen. Insbesondere
in der Zeit nach dem Zweiten Weltkrieg wurden hier wesentliche
Akzente gesetzt. »Dieser Übergang von einer an der Arbeiterfrage
orientierten internationalen Sozialpolitik [bis zu den 1930er und
1940er Jahren, B.V.] zu einer grundsätzlich die gesamte Bevölkerung betreffenden wohlfahrtsstaatlichen Verantwortung stellt eine
tief greifende Zäsur dar.«[24] Das entscheidende Datum ist hier der
Dezember 1948: Die Vollversammlung der Vereinten Nationen
verabschiedet die »Universal Declaration of Human Rights«.[25]
Hier wird erstmals eine internationale Verantwortung für die
Wohlfahrtsentwicklung in der Welt (welfare internationalism)
postuliert, die zu einem Konzept der Menschenrechte führte, dessen substantieller Bestandteil die Existenz sozialer Grundrechte
ist. Zu diesen sozialen Grundrechten zählen neben den Frei-
heitsrechten und dem Recht auf politische Beteiligung auch die
Rechte auf den Zugang zu sozialkulturellen Mindeststandards
und Rechte der wirtschaftlichen Existenzsicherung. »Obwohl
die wohlfahrtsstaatliche Programmatik selbstverständlich auch
auf den Grundsätzen der individuellen Freiheitsrechte und der
politischen Mitwirkungsrechte aufbaut, sind doch diese sozialen
Grundrechte spezifisch für die Legitimation wohlfahrtsstaatlicher
Entwicklung geworden.«[26] Im Mittelpunkt der Deklaration steht
Artikel 22, der die normative Leitlinie wohlfahrtsstaatlicher Gestaltung des Sozialen formuliert: »Jeder Mensch hat als Mitglied
der Gesellschaft Recht auf soziale Sicherheit; er hat Anspruch
darauf, durch innerstaatliche Maßnahmen und internationale
Zusammenarbeit unter Berücksichtigung der Organisation und
der Hilfsmittel jedes Staates in den Genuss der für seine Würde
und die freie Entwicklung seiner Persönlichkeit unentbehrlichen
wirtschaftlichen, sozialen und kulturellen Rechte zu gelangen.«[27]

---

24 Kaufmann, Sozialpolitisches Denken, S. 16.
25 Ebenda, S. 23.
26 Ebenda, S. 24 f.
27 Ebenda, S. 30.

Das Soziale, das verdeutlicht Kaufmanns Text, hat sich in der zweiten Hälfte des 20. Jahrhunderts zum Gegenstand menschenrechtlicher Normsetzungen entwickelt, deren nationalstaatliche Rechtsverbindlichkeit zwar auf der einen Seite beschränkt ist, die aber die politische Auseinandersetzung über die wohlfahrtsstaatliche Gestaltung der Gesellschaft auf der anderen Seite erheblich beeinflussen. Und dieser Einfluss beschränkt sich keineswegs allein auf die Kernländer des ohnehin wohlfahrtsstaatlich weitentwickelten »europäischen Sozialmodells«.[28] Bemerkenswert an der *Entwicklung sozialer Menschenrechte zur Staatspflicht* ist zudem, dass sie sich als Rechtsnormen nicht mehr nur auf die Sphäre der Erwerbsarbeit beziehen, der sie ursprünglich entstammen. Vielmehr haben sie sich aus der Partikularität der Arbeitswelt gelöst und sind universale Normen der Lebenswelt aller Bürger geworden. »Die Regulierung der Arbeitsverhältnisse, die Institutionen der Einkommensumverteilung und die Sozialen Dienste [haben sich] als Momente nationalgesellschaftlicher Konfliktlösung und Integration entwickelt.«[29]

Aus alldem wird deutlich, dass die aktuelle, reformorientierte Sichtweise des Wohlfahrtsstaates als finanzpolitisches Sorgenkind zwar berechtigt sein mag, aber keinesfalls hinreichend ist. Im Wohlfahrtsstaat geht es eben nicht nur um Verteilungs- und Sicherungsfragen. In der Diskussion wohlfahrtsstaatlicher Ordnung sind immer auch normative Prinzipien gesellschaftspolitischer sowie rechtlicher Gestaltung und Konfliktlösung eingewoben – und nicht zu vergessen: Der Wohlfahrtsstaat, seine Einrichtungen und Verbände wirken wesentlich als formative strukturelle Kraft. Die Struktur sozialer Unterschiede und Ungleichheiten ist von der Gestalt der Staatlichkeit nicht zu trennen. Dieser grundlegende Sachverhalt gesellschaftlicher Entwicklung ist freilich in der heutigen soziologischen und sozialstrukturellen Diskussion absolut an den Rand gedrängt worden. Weder in Hans Joas' »Lehrbuch der Soziologie« noch im »Handwörterbuch zur Gesellschaft Deutschlands« von Bernhard Schäfers und Wolfgang Zapf – um zwei aktuelle Beispiele zu nennen – findet sich ein soziologisch

---

28 Vgl. Kaelble/Schmid, Das europäische Sozialmodell.
29 Kaufmann, Sozialpolitisches Denken, S. 32.

konzeptioneller Eintrag zu »Staat« bzw. »Staatlichkeit«. Dabei
können die historischen Veränderungen und die aktuellen Entwicklungen des sozialen Strukturgefüges, der rechtlichen und
betrieblichen Organisation der Arbeitswelt, der sozialen und beruflichen Mobilität, der Umbrüche der alltäglichen Lebenszusammenhänge von Familie und Nachbarschaft sowie der normativen
Moralvorstellungen und Mentalitäten ohne Berücksichtung der
Gestalt und der Dynamik des Wohlfahrtsstaates nicht verstanden
werden. Die moderne Gesellschaft ist in hohem Maße staatsbedürftig – denn wohin wir uns in unserem wohlfahrtsstaatlichen
Dasein auch wenden, ob wir die Schule besuchen oder eine Ausbildung beginnen, ob wir eine Erwerbstätigkeit aufnehmen oder
aus einem Arbeitsverhältnis ausscheiden, ob wir uns selbständig
machen oder die öffentliche Infrastruktur nutzen, ob wir in Rente
gehen oder krank werden, ob wir heiraten oder uns scheiden lassen – all diese biographischen Passagen sind nicht nur, aber weitgehend staatlicherseits regulierte Ereignisse. In den modernen
Wohlfahrtsgesellschaften hat sich geradezu ein »selbstschweigen-
des« (Abram de Swaan) Verhältnis zum Wohlfahrtsstaat etabliert.
Der Wohlfahrtsstaat wird nur dann bemerkt und zum Thema kon-
troverser öffentlicher Deutungen und Debatten, wenn er Steuern
eintreibt oder Leistungen gewährt oder verweigert. Die Rolle des
Wohlfahrtsstaates als Chancenverteiler und Kontinuitätsgarant,
als Aufstiegsleiter und Agentur der Statussicherung, schließlich als
politischer und rechtlicher Schöpfer einer Aufsteigergesellschaft
findet dagegen nur sehr geringe Aufmerksamkeit.

In diesem »selbstschweigenden« Verhältnis weiter Kreise der
Bevölkerung spiegelt sich freilich auch ein positiver Effekt der Entwicklung des Wohlfahrtsstaates. Hier wird die Etablierung eines
kollektiven, schichtübergreifenden »sozialen Bewusstseins« sichtbar, das auf Solidaritätsbereitschaft und Interdependenzwissen
beruht. Die Etablierung des Wohlfahrtsstaates ist zum einen strukturellen Effekten geschuldet: dem zentralisierten Ausbau eines
funktionierenden Staatsapparates, der politischen und kulturellen
Herausbildung einer nationalen Identität, in deren Mittelpunkt
die Etablierung eines universalen, alle gesellschaftlichen Schichten
umfassenden Bildungssystems steht, und schließlich der sukzessiven Durchsetzung der Lohnarbeit als gesellschaftlicher Regelfall

in einer technologisch hochentwickelten Ökonomie. Damit war der Prozess der Standardisierung außerhäuslicher Erwerbsarbeit verknüpft. Erst diese neue formale Gleichartigkeit der Beschäftigungsverhältnisse – die sogenannte Arbeitnehmergesellschaft – ermöglichte ein einheitliches staatliches Verwaltungshandeln. In der Figur des Arbeitnehmers kommt neben der Standardisierung der rechtlichen, sozialen und betrieblichen Statusformen auch die Disziplin als wesentliches Leitprinzip der Wohlfahrtsstaatlichkeit in den Blick. Die beruflich qualifizierte, statusbewusste und konsensorientierte Arbeitnehmerschaft der Facharbeiter und Fachangestellten ist die Trägergruppe moderner Wohlfahrtsstaatlichkeit. Zum anderen basiert die Entwicklung des modernen Wohlfahrtsstaates auf der Genese eines spezifischen »sozialen Bewusstseins«, das heißt eines Bewusstseins sozialer Interdependenz. »Verbindet sich das Wissen um die wachsenden Abhängigkeiten mit der Bereitschaft, kollektive Vorsorgemaßnahmen zu unterstützen, nennen wir dies ›soziales Bewusstsein‹.«[30] Die Hilfe in sozialen Notfällen ist nicht mehr allein das Aufgabengebiet »privater« Wohltätigkeit, sondern sie wird zur Aufgabe der politischen Allgemeinheit, repräsentiert in der staatlichen Verwaltung. Die Grenzen wechselseitiger Abhängigkeit und Verpflichtung weiten sich Schritt für Schritt aus. Gegenstand des Allgemeinwohls und der öffentlichen Verwaltung sind alle Bürger eines Landes. In diesem besonderen Umfeld eines allmählich wachsenden sozialen Bewusstseins und einer faktischen Interdependenzverstärkung als Grundmuster moderner, industriewirtschaftlich und arbeitsteilig konfigurierter Gesellschaften konnten sich schließlich zwei spezifische Institutionen entwickeln, die in den Wohlfahrtsökonomien des Westens im Laufe des 20. Jahrhunderts zur substantiellen Entfaltung kamen: das ebenso vielgestaltige wie statusstabilisierende soziale (Ver-)Sicherungswesen und die korporative Dualität staatlicher und nichtstaatlicher Wohlfahrtspflege. Im Zuge des Aufbaus dieser spezifischen wohlfahrtsorientierten Infrastruktur materialisiert sich Verantwortung für Statussicherheit und Aufstiegsperspektive mit einem Prämien- und Privilegiensystem für die soziale und gemeinwohlverpflichtete Rolle des disziplinierten

---

30 de Swaan, Der sorgende Staat, S. 277.

Arbeitnehmers. Die strukturelle, programmatische und milieuspezifische Voraussetzung für den Sozialtypus des Arbeitnehmers und für die Entwicklung des »sozialen Bewusstseins« sind freilich die Entwicklungsprozesse der öffentlichen Infrastruktur – ein weitgehend unbeachteter Aspekt der wohlfahrtsstaatlichen Diskussion, den wir daher an dieser Stelle etwas genauer ausleuchten wollen.

Der Begriff der Infrastruktur ist, wie der Historiker Dirk van Laak in seinem Aufsatz »Infra-Strukturgeschichte« schreibt, eine zunächst scheinbar unpolitisch-technische Kategorie für staatliche Vorleistungen im Wirtschaftlichen und Sozialen sowie ein »Symbol- und Kampfbegriff eines ständig steigenden und von gleichsam unsichtbaren ›öffentlichen Händen‹ bereitgestellten sozial- und interventionsstaatlichen Betreuungsniveaus«.[31] Infrastruktur ist eine Chiffre der Entwicklung moderner, industrieller und technologisch geprägter Gesellschaften. Diese Chiffre verweist auf die staatliche Organisation sozialer und militärischer Sicherheit, aber auch auf Verkehrswegebau und technische Innovation sowie auf staatliche Investitionsbereitschaft und die politische Verpflichtung zur Förderung wirtschaftlichen Wachstums und unternehmerischer Prosperität. Der Ausbau von Infrastrukturen (gleich welcher Art) verfolgt stets das Ziel sozialer Integration. Im Bild des »technischen Staates« spiegeln sich staatsrechtliche, soziologische und politische Überlegungen und Konzeptionen der rasanten Infrastrukturentwicklung, die alle modernen, arbeitsteiligen und industriellen Gesellschaften auszeichnet. Nachdem der Ausbau öffentlicher Infrastrukturen seit dem Ersten Weltkrieg sprunghaft vorangetrieben wurde, können in der Geschichte des 20. Jahrhunderts gerade die 1960er und 1970er Jahre als eine Hochphase der Infrastrukturalisierung des Sozialen betrachtet werden. In der Frage des Ausbaus öffentlicher Infrastruktur verwirklichte sich die Vorstellung eines leistungsfähigen und integrationsbereiten Wohlfahrtsstaates. »Als Ziel einer ›infrastrukturorientierten und verteilungswirksamen Wirtschaftspolitik‹, die sich zwischen ›Marx und Markt‹ schiebe, wurde die ›Erweiterung individueller Freiheitsspielräume für jedermann‹ angegeben.«[32]

---

31 van Laak, Infra-Strukturgeschichte, S. 370.
32 Ebenda, S. 368.

»Social engeneering« geriet zum Zauberwort der politischen und technischen Gestaltung gesellschaftlicher Entwicklung. Die Infrastruktur dient der Öffnung, Erschließung und Ordnung des öffentlichen Raums und bietet die technische Grundlage und die strukturelle Voraussetzung für die Leistungen der Daseinsvorsorge. Industriell geprägte, technologisch avancierte und wohlfahrtsstaatlich geordnete Gesellschaften sind ohne diese öffentlichen Infrastrukturen nicht nur nicht denkbar, sie sind schlichtweg nicht funktionsfähig. Alles in allem ist Infrastruktur daher ohne Zweifel ein Konstitutionsbegriff des Wohlfahrtsstaates – einmal im Sinne der öffentlichen Verhaltensmodulation, dann als struktureller Integrationsfaktor, hinsichtlich generalisierter Versorgungs- und Verwaltungsleistungen und schließlich auch als politisches Programm sozialer Steuerung und Gestaltung. Was heißt das im Einzelnen?

In *sozialanthropologischer Hinsicht* repräsentiert die Infrastruktur eine entlastende Institution, die die dienstbaren Kräfte der Technik kollektiviert und ubiquitär zur Verfügung stellt. Aus dieser Perspektive dient die Infrastruktur der Modulation des sozialen Verhaltens. Die verschiedenen infrastrukturellen Leistungen und Entwicklungen sind eine bedeutsame Zivilisationsleistung, die rasch zur kollektiven Selbstverständlichkeit und zum Bestandteil einer disziplinierten und technikangepassten Wohlfahrtsmentalität wird. Der Ausbau staatlicher Infrastrukturen »moduliert« zweifelsohne alltägliches Verhalten. Infolgedessen nivellieren sich bestimmte soziale Verhaltensstandards, doch es kommt auch zu neuen Zwängen und Anforderungen der Gesellschaft an den Einzelnen. Wer Verkehrs-, Kommunikations- und Energieinfrastrukturen nutzt, sieht sich mit jeweils steigenden Anforderungen an Pünktlichkeit, Produktivität und Verkehrsdisziplin konfrontiert. »Die technische Betriebslogik der Industriegesellschaft [...] ging tendenziell immer einher mit Normierung und Vereinheitlichung oder sogar entmündigender Disziplinierung. Doch sind diese Formungen des alltäglichen Verhaltens nach sozialräumlichen und normalbiographischen Mustern nicht nur als Domestizierung, sondern meist als eine Freisetzung wahrgenommen worden, schienen die Vorteile doch fast immer die Nachteile, etwa die zunehmende Bedürftigkeit und die wachsende Abhängigkeit vom Staat, zu überwiegen.«[33] Die Verbindung von Zentrum und Peripherie – in räumlicher, sozialer, ökonomischer und auch kultureller Hinsicht – war stets das Ziel staatlicher Infrastrukturentwicklung.

Die Infrastruktur ist in *soziologischer Hinsicht* ein zentraler Integrationsfaktor. Die Kategorie der Urbanität, die das Städtische als gesellschaftliche Integrationsmaschine begreift, beinhaltet die Entwicklung der öffentlichen Infrastruktur. Der »sozialen Frage«, die die urbane Entwicklung seit dem 19. Jahrhundert in besonderer Weise herausforderte, sollte mit den Einrichtungen und Methoden öffentlicher Wohlfahrtspflege (soziale Infrastruktur) und mit der räumlichen Entzerrung durch Flächennutzungs- und Bebauungspläne sowie dem Aufbau von Verkehrssystemen beigekommen werden. Es ging dabei um die Bewertung und Klassifikation des Siedlungsraumes, um die Aufwertung bestimmter Wohngebiete und um die Definition und Begrenzung »problematischer« Teilräume des Städtischen. Die infrastrukturelle Verbindung zentraler und peripherer Orte war ein Wechselspiel sozialer und räumlicher Inklusion und Exklusion. Dabei ist zu beachten, dass die Stadtgeschichte und die mit ihr verbundene Förderung technischer Einrichtungen und sozialer Netzwerke keineswegs eine stets vorwärtstreibende Erfolgsgeschichte gewesen ist. Es waren in der Regel menschlich verursachte oder natürlich bedingte Katastrophen, die die lokalen Eliten dazu veranlassten, für eine Verbesserung der Infrastruktur zu sorgen – vom Brandschutz über die Kanalisation bis zur Gesundheitsvorsorge und -aufklärung. Doch es würde zu kurz greifen, diese Entwicklung nur reaktiv zu interpretieren, denn gerade hier liegt doch ein zentraler gesellschaftlicher Projektierungsbereich, der einen Vorgriff auf die Zukunft repräsentiert und vielfältige Formen expertengestützter Prognose und Diagnose erfordert. Infrastrukturen sind die sachlichen Voraussetzungen und Medien des Gemeinwohls. Dieser Zusammenhang gewinnt insbesondere mit Blick auf die infrastrukturelle Bearbeitung der Erwerbstätigkeit seit der zweiten Hälfte des 19. Jahrhunderts an Plausibilität. Zunächst verfolgten rasch wachsende und arbeitskraftbedürftige Betriebe wie Krupp, Bosch

---

33 Ebenda, S. 372.

oder Zeiss die Strategie, die soziale Lage der proletarisierten Arbeiterschaft durch verstärkte Infrastrukturangebote zu entschärfen. Diese sozial- und arbeitspolitische Strategie wurde mit Beginn des 20. Jahrhunderts forciert und dabei zunehmend unter staatliche bzw. öffentliche Regie gestellt. »Familiäre, nachbarschaftliche und betriebliche Leistungen wurden dabei durch eine kommunale oder staatliche Leistungsverwaltung abgelöst, deren Aufgabe vornehmlich in der systematischen und integrativen Bereitstellung von Infrastrukturen der Ver- und Entsorgung, des Verkehrs und der Kommunikation bestand.«[34] Wir haben es hier mit materiell greif- und sichtbaren Indikatoren einer wohlfahrtsstaatlichen Politik zu tun. Sie sind Resultate kommunaler Planung und staatlicher Verwaltung. Sie verkörpern in gewissem Sinne den abstrakten Begriff des Wohlfahrtsstaates. In der Entwicklung der Infrastruktur erkennen wir das Resultat einer generalisierten Versorgungs- und Verwaltungsleistung: Der Ausbau einer öffentlichen Verwaltung wandelte die nachholende Fürsorge immer stärker in eine planende Vorsorge. Der Zweck der Infrastrukturentwicklung lag nicht zuletzt darin, die Arbeitskraft der Bevölkerung durch Verkehrseinrichtungen, Gesundheitsvorsorge und Bildungsangebote nicht nur zu erhalten, sondern sie systematisch zu stärken. Deren systematischer Ausbau verbindet sich mit Verfahren der Sozialstatistik, mit Appellen an die Sozialhygiene und mit den sich erweiternden Wissensbeständen der Sozialmedizin. »Sauberkeit«, »Reinlichkeit«, »Ordnung« oder auch »Schönheit« sind Leitvokabeln des wachsenden Vertrauens in die Möglichkeiten politischer Planung und sozialer Verwaltung.[35] Dementsprechend erfuhr auch das Verwaltungsrecht im Laufe des 20. Jahrhunderts eine deutliche Aufwertung, denn die Verwaltungsrechtler wurden zu Experten des parteiunabhängigen, technokratisch begründeten Allgemeinwohls – gemäß der Formel: Verfassungsrecht vergeht, Verwaltungsrecht besteht.

Schließlich ist die Infrastruktur immer auch *ein politisches Programm*. Insbesondere die Kommunalforschung und Verwaltungswissenschaften entwickelten sich nach 1945 zu den zentra-

---

34 Ebenda, S. 378.
35 Ebenda.

len Infrastrukturwissenschaften und beanspruchten politische Planungskompetenz und rechtliche Planungsfähigkeit. Sie definieren Existenzminima, Lebensstandards oder machen sich Gedanken über die Gleichwertigkeit von Lebensverhältnissen. Dabei entstand sukzessive eine reformorientierte, administrative Sozialtechnik, die ein Klima der Sozialreform schuf. Von besonderem Einfluss war in diesem Zusammenhang die Verwaltungsrechtslehre von Ernst Forsthoff. Ihm ging es um die Einrichtung einer kommunalen, im Kern staatlich organisierten »Leistungsverwaltung«. Doch die Infrastrukturplanung und -entwicklung war keineswegs nur ein auf die kommunale Gestaltung der Lebensverhältnisse zielendes Projekt, aus dem »Stadtwerke« und andere kommunale Versorgungsbetriebe hervorgingen; mit sozialer Planung und technischer Entwicklung waren seit dem 19. Jahrhundert auch ausdrücklich Fragen nationalstaatlicher Integration verknüpft. Der Ausbau der Verkehrswege oder des Bildungswesens war ein Beitrag des »nation-building«. Zudem erfolgte mit dem staatlichen und kommunalen Ausbau technischer und sozialer Infrastrukturen der Startschuss für Massenproduktion und Massenkonsum. Erst die Versorgung mit Elektrizität und Gas sowie die Schaffung kommunikativer Strukturen (Telefon) eröffneten die Möglichkeit, die Privathaushalte als Märkte mit gewaltigem haushaltstechnischen Wachstumspotential zu erschließen. Schließlich ist die staatliche Infrastrukturentwicklung ein zentrales Aktionsfeld regulierender Eingriffe in den Arbeitsmarkt. Das gilt für die amerikanische Politik des »New Deal« unter Roosevelt, für die hydrotechnischen Projekte in der Sowjetunion,[36] aber in jüngerer Zeit beispielsweise auch für die Strukturentwicklung Ostdeutschlands nach 1990. Die Infrastruktur als politisches Programm und als staatlicher Wille sozialer Gestaltung wurde zum Signal und Symbol wachsenden gesellschaftlichen Wohlstands. Insbesondere die Strukturen der Kommunikation und des Verkehrs sind gestern wie heute Demonstrationen technischer Leistungsfähigkeit. Neben die Materialität tritt daher die Symbolik von Infrastrukturen, gewissermaßen ihre »politische Ikonographie«.[37] Aktuelle Beispiele im

---

36 Vgl. Westerman, Ingenieure der Seele.
37 van Laak, Infra-Strukturgeschichte, S. 385.

technischen »Standortwettbewerb« sind der Ausbau von Hochge-
schwindigkeitsstrecken im Zugverkehr oder die Installation leistungsfähiger Mobilfunknetze.

Zu erschließen bleibt schließlich noch der staatstheoretische
Gehalt des Infrastrukturbegriffs: Der Begriff legt »Neudefinitionen nahe, was in diesem Zusammenhang unter öffentlich und
privat, politisch und sachlich zu verstehen ist. Letztlich ließe sich
sogar eine Geschichte des Staatsverständnisses aus der Warte
jeweiliger Infrastrukturaufgaben und -ausgaben schreiben, bei der
das Changieren zwischen entwicklungsökonomischen und sozialpolitischen Effekten, zwischen einer extensiv-erschließenden und
einer intensiv-regulierenden Infrastruktur deutlich würde.«[38] Van
Laak plädiert mit Blick auf weitere sozialwissenschaftliche Forschungen zu Fragen der öffentlichen Infrastruktur für eine exemplarische Analyse einzelner Infrastrukturen und der an sie gebundenen Macht- und Interessengeflechte. Wer sind die Gewinner
und Verlierer bestimmter Infrastrukturentscheidungen, welche
verdrängten Alternativen sind zu identifizieren, welche Lobbys
und Koalitionen bilden sich im Umfeld des Aus-, Ab- oder Umbaus von Infrastrukturen?

Die Ausführungen machen deutlich, dass die Entwicklung
des modernen Wohlfahrtsstaates vom Prozess des Infrastruktur-
ausbaus nicht zu trennen ist. Zwar wirken auch technische und
soziale Infrastrukturen durchaus selektiv. Bestimmte Gruppen
und Regionen der Gesellschaft profitieren mehr als andere. Doch
insgesamt leistet die Infrastrukturentwicklung einen erheblichen
Beitrag zur sozialen Integration und zur Nivellierung gesellschaftlicher Unterschiede. Mit der staatlich vorangetriebenen Entwicklung der Infrastruktur entstanden für breite Schichten der Bevölkerung neue Teilhabe- und Konsummöglichkeiten, zugleich
verringerte sich die starke Selektivität der sozialen und regionalen
Herkunft bezüglich der Zugänglichkeit öffentlicher Infrastrukturen oder der Partizipation an weiterführenden Bildungseinrichtungen. Der Ausbau öffentlicher Einrichtungen – von kommunalen Gemeinde- oder Stadtteilzentren über Schwimmbäder und
organisierte Freizeitangebote bis hin zu Bibliotheken – hat in den

---

38 Ebenda, S. 391.

»goldenen Jahren« des Wohlfahrtskapitalismus ein hohes, bis heute weitgehend intaktes Niveau erreicht. Auf dieser Grundlage ist die Politik der »öffentlichen Hände« heute trotz ihrer fiskalischen Erschöpfung und verbreiteter Steuermüdigkeit mit hohen Erwartungen an ihren vorsorgenden Gebrauchswert konfrontiert.

Die Konflikte. Handicapologie und Privilegienkämpfe

Die wohlfahrtsstaatliche Politik prägt Lebenschancen und strukturiert soziale Ungleichheit, indem sie Privilegien zuweist und entzieht, indem sie das Gefüge aus sozialen Rechten und Pflichten ordnet und justiert. Der Wohlfahrtsstaat konstruiert und konstituiert in der Formulierung Max Webers »soziale Vorzugslagen«, aber auf diese Weise auch »soziale Benachteiligungslagen«. Der Wohlfahrtsstaat ist der Ort der sozialen Auseinandersetzungen um die politische und rechtliche Formulierung einer – in den Worten Robert Castels – »Handicapologie«. Die politische Praxis der Handicapologie fragt: Wer verdient für welchen Tatbestand welche finanzielle und normative Aufmerksamkeit, wessen Handicaps werden als berechtigt anerkannt und welche Handicaps erweisen sich als interventionstauglich, als ausgleichsbedürftig oder vielleicht auch als zumutbar? Auf der Grundlage dieser Fragestellungen gibt es in wohlfahrtsstaatlich formierten Demokratien zu keinem Zeitpunkt dauerhaft sozialpolitisch befriedigte und dauerhaft sozialpolitisch enttäuschte soziale Gruppen bzw. Klassen, sondern die Enttäuschungs- und Befriedigungsintensität ist zwischen und innerhalb unterschiedlicher sozialer Klassen stets variabel. Diese prekäre und konfliktreiche Balance von Befriedigung und Enttäuschung gesellschaftlicher Erwartungen, die als das strukturelle Grundmerkmal der Organisation und Praxis des Wohlfahrtsstaates betrachtet werden kann, geht in der sozialwissenschaftlichen Literatur und ihrer häufig monotonen Suche nach Wohlfahrtsstaatstypen bedauerlicherweise weitgehend unter.

Die mittlerweile »klassische« Wohlfahrtsstaatstypologie von Göran Esping-Andersen, der drei Welten des konservativen, liberalen und sozialdemokratisch geprägten »Wohlfahrtskapitalismus« unterscheidet, ist daher als Heuristik wohlfahrtsstaatlicher Entwicklungslogik verdienstvoll, für das systematische theoretische und empirische Verständnis wohlfahrtsstaatlicher Praxis allerdings nur von geringem Nutzen. Die Typologie hilft Unterscheidungen zu treffen, aber sie operiert mit einem Modell, das keine sozialen Konflikte um die Gestalt und Gestaltung von Staatlichkeit kennt, und sie unterstellt, dass das letzte und höchste Ziel des Wohlfahrtsstaates die »Dekommodifizierung« der Ware Arbeitskraft sei. Davon kann allerdings nicht die Rede sein. Selbstverständlich zielt wohlfahrtsstaatliche Politik von Beginn an darauf, der Nutzung der menschlichen Arbeitskraft spezifische politische und institutionelle Grenzen zu setzen bzw. das freie Spiel von Angebot und Nachfrage auf den Arbeitsmärkten einzudämmen. Doch diese auf »Dekommodifizierung« orientierte Funktionsbestimmung bleibt unerfreulich eindimensional. Es gibt gute sozial- und wirtschaftshistorische Gründe, die gegen die in der empirischen Wohlfahrtsstaatsforschung verbreitete Praxis sprechen, die von Esping-Andersen prominent platzierte »Dekommodifizierung« als Zentralmerkmal von Sozialpolitik auszuweisen. Der Maßstab des wohlfahrtsstaatlichen Handelns ist keineswegs der Schutz der Arbeitskraft vor dem Markt. So betont Karl Polanyi in seiner klassischen Studie zur »Great Transformation«, dass es gerade der sich etablierende Wohlfahrtsstaat ist, der die marktfähige Arbeitskraft überhaupt erst herstellt. Die wohlfahrtsstaatliche Organisation des Sozialen zielt nicht auf Marktabschirmung, sondern umgekehrt auf *Marktbefähigung*. In dieselbe Kerbe schlägt auch Foucault in seinen Vorlesungen zur »Geschichte der Gouvernementalität«. Er konzentriert sich hier auf die gesellschaftspolitischen Vorstellungen und das Markt-Staat-Verhältnis der Ordoliberalen. Foucault zeigt, dass für die Freiburger Schule der Markt keine natürliche Sozialordnung darstellt, die der Staat bzw. die politische Regierung respektieren oder gar schonen müsste. Es verhält sich aus der Sicht der ordoliberalen Protagonisten Walter Eucken oder Alfred Müller-Armack genau umgekehrt: Ohne politische Intervention und ohne rechtlichen Eingriff entstehen keine stabilen Marktordnungen. Der funktionsfähige Markt ist das Ergebnis von politischer, rechtlicher, das heißt in letzter Instanz staatlicher Regierungspraxis. Der moderne Kapitalismus als

Marktökonomie ist aus dem Geiste der staatlich garantierten und rechtlich gesicherten Verwaltung geboren.

Zudem verleitet die Konzentration auf die dekommodifizierende Wirkung zu einem Verständnis des Verhältnisses von Markt und Sozialpolitik, das den Problemen entwickelter Wohlfahrtsstaaten, in denen sich durchaus komplizierte Verbindungen von wirtschaftlichen und politischen Sphären ergeben, nicht gerecht wird. Sozialpolitik ist nicht die Problemlösungsinstanz marktwirtschaftlich organisierter Gesellschaften. Ein Grundmerkmal entwickelter Wohlfahrtsstaaten ist doch gerade, dass sie zunehmend mit sozialpolitischen Problemen zweiter Ordnung konfrontiert sind. Sozialpolitik bearbeitet durch ihre Praxis selbsterzeugte Handlungsanforderungen. Sie dreht sich immer weniger um die Beeinflussung konkreter sozialer Problemlagen im Sinne einer Sozialpolitik erster Ordnung, »sondern um die Beeinflussung der Interventionsapparaturen, welche einstmals um der Linderung sozialer Problemlagen willen geschaffen worden sind, heute jedoch ein institutionelles Eigengewicht gewonnen haben, das weitgehend unabhängig von den ursprünglichen Motiven um politische Beachtung ringt. Hier geht es nicht mehr um Intervention in soziale Verhältnisse, sondern um die Gewährleistung und Steuerung institutionalisierter Systeme – insbesondere des Tarifvertragswesens, der Einkommenssicherung und der Dienstleistungsproduktion.«[39] Der Soziologe Elmar Rieger spricht in Anspielung auf diese Sozialpolitik zweiter Ordnung sehr anschaulich von »Selbstverknotungen« und »Selbstbindungen«. Diese sozialpolitischen Folgeprobleme der Sozialpolitik sind gleichermaßen Resultat und Steuerungsproblem wohlfahrtsstaatlicher Arrangements.[40] Auch er betont die Eigendynamik sozialpolitischer Strukturen und hält es für ein ehernes Gesetz der Sozialpolitik im entwickelten Wohlfahrtsstaat, »dass jede Problemlösung die Dringlichkeit der noch ungelösten Probleme erhöht«.[41] Die Grenzen des Wohlfahrtsstaates liegen folglich nicht allein in den Problemen der fiskalischen

---

39 Kaufmann, Sozialpolitik und Sozialstaat, S. 143.
40 Rieger, Soziologische Theorie und Sozialpolitik, S. 74; vgl. hierzu auch Luhmann, Politische Theorie im Wohlfahrtsstaat.
41 Rieger, Soziologische Theorie und Sozialpolitik, S. 84.

Umverteilung oder Abgabenlast, sondern auch in den Antinomien der sozialpolitischen Praxis. Diese Praxis ist in schwelende Interessenkonflikte involviert, die sich zwischen den durch sozialpolitische Verteilung entweder gestärkten oder geschwächten Gruppen abspielen. Die Entwicklungsgeschichte der staatlichen Regulation und Gestaltung gesellschaftlicher Verhältnisse ist geprägt von Kämpfen um den Neubau, Ausbau und Abbau wohlfahrtsstaatlicher Institutionen und Sicherungssysteme sowie Auseinandersetzungen um die »regulativen Wertmaßstäbe« der Sozialpolitik. In der Formulierung Max Webers: »Das Kennzeichen des sozialpolitischen Charakters eines Problems ist es ja geradezu, dass es nicht auf Grund bloß technischer Erwägungen aus feststehenden Zwecken heraus zu erledigen ist, daß um die regulativen Wertmaßstäbe selbst gestritten werden kann und muß, weil das Problem in die Region der allgemeinen Kulturfragen hineinragt. Und es wird gestritten nicht nur [...] zwischen ›Klasseninteressen‹, sondern auch zwischen Weltanschauungen.«[42]

Daraus ergeben sich für den Wohlfahrtsstaat – verstanden als soziales Konfliktfeld – drei Schlussfolgerungen: Es gibt erstens keine übergeordnete, zentrale Leitfunktion des Wohlfahrtsstaates, die sich beispielsweise in der Funktion der Dämpfung und Einhegung von Marktmechanismen (Dekommodifizierung) erschöpfen würde. Die Staatszielbestimmung des modernen, auf Rechtsansprüchen gegründeten Wohlfahrtsstaates kann nicht eindimensional auf Markteinhegung reduziert werden, wie es die Typologie Esping-Andersens suggeriert. »Markt« ist zweitens keineswegs ein diametraler Gegensatz zu wohlfahrtsstaatlicher Politik. Beide, Markt und Staat, sind vielmehr Mechanismen der Regulation und Befriedigung potentiell divergenter Interessen und Bedürfnisse. Historische Arbeiten zeigen die enge Verschränkung und wechselseitige Angewiesenheit von Markt und Staat als Funktions- und Ordnungsprinzipien des Sozialen. Max Webers Kapitalismustheorie ruht auf der Erkenntnis, dass allein im rationalen Staat der Kapitalismus gedeihen kann. Dieser Staatstypus beruht auf dem formalisierten und berechenbaren Recht. Recht muss sich berechnen lassen wie eine Maschine, um das Unternehmertum auf

---

42 Vgl. Weber, Die »Objektivität«.

sicherem Grund gedeihen zu lassen. Hierzu bedarf es der Sozialfiguren des Fachbeamten und des Verwaltungsdieners. Drittens
erzeugt die wohlfahrtsstaatliche Lösung und distributive Bearbeitung der Probleme einer gesellschaftlichen Gruppe regelhaft Probleme für andere Gruppen der Gesellschaft.« Wohlfahrtsstaatliche
Einrichtungen in marktwirtschaftlichen Kontexten sind typischer-
weise gleichzeitig auf gegensätzliche Bedürfnisse von sozialen
Gruppen bezogen, die im System der gesellschaftlichen Arbeitsteilung unterschiedliche Positionen einnehmen. Sie enthalten zwangsläufig Elemente, die untereinander in einem Spannungsverhältnis
stehen.«[43] Mit anderen Worten: Die wohlfahrtsstaatliche Politik
beeinflusst in historischer wie in zeitdiagnostischer Perspektive
in sehr unmittelbarer Weise die Kräfteverhältnisse zwischen sehr
unterschiedlichen sozialen Gruppen. Die politische Balancierung
sozialer Ungleichheiten zwischen Männern und Frauen, Arbeitern
und Angestellten, Aufstiegsorientierten und Abstiegsverängstig-
ten, zwischen deklassierten und etablierten Gruppen sowie zwischen »Wohlfahrtsgenerationen« (Heinz Bude) ist und bleibt die
zentrale Herausforderung der wohlfahrtsstaatlichen Justierung des
Sozialen.

Der niederländische Historiker Abram de Swaan legt in seiner
gesellschaftsgeschichtlichen Studie »Der sorgende Staat« eine ex-
zellente Konflikttheorie und -soziologie des Wohlfahrtsstaates vor.
Der Wohlfahrtsstaat kann in de Swaans Sichtweise nicht als ein
von oben installiertes oder dekretiertes Ordnungsgerüst des Sozialen verstanden werden. Vielmehr ist er das geschichtliche Produkt
gesellschaftlicher Konflikte um Anrechte und Belastungen, um
Privilegien und Benachteiligungen. In seiner Analyse der Genese
des modernen Wohlfahrtsstaates stellt er am Beispiel der Niederlande, Frankreichs, Deutschlands und der Vereinigten Staaten von
Amerika die Trägergruppen sorgender Wohlfahrtsstaatlichkeit
vor, und er schildert die sozialen Konflikte, die mit der politischen
und rechtlichen Durchsetzung des Konzepts sorgender Staatlichkeit verbunden waren. Auf de Swaans historischem Tableau des
sorgenden Staates erscheinen Nutznießer und Verlierer. Er kann
sehr gut zeigen, dass die wohlfahrtsstaatliche Entwicklung in so-

---

43 Rieger, Soziologische Theorie und Sozialpolitik, S. 69.

zialstruktureller Hinsicht formativ wirkte, indem sie das Strukturgefüge der Gesellschaft in besonderer Weise prägte. »Im
20. Jahrhundert ging die Kollektivierung der Fürsorge mit einer
Transformation der gesellschaftlichen Mittelklasse einher. An die
Stelle von Selbständigen und Kleinunternehmern traten auf breiter
Basis hochgebildete Arbeitnehmer großer Organisationen. Dadurch verschob sich ihr Rückhalt vom privaten Wirtschaftskapital
zum Bildungs- und zu Anteilen am kollektiven Transferkapital.
[...] Die großzügigen Regelungen für Beamte und Angestellte sollten ebenso eine prekäre soziale Distanz wahren wie allgemeine
sozialpolitische Standards setzen.«[44] Schulisch erworbenes Fachwissen und kollektiv begründete Transferansprüche der neuen
Mittelklasse traten als Distinktionsprinzipien nun an die Stelle
von Berufsautonomie und privater Vermögensbildung der alten
(selbständigen) Mittelklasse. Die Kollektivierung wohlfahrtsstaatlicher Einrichtungen im Gesundheits-, Bildungs- und Ver-
sicherungswesen ließ neue Verwaltungsberufe für fachgeschulte
Experten entstehen. Die Kinder des absteigenden alten Mittelstandes (der bedrohten Selbständigen) und die Kinder aufwärtsstre-
bender Industriearbeiter hofften in den neuen wohlfahrtsstaatlichen Organisationen unter- und vorwärtszukommen. »Somit
schluckte das Kissen der Beschäftigung im Sozialdienst viele Trä-
nen des Bürgertums und Hoffnungen der Arbeiterklasse: Es nahm
immer neue Generationen in die ›Verteilereliten‹ auf, um die
wachsende ›Sozialklientel‹ des Staates zu bedienen. Dort halfen ihnen bürokratische Anweisungen, knappe Mittel gegen politische
Loyalität einzutauschen.«[45]

Es waren nicht zuletzt die Erfahrungen des Zweiten Weltkrieges, die weiten gesellschaftlichen Kreisen die Funktionsfähigkeit
des Wohlfahrtsstaates demonstrieren konnten. In den Kriegsjah-
ren wurde insbesondere in England und den Vereinigten Staaten
deutlich, dass der systematische Ausbau der Staatsverwaltung und
der kooperative Zusammenschluss mit der Großindustrie und den
Gewerkschaften »spektakuläre Resultate«[46] brachte. Wenn die

---

44 de Swaan, Der sorgende Staat, S. 254.
45 Vgl. ebenda.
46 Ebenda, S. 247.

74

politische Steuerung der Wirtschaft und die staatliche Verwaltung des öffentlichen Lebens in Kriegszeiten funktionierte – warum dann nicht auch in Friedenszeiten? De Swaan betont, dass die Erfolge der staatlich gelenkten Kriegswirtschaft viele Großindustrielle mit staatlicher Planung und Intervention in der Wirtschaft versöhnt hatten. Für den »alten Mittelstand« gewann die Sozialpolitik, die er zunächst als Armen- und Arbeiterpolitik ablehnte, in dem Moment an Attraktivität, als sich mehr und mehr staatliche Aktivitäten auch auf die Förderung und Sicherung der Selbständigen und des Mittelstandes richteten. Eine weitere Folge der staatlichen Expansion war, »dass sich eine Schicht von wissenschaftlichen Fachleuten und Staatsbeamten bildete, deren berufliches Fortkommen von kollektiven Einrichtungen abhing. Daher trat diese bunt gemischte neue Mittelklasse in breitester Front für ihren Ausbau ein. Die Akademikergruppen knüpften nicht alleine enge Bindungen zum Staatsapparat, sondern unterwarfen weite Teile der Bevölkerung ihrem Regiment – formten sie sich als Klientel.«[47] Im Zuge der kräftigen Expansion kollektiver und öffentlicher Einrichtungen und infolge der Neuetablierung von Expertenregimes veränderten sich die sozialen Mentalitäten. So wurde das Angebot von Expertenregimes zum Beispiel im Gesundheits- und Erziehungswesen deutlich aufgewertet. Immer mehr Menschen lernten diese Angebote zu schätzen und fingen damit an, alltägliche Ereignisse zunehmend im Sinne der Fachleute, deren Hilfe sie beanspruchten, zu deuten und zu interpretieren. Ein Prozess der »Protoprofessionalisierung« sozialer bzw. öffentlicher Dienste setzte ein und veränderte auf Dauer die Strukturen des öffentlichen Lebens sowie die Einstellungen gegenüber staatlichen Diensten und Leistungen. Im Mentalitätshaushalt der Gesellschaft kam zudem den Fragen der Zukunftsorientierung eine immer größere Rolle zu. Es entwickelte sich auf breiter Front eine Aufsteigermentalität. Damit rückte auch die Interdependenz der Gesellschaft verstärkt in das kollektive Bewusstsein der politischen und publizistischen Öffentlichkeit. Diese Prozesse wurden mehr und mehr als Ausdruck enger sozialer Verflechtung gedeutet. Schließ-

---

47 Ebenda, S. 249.

lich verweisen de Swaan und andere Autoren[48] auf die sich selbstverstärkende Dynamik der politischen und staatlichen Nachkriegsentwicklung in Europa. Denn, so de Swaan, die Ausweitung wohlfahrtsstaatlicher Einrichtungen und Systeme brachte gesellschaftliche Veränderungen mit sich, die wiederum eine weitere Expansion staatlicher Einrichtungen zur Folge hatten.[49] Auf diese Weise wurde eine sozialstaatliche Eigendynamik in Gang gesetzt, die dazu führte, dass kollektive Einrichtungen – (Sozial-)Versicherungsanstalten, Wohlfahrtsverbände, Arbeits- und Sozialämter, aber auch Gewerkschaften und Berufsverbände – ihr Handlungsfeld zunehmend ausweiteten. Diese Entwicklung wurde in den 1960er und 1970er Jahren durch eine prosperierende Ökonomie gestützt und bestärkt. Sie sorgte für den nötigen fiskalischen Schwung, um die wohlfahrtsstaatliche Expansion voranzubringen. Und je stärker sich das Angebot an staatlichen Diensten ausweitete, desto mehr intensivierte sich die Nachfrage nach wohlfahrtsstaatlichen Sorge- und Dienstleistungen. »In diesem Ambiente warben Verwaltungsexperten und professionelle Helfer für ihre jeweiligen Leistungen. Unterstützt wurden sie von einer Bevölkerung, die staatliche Eingriffe zunehmend als geeignet hinnahm, um ›soziale Probleme‹ zu lösen, und das Expertentum immer mehr als ein Allheilmittel gegen gesellschaftliche wie persönliche Missstände betrachtete.«[50] Diese sich selbstverstärkenden Prozesse bringt de Swaan auf die Formel der »hyperbolischen Expansion« des Wohlfahrtsstaates.

De Swaan kann in seiner sozialhistorischen und international vergleichenden Arbeit sehr gut zeigen, dass sich die »Staatsbedürftigkeit« der Gesellschaft (Berthold Vogel) keinesfalls nur als Quantität von Sozialausgaben und Transferzahlungen oder als sukzessiver Ausbau von Versicherungseinrichtungen beschreiben lässt. Denn je mehr der »Staatsapparat« wächst, desto mehr Menschen finden dort Beschäftigung, Auskommen und berufliche Perspektiven. Innerhalb des staatlichen Institutionensystems und

---

48 Vgl. beispielsweise Judt, Die Geschichte Europas seit dem Zweiten Weltkrieg.
49 de Swaan, Der sorgende Staat, S. 251.
50 Ebenda.

Organisationsgefüges bilden sich Gruppen und Untergruppen, die gegeneinander ihre Interessen vertreten, aber nach außen den ganzen Staatsapparat repräsentieren. Zugleich formieren sich außerhalb der Bürokratie staatsbedürftige Milieus, die in ihrer Existenz von rechtlichen Garantien, steuerlichen Subventionen oder politischer Unterstützung abhängig sind. Im Gegenzug bieten sie – im Interesse ihrer eigenen Etablierung – staatlichen Akteuren ihr Fachwissen sowie ihre Autorität und Loyalität an.[51] Dieses »Spiel« um Einfluss und Gelegenheit, um Zugang und Vorteil hält bis heute an, indem sich, angelagert an staatliche, bürokratische Organisationen, immer wieder neue Expertengruppen etablieren. Diese »neuen Experten«, die übrigens im Zuge ihrer Indienstnahme staatlicher Ressourcen sehr häufig ausgesprochen staatskritisch und bürokratiefeindlich auftreten und argumentieren, tragen heute andere Namen: Als Controller, Berater oder Therapeuten sind sie darum bemüht, ihr Fachwissen gegenüber den »alten Bürokraten« durchzusetzen. So entstehen in der Entwicklungsgeschichte des Wohlfahrtsstaates immer neue (staatskritische) Typen »staatsbezogener Experten«,[52] die für ihre Kompetenzen und Berufsprofile staatliche Ressourcen und Anerkennung einfordern. Sie engagieren sich für neue Ordnungsvorstellungen des Sozialen bzw. für eine veränderte Regulation der aktuellen und potentiellen Klientel des Wohlfahrtsstaates. Hierzu entwerfen sie Curricula, verordnen Therapien, entwickeln Projekte und Programme. Kurzum, in modernen Wohlfahrtsstaaten werden nicht nur zwischen unterschiedlichen Bevölkerungsgruppen oder Klassenmilieus Interessenkonflikte und Kämpfe um Privilegien, materielle Verteilungen und Sicherungsleistungen ausgetragen. Auch innerhalb des Wohlfahrtsstaates, in den Einrichtungen und Gliederungen der Sozialverwaltung, der Bildung, der Gesundheitspflege oder der Infrastrukturorganisationen sind Konflikte um soziale und berufliche Positionen sowie um die Neudefinition von Expertenregimes präsent.

Schließlich verändern sich infolge der hyperbolischen Wohlfahrtsentwicklung auch die Haltungen der Gesellschaftsmitglie-

---

51 Vgl. ebenda, S. 255.
52 Ebenda, S. 256.

der zur Staatsorganisation. Kein Wunder, so de Swaan, denn der Sozialstaat schafft ein Umfeld, in dem sich Menschen wie kalkulierende Unternehmer zu verhalten lernen. Das gilt nicht nur in bestimmten Milieus, sondern überall dort, wo sich der Wohlfahrtsstaat entwickelt und etabliert hat, ob in den Vereinigten Staaten oder Schweden, ob in Italien oder Deutschland. Stets versuchen möglichst viele, von der Expansion staatlicher Einrichtungen und Leistungen zu profitieren. Das gilt für diejenigen, die ihr Geld in einem Sektor des öffentlichen Dienstes verdienen, ebenso wie für die, die als Antragsteller staatliche Zahlungen und Programme in Anspruch nehmen wollen. Die Beitragszahler, die ein Gutteil ihres Einkommens an Sozialversicherungen und Fiskus bezahlen müssen, stellen die Frage, wann und ob sie jemals von ihren Abgaben profitieren werden und welchen Nutzen sie aus den Einrichtungen und Leistungen des Wohlfahrtsstaates für sich ziehen können. Insofern bietet der Wohlfahrtsstaat als »anonymisiertes« Leistungs- und Umverteilungssystem gleichermaßen Bereicherungschancen, aber er sorgt durch seine Steuerpolitik und Abgabenforderungen auch für erhebliche Restriktionen. Dementsprechend ungleich sind die Möglichkeiten verteilt, auf staatliche Anforderungen und Gelegenheiten zu reagieren. *Der Wohlfahrtsstaat als Kraftwerk von Wohlstandskonflikten.* Auf dieser Linie liegt die ausführliche Beschreibung de Swaans: »Reiche Leute können Spezialisten beauftragen, ihnen Lücken im Steuerrecht zu suchen: Anwälte, Steuerberater, sogar ›Subsidiologen‹ hauptamtlich auf neue Umgehungstricks ansetzen. Doch gleichzeitig machen Bürokraten den Wirrwarr der Verwaltungsvorschriften immer unüberschaubarer, um ihn amtlichen Erfordernissen anzupassen. Zwar müssen normale Steuerpflichtige und bedürftige Anspruchssteller bei der Nutzenmaximierung und Kostenminimierung meist auf eigene Faust vorgehen; Ratgeber in Buchform, Medien, Gerüchte und Gesprächstips liefern ihnen aber brauchbare Rezepte, um gewieft mit Steuern und Leistungen umzugehen. Es gibt zu wenig Beamte, um jeden einzelnen Fall genau unter die Lupe zu nehmen, alle Pflichtigen gebührend zu belasten und zu prüfen, ob alle Anträge wirklich berechtigt sind. […] Offenbar müssen Sozialeinrichtungen mit größerem ›Verlust‹ arbeiten. Doch verglichen mit einem Verbrennungsmotor oder einer Glühbirne, die mehr als zwei Drittel ihrer

Energie für nutzlose Wärme verbrauchen, sind Sozialhilfe und Sozialversicherung wahre Wunder der Effizienz. [...] Ein absolut effizienter organisierter Sozialstaat wäre nur als Polizeistaat denkbar.«[53] Damit ist ein Grunddilemma jeder sozialpolitischen Intervention benannt, zumal dann, wenn sie sich rechtsstaatlichen Prinzipien verpflichtet fühlt. Davon spricht auch Robert Castel in seiner programmatischen Schrift »Die Stärkung des Sozialen«. Die wachsenden Bedürfnisse nach sozialer Sicherheit eröffnen in individualisierten Gesellschaften Richtern und Anwälten gute Berufsperspektiven, gleichwohl kann und darf es auch im hochentwickelten Wohlfahrtsstaat keine umfassende Sicherheit bzw. keine umfassende Kontrolle der zweckmäßigen Verwendung von Sicherungsleistungen geben: »Wenn der Staat sich aber selbst als Rechtsstaat begreift, muß er dieses Streben nach Rundumschutz [und auch nach Rundumkontrolle der Sozialleistungen, B.V.] zwangsläufig enttäuschen, weil eine umfassende Sicherheit mit dem absoluten Respekt vor den Rechtsformen nicht vereinbar ist.«[54]

Nach dieser Bestimmung des Wohlfahrtsstaates als Ort latenter und manifester Konflikte um Leistungen, Ansprüche, Positionen und Karrieren können nun historisch wirkmächtige und sozialstrukturell wie sozialmoralisch formative Leitbilder unterschieden werden. Sie eignen sich zur Periodisierung und Typisierung wohlfahrtsstaatlichen Wandels. Die Rede ist von der systematischen Unterscheidung zwischen »sorgender« und »gewährleistender« Wohlfahrtsstaatlichkeit. Zuvor gilt es, den Bauplan bzw. die Architektur des modernen Wohlfahrtsstaates noch etwas genauer zu studieren.

53 Ebenda, S. 254.
54 Castel, Die Stärkung des Sozialen, S. 30.

Die Architektur. Sorge und Gewährleistung

Die Architektur des modernen demokratischen Wohlfahrtsstaates ruht auf einem Fundament sozialer, beruflicher und materieller Statusrechte. Sie sind staatlich gesichert und definiert.[55] Mit dem Begriff des Status sind positive und garantierte Rechte, aber auch Pflichten verbunden sowie Befugnisse und Ansprüche, Privilegien und Erwartungen. Eine Statusordnung begrenzt auf der einen Seite die freie Wahl der Vertragsbeziehungen, indem sie eine Hierarchie von Privilegien und Zumutungen entwirft, doch zugleich ist sie auf der anderen Seite weniger starr als ein Regime politischer Planung. Statusordnungen gedeihen daher in einem Milieu sozialer Mobilität besonders gut. Aufsteigergesellschaften sind mithin bevorzugte Orte der Etablierung sozialer und beruflicher Statusrechte.[56] Eine zentrale Vorstellung sozialer Statusordnungen ist insbesondere mit Blick auf das Wirtschaftsleben die staatlich regulierte und gesetzlich verordnete Einschränkung der Vertragsfreiheit zwischen Marktakteuren. Dieses Prinzip begrenzter und kontrollierter Vertragsfreiheit durch Statusrechte hat – wie Claus Offe zu Recht hervorhebt – zumindest für die politische und gesellschaftliche Tradition europäischer Wohlfahrtsstaaten geradezu universalistische Wirkungen. Es ist auf den Finanzmärkten ebenso wirksam wie in den Arbeitsbeziehungen und in den Verfahren der Entgeltfindung und Einkommensverteilung; rechtlich begrenzte Freiheiten gelten mit Blick auf den Schutz kleinerer und mittelständischer Unternehmen in Handel und Handwerk; ein Protoyp des Schutzes wirtschaftlicher Statusrechte ist der Agrarsektor, aber in gewissem Sinne gilt dies trotz aller Liberalisierungen auch für die »Netzwerk-Sektoren« Transport, Energie und Kommunikation. Statusrechte als Kontrollinstanzen sind schließlich auch im internationalen Handel, im Zollwesen oder in den Bereichen von Forschung, Entwicklung und technischer Innovatioen wirksam. Wenn, so Claus Offe, »sich das ›europäische Modell‹ des Kapitalismus wirklich durch irgendetwas Bestimmtes auszeichnet, dann ist es die Einsicht, die sich in vielfältigen ökonomischen Institutio-

---

55 Vgl. Offe, Soziale Sicherheit im supranationalen Kontext, S. 194.
56 Vgl. hierzu auch Lepsius, Soziale Ungleichheit.

nen und regulativen Arrangements niederschlägt, dass dem Interesse von ›uns allen‹ am besten dadurch gedient wird, wenn die individualistisch-nutzenorientierte Verfolgung der Interessen ›jedes Einzelnen‹ in gewissem Maße durch Statusrechte beschränkt wird.«[57]

Diese statusbezogene Ordnung des Erwerbslebens hat als grundlegendes wohlfahrtsstaatliches Gestaltungsprinzip unterschiedliche zeitliche, soziale und sachliche Rationalitäten und Bezugspunkte: die Berücksichtigung von Zukunft und Vergangenheit, die Rücksichtnahme auf Dritte und die Einsicht in die vorteilhaften Wirkungen kollektiven wirtschaftlichen Handelns im Unterschied zum ausschließlich individualisiert nutzenorientierten Kalkül des Einzelakteurs oder -unternehmens. Statusrechte schützen ökonomische Akteure vor negativen Markteffekten und institutionalisieren auf diese Weise soziale und wirtschaftliche Konflikte. Eine besondere Rolle bei der Konstitution von sozialen und wirtschaftlichen Statusrechten spielen seit jeher die Gewerkschaften. Mit der Etablierung von Statusrechten sind zunächst Fragen der Gleichheit und der Sicherheit, aber keineswegs der Gerechtigkeit verknüpft. Die Diskurse über Gleichheit innerhalb der europäischen Wohlfahrtsstaaten konzentrieren sich nicht auf Fragen der gleichen Ressourcenausstattung, sondern auf die Durchsetzung gleicher Rechte – auf Zugang zu Bildung und Erwerbsarbeit oder gegen Diskriminierung aufgrund personenbezogener Merkmale. Die Umverteilung innerhalb des Wohlfahrtsstaates ist keine Umverteilung zwischen sozialen Klassen. Viel bedeutsamer ist die Umverteilung, die jenseits der Klassenspaltungen stattfindet – zwischen den Generationen, zwischen Männern und Frauen, zwischen Einpersonenhaushalten und Familien. Der zentrale Prozess wohlfahrtsstaatlicher Umverteilungen findet nicht zwischen, sondern innerhalb sozialer Klassen statt. Es geht nach Überzeugung Offes in den europäischen Wohlfahrtsstaaten nicht um die Verwirklichung eines Gleichheits- oder Gerechtigkeitsversprechens, sondern um die Durchsetzung von Sicherheits- und Schutzrechten der erwerbstätigen Bevölkerung und ihrer Angehörigen. Diese Rechte zielen auf den Ausgleich von Marktschwankungen oder

---

57 Ebenda, S. 195 ff.

auf die Dämpfung der allgemeinen Risiken des Erwerbslebens: »Anstatt also für materielle Gleichheit zu sorgen, zielt der Wohlfahrtsstaat darauf ab, die Mehrheit der Bürger in ein Arrangement von Sicherheit und Schutz ihres relativen Status einzubeziehen. Sein Ziel ist es, einen Sockel zu schaffen, von dem niemand herunterfallen solle, wobei sowohl die Höhe dieses Sockels als auch die Gesamtheit derjenigen, die in Bezug auf ihren absoluten und relativen Status zu schützen sind, stets umstritten sind«[58] – der Wohlfahrtsstaat als permanentes Konfliktfeld.

Auf dem Grundprinzip der Statussicherheit ruht das Gebäude des Wohlfahrtsstaates und der Wohlfahrtspolitik. Sie bildet das Fundament. Claus Offe führt dieses Bild des wohlfahrtsstaatlichen Hauses auf anschauliche Weise aus und betont, dass mit Hilfe der Architektur sozialer Sicherungen und unter zentraler Berücksichtigung der Erwerbsarbeit als fiskalischer, struktureller und normativer Bauordnung des wohlfahrtsstaatlichen Arrangements in den vergangenen Jahrzehnten drei Stockwerke und ein Dachstuhl ausgebaut wurden. Jedes der drei Stockwerke ist dabei auf ein spezifisches Sicherheitsbedürfnis abhängiger Erwerbsarbeit ausgerichtet. In jedem Stockwerk finden sich spezifische Statusrechte der Arbeitnehmer: Rechte im Arbeitsprozess, Rechte auf soziale Sicherheit und Rechte im Rahmen der Tarifautonomie. Im Keller dieses Hauses finden sich zunächst einmal die Armenunterstützung und diverse Wohlfahrts- und Fürsorgeprogramme für diejenigen, die sich je nach Handicap nicht am Erwerbsleben beteiligen (können). Im Erdgeschoss sind die »Vorkehrungen, die den Zugang zum Arbeitsmarkt, den Zugang zu Arbeitsplätzen sowie Angelegenheiten von Gesundheit, Sicherheit und anderer betrieblicher sozialer Rechte am Arbeitsplatz regeln«[59] angesiedelt. Hierzu zählen die zeitbezogenen Regeln des Arbeitslebens (Arbeitszeit, Kinderarbeit), die Gestaltung der Arbeitsbedingungen, die Gewerbeaufsicht, die in den 1970er Jahren populären Programme zur Humanisierung des Arbeitslebens, Weiterbildungsangebote und schließlich die Gesundheitsprävention. »Gemeinsam ist diesen vielfältigen arbeitsrechtlichen Regulierungen und Statusrech-

---

58 Ebenda, S. 203.
59 Ebenda, S. 204.

ten die von Arbeitnehmern und ihren Organisationen, Politikern und Arbeitgebern geteilte Intention, Arbeitnehmer vor Schäden und Risiken des Arbeitsprozesses zu schützen.«[60] Das Erdgeschoss hält die *Statusrechte im Arbeitsprozess* bereit. Der erste Stock ist die Ebene, auf der sich die Vorkehrungen finden, die zur sozialen Sicherheit der Beschäftigten außerhalb von Arbeitwelt und Betrieb beitragen, die *Statusrechte der sozialen Sicherung.* Hierzu zählen die Lohnersatzleistungen, die sozialen Dienste, beispielsweise im Bereich der medizinischen Behandlung und Pflege. Wir treffen hier auf die Vielfalt sozialversicherungstechnischer Einrichtungen, die die Wechselfälle des Lebens, Krankheit, Alter und Arbeitsplatzverlust zu bearbeiten haben. Im zweiten Stock sind die institutionellen Einrichtungen untergebracht, die den abhängig Beschäftigten die Möglichkeit an die Hand geben, ihre strukturell schwächere Position im Erwerbsleben partiell auszugleichen: das kollektive Arbeitsrecht, die Tarifverträge, die gewerkschaftliche Organisation. Hier geht es um *Statusrechte,* die im *Rahmen der Tarifautonomie* erworben werden. Was verbirgt sich schließlich im ausgebauten *Dachboden* des wohlfahrtsstaatlichen Gebäudes? Auf der einen Seite ein Bündel wohlfahrtsstaatlicher Politiken, die statusverleihende Schutzvorkehrungen gewährleisten. Sie ermöglichen die »Sicherheit der sozialen Sicherheit«. Diese anspruchsvollen Systeme »des sozialen Schutzes (also die Gesamtheit dessen, was auf den drei genannten Etagen eingerichtet ist) sind in ihrer Leistungsfähigkeit von Politiken des Wachstums und der Vollbeschäftigung abhängig, die einmal das zentrale Merkmal des ›keynesianischen Wohlfahrtsstaates‹ darstellten: sie umfassen Arbeitsmarkt- und Beschäftigungspolitik sowie Geld-, Haushalts-, Handels- und andere Zweige der Wirtschaftspolitik«.[61] Hierzu zählen schließlich auch die für die Legitimation, die Akzeptanz und die Funktions- und Durchsetzungsfähigkeit des Wohlfahrtsstaates wichtigen und bereits angesprochenen staatlichen Infrastrukturleistungen der Daseinsvorsorge.

An der Architektur und Konstruktion des wohlfahrtsstaatlichen Gebäudes und seiner Statusgarantien wird deutlich, dass

---

60 Ebenda, S. 205.
61 Ebenda, S. 207.

die Beschäftigungssituation und das System der Erwerbsarbeit die zentralen Stellgrößen für die Ordnung und Sicherheit dieses Gebäudes repräsentieren. Verändert sich die Struktur, die Organisation, die soziale Gestalt der Erwerbsarbeit, dann bleibt dies nicht ohne Folgen für den Gesamtzustand des Gebäudes. In den Umbauarbeiten des Wohlfahrtsstaates spiegelt sich der Wandel der Arbeitsgesellschaft. Die Lage erschwerend und verkomplizierend kommt allerdings hinzu, dass diese Umbauarbeiten von zwei unterschiedlichen Bauträgern ausgeführt werden: vom transnationalen Bauträger, der in Brüssel beheimatet ist und europäisches Recht setzt, und vom nationalen Bauträger, der im nationalstaatlichen Rahmen weiterhin wohlfahrtsstaatliche Politik, das heißt Steuerung und Regulation betreibt.»Während alles, was zum Erdgeschoss der Wohlfahrtsstaatarchitektur gehört, also die Regulierung des diskriminationsfreien Zugangs zu Arbeitsmarkt und Arbeitsplätzen sowie einheitliche Vorschriften des physischen und sozialen Arbeitsschutzes, durch europäisches Recht fest etabliert und vereinheitlicht ist, muss man davon ausgehen, dass die Robustheit der nationalen Arrangements im ersten und zweiten Stock (also soziale Sicherheit und Reallohnentwicklung) im wesentlichen von der Festigkeit des ›Daches‹ abhängt, das heißt von den Erfolgen der Arbeitsmarkt- und Beschäftigungs- wie auch der Bildungspolitik.«[62]

Nach dieser architektonischen Grundbestimmung des strukturellen Bauplans des Wohlfahrtsstaates bzw. der Wohlfahrtspolitik kann sich die Aufmerksamkeit nun auf die qualitativen Bedingungen moderner Wohlfahrtsstaatlichkeit richten, auf Fragen der Ausstattung, der Grundstimmung und der politischen Steuerung. Die Begriffe *»sorgende«* und *»gewährleistende« Staatlichkeit* kommen ins Spiel.

Der sorgende Staat

Was sind die zentralen Charakteristika des »sorgenden Staates«? Was zeichnet dieses Modell sozialer Ordnung aus, das die europäischen Nachkriegsgesellschaften in so grundlegender Weise prägte? Was sind dessen Gestaltungsprinzipien? Die staatliche

---

62 Ebenda, S. 213.

Sorge und Vorsorge – als Ausdruck politischer Planung, sozialer Sicherung, materieller Zuwendung und rechtlicher Gestaltung – zielte zusammengefasst auf mehrere Felder:

– auf die Minimierung sozialer Risiken und die Dämpfung sozialer und materieller Ungleichheiten durch staatliche Garantien der Statussicherung in den erwerbsbiographischen, gesundheitlichen und altersbezogenen Wechselfällen des Lebens;

– auf die Absicherung beruflicher Karrieren und auf die Öffnung sozialer Aufstiegsperspektiven durch schulische, betriebliche und universitäre Bildung, die von einem geradezu euphorischen Bildungsbegriff getragen wurde, der auf individuelle Emanzipation zielt und nicht auf die betriebswirtschaftliche Passgenauigkeit von Ausbildungsgängen;

– auf die klare Trennung von beruflichen und privaten Arbeitswelten und damit auf die Festigung von Geschlechterrollen, die Strukturierung privater Lebenswelten und die Formung des familiären Zusammenlebens;

– auf die Organisation und den Ausbau öffentlicher Dienste als Systeme der Daseinsvorsorge, aber auch als expansive Felder der Dienstleistungsbeschäftigung. Der sorgende Wohlfahrtsstaat war immer ein dynamischer Wirtschaftsmotor und ein Ort beruflicher Mobilität.

Der »sorgende Staat« – sein politisches Personal, seine Dienstleistungen und seine Verwaltungseinrichtungen – funktioniert als Unsicherheitsdämpfer und betätigt sich als Ungleichheitsmoderator. Mit der Ausgestaltung und Einrichtung des »sorgenden Staates« ergeben sich aber auch neue Beschäftigungsfelder und damit interessante Berufs- und Karriereperspektiven. Das Modell sorgender Staatlichkeit ermöglicht sozialstrukturelle Beruhigung, aber eröffnet auch Mobilitätschancen und berufliche Dynamik. Die Geschichte vom »sorgenden Staat« ist die Geschichte einer Aufsteigergesellschaft. Der soziale Leittypus dieser Aufsteigergesellschaft war der arbeits- und tarifrechtlich geschützte »Arbeitnehmer« – als Repräsentant und als soziale Schöpfung des »institutionalisierten Klassenkampfes«. Und es waren ja gerade die bildungshungrigen und aufstiegsorientierten Arbeiter- und Angestelltenmilieus, die vom zügigen Ausbau des wohlfahrtsstaatlichen Hauses profitierten. Auf der einen Seite kam ihnen das hohe

Maß an sozialer Sicherheit zugute, das breiten Schichten der
Bevölkerung staatlicherseits geboten wurde und auf der anderen
Seite zogen sie Gewinn aus der Perspektive auf neue berufliche
Laufbahnen und Opportunitäten. Die »hyperbolische« Expansion
des Bildungswesens, des Gesundheitssystems, der Pflegeeinrich-
tungen, der sozialen und technischen Infrastrukturen, der Wohlfahrtsverbände oder der Sozialversicherungen diente seit den
1950er Jahren vielen, die in Arbeiterfamilien oder kleinbürger-
lichen Haushalten groß wurden, als berufliche und soziale Aufstiegsleiter. Josef Mooser schildert in seiner Sozialgeschichte des
Struktur- und Mentalitätswandels der Arbeiterschaft diesen Vor-
gang am Beispiel der Arbeitersöhne aus den frühindustriellen
»Sweat-Shops«. In einem ersten Schritt auf der sozialen Stufenleiter stiegen sie zur »Reihenhausarbeiterklasse« in der Periode
des entwickelten Industriekapitalismus und der ersten wohlfahrtsstaatlichen Sicherungen auf. Deren Söhne und – sehr wichtig –
auch Töchter wiederum etablierten sich zur neuen Mittelklasse
technischer Intelligenz und der Verwaltung des reifen Wohlfahrtsstaates.[63] Ähnliche Aufstiegsgeschichten könnten anhand inter-
generationaler Mobilitäten in der Handwerker- oder Bauernschaft
erzählt werden. Aus diesen Soziallagen entsprangen die neuen,
dienstleistungsorientierten Angestelltenmilieus, die einen spezifischen Habitus und charakteristische Orientierungen ausprägten.
Während diese aufstiegsorientierten und statusbesorgten Milieus
allmählich das gesellschaftliche Klima einer modernisierten Gesellschaft dominierten – diese sozialen Prozesse lassen sich auch
für andere westeuropäische Gesellschaften zeigen –, begann der
stetige, aber unwiderrufliche Abstieg anderer gesellschaftlicher
Klassen und Milieus. Hier ist insbesondere an das Selbständigen-
milieu der Einzelhändler und Bauern, aber auch an den konti-
nuierlichen sozialen Abstiegsprozess der Industriearbeiterschaft
zu denken, die durch den ökonomischen Strukturwandel nicht
nur ihre »objektive« Basis verlor, sondern spätestens seit den frühen 1970er Jahren auch ihre kulturelle Relevanz und gesellschaftspolitische Prägekraft Stück für Stück einbüßte. Die in den
Nachkriegsjahrzehnten latenten, aber auch manifesten Genera-

---

63 Vgl. Mooser, Arbeiterleben in Deutschland.

tionenkonflikte zwischen den Aufsteigern einer immer stärker dienstleistungsorientierten Gesellschaft und ihren Elternhäusern sind ein wesentliches Resultat expansiver, das öffentliche Leben und die Welt der Erwerbsarbeit dominierenden Wohlfahrtsstaatlichkeit.

Das Modell des »sorgenden Staates« erinnert zudem an andere Klassifizierungen moderner Staatlichkeit bzw. an andere Einfärbungen des Bildes des entwickelten Wohlfahrtsstaates. Hier ist beispielsweise an die Ausführungen Schelskys zum »technischen Staat« zu denken[64] oder an das eher von der wirtschaftlichen Dynamik kapitalistischer Marktgesellschaften her gedachte Bild des »Wachstumsstaates«, eine Klassifikation Robert Castels aus seiner Sozialgeschichte der »Metamorphosen der sozialen Frage«. »Als Wachstumsstaat bezeichne ich die Kombination der beiden Hauptparameter, die die Lohnarbeitsgesellschaft auf ihrem Weg begleitet haben und eine feste Verbindung mit ihr eingegangen sind: das Wirtschaftswachstum und der Ausbau des Sozialstaats.«[65] Den »Wachstumsstaat« kennzeichnet die »ausgeklügelte Koppelung von ökonomischen Faktoren und sozialen Regulierungen«, er ist Ausdruck eines »politischen Managements«, das »Privateigentum mit dem Sozialeigentum, die Wirtschaftsentwicklung mit der Gewährung sozialer Rechte, den Markt mit dem Staat vereint«.[66] Schelsky betont in seinem Aufsatz »Der Mensch in der wissenschaftlichen Zivilisation« die enge Verbindung und wechselseitige Verwiesenheit von Staat und moderner Technik. Dieses Verhältnis zeigt sich für ihn an den technischen Infrastrukturen des Verkehrswegebaus, der Luftfahrt oder den Energietechniken. Aber es zeigt sich überdeutlich auch in den sogenannten »Humantechniken« der Erziehung, Bildung und Forschung, in denen der Staat zum »Träger dieser Techniken«[67] geworden ist. Zugleich ist der Staat der zentrale Investor in die technische Gestaltung der Wirtschaft oder des gesellschaftlichen Zusammen-

---

64 Vgl. Schelsky, Der Mensch in der wissenschaftlichen Zivilisation; zur Kritik Saage, Zur Aktualität des Begriffs »Technischer Staat«.
65 Castel, Die Metamorphosen der sozialen Frage, S. 325.
66 Ebenda.
67 Schelsky, Der Mensch in der wissenschaftlichen Zivilisation, S. 454.

lebens und »schließlich muß der Staat schon aus technischen [sic!] Gründen selbst die Koordinierung der verschiedenen technischen Möglichkeiten einer Gesellschaft heute übernehmen, da ohne seine Rahmenplanung, Leitung oder Kontrolle das Funktionieren der in allen Lebensgebieten eng ineinander greifenden Formen der modernen Technik gar nicht mehr möglich wäre«.[68] Die Expansivität der Staatsaufgaben hat mehr sicherungsbedingte als machtbezogene Gründe. Der »sorgende Staat« basiert daher auf wirtschaftlichem Wachstum und gründet seinen Erfolg auf die technologische Entwicklung in allen möglichen Bereichen gesellschaftlichen Lebens. Dieser Zusammenhang unterstreicht noch einmal die analytische Bedeutung der »Infrastrukturen« für die Konzeption moderner, auf Wohlfahrt hin orientierter Staatlichkeit. Gleichwohl reduziert die Kategorie des »technischen Staates« politisches Handeln auf Sachzwanglogiken und evoziert – im Unterschied zum offenen Begriff »sorgender« Staatlichkeit – pessimistische Szenarien der technologischen Durchdringung und Restriktion des Sozialen.

Die sozialstrukturelle Generaltendenz des sorgenden und auf wirtschaftlichem Wachstum gegründeten Wohlfahrtsstaates ist freilich unübersehbar: Mit dessen Expansion formierte sich eine neue breite Mittelklasse, deren Mentalitäten, Moralvorstellungen und Manieren noch heute das gesellschaftliche Klima prägen. Die »nivellierte Mittelstandsgesellschaft«, die als Strukturbild der bundesrepublikanischen Gesellschaft so wirkungsvoll war,[69] ist ein Produkt des auf Dienst und Sorge zielenden Wohlfahrtsstaates. Die wirtschaftlichen, demographischen und sozialmoralischen Existenzgrundlagen dieses Arrangements schwinden freilich. Die Erwerbsarbeit ist disparater und kann in vielen Fällen nicht mehr oder nur noch unzureichend ihre Rolle als zentraler gesellschaftlicher Integrationsfaktor erfüllen. Die Erwerbsbiographien verlieren an Stetigkeit, das soziale Leben löst sich vielerorts in individualisierte Formen der Selbstbehauptung auf. Die demographischen Veränderungen zeigen erste Folgen, nicht nur mit

---

68 Ebenda.
69 Vgl. Braun, Helmut Schelskys Konzept der »nivellierten Mittelstandsgesellschaft«.

Blick auf die Kassenlage der Sozialversicherung. Der bunte Strauß manifester sozialer Krisen ist bekannt. Eines wird an alledem jedenfalls klar: Wenn aktuell der Wohlfahrtsstaat ins Spiel kommt, dann wird keine Aufstiegsgeschichte mehr erzählt. Vieles spricht nun dafür, dass der »sorgende« Staat in gewissem Sinn das Opfer seines eigenen Erfolgs geworden ist. So ist im Zuge seiner Expansion eine unternehmerische, publizistische und akademische Mittelklasse entstanden, die ihrem politischen Schöpfer nun die fiskalischen und normativen Grundlagen entzieht, indem sie Steuerzahlungen verweigert, familiäre Bindungen scheut und öffentliche Dienste, Institutionen und Statusformen geringschätzt. Wird hier nicht die Hand gebissen, von der man sich hat so lange nähren und pflegen lassen?

Wie auch immer: Die aktuellen Bemühungen zur Reform des Wohlfahrtsstaates lösen Kontroversen aus, und je nach sozialem und professionellem Standort werden sie als halbherzig oder destruktiv kritisiert. Doch die Konflikte um den Wohlfahrtsstaat haben mit seinem Ende als politischem Gestaltungsprinzip reichlich wenig zu tun. Von einer Preisgabe wohlfahrtsstaatlichen Ordnungsdenkens kann aktuell nicht die Rede sein. Vielmehr lassen sich trotz aller reformpolitischer Unklarheiten bereits die *Konturen einer veränderten Architektur wohlfahrtsstaatlicher Praxis* erkennen. Sichtbar wird das *Modell eines gewährleistenden Staates.*

Der gewährleistende Staat
Dieses Modell verzichtet auf universale Integrationsansprüche, es bietet darüber hinaus keine auf Dauer gestellte Status- und Lebensstandardsicherung mehr, und eine Dämpfung sozialer Ungleichheit wird in diesem Modell als ökonomisch kontraproduktiv angesehen; zudem kommt dieses wohlfahrtsstaatliche Modell auch ohne einen euphorischen Bildungsbegriff aus, es leitet den arbeitsrechtlichen Abschied von einer tarifvertraglich kollektivierten Arbeitswelt ein, und es zeigt sich schließlich als ein Modell, dessen Aufstiegsleitern entweder recht kurz geraten oder mühsam zu erklimmen sind.

All diese Veränderungen repräsentieren freilich keinen fundamentalen Bruch in der Strukturlogik des Wohlfahrtsstaates. Denn jenseits aller Rhetorik des Wandels zeigen sich auch bemerkenswerte strukturelle und institutionelle Kontinuitäten. Der Zugang zum Leistungssystem sozialer Sicherung erfolgt beispielsweise noch immer über die Erwerbsarbeit. Am zentralen Prinzip der subsidiären Hilfe durch den Staat, das heißt an der systematischen Nachrangigkeit staatlicher Leistungen wird festgehalten. Der Gedanke der Risikosicherung wird keineswegs aufgegeben, ja in einigen Fällen, beispielsweise im Pflegebereich, sogar neu konzipiert und formuliert. Auch hinsichtlich der zentralen Finanzierungsgrundlagen sozialer Sicherungen gilt, dass zwar wesentliche Verschiebungen in Richtung privater Eigenvorsorge und Selbstbeteiligung stattfinden, doch die Grundüberzeugung, dass auch der gewährleistende Staat ein aktiver Leistungsstaat sein muss, wurde bislang nicht in entscheidender Weise modifiziert. Weder Tendenzen der Globalität oder der Internationalisierung noch Prozesse der Privatisierung haben zu einer Auflösung oder zu einem gravierenden Bedeutungsverlust der Staatlichkeit geführt. Bemerkenswerte empirische Ergebnisse liefern hier die Studien aus dem Bremer Sonderforschungsbereich »Staatlichkeit im Wandel«.[70] Die dort in den vergangenen Jahren vorgelegten Untersuchungen zeigen, dass für den Wandel des wohlfahrtsorientierten Rechts- und Interventionsstaates nicht die Verlagerung von Staatsaufgaben auf transnationale oder private Akteure charakteristisch ist, sondern deren »Anlagerung« an die wohlfahrtsstaatliche Architektonik. Typisch scheint zu sein, dass transnationale und private Institutionen neben dem Staat mehr Gewicht erhalten. Sie treten nicht an die Stelle des Staates bzw. führen nicht zu einer Erosion oder Auflösung (national)staatlicher Strukturen. Die Bremer Studien kommen vielmehr zu dem Ergebnis, dass diese neuen Institutionen »neben« den Staat treten. Sie umgeben staatliche Institutionen – und verändern diese. Die Verantwortung für die »normativen Güter« findet sich mithin nicht in privatisierten Strukturen jenseits des Staates, sondern als neue »Parallelstruktur«, die sich an bestehende Einrichtungen anlagert.[71] Offensichtlich haben wir es in den Worten Helmut Schelskys weniger mit

---

70 Vgl. Leibfried/Zürn, Transformationen des Staates?
71 Genschel u.a., Zerfaserung und Selbsttransformation, S. 17.

einem fundamentalen Bruch der institutionellen Gestalt des Wohlfahrtsstaates zu tun, sondern eher mit einer spezifischen »Institutionenfortbildung« vom Prinzip der Sorge zum Grundsatz der
Gewährleistung.[72]

Den Gang dieser sukzessiven »Institutionenfortbildung« von
sorgender hin zu gewährleistender Wohlfahrtsstaatlichkeit umreißt Wolfgang Hoffmann-Riem: »Hat sich die deutsche Gesellschaft auch viele Jahrzehnte lang an den ständigen Aufgaben-
zuwachs des Staates gewöhnt und daran, ihm eine wachsende
Erfüllungs- bzw. Ergebnisverantwortung für die Lösung von Problemen zu übertragen, so lässt sich doch gegenwärtig eine Tendenz
zur Rücknahme der Qualität und Intensität der Verantwortungsübernahme beobachten. Dabei zieht sich der Staat nur sehr begrenzt aus seinen bisherigen Aufgabenfeldern zurück – allerdings
gibt es auch dafür Beispiele im Zuge der Deregulierung und Privatisierung. Er belässt es bei einer öffentlichen Aufgabe, konzentriert
sich in vielen Bereichen aber darauf, lediglich einen Rahmen und
strukturierende Vorgaben für Problemlösungen durch andere,
insbesondere Private, bereitzustellen, ohne die [...] Erreichung
gemeinwohlorientierter Ziele in bestimmter Weise zu garantieren.
Im sozialwissenschaftlichen Jargon wird von der Vorzugswürdig-
keit des ›Enabeling‹ gegenüber dem den Staat überfordernden
›Providing‹ gesprochen. [...] Damit soll keine vollständige Veränderung der Staatlichkeit behauptet werden, sondern nur eine
graduelle. Der Staat bleibt in wichtigen Teilen weiter für die Erbringung staatlicher Leistungen verantwortlich. Diese Eigenverantwortung baut er jedoch tendenziell ab und versucht, die staatlich zu verfolgenden Ziele und die wahrzunehmenden öffentlichen
Aufgaben nicht alleine zu erfüllen, sondern möglichst im Zusammenwirken mit Privaten. Es geht also um je unterschiedliche In-
tensitäten der Aufgabenwahrnehmung durch den Staat einerseits
und nichtstaatliche Akteure andererseits, kurz: um die Art und
Weise der Verantwortungsteilung zwischen staatlichen und nichtstaatlichen Verantwortungsträgern.«[73]

---

72 Vgl. Schelsky, Über die Stabilität von Institutionen.
73 Hoffmann-Riem, Modernisierung von Recht und Justiz, S. 24f.

Der Typ des Gewährleistungsstaates weist also nicht nur eine hohe Regulierungsintensität auf, sondern es bilden sich auch neue, spezifische Regulierungstypen heraus, »die durch eine starke Integration selbstregulativer Elemente charakterisiert sind«.[74] In diesem Zusammenhang spricht die staats- und verwaltungsrechtliche Literatur von der Neuformierung rechtlicher, wirtschaftlicher und sozialer Gewährleistungsverantwortung. Doch es geht nicht nur um eine verwaltungsrechtliche Definition der Gewährleistungsverantwortung, sondern auch um die staatlich garantierte Sicherung der Gewährleistungsaufsicht. Die Formen staatlicher Aufgabenwahrnehmung haben sich daher in den vergangenen Jahren grundlegend verändert. Die Verantwortung, dass bestimmte Aufgaben von öffentlichem und allgemeinem Interesse zuverlässig und unter Beachtung rechtsstaatlicher Anforderungen erfüllt werden, verbleibt auf der Seite der staatlichen bzw. der öffentlichen Akteure. In der Organisation und Ausgestaltung dieser Verantwortungsübernahme zeichnen sich freilich gravierende Veränderungen ab. Private und öffentliche Dienstleister kooperieren stärker bzw. sind durch politische Vorgaben des Gesetzgebers in neue Formen der Zusammenarbeit gebracht worden. Aber auch zwischen den öffentlichen Verwaltungen ergeben sich im gewährleistenden Wohlfahrtsstaat neue Verbindungen. Von einem pauschalen Rückzug des Staates kann daher keine Rede sein. Zu Recht betonen weite Teile der Verwaltungswissenschaft, dass weniger von einem staatlichen Aufgabenabbau gesprochen werden kann, sondern wohl eher von einem »Formenwandel öffentlicher Aufgabenerfüllung«.[75] Bemerkenswert ist in diesem Zusammenhang weiterhin, dass sich im Unterschied zum sorgenden Staat die Sphären des Staatlich-Politischen und des Wirtschaftlich-Sozialen nicht mehr immer stärker miteinander verquicken und dementsprechend an Unterscheidbarkeit einbüßen. Vielmehr werden in der aktuellen Debatte um Aufbau und Arbeitsweise des gewährleistenden Staates in systematischer Absicht Staat und Gesellschaft wieder stärker auseinandergehalten, um das Verhältnis zueinander neu justieren zu können. Fragen der Gewährleistungs-

---

74 Schuppert, Staatswissenschaft, S. 447.
75 Budäus/Finger, Stand und Perspektiven der Verwaltungsreform, S. 321.

verantwortung des Staates »gegenüber« der Gesellschaft bzw. der Gewährleistungsaufsicht des Staates »über« das soziale Geschehen werden in der Literatur nun intensiver ausgeleuchtet als zuvor.

Ein zentraler Punkt in dieser Diskussion ist das (verwaltungsrechtliche) Konzept staatlicher und privater Verantwortungsteilung. In dieser Diskussion kommt die Indienstnahme privater Akteure für Gemeinwohlzwecke in den Blick. Mit der Praxis der Verantwortungsteilung reagieren die Sozial- und Verwaltungswissenschaften auf spezifische, durchaus in sich widersprüchliche Problembefunde: zum Beispiel auf den faktischen Zuwachs an Staatsaufgaben bei gleichzeitig abnehmender Handlungsfähigkeit des Staates oder auf die begrenzte Steuerungskraft des Rechts bei anhaltender Durchrechtlichung der Gesellschaft. Die Privatisierung staatlicher Aufgabenfelder oder neue Konzepte der »Public Private Partnership« (PPP) werden als staatsentlastende und gesellschaftsfordernde Gegenkonzepte ins Spiel gebracht. Das wachsende Interesse an einer Neudefinition von Verantwortungsbereichen zwischen der öffentlichen und privaten Einrichtungen ist freilich ein wesentlicher Ausdruck tatsächlicher oder vermuteter Schwächen staatlicher Problembearbeitung bzw. -bewältigung.[76] Die Folge ist eine »Neuakzentuierung staatlicher Steuerungskapazität unter veränderten Bedingungen, die Verantwortungsteilungen weniger als einen Rückzug als vielmehr einen Formenwandel staatlicher Steuerung ausweisen«.[77] Es geht um die nähere Bestimmung der spezifischen Steuerungsfähigkeit des politisch-administrativen Systems, um die veränderten Implementationsformen des Rechts, um die Bildung von Kooperation und Netzwerkbildung, aber auch um die Analyse der Binnenstruktur der zu steuernden gesellschaftlichen Felder, die eine eigene Institutionen- und Handlungslogik aufweisen, die selbst wiederum eine wesentliche Bedingung gelingender oder scheiternder Steuerung ist.

Während die konzeptionell-theoretische Bestimmung des gewährleistenden Staates systematisch Staat und Gesellschaft trennt,

---

76 Vgl. Trute, Verantwortungsteilung, S. 15.
77 Ebenda.

um so dieses Verhältnis neu durchdenken zu können, geht es in dessen empirischer Bestimmung um die Pluralisierungen und Differenzierungen der Staatsorganisation und der gesellschaftlichen Bedürfnisse. Auch hier sind widersprüchliche Entwicklungen beobachtbar. Politisch zu bewältigen sind die Anforderungen an eine zunehmende Internalisierung individualisierter sozialer Interessen auf der einen Seite. Staatliches und politisches Handeln verlangt nach Zielgruppenorientierung. Auf der anderen Seite erzwingt die Komplexität der gesellschaftlichen Realität eine Externalisierung der Gemeinwohlverwirklichung. Der Wohlfahrtsstaat wird nicht einfach abgebaut, seine Organisationsform und die Art und Weise der öffentlichen Aufgabenerfüllung ist eher komplexer und in mancher Hinsicht auch unübersichtlicher geworden. Als Schlagworte kommen die Begriffe Netzwerk und Verhandlungssystem ins Spiel. Sie signalisieren neue Steuerungszusammenhänge. »Nicht mehr die staatliche Steuerung gesellschaftlicher Akteure, sondern komplexe Strukturen des Zusammenwirkens beider treten damit in den Vordergrund des Interesses. Daran wird deutlich, dass es sich um einen weitreichenden Perspektivenwechsel handelt, der allerdings den Anspruch des Staates zur Formulierung und Implementation von Gemeinwohlzielen nicht aufgibt, aber die Verselbständigung gesellschaftlicher Teilsysteme und ihrer eigenen Handlungslogik Rechnung trägt und durch deren Beeinflussung und Überdetermination versucht, die Gemeinwohlziele zu erreichen. In diesem Sinne kann man von einem Formenwandel staatlicher Steuerung sprechen.«[78] Dieser Formenwandel findet in der differenzierten Gestaltung von »Handlungsbeiträgen öffentlich-rechtlicher und privater Akteure bei der Verfolgung von Aufgaben mit Gemeinwohlbezug«[79] Ausdruck. Wer erledigt welche Aufgaben, wie steht es um die Leistungstiefe des öffentlichen Sektors, welche neuen Regelungsinstanzen werden geschaffen und wie sehen die Regelungsinstrumente aus? Kurz, wer stellt in welcher Weise bestimmte öffentliche Dienste und Infrastrukturen (Infrastrukturgewährleistung) zur Verfügung? In welchem Substitutions- bzw. Ergänzungsverhältnis stehen staatliche und private Akteure

---

78 Trute, Verantwortungsteilung, S. 19.
79 Ebenda, S. 20.

zueinander? Wie verlaufen die Wege »von der Steuerung zur arbeitsteiligen Normimplementation«?[80]

Die Kernfrage der Debatten zur neuen Architektur des Wohlfahrtsstaates richtet sich stets auf die Gemeinwohlbindung in neu geordneten Regelungsstrukturen. Damit ist das Verhältnis von öffentlichem und privatem Recht durch ein Verwaltungsprivatrecht angesprochen. Doch wie auch immer die Feinabstimmungen zwischen privater und staatlicher Seite aussehen mögen, die zur Erfüllung öffentlicher Aufgaben vorgenommen werden – auch in Zeiten des gewährleistenden Wohlfahrtsstaats kommt die staatliche Seite um die Fragen der legitimatorischen Letztverantwortung nicht herum. Das lässt sich an verschiedenen Feldern zeigen, beispielsweise am Prozess der Privatisierung der Bahn und des Schienenverkehrs oder aber am Beispiel der sukzessiven »Entstaatlichung« der Brief- und Paketpost, die 138 Jahre lang ein öffentliches Unternehmen war.

1995 wurden auf der Grundlage des Postneuordnungsgesetzes aus dem Staatsunternehmen ein Privatkonzern und eine Aktiengesellschaft. Mit der Änderung des Grundgesetzes (Artikel 87 Absatz 1, Satz 1) ist das Anbieten postalischer und telekommunikativer Dienstleistungen keine öffentliche Aufgabe mehr, sondern eine ausschließlich private Tätigkeit, die von der Deutschen Post AG, der Deutschen Postbank AG, der Deutschen Telekom AG und privaten Anbietern wahrgenommen wird. Im Zuge dieser Entwicklung wurde das Filialnetz der Post aufgelöst und die Möglichkeit zur Gründung und Übernahme von Postagenturen durch Dritte eröffnet. Diese im Auftrag der Post unterhaltenen Agenturen funktionieren in der Regel nach dem Shop-in-Shop-Prinzip. Allerdings bleibt der Spielraum für Wettbewerber nach wie vor begrenzt. Nach dem Postgesetz darf allein die Post AG Briefe befördern. Zudem hat die Post auch als privates Unternehmen die öffentliche Verpflichtung zum Universaldienst übernommen und zur Garantie eines Mindestbestandes an öffentlich zugänglichen Briefkästen. Diese daseinsvorsorgende Verpflichtung regelt die sogenannte »Postuniversaldienstleistungsverordnung«. Bedeutsam

---

80 Ebenda, S. 26.

sind in diesem Kontext der Neujustierung staatlicher und privater Aufgabenfelder weniger die verschiedenen, mehr oder weniger komplizierten Details der Ordnung des Postwesens, sondern die Tatsache, dass die Privatisierung eines Staatsunternehmens im gewährleistenden Wohlfahrtsstaat von einer institutionellen Neugründung begleitet wird. Als Reaktion auf die Veränderung der grundgesetzlichen Aufgabendefinition der Daseinsvorsorge (hier im Bereich des Post- und Fernmeldewesens) wurde 1998 auf der Grundlage des Telekommunikationsgesetzes und des neuen Postgesetzes eine Regulierungsbehörde für Telekommunikation und Post als Bundesoberbehörde eingerichtet.

Die Aufgabe sektorspezifischer Regulierung besteht darin, die Marktstellung der Anbieter zu kontrollieren und neu auf den Markt tretende Wettbewerber zu chancengleichen Bedingungen zu verhelfen. Außerdem hat die Regulierungsbehörde die Grundversorgung mit Telekommunikations- und Postdienstleistungen sicherzustellen. Im Juli 2005 wurde die Regulierungsbehörde in »Bundesnetzagentur für Elektrizität, Gas, Telekommunikation, Post und Eisenbahnen« umgetauft.[81] Die Palette und das Spektrum des sektorspezifischen Regulierungsauftrags haben sich in diesem Zusammenhang erweitert, und auch die Informations- und Untersuchungsrechte dieser auf Marktregulation zielenden Bundesbehörde wurden präzisiert und ihre rechtlichen wie materiellen Sanktionsmöglichkeiten geschärft. Der *Staatsrückzug schafft neue Bundesbehörden*, die gleichermaßen für die politische Herstellung von Märkten, für die strukturelle Sicherung der Markttransparenz und die wirtschaftliche und soziale Bewertung der Marktleistungen zuständig sind. Beispiele für diese politische und rechtliche »Redimensionierung des Staates«[82] bzw. für eine Neudefinition klassischer staatlicher Infrastrukturbereiche durch institutionellen Umbau lassen sich europaweit finden. Privatisierung wird mithin keineswegs von einem grund-

---

81 Vgl. Bundesnetzagentur für Elektrizität, Gas, Telekommunikation, Post und Eisenbahnen, http://www.bundesnetzagentur.de/enid/0,0/Wissen schaftlicher_Arbeitskreis_fuer_Regulierungsfragen/ [http://www.bun desnetzagentur.de/enid/2.html (18. 9. 2008)] (8. 12. 2006).
82 Vgl. Schneider/Tenbrücken, Der Staat auf dem Rückzug.

sätzlichen Staatsrückzug oder vom Verzicht auf politische und rechtliche Intervention in öffentliche Aufgabenfelder begleitet. Interessant ist vielmehr, die Neuschaffung von staatlichen Institutionen zu beobachten, die als gesetzgeberisch veranlasste und rechtlich gesicherte Einrichtungen neue Märkte beispielsweise für Infrastrukturdienstleistungen überhaupt erst entstehen lassen. An dieser Skizze der Neuverteilung und Gewährung öffentlicher Aufgaben zeigt sich exemplarisch, dass Staat und Markt als Ordnungsprinzipien keine sich ausschließenden Gegensätze bilden. Die Staatsbedürftigkeit von Märkten und Marktteilnehmern tritt im Übergang vom sorgenden zum gewährleistenden Staat, in der Transformation von Staatsaufgaben und in der Privatisierung bzw. Vermarktlichung öffentlicher Aufgaben vielmehr in besonders markanter Weise hervor.

Daher ist es auch kein Wunder, wenn selbst die größten Kritiker staatlicher Eingriffe in letzter Instanz doch immer wieder auf der Beibehaltung eines Privatisierungsfolgerechts beharren, das den Staat dann in die Pflicht nimmt, wenn private oder marktbezogene Arrangements versagen. Der regulative und bisweilen auch direktive Staatseingriff scheint immer dann unbestritten, wenn private Interessen gefährdet sind und Marktversagen Legitimations- oder gar Existenznöte privater Akteure verursacht. Die Finanzmarktkrise im Herbst 2008 ist ein aktuelles und sprechendes Beispiel. Misslingt das Allheilmittel der Privatisierung als ökonomische Initiative, dann haftet in den Augen der Bürger noch immer der Staat. Auch wenn es Probleme mit Qualitätsstandards oder mit der Professionalität von öffentlich relevanten Dienstleistungen gibt, ertönt rasch der Ruf nach dem Staat. Je weiter allerdings das Geschäft der Privatisierung voranschreitet und je mehr Kommunen und Gemeinden ihr Eigentum veräußern, desto eingeschränkter sind öffentliche Handlungsspielräume. Der Verkauf stadteigener Wohnungsbestände zur Linderung der dramatischen Finanzkrise der Kommunen ist ein prominenter Streitfall. Die Folgen der Privatisierung staatlicher Aktivitäten und öffentlicher Leistungen der Daseinsvorsorge für das Gemeinwohl sind nicht notwendigerweise negativ, aber sie sind zumindest riskant. Daher bedarf auch die Privatisierung öffentlicher Güter einer handlungs- und durchsetzungsfähigen staatlichen Ordnung. Privatisierungsprozesse sind offensichtlich staatsbedürftig, wenn sie nicht zu einem Risiko für die Allgemeinheit werden sollen.[83] So entsteht bei einem Durchgang durch die verwaltungs- und staatsrechtliche Literatur nicht zufällig der Eindruck, dass die Ausdünnung sozialer Rechte und materieller Unterstützungsleistungen mit einer Verdichtung der Steuerungseingriffe im gewährleistenden Wohlfahrtsstaat verbunden ist.[84] Die Folgen dieser Entwicklung sind paradox: Während auf der einen Seite reformpolitische Verschlankungsvorschläge die Runde machen, die für eine höhere Agilität und Beweglichkeit der Verwaltung sorgen sollen, wächst auf der anderen Seite in zahlreichen gesellschaftspolitischen Aufgabengebieten die Regelungsdichte. Ein gutes Beispiel hierfür ist die Arbeitsmarktpolitik. Deren Neugestaltung unter den programmatischen Leitlinien des »Aktivierens«, des »Forderns«, des »Förderns« oder der »Eigeninitiative« folgte betriebswirtschaftlichen Kalkülen und effizienztheoretischen Überlegungen. Doch die Konsequenz war nicht ein Weniger an staatlicher Aktivität und politischer wie rechtlicher Eingriffsbereitschaft, sondern eine Vielzahl neuer Arbeitsmarktprogramme und Lohnzuschussmodelle, die zu einer neuen Unübersichtlichkeit in der beschäftigungspolitischen Förderlandschaft führte. Beispielsweise gibt es jetzt für Jugendliche zahlreiche neue »Qualifizierungsangebote«, neue Initiativen für schwer vermittelbare Arbeitslose oder Sonderaktivitäten für benachteiligte Problemregionen oder Erwerbstätigenzuschüsse für Kleinverdiener. Die Erosion des Wohlfahrtsstaates stellt man sich gemeinhin anders vor.

Gleichwohl zeigt sich, dass der gewährleistende Wohlfahrtsstaat seine Rolle und Funktion als Fürsorger aufgegeben hat. Es sind jetzt andere strukturelle und normative Prinzipien, die sein »Rollenmodell« prägen. Aber wie und wodurch bleibt er ein Wohlfahrtsstaat? Die Prinzipien staatlicher Gewährleistungsverantwortung bzw. Steuerung lassen sich in Abgrenzung zu den Orientierungen der sorgenden Staatlichkeit auf die Stichwörter »Kostenrechnung«, »Projekt« und »Vertrag« bringen.

Die Bereitstellung von Wohlfahrtsleistungen findet heute mehr und mehr über Benchmarking und Kostenrechnung statt. In Zei-

---

83 Vgl. Eppler, Auslaufmodell Staat?
84 Vgl. zusammenfassend Schuppert, Staatswissenschaft.

ten knapper Kassen rücken in stärkerem Maße als zuvor Fragen betriebswirtschaftlicher Effizienz in den Vordergrund. Das bekommen die Empfänger staatlicher Leistungen zu spüren, aber auch deren Verteiler und Zuteiler, also die Mitarbeiter in den öffentlichen Diensten oder Wohlfahrtsverbänden. Befristete Arbeitsverträge, längere Arbeitszeiten bei gekürzten Bezügen, verringerte Aufstiegschancen sind in weiten Bereichen der öffentlichen Dienste und der Gemeinwohlorganisation die Arbeitsrealität. Die Beschäftigung im öffentlichen Dienst hat in den vergangenen Jahren erheblich an Attraktivität verloren. Arbeiten für den Wohlfahrtsstaat ist vielerorts prekär.

Auch die Organisation des Wohlfahrtsgeschehens hat ihren Charakter verändert. Sie erfolgt in wachsendem Maße projektförmig. Damit verringern sich die staatlichen Aktivitäten nicht unbedingt, bzw. sie verlieren auf diese Weise nicht zwangsläufig an Qualität, aber doch an Stetigkeit, Regelmäßigkeit und Verlässlichkeit. Der Wohlfahrtsstaat wird zum Projekt, ob in der Altenpflege, der Jugendfürsorge oder der Stadtteilpolitik.

Schließlich befindet sich auch die Steuerung der staatlichen Wohlfahrtspflege im Umbruch. Sie erfolgt zunehmend über Vertrag bzw. über vertragsgebundene Netzwerkstrukturen.[85] Was heißt das? Es findet eine »Vertraglichung« des behördlichen Alltags statt. Wenn in Job-Centern Case-Manager Eingliederungsverträge mit Arbeitslosen abschließen, dann haben wir es mit der Kontraktualisierung von sozialen Leistungen und Diensten zu tun. Die Eingliederungsvereinbarungen nach § 15 SGB III sind die zentralen Steuerungs- und Förderinstrumente der aktuellen Arbeitsmarktpolitik und Beschäftigungsförderung. Doch diese Verträge sind problematisch. Denn die Rechte und Pflichten sind extrem ungleich verteilt. In diesen Eingliederungsvereinbarungen finden sich seitenlange Aufzählungen von »Mitwirkungs- und Nachweispflichten« der Ratsuchenden, verbunden mit allerlei Hinweisen auf behördliche Sanktionsmöglichkeiten bei Fehlverhalten und ergänzt um Selbstverpflichtungen, zum Beispiel mit Blick auf die weitgehende Preisgabe eigener Ansprüche bei der Arbeitssuche.

---

85 Vgl. Kalkowski, Der Vertrag als Kategorie der Arbeits- und Industriesoziologie.

»Dieses auf Behördenseite vorgefertigte Schriftstück muss als beidseitige ›verbindliche Vereinbarung‹ unterzeichnet werden. Das ist nicht nur keine Vereinbarung mehr, das hat auch keine Elemente eines öffentlich rechtlichen Vertrags, und selbst ein ordentlicher Verwaltungsakt müsste anders aussehen.«[86] Eine Stärkung der kontraktuellen Steuerung findet sich freilich nicht nur im staatlich organisierten Sozialleistungssystem, sondern in immer stärkerem Maße auch im Bereich der öffentlichen Infrastrukturen, wenn auf dem Gebiet der Energieversorgung, des Personennahverkehrs oder der Müllbeseitigung von staatlicher bzw. kommunaler Seite Verträge über Quantitäten und Qualitäten der Leistungserbringung mit privaten Anbietern und Dienstleistern geschlossen werden.

Insgesamt ist festzuhalten, dass wir es aktuell nicht mit einer Einbahnstraße in Richtung immer weniger Staat zu tun haben, sondern mit veränderten Formen intensivierter politischer Steuerung über Kostenrechnung, Vertrag und Projekt. Vieles spricht dafür, dass diese Veränderungen nicht ohne Konsequenzen für das soziale Ungleichheitsgefüge bleiben. Vor dem Hintergrund der französischen Situation bilanziert Castel die aktuellen Veränderungen wohlfahrtsstaatlicher Leistungen. Von besonderem Interesse sind ihre sozialstrukturellen Folgewirkungen. Im europäischen Kontext zeichnet sich die Entwicklung eines Sozialsystems ab, das auf drei Prinzipien (oder besser: Klassenlogiken) ruht: Zum einen auf der Steuerfinanzierung von universalistischen und an der Logik der Fürsorge orientierten Sozialleistungen. Diese Sozialleistungen garantieren Mindeststandards und eine Grundversorgung mit Ressourcen. Sie richten sich vor allen Dingen an die (ressourcen)schwachen Bevölkerungsgruppen und stellen bestimmte soziale oder medizinische Grundleistungen zur Verfügung. Daneben oder darüber stehen wie bisher erwerbsarbeitsbezogene Versicherungsleistungen. Deren Leistungsniveau wird freilich sukzessive abgesenkt und deckt in aller Regel vorhandene Lebensrisiken nur noch partiell ab. Die hier gewährten Sozialleistungen sind mit dem Arbeitnehmer- bzw. Beschäftigtenstatus verknüpft. Schließlich erhalten im System der sozialen Sicherung

---

86 Spindler, Rechtliche Rahmenbedingungen, S. 180 f.

(Alter, Gesundheit, Pflege) die privaten, frei wählbaren und erwerbsarbeitsunabhängigen Zusatzversicherungen einen immer größeren Stellenwert. Wer sich über dem Niveau einer Grundsicherung bewegen möchte, der muss aus eigener Tasche in seine soziale Sicherheit und Versorgung investieren. Vor diesem Hintergrund zeichnet sich, so Castel, eine Entwicklung ab, »in der der universalistische Sozialstaat zu einem Sozialstaat wird, der auf einer ›positiven‹ Diskriminierung aufbaut«.[87] Der Abschied vom Universalismus und die Förderung der Partikularität der Leistungen, Organisationsformen und institutionellen Arrangements lassen sich – bevor wir auf die sozialen Ungleichheitsverschärfungen zu sprechen kommen – sehr gut an den beiden Steuerungsprinzipien der »Vermarktlichung« und der »Kontraktualisierung« nachvollziehen. Am Beginn dieses Abschnitts zur Architektur des Wohlfahrtsstaates stand der Hinweis, dass das Fundament des modernen demokratischen Wohlfahrtsstaates in der politischen Sicherung von Statusrechten liegt, die immer auch vertraglich gesicherte Statusrechte sind. Zugleich haben wir gesehen, dass sich im Übergang von »sorgender« zu »gewährleistender« Wohlfahrtsstaatlichkeit die Qualitäten und Quantitäten dieser Statusrechte und ihrer kontraktuellen Einbindung markant verändern. Neu ist in diesem Übergangsprozess nicht die stärkere Steuerung über Verträge, sondern die wachsende Tendenz zur individuellen Kontraktualisierung, die kollektiv verbindliche Kontrakte zunehmend ablöst, unterläuft oder aushöhlt. Robert Castel kommt zu dem Schluss, dass der Rückgriff auf den Vertrag, genauer auf den individuellen Vertrag, tendenziell auf die politische Überforderung hinweise, staatlicherseits »eine immer komplexer und heterogener werdende Gesellschaft durch die singuläre Ausgestaltung all dessen, was kollektive Regulierungen nicht mehr regeln können, in den Griff zu bekommen«.[88] Der Göttinger Soziologe Peter Kalkowski merkt hierzu sehr richtig an, dass die Kategorien des »Kontrakts« bzw. der »Kontraktualisierung« für Castel eine eindeutig abwertende Bedeutung haben: Kontraktualisierung wird

---

87 Castel, Die Stärkung des Sozialen, S. 105 f.
88 Castel, Die Metamorphosen der sozialen Frage, S. 411.

von Castel in einen engen und geradezu zwangsläufigen Zusammenhang mit Prozessen sozialer Fragmentierung und Dissoziation sowie mit Tendenzen staatlicher Verantwortungslosigkeit und der Missachtung des Öffentlichen gebracht.[89] Im Folgenden wird am Beispiel der veränderten Steuerung der Wohlfahrtspolitik skizziert, dass die Dinge nicht so eindeutig liegen, zumal nicht die generelle Neigung zur Steuerung sozialer und wirtschaftlicher Beziehungen durch Vertrag das Problem zu sein scheint, sondern der Abschied von kollektiver Kontraktualisierung auf der einen und die Differenzierung bzw. Aufsplitterung sozialer Leistungen und Dienste durch individualisierte Vertragsstrukturen auf der anderen Seite.

Die Veränderungen der wohlfahrtsstaatlichen Architektur und der politischen Regulation des Sozialen lassen sich an spezifischen Feldern in besonders markanter Weise ablesen. Ein wichtiges Beispiel ist die sukzessive Transformation der korporativen Wohlfahrtsverbände in politisch konstituierte Wohlfahrtsmärkte bzw. in Sozialkonzerne. Weiterhin entwickeln sich die öffentlichen Dienste mehr und mehr zu Orten sozialer und beruflicher Unsicherheiten oder Ungewissheiten. Einen wichtigen Gradmesser der Veränderungen der Steuerungsprinzipien des Sozialen haben wir schließlich in den Neujustierungen des Arbeitsrechts vor Augen. In Reaktion auf die räumlichen und zeitlichen »Entgrenzungen« der Arbeitswelt werden dem Arbeitsrecht als dem Schutzrecht der abhängigen Arbeit von Seiten des Gesetzgebers und auf Druck der Sozialpartner die Handlungsfelder, Zuständigkeiten und Grenzen neu gesteckt. An allen Beispielen wird deutlich, dass wir es zwar nicht mit dem Abschied von der Wohlfahrt als normativem Prinzip, von öffentlichen Dienstleistungen als sozialer Daseinsorge oder von den Schutzrechten im Arbeitsleben als juristische Akzeptanz sozialer Ungleichheit am Arbeitsmarkt zu tun haben. Aber die Produktionsbedingungen von Wohlfahrt, von gemeinwohlorientierten Dienstleistungen und von Schutzformen der Erwerbsarbeit unterliegen einem erheblichen Wandel, der nicht ohne Einfluss auf das gesellschaftliche Ganze bleibt. An dieser Stelle

---

89 Vgl. Kalkowski, Der Vertrag als Kategorie der Arbeits- und Industriesoziologie, S. 13.

konzentrieren wir uns zunächst auf den Auf- und Ausbau der Wohlfahrtsmärkte und die Tendenz zur Vertraglichung sozialer, wirtschaftlicher oder betrieblicher Beziehungen. Diese Tendenz ist charakteristisch für die aktuelle Entwicklung der Wohlfahrtspolitik, reicht aber weit über diese hinaus. Auf die Entwicklung der öffentlichen Dienste (Kapitel III) und des Arbeitsrechts (Kapitel IV) wird noch zurückzukommen sein.

Ein herausragendes Beispiel für die Fortbildung des sorgenden zum gewährleistenden Wohlfahrtsstaat ist der *Aufbau von Wohlfahrtsmärkten*. An diesem exemplarischen Feld wird sichtbar, dass der Begriff des Gewährleistungsstaates ein »Versöhnungsbegriff« (Claudio Franzius) ist. Denn mit dem Begriff des Gewährleistungsstaates werden zwei konkurrierende Entwicklungen miteinander in Verbindung gebracht: »das unaufhaltsame Eindringen des Wettbewerbsgedankens in die Rechtsordnung« mit dem »unverzichtbaren Erhalt von Gemeinwohlsicherungen. [...] Ausgegangen wird dabei von einer funktionellen Äquivalenz zwischen der eigenen Aufgabenerfüllung durch den Staat und der gewährleistenden Regulierung privater Aufgabenwahrnehmung.«[90] Mit Blick auf die Entwicklung des Verbandssystems der Wohlfahrtspflege zu Wohlfahrtsmärkten erkennen wir, dass in den Nachkriegsjahrzehnten die Strukturen der Wohlfahrtsproduktion und -politik im Kern durch drei charakteristische Eigenschaften geprägt waren: durch ihre lebensweltliche Fundierung in karitativ und bürgerschaftlich orientierten Milieus; durch ihre Marktentlastetheit; durch ihre expertokratisch begründete Autonomie auf dem Boden allgemeiner Bestandsgarantien.[91] Diese wohlfahrtspolitisch relevanten Grundcharakteristika finden sich in nahezu allen westeuropäischen Ländern in jeweils unterschiedlicher quantitativer Gewichtung und qualitativer Ausgestaltung. Im Einzelnen bedeutet das, dass selbständige Verwaltungseinheiten und freie Träger die Wohlfahrtspflege dominieren. »Das gilt – par excellence – für den deutschen Wohlfahrtskorporatismus, aber auch für die eher informellen Abstim-

---

90 Franzius, Die europäische Dimension des Gewährleistungsstaates, S. 547.
91 Vgl. Bode, Disorganisation mit System, S. 223 f.

mungsprozesse zwischen gemeinnützigen Anbieterorganisationen und lokalen Staatsvertretern in Frankreich sowie für die Entscheidungs- und Verwaltungspraxis von dezentralen Gesundheitsbehörden und ›local authorities‹ in Großbritannien – wobei hier bestimmte ›voluntary organisations‹ (zum Beispiel in der Alten- und Behindertenhilfe) schon immer eigenständig soziale Dienste anboten und diese mit der Sozialadministration koordinierten.«[92] Die sozialen Trägergruppen der Wohlfahrtsproduktion sind in der Regel an soziale Milieus gebunden, in denen »spezifische zivilgesellschaftliche Orientierungen – vom Gefühl einer individuellen Bürgerpflicht bis hin zur Unterstützung einer Soziallehre – tief verankert«[93] sind.

Das gilt in besonderer Weise für Kirchen und Gewerkschaften, wobei sich in Deutschland die großen christlichen Sozialorganisationen »Caritas« und »Diakonie« zu den zentralen Trägern der Wohlfahrtspflege entwickelt haben. Bode betont zu Recht, dass an die Qualität dieser in freier Trägerschaft erbrachten Leistungen der Wohlfahrtsproduktion immer auch »geglaubt« werden musste, denn sie konnten im Grunde keine quantitativ mess- und vergleichbaren Ergebnisse vorlegen. Wichtig ist, dass es im Selbstverständnis dieses wohlfahrtsstaatlichen oder in Verbänden organisierten Leistungssystems stets um die Domestizierung des Marktes ging. Die Regeln des Arbeitsmarktes und des privaten Beschäftigungssystems waren dabei keineswegs außer Kraft gesetzt, aber in den Arbeitsabläufen und im Rahmen der Steuerung der Wohlfahrtspolitik spielten sie nur eine untergeordnete Rolle. Diese Unterordnung marktbezogener Steuerungsaspekte war auch der Tatsache geschuldet, dass die Reviere zwischen den einzelnen leistungserbringenden Institutionen weitgehend aufgeteilt und staatlicherseits geordnet waren. Zudem verfügten die Träger der Wohlfahrtsproduktion über erhebliche Handlungsspielräume im Schatten institutioneller Hierarchien – sie traten als sozialpolitische Experten auf. Beispielsweise erhielten Renten- und Krankenkassen eine Art Gemeinwohlauftrag, der sie deutlich von privaten Versicherungsträgern unterschied. Zudem etablierte sich (unter-

---

92 Ebenda, S. 223.
93 Ebenda.

stützt durch die gezielte Förderung und Expansion staatlicher Studiengänge) ein neuartiger Sozialprofessionalismus. Bode kommt mit Blick auf diese Ausbauphase verbandlicher Wohlfahrtspolitik zu dem Schluss, dass »die ›public-private-partnerships‹, die sich im Steuerungssystem der Nachkriegsepoche länderübergreifend ausbilden, [...] für einen an Intensität und Reichweite zunehmenden, staatlich moderierten (nicht diktierten) Koordinationsprozess mit dem Ziel einer systemübergreifenden Harmonisierung der Wohlfahrtsproduktion [stehen]«.[94] Kurz, die Wohlfahrtsproduktion vollzieht sich im »Dreischritt von zivilgesellschaftlicher Einmischung, staatlicher Generalisierung und kooperativer Systemsteuerung und weitgehend abseits von den Gesetzen der Marktökonomie«.[95]

Vor diesem Hintergrund bildet die Herstellung und Gewährleistung von Wohlfahrtsleistungen und Sorgediensten ein zentrales Feld, an dem sich besonders markant die Veränderungen des sorgenden Wohlfahrtsstaates nachvollziehen lassen. *Die Wohlfahrtsproduktion konstituiert sich zunehmend als Wohlfahrtsmarkt.* Aus Wohlfahrtsverbänden werden Sozialkonzerne. Das lange Zeit sehr stabile und rechtlich wie politisch fein austarierte Verbandssystem aus »Caritas«, »Diakonie«, »Arbeiterwohlfahrt« und »Paritätischem Wohlfahrtsverband« als Dachorganisation löst sich in einen marktgesteuerten Sozialsektor mit einer größeren Differenzierung der Leistungsanbieter und mit mehr Wettbewerb anstelle eingespielter Verfahren der Sozialpartnerschaft auf. Jetzt geht es um das Management öffentlicher und privater Ressourcen, da die staatliche Alimentierung nur noch unter Vorbehalt stattfindet. So tritt in der Wohlfahrtspflege die kurzfristige Kalkulation an die Stelle langfristiger Planung, das Wohlfahrtsgeschehen wird immer stärker über Märkte reguliert und findet immer häufiger projektförmig statt. Der Bremer Sozialpolitikforscher Frank Nullmeier, der seit vielen Jahren zur politischen Genese von Wohlfahrtsmärkten forscht, skizziert diesen Wandel, der von der universalen sozialpolitischen Herstellung sozialer Sicherheit durch öffentliche Einrichtungen wegführt. Waren in diesem sozialpolitischen Selbst-

---

94 Ebenda, S. 224.
95 Ebenda.

verständnis die Bürger noch Gegenstand und Zielpunkt zahlreicher staatlicher Aktivitäten, so wird der Bürger nun Kunde auf dem Wohlfahrtsmarkt. Er kauft auf dem Markt der sozialen Dienstleistungen beispielsweise Produkte der Alterssicherung oder der Gesundheitsvorsorge ein – bei einem oder mehreren Anbietern, je nach Wunsch und Bedürfnis, vor allem aber je nach eigener Zahlungsfähigkeit.»Der in einer bestimmten Lebenslage hilfebedürftige Bürger kann und muss zwischen Anbietern sozialer Dienstleistungen ebenso wählen wie zwischen Anlagepaketen zur quasi-verpflichtenden privaten Vorsorge im Alter. Er ist damit zunehmend auf Marktprodukte angewiesen und entsprechend abhängig von Marktbewegungen und Marktprozessen, die mit einem nicht geringen Grad an Unsicherheit einhergehen. Die Aufgabe der Sozialpolitik verschiebt sich unter derartigen Bedingungen. Eine neue Funktion besteht darin, zu gewährleisten, dass die Bürger bei ihren Entscheidungen auf den Wohlfahrtsmärkten über hinreichende Absicherungen gegenüber den Unsicherheiten des Marktes verfügen. Sicherheitsproduktion im Umgang mit unsicheren Wohlfahrtsmärkten erscheint daher als sozialpolitische Zukunftsaufgabe.«[96] Mit dem politisch initiierten Aufbau von Wohlfahrtsmärkten verändern sich auf der »Angebotsseite« die Beschäftigungsbedingungen und die Tätigkeitsfelder der verschiedenen Wohlfahrtsakteure. In den Konzeptionen der Wohlfahrtsmarktprotagonisten und in der Programmatik neuer Steuerungstheorien entwickelt sich auf der »Nachfrageseite« aus dem Sozialstaatsklienten, der sich in die Mühlen der staatlichen Sozialbürokratie und der mit ihr verknüpften Wohlfahrtsorganisationen begeben musste, um Hilfe nachzusuchen, Dienste einzufordern und Sorge zu aktivieren, nun ein Marktkunde bzw. ein Konsument. Dieser Kunde vergleicht im theoretischen Idealfall Preise, holt Angebote ein und trifft rationale Entscheidungen. Der Ausbau von Wohlfahrtsmärkten suggeriert, dass nun nicht mehr Unterwerfung und Fügsamkeit als Verhaltensmuster des Sozial-

---

96 Nullmeier, Auf dem Weg zu Wohlfahrtsmärkten?, S. 278; vgl. hierzu auch die empirischen Arbeiten von Olk u. a., Von der Wertegemeinschaft zum Dienstleistungsunternehmen, sowie aktuell und grundlegend Olk/Grunow, Soziale Infrastruktur.

bürgers gefordert sind, sondern Kalkül und Klarsicht. Die Transformation der Wohlfahrtsverbände in marktorientierte Sozialkonzerne ist keineswegs ein Beispiel für das Verschwinden wohlfahrtsorientierter Steuerung, aber doch ein exemplarischer Fall für veränderte Ordnungsvorstellungen des Sozialen – mit Blick auf die Wohlfahrtserbringer und die Wohlfahrtsempfänger. Am Beispiel der stärker privatisierten und zunehmend marktorientierten Alterssicherungspolitik zieht Nullmeier die Schlussfolgerung, dass die soziale Sicherungspolitik im gewährleistenden Wohlfahrtsstaat zum einen schlecht beraten wäre, den Sozialstaatsbürger als »homo oeconomicus« zu »konzipieren«, zum anderen gut beraten ist, neue Instrumentarien der Marktpolitik zu finden: »Der mittelbare Zwang zur privaten Altersvorsorge verpflichtet eine auf Gewährleistung ausgerichtete Sozialpolitik, die Angebote zur privaten Vorsorge so zu prüfen oder solche Prüfverfahren bereitzustellen, dass die Bürger nicht in die Gefahr geraten, ihre Alterssicherung zu verlieren oder sich auf für sie sehr ungünstige Angebote einzulassen. Mit der Vermarktlichung der Sozialpolitik werden die (konzentrationskontrollierende) Wettbewerbspolitik, die produkt-, qualitäts- und mengenmäßige Marktregulation und der Verbraucherschutz wichtige neue Politikfelder. Sozialpolitik wird in Zukunft aus einer Kombination aus traditioneller Sozial-(versicherungs)politik und neuer wohlfahrtsmarktlicher Politik bestehen.«[97]

Die Steuerung der sozialen Wohlfahrtsproduktion – »the governance of welfare« (Bob Jessop) – ist daher in den vergangenen Jahren zu einem breit diskutierten Thema der sozialpolitischen und politikwissenschaftlichen Institutionenanalyse und Politikfeldforschung geworden. Die Diskussion changiert zum einen zwischen der bedauernden bis anklagenden Rede vom Staatsabschied[98] und von der Ablösung der Bürokratie durch die »Merkatokratie«.[99] Aus dieser Perspektive wird moniert, dass sich der Zugang zu spezifischen Wohlfahrtsleistungen immer stärker über Kaufkraft und finanzielle Leistungsfähigkeit der Sozialstaatskonsumenten regelt.

---

97 Nullmeier, Auf dem Weg zu Wohlfahrtsmärkten?, S. 279f.
98 Vgl. Butterwegge, Wohlfahrtsstaat im Wandel.
99 Vgl. Trube/Wohlfahrt, Von der Bürokratie zur Merkatokratie?

Mit dem Einzug gewerblich bzw. profitwirtschaftlich orientierter Leistungsanbieter und mit der Etablierung von Wohlfahrtsmärkten erhalte die soziale Daseinsvorsorge Schritt für Schritt eine betriebswirtschaftliche Orientierung, die sich mit gemeinwohlorientierten Vorstellungen der Wohlfahrtspolitik nicht mehr in Einklang bringen lasse. Das Resultat sei eine residuale Sozialpolitik, deren Ausgangspunkt der karitative Notfall sei.

Ein anderer Teil der Debatte setzt dieser Interpretation einer wachsenden »laissez-faire-governance« die Beobachtung entgegen, dass sich die Formen sozialpolitischer Intervention verändern, nicht aber die Bedeutung staatlicher Steuerung als solcher. Noch mehr: die Vermarktlichung der Wohlfahrtsproduktion habe sogar eine Ausweitung der staatlichen Kontrolle der Wohlfahrtsproduktion zur Folge.[100] Die neuen »Kunden« des Sozialstaats werden – so Jessop – auf paradoxe Weise in eine flexiblere Marktökonomie der Wohlfahrtsproduktion eingeplant. Clarke spricht in diesem Zusammenhang von der Genese und Durchsetzung eines »dispersed state«. Das Charakteristikum des »dispersed state« sei, dass die freien Träger der Wohlfahrt durch markt- und managementorientierte Kontextsteuerung zu Selbstdisziplin erzogen werden und auf diese Weise einer wohlfahrtsstaatsstabilisierten »meta-governance« unterworfen sind. Institutionelle Stabilität durch marktbezogene Instabilisierung.

Eine weitere Lesart des Steuerungswandels der Wohlfahrtsproduktion schließt an die Beobachtung einer prinzipiell stärker »vernetzten« Governance an. Doch in diesen etwas abgeklärteren und kühleren Szenarien des Wandels geht es im Sinne institutioneller Fortbildung vom sorgenden zum gewährleistenden Wohlfahrtsstaat nicht um Staatsabbau oder um die effektivere Subsumtion der Wohlfahrtsproduktion durch die Neujustierung staatlicher Instanzen, sondern um die Figur des Übergangs von einer bürokratischen Steuerung zu »marktregulativer Politik« (Frank Nullmeier) mit dem Ziel einer höheren Effizienz der Leistungserfüllung. Der Staat ist durch die wachsende Steuerungskomplexität überfordert, die zudem finanziell immer kostspieliger wird, daher

---

100 Vgl. Jessop, The Changing Governance of Welfare, und Clarke, Changing Welfare, Changing States.

greift er im Sinne der »Co-governance« auf nichtstaatliche Akteure zurück. Die staatliche Steuerung und Intervention in das Wohlfahrtsgeschehen erfolgt in dieser Debattenlinie daher über Marktanreize, faire Verträge und kontrollierten Wettbewerb. In diesem Fahrwasser der konzeptionellen Neubestimmung der Rolle nichtstaatlicher Akteure in der Justierung des »gewährleistenden Wohlfahrtsstaates« bewegt sich schließlich auch Bode mit dem Schlagwort von der »systematischen Disorganisation« der Wohlfahrtsproduktion. In seinem Resümee der skizzierten Debatte kommt er zu dem Schluss: »Es besteht zwar Einigkeit über die Ausbreitung von ›market based governance‹ im wohlfahrtsstaatlichen Steuerungssystem. Umstritten ist aber, wie das Mehr an Markt tatsächlich funktioniert. Übereinstimmung findet sich ferner dahingehend, dass die Rolle nicht-staatlicher Akteure aufgewertet wird – dem bürokratischen Wohlfahrtsstaat folgt offenbar der flexible ›Wohlfahrtspluralismus‹. Aber es gibt unterschiedliche Einschätzungen über dessen Konsequenzen im Hinblick auf den ›Output‹ der Wohlfahrtsproduktion.«[101] Bode gibt weiterhin den für die weitere Diskussion und Forschung zentralen Hinweis, dass sich die aktuelle Debatte um die Veränderungen von Wohlfahrtsstaatlichkeit und Wohlfahrtsproduktion »als relativ unsensibel für den Tatbestand [erweisen], dass Wohlfahrtsstaatlichkeit schon immer auf einer arbeitsteiligen ›governance of welfare‹ beruhte, nicht nur bei der Festlegung sozialpolitischer Programme und Ziele, sondern auch im Prozess der Wohlfahrtsproduktion selbst. Interessant ist deshalb nicht die Arbeitsteilung per se, sondern ihr Wandel.«[102] Auf diese Arbeitsteilung zwischen staatlichen und nichtstaatlichen Akteuren der Wohlfahrtsproduktion beziehen sich beispielsweise auch die schon angesprochenen Modelltypen des Wohlfahrtsstaates bei Esping-Andersen. Typisch für die sogenannten liberalen Regime sind beispielsweise die staatliche Förderung und zurückhaltende Regulierung betrieblicher Sozialfonds oder privater »Charities« – das gilt im Übrigen gerade für die Wohlfahrtspolitik in den USA.[103] »Public Private

---

101 Bode, Disorganisation mit System, S. 221.
102 Ebenda, S. 222.
103 Vgl. Katz, The Price of Citizenship.

Partnerships« sind daher für die Konstitution, die Organisation und Steuerung demokratischer Wohlfahrtsstaaten keineswegs neu.

Wie gezeigt, spielen insbesondere in den interessanten empirischen Forschungen Bodes die wohlfahrtspolitischen Arbeitsteilungen zwischen staatlichen und privaten Akteuren eine zenrale Rolle. Bodes theoretischer Blickwinkel, aus dem er diese Prozesse beobachtet und analysiert, ist der Übergang vom »organisierten« zum »disorganisierten« Kapitalismus.[104] Die hervorstechenden Kennzeichen des Typus des »disorganisierten Kapitalismus« sind – unter Bezugnahme auf die Entwürfe »The End of Organized Capitalism«(Scott Lash und John Urry) und »Der neue Geist des Kapitalismus« (Luc Boltanski und Eve Chiapello) – die Dezentralisierung und Flexibilisierung der Ökonomie, die tendenzielle Pluralisierung der Sozialstruktur sowie die Ablösung der industriellen Produktionskultur durch eine postindustrielle Dienstleistungskultur. Die empirischen Beispiele, die diesen Übergangsprozess vom organisierten zum disorganisierten Wohlfahrtskapitalismus in verschiedenen europäischen Staaten illustrieren können, beziehen sich bei Bode auf zwei Felder. Zum einen auf die Administration und Neuordnung der Gesundheitsversorgung und auf die in freier Trägerschaft organisierte und verwaltete Wohnungslosenhilfe.

Mit Blick auf die Gesundheitsversorgung zeigt Bode, dass seit den 1990er Jahren die Versorgungskassen im Gesundheitswesen in einer Beitrags- und Mitgliederkonkurrenz stehen. Die Kassen haben Vertriebs- und Marketingabteilungen aufgebaut, sie versuchen Versicherte mit »guten Risiken« anzuwerben und sie präsentieren und profilieren sich als »kundenorientierte Dienstleistungsunternehmen«. Weiterhin wird versucht, stärker in das »Versorgungsgeschehen« einzugreifen. Das geschieht beispielsweise durch die Festlegung von Behandlungsprogrammen, durch die Standardisierung von Therapieprofilen, die allesamt ihre Legitimation in dem Ziel finden, Versorgungsprozesse zu optimieren. So entstehen Disease-Management-Programme für chronisch Kranke, bei denen zwischen Kassen und Leistungserbringern Zielvereinbarungen abgeschlossen werden. Kontraktualisierung im

---

104 Vgl. Bode, Disorganisierter Wohlfahrtskapitalismus.

Gesundheitswesen ist hier ein wichtiges Stichwort. Im Ergebnis, so Bode, »wird ein doppelter Aktivierungsprozess erkennbar. Die Kassen werben um Ressourcen und ergreifen Initiativen, diese betriebswirtschaftlich[er] und zugleich kreativ im Sinne eines am Gemeinwohl [der Versicherten] orientierten Selbstverständnisses einzusetzen. Gleichzeitig treten sie mit eigenen Diskursen und Forderungen an die politische Öffentlichkeit heran; sie können offenbar immer weniger auf die eingefahrenen (korporatistischen) Kommunikationskanäle vertrauen.«[105]

In anderer und doch von der Prozessorientierung ähnlicher Weise stellt sich die Entwicklung der Wohnungslosenhilfe dar. Die Wohnungslosenhilfe steht in der Tradition kirchlicher Wohlfahrtspflege. Auch im internationalen Bereich dominieren hier nichtstaatliche Träger, die Angebote wie kurzfristige Anlaufstellen (Bahnhofsmissionen), Tagesstätten, Nachtasyle oder Übergangswohnheime bereitstellen. Hinzu treten in jüngster Zeit »Tafeln«, »Wohnungslosenzeitungen« und ähnliche Einrichtungen bzw. Initiativen. Charakteristisch für die Wohnungslosenhilfe und andere »karitative Notversorgungen« ist nun, dass die hiermit befassten Einrichtungen ihr Leistungsangebot zunehmend über öffentliche Projektmittel akquirieren müssen. In gewissem Sinne repräsentiert die Wohnungslosenhilfe den exemplarischen Fall eines Zivilmarktes, der aus »social sponsoring« und Charity-Initiativen besteht. Die Möglichkeit, materielle und soziale Ressourcen zu erschließen, ist in wachsendem Maße von den betriebswirtschaftlichen Kalkulationen und den kommunikativen Kompetenzen der jeweiligen Einrichtungen abhängig. Die über lange Jahre erprobten und bewährten korporativen Netzwerke, die unter staatlicher Schirmherrschaft und Regie standen, haben an Tragfähigkeit und Selbstverständlichkeit erheblich eingebüßt.[106]

Gerade im europäischen Vergleich zeigen die Analysen der Sozialpolitikforschung noch einmal sehr klar die Prozesse der zunehmenden Vermarktlichung der Wohlfahrtspolitik. Ob in Frankreich, Großbritannien oder Deutschland: Im Sozialsektor wird kurzfristig kalkuliert und nicht mehr langfristig geplant, es geht

---

105 Bode, Disorganisation mit System, S. 226.
106 Vgl. ebenda, S. 230.

um rasch abrufbare »Outputs« und nicht mehr um auf Dauer angelegte »Outcomes«. Pauschale öffentliche Aufträge an die Einrichtungen der Wohlfahrtspflege spielen kaum mehr eine Rolle. Hingegen entwickeln sich Public Relations und Sozialmarketing verstärkt zu neuen Tätigkeitsfeldern. Spezifische Zivilmärkte entstehen, die keineswegs nur neoliberalen Prämissen folgen, sondern die um eine andere, um eine finanziell messbare Definition von Gemeinwohl bemüht sind – wie vergeblich diese Bemühungen um »benchmarks« häufig auch sein mögen. Eine wichtige Veränderung des Wohlfahrtsgeschehens besteht darin, dass staatliche Unterstützung und Ressourcengewährung stärker unter Vorbehalt stehen. Die Gewissheit dauerhafter und regelmäßiger Zuwendungen von staatlicher Seite an die freien Wohlfahrtsträger gehört sicher der Vergangenheit an. Die Symbiose sozialpartnerschaftlich verbundener Organisationen in der Gesundheitsversorgung oder der Wohlfahrtspflege wurde in ein wettbewerbsorientiertes, auf formale Konkurrenzen ausgerichtetes System transformiert. Die staatliche Unterstützung muss nun immer wieder neu erarbeitet werden, der Rückgriff auf abgesteckte Reviere funktioniert nicht mehr. Die Einrichtungen und Trägervereine sind gefordert, neue Programme zu entwerfen und eigenständig bestimmte sozialpolitische Initiativen ins Leben zu rufen. Sie werden immer mehr zum »Subjekt der Wohlfahrtsproduktion«.[107] Ein genereller Rückbau, das Verschwinden von Wohlfahrtspolitik oder der Rückzug des Staates aus Wohlfahrtsverantwortlichkeiten finden nicht statt. In den Worten der »governance of welfare«-Debatte existiert auch im »gewährleistenden« Wohlfahrtsstaat selbstverständlich noch eine staatliche »Meta-Governance«, die gegenüber den Trägern der Wohlfahrtspolitik Leistungsanreize setzt und Indikatoren der Leistungsgewährung festlegt. Solche Indikatoren sind Fallzahlen, quantitativ messbare Ergebnisse, strategische Einsparungen, Innovationen oder veränderte Strategien der Personalpolitik. Diese »Meta-Governance« ist als Ausdruck einer Standardisierung der Wohlfahrtsproduktion die Voraussetzung, um Vergleich- und Messbarkeit herzustellen. Das bedeutet auch eine stärkere Kostenorientierung, die Etablierung eines »case management« und einen

---

107 Ebenda, S. 234.

strategischen Umgang mit Projektwettbewerben. Alles in allem wird deutlich, dass sich die freien Träger der Wohlfahrtspflege ihrer Sache im gewährleistenden Staat nicht mehr ohne weiteres sicher sein können. Sie sind jetzt Marktakteure unter staatlicher Gewährleistungspflicht. Die marktförmige und konkurrenzorientierte Produktion der Wohlfahrt folgt den Spielregeln neuer sozialpolitischer Kontextsteuerung. Die Verlagerung von Zuständigkeiten aus dem staatlichen in den nichtstaatlichen Bereich führt freilich nicht geradewegs in eine Monologik betriebswirtschaftlicher Rationalitäten. Vielmehr zeigen empirische Studien, dass sich eine neue Eigensinnigkeit des Wohlfahrtsgeschehens entwickelt, die nicht auf einen einfachen Nenner zu bringen ist. So entwickeln sich vermehrt dezentrale Innovationen in der Bereitstellung und Ausarbeitung von Wohlfahrtsdiensten oder -projekten, beispielsweise wenn an den richtigen Stellen gespart wird, wenn effizientere Versorgungsmodelle entstehen, wenn sich neue Spendenquellen erschließen oder wenn politische Kampagnen erfolgreich geführt werden.

Dennoch sind die (sozial)strukturellen Folgen des Aufbaus von Wohlfahrtsmärkten nicht zu übersehen. Indem Ressourcenmanagement und Projektakquise an Bedeutung gewinnen, wird eine Differenzierung zwischen institutionellen und organisatorischen Gewinnern und Verlierern auf den Wohlfahrtsmärkten deutlich. Sogenannte »leistungsschwache« und »leistungsstarke« Anbieter treten markant hervor. Wobei die Leistungsstärke nur allzu oft nach wirtschaftlicher Effizienz und arbeitsmarktbezogener Funktionalität der Wohlfahrtsleistungen bemessen wird. Das neue Steuerungssystem produziert stärker an wirtschaftlichen und fiskalischen Gesichtspunkten orientierte Qualitätsdifferenzen. Auf ähnlich zwiespältige Entwicklungen werden wir treffen, wenn die Veränderungen der öffentlichen Dienste als Arbeitsorte und Gemeinwohlproduzenten zu diskutieren sind. Mit anderen Worten: Die veränderte Steuerungspraxis sozialer Wohlfahrt lässt sich weder allein mit der Formel kaltherziger Privatisierung und neoliberaler Vermarktlichung beschreiben, noch ist sie ausschließlich Ergebnis der optimierten Anpassung staatlicher Politik an den flexiblen Kapitalismus. Die »disorganisierte« Wohlfahrtspolitik (Ingo Bode) führt vielmehr zu einer Ausweitung des Spektrums möglicher und faktischer Leistungen und Dienste. Auf der Ebene der Anbieter von Wohlfahrtsleistungen werden neue Wege und Ideen gesucht, aber es finden auch opportunistische Anpassungen an restriktivere Rahmenbedingungen statt. Die Leistungsqualität wird künftig in diesen Marktarrangements vermutlich stärker von einzelnen verantwortlichen Personen abhängen, die sozial engagiert und/oder betriebswirtschaftlich kalkulierend agieren. Beides muss sich nicht zwangsläufig ausschließen und beides muss nicht notwendigerweise zu Lasten der Leistungsempfänger gehen.

Die Differenzierung der Wohlfahrtsmärkte in Gewinner- und Verliererkulturen ist durchaus Gegenstand sozialpolitischer Forschung. Die arbeits- und ungleichheitssoziologische Seite dieser Entwicklung bleibt hingegen konzeptionell und empirisch weitgehend unaufgeklärt. Die Debatte um Wohlfahrtsmärkte und Prozesse der Kontraktualisierung verbleiben im Rahmen einer empirischen Institutionenanalytik, in der kein Bezug auf Entwicklungen im gesellschaftlichen Ungleichheitsgefüge, in der sozialen Klassenordnung, genommen wird. Die skizzierten Felder der Wohlfahrtsproduktion geben uns Hinweise auf die Fortbildung von Institutionen im wohlfahrtsstaatlichen Wandel. Diese »Institutionenfortbildung« hinterlässt allerdings ungleiche Wirkungen an unterschiedlichen Orten der Gesellschaft. Diese selektive und soziale Ungleichheiten und Klassenverhältnisse produzierende Seite staatlicher, politischer und rechtlicher Entwicklung bleibt in den Debatten um Steuerungsformen und Gestaltungsspielräume staatlichen Handelns bislang weitgehend ausgeblendet. Dabei sind neu entstehende Wohlfahrtsmärkte oder auch die bewährten Institutionen des Wohlfahrtsstaates wie der öffentliche Dienst nicht nur Ausdruck der politischen oder wirtschaftlichen Verwaltung des Sozialen, sondern gewichtige Beschäftigungsfelder, die berufliche Opportunitäten und Statusangebote bereithalten, sowie Mentalitäts- und Erfahrungsgerüste der gesellschaftlichen Wirklichkeit, an denen soziale Hoffnungen und Sorgen fixiert sind. Wir können im Grunde genommen über diese »Institutionenfortbildung« nicht sprechen, wenn wir nicht die sozialstrukturelle Frage, die Frage nach der Ordnung und Erfahrung sozialer Ungleichheit ins Spiel bringen. An zwei Begriffen, die interessante Erweiterungen des sozialstrukturanalytischen Vokabulars repräsentieren, werden wir uns dabei orientieren: soziale Verwundbarkeit und prekärer Wohlstand. Doch zunächst geht es im dritten Abschnitt um den Zusammenhang von Wohlfahrtsstaat und Klassenbildung, um die sozialstrukturellen Effekte wohlfahrtsstaatlicher Politik.

III. Wohlfahrtsstaat und Klassenbildung

Sozialstrukturelle Effekte und normative Erwartungen

Der Wohlfahrtsstaat hat klassenbildende Effekte. Gesellschaften mit einer breitgefächerten, selbstbewussten und wohlhabenden Mittelklasse sind Staatsprodukte. Denn nur dort, wo der Wohlfahrtsstaat als Arbeitgeber, Rechtsrahmen und Sozialgestalter präsent ist, finden sich die strukturellen und wirtschaftlichen Voraussetzungen für die Etablierung starker Mittelklassen. In der Mitte dieser Mitte und im Zentrum dieser klassenbildenden Effekte stehen die öffentlichen Dienste der sozialen Sicherung, der Rechtsgewährung, der Rechtsdurchsetzung und der Daseinsvorsorge.[1] Die öffentlichen Dienste sind – so die hier vertretene These – ein wichtiger struktureller und normativer Kern demokratischer, arbeitsteiliger und wohlfahrtsstaatlich organisierter Gesellschaften. Wenn die Entwicklung des Wohlfahrtsstaates in Verbindung mit der sozialen Klassenbildung gebracht wird, dann können wir zum einen auf die Formel von M. Rainer Lepsius zurückgreifen: »Die Klassenstruktur einer Gesellschaft ist […] das Ergebnis eines Prozesses von ökonomischer Differenzierung, politischer Organisation und kultureller Deutung.«[2] Und wir können noch den Hinweis von C. Wright Mills aufrufen, der mit Nachdruck auf »the government management of the class structure« hinweist.[3] Im Rückblick auf die vergangenen Jahrzehnte soziologischer Forschung und Theoriebildung ist es allerdings bemerkenswert, dass die politischen, rechtlichen und staatlichen Effekte auf die soziale Ungleichheitsentwicklung weder in der empirisch differenzierten Arbeitssoziologie noch in der Sozialstrukturanalyse oder in der Sozialpolitikforschung breite konzeptionelle Debatten und intensive Forschungs-

---

1 Vgl. Rüfner, Daseinsvorsorge und soziale Sicherheit.
2 Lepsius, Soziale Ungleichheit, S. 118.
3 Mills, Power, S. 322.

aktivitäten auszulösen vermochten. Niklas Luhmann hatte einst
ironisch konstatiert, dass es die bemerkenswerteste Leistung von
Karl Marx gewesen sei, die Selbstbeschreibung der Gesellschaft von
der Politik auf die Ökonomie umgestellt zu haben – höchste Zeit,
die Reduktion des Sozialen und Politischen auf ökonomische
Strukturbeschreibungen, die insbesondere in den neoliberalen Diskursen und Imperativen wirtschaftlicher Effizienz anzutreffen sind,
zu korrigieren. Die Dynamik der Klassenbildung und die Entwicklung sozialer Ungleichheiten müssen stärker vom Staat her gedacht
werden, das heißt von ihrer politischen und rechtlichen Gestaltbar-
keit. Prozesse sozialer Ungleichheit folgen nicht den Logiken des
Marktes. Sie sind keineswegs dessen Spiegelbild. Doch es fehlt
nach wie vor eine aussagefähige und zeitdiagnostisch relevante empirische Soziologie des Wohlfahrtsstaates, die die Akteure und die
strukturellen Effekte staatlichen Handelns in Szene setzt. Weitgehend unbeachtet blieben in der soziologischen Forschung über all
die Jahre die Bereiche des öffentlichen Dienstes, der politischen
und rechtlichen Verwaltung sowie der staatlichen Daseinsvorsorge. In ihrer Studie »Soziologie der öffentlichen Verwaltung« beklagt Renate Mayntz am Beispiel der öffentlichen Dienste bereits
Ende der 1970er Jahre die Selektivität wissenschaftlicher Themen-
wahl. Die Verwaltungssoziologie verfüge »weder über einen einheitlichen theoretischen Ansatz, ein integriertes System empirisch
gestützter Aussagen noch über hinreichende empirische Studien zu
den wichtigsten verwaltungssoziologischen Fragen [...]. So hat sich
die Politikwissenschaft bis heute vorzugsweise mit dem Prozeß und
den Institutionen der politischen Willensbildung und weniger mit
der staatlichen Exekutive beschäftigt, während in der Soziologie
gleichfalls Parteien häufiger als Behörden untersucht wurden.«[4]
Doch die staatliche Exekutive und die öffentlichen Dienste bilden
wichtige Kristallisationspunkte der gesellschaftlichen Ungleich-
heitsordnung. An diesen Orten beruflicher Karrieren, sozialer Sta-
tusbildung und materieller Sicherung entstanden in der zweiten
Hälfte des 20. Jahrhunderts mit der Entwicklung des »sorgenden
Staates« eigenständige Soziallagen. Die »Dienstklassen«[5] der Ge-

---

4   Mayntz, Soziologie der öffentlichen Verwaltung, S. 6.
5   Vgl. Dahrendorf, Recent Changes in the Class Structure.

sellschaft sind hier zu Hause. Diese Soziallagen gründen auf charakteristischen Lebensverläufen im und durch den Wohlfahrtsstaat. Aus der Perspektive der Lebenslaufforschung arbeiten Karl Ulrich Mayer und Walter Müller die formativen gesellschaftlichen Kräfte der wohlfahrtsstaatlichen Entwicklung heraus.[6] Sie zeigen, dass soziale und berufliche Laufbahnen weder allein eine Privatsache des Familienbereichs noch ausschließlich wirtschaftliche Prozesse oder Opportunitäten sind. Zu Recht weisen sie darauf hin, »dass die Staatsentwicklung sukzessive jene Bedingungen geschaffen hat, die das Individuum als Objekt der Staatstätigkeit und als eigenständigen, mit eigenen Rechten versehenen Akteur ins Leben gerufen haben. [...] Insofern Transfereinkommen an Studenten, Ehefrauen oder Großeltern bezahlt werden und nicht an den Haushaltsvorstand, können Individuen sich entscheiden, Haushalte zu verlassen und Familien zu verlassen. Die Existenz des sozialen Sicherungssystems, das die wesentlichen Lebensrisiken abdeckt, vermindert die Abhängigkeit des Individuums von anderen und erlaubt überhaupt erst individuelle Lebenspläne auf der Grundlage stabiler Einkommenserwartungen und stetiger Daseinsfürsorge.«[7]

Erst der Wohlfahrtsstaat schafft die Voraussetzungen für individuelle Freiheits-, Gestaltungs- und Handlungsspielräume der Lebensführung. Jeder soziale und berufliche Aufstieg, jede Form der Statussuche und der Mühe um Statussicherung, ja alle Prozesse der Klassenbildung haben politische und rechtliche Grundlagen. Soziale Aufsteiger und berufliche Karrieren sind staatsbedürftig, jedenfalls staatsbedürftiger, als soziale Aufsteiger in der Regel retrospektiv glauben oder zugeben möchten. Die Analyse sozialer Ungleichheit muss diese rechtlichen Funktionsbedingungen und die politischen Wirkkräfte im Auge behalten. Der Sozialhistoriker Abram de Swaan argumentiert in diese Richtung, wenn er den Wohlfahrtsstaat als strategisches Umfeld absteckt, in dem die Menschen erst die Möglichkeit erhalten, berufliche und soziale Karrieren zu planen, zu gestalten und zu kalkulieren. Insofern ist das populäre Bild des Wohlfahrtsstaa-

---

6 Vgl. Mayer/Müller, Lebensverläufe im Wohlfahrtsstaat.
7 Ebenda, S. 274.

tes, der die Menschen in ihren Aktivitäten lähmt und sich wie Mehltau auf individuelle wie familiäre Energien legt, historisch und zeitdiagnostisch abwegig. Vielmehr öffnet der expansive Staat breiten Schichten der Bevölkerung Aktionsspielräume, andere, eigene und neue Wege gehen zu können. Das lässt sich beispielsweise an den Biographien derer ablesen, die im Bildungssektor, in den gesundheitlichen Einrichtungen oder in der öffentlichen Verwaltung Beschäftigung gefunden haben. Wer gewinnt diese neuen sozialen Freiheitsspielräume und beruflichen Entwicklungsmöglichkeiten? Zu den Gewinnern zählen ein Gutteil der Arbeiterschaft, die jüngere Generation der nach 1945 Geborenen und insbesondere der weibliche Teil der Bevölkerung. Die Voraussetzungen für »ein Stück eigenes Leben« (Elisabeth Beck-Gernsheim) liegen für die Frauen zu einem guten Teil im Ausbau des Wohlfahrtsstaates. Dessen kräftige Expansion in der zweiten Hälfte des 20. Jahrhunderts justiert die Machtbalancen zwischen den Geschlechtern neu. Der expansive Wohlfahrtsstaat transformiert die Sozial-, Berufs- und in starkem Maße auch die Geschlechterstrukturen. Die Professionswirklichkeiten der öffentlichen Dienste und der Verbände der Wohlfahrtspflege erhalten neue Konturen. Die Bildungschancen und die Berufswirklichkeiten der Frauen bzw. die weiblichen Modelle der Lebensführung verändern sich auf grundlegende Weise. Am Gefüge der sozialen Ungleichheit lassen sich zentrale Entwicklungsstufen der politischen Gestaltung der Gesellschaft ablesen. Wie in einem geologischen Schaubild werden hier die formativen Kräfte expansiver Wohlfahrtsstaatlichkeit sichtbar. *Der Wohlfahrtsstaat der europäischen Nachkriegsjahrzehnte schafft sich seine eigenen sozialen Orte und Lebenslagen.* Mit der Etablierung einer neuen Mittelklasse entstehen neue Mentalitäten und neue Manieren breiten sich aus. Wohlfahrtsstaaten werden zu sozial- und berufsmobilen Aufsteigergesellschaften.

Eine zentrale Voraussetzung hierfür ist die staatliche Regie des allgemeinen und öffentlichen Bildungssystems: Ohne Staatsintervention keine wirksamen Bildungsprozesse. Ohne wirksame allgemeine Bildung kein Staatsbewusstsein, aber auch keine Aufstiegsdynamik. Diesen Zusammenhang von Aufsteigergesellschaft und staatlich initiierten Bildungsprozessen beschreibt in europäischer

Perspektive der niederländische Soziologe Jan Berting: »This image or model of the rising society implied increasing individual occupational and social mobility, together with a growing equality of educational opportunities; a levelling of the differences based on class and lifestyles; a concomitant growth of the middle classes as a consequence of the increasing demand for skilled and professional workers.«[8] Burkart Lutz betont in seinen Analysen zur historischen Entwicklung von Arbeitsmärkten und Beschäftigungsformen, dass seit dem 19. Jahrhundert der Zuwachs an höherer Bildung und Staatsexpansion untrennbar miteinander verbunden sind.[9] Insbesondere seit der zweiten Hälfte des 20. Jahrhunderts verschränken sich Bildungs- und Staatsexpansion. Der Schub der Kollektivierung des Sozialen und der staatlichen Regulierung wäre historisch ohne die starke Ausdehnung des Bildungswesens, das Zertifikate, Berechtigungen und Klassifizierungen vergibt, nicht denkbar. Die staatliche Schule fungierte als wichtiges strategisches Instrument der aufstrebenden Beamten, Kaufleute und industriellen Unternehmer gegen die Interessen und die hegemoniale Vormachtstellung des Adels und des Klerus, die bisher das allgemeine Bildungswesen dominierten.[10] Öffentliche und kollektiv verbindliche Regelungen organisierten mehr und mehr den Zugang und die Zulassung zum Beruf des Lehrers. Der Lehrer war jetzt nicht mehr der Dorfpfarrer. Auf diese Weise konstituierte sich ein relativ homogener Lehrkörper, der nach einheitlichem Lehrplan unterrichtet und über eine eigene professionelle Weltanschauung verfügt. Der Aufstieg und die Aufwertung des Lehrerberufs beeinflusste zweifelsohne auch die wachsende gesellschaftliche Akzeptanz öffentlicher Infrastrukturen. Zugleich ist der Beruf des Lehrers selbst ein klassischer Aufsteigerberuf: für die begabten Kinder aus der Arbeiterschaft, für die Söhne des selbständigen Kleinbürgertums als Statusalternative – und eine ehrbare Laufbahn für Töchter aus der Mittelklasse. Schulentwicklung und Lehrerbildung werden zu einem sozialen Motor neuer

---

8 Berting, Rise and Fall of Middle Class Society?, S. 9.
9 Vgl. exemplarisch Lutz, Der kurze Traum.
10 Vgl. Herrlitz u. a., Deutsche Schulgeschichte; von Friedeburg, Bildungsreform in Deutschland.

Klassenbildung. Die Professionalisierung der Mittelklasse nimmt in der Durchsetzung eines öffentlichen Bildungssystems ihren Anfang. Schließlich – als weiterer Effekt der Etablierung des Schulwesens – bildeten sich mit der Durchsetzung der staatlichen Regelschule und der Einführung einer Schulpflicht, die bis in die private Lebenssphäre von Haushalten und Familien eingreift, auch neue Problemgruppen – die »Unbelehrbaren« oder die »Schulverweigerer«, die auf neue Weise politische Interventionen herausforderten. »So unterwarf die Schulbewegung, vom Staat flankiert und mit einer Infanterie aus Lehrern, die Bevölkerung einem Erziehungsregiment. Niemand kam mehr ohne Schulbildung aus – sie allein bot gültiges, also bestätigtes, anerkanntes Wissen. Weite Strecken der Kindheit und Jugend gerieten direkt unter schulische Kontrolle, womit das Familienleben auf die Stundenpläne und Ferien sowie Sauberkeits-, Kleidungs- und Sprachnormen einzustellen war.«[11] Ein weiteres interessantes Feld des expansiven und sorgenden Wohlfahrtsstaates ist das Gesundheitswesen. Die Ärzte entwickeln sich zum eigenen Stand und demonstrieren Expertenwissen. Sie treiben auf Kosten und auch zum Nutzen der Allgemeinheit die Medikalisierung der Gesellschaft voran. Zudem werden mittels staatlicher Gesundheitspolitik bestimmte Gesundheitsvorstellungen und Körperbilder durchgesetzt. »Als mit den Versicherungen das Krankengeld kam, oblag es Ärzten zu entscheiden, wann Fehlen am Arbeitsplatz gerechtfertigt war. Damit griff die Medizin auf den betrieblichen Alltag über, worauf viele Disziplinarkonflikte sorgfältig in medizinische Begriffe verpackt wurden. Am häufigsten trat medikalisierte Unzufriedenheit in Form erlaubten Fehlens wegen Krankheit auf.«[12] Aber Ärzte hatten jetzt auch zu urteilen, zu welchen Bedingungen welche Bevölkerungsgruppen in Versicherungen aufgenommen wurden und welche nicht. Sie repräsentieren eben nicht nur einen neuen Professionstyp, sondern auch einen bestimmten Typus des wohlfahrtsstaatlichen Gatekeepers. Auch die Berufsgruppe der Ärzte war und ist auf diese Weise in soziale bzw. wohlfahrtspolitische Konflikte verwickelt.

---

11 de Swaan, Der sorgende Staat, S. 258.
12 Ebenda.

Doch im Vordergrund der nachfolgenden Ausführungen zur institutionellen und strukturellen Ausdehnung des Wohlfahrtsstaates und der damit in Gang gesetzten sozialen Klassenbildung werden nicht die Veränderungen des Bildungs- und Beschäftigungssystems oder des Gesundheitswesens im Besonderen stehen, sondern die außerordentliche Expansion der öffentlichen Dienste in der Nachkriegszeit im Allgemeinen. Hierzu zählen die Bediensteten, Beamten und Erwerbstätigen in der Staats-, der Länder- und der Kommunalverwaltung, ebenso Richter sowie die Beschäftigten in der mittelbaren öffentlichen Verwaltung. Die Finanzverwaltung, das Zollwesen, die Wasser- und Schifffahrtsverwaltung, der öffentliche Nahverkehr, die Forstämter und Bildungseinrichtungen aller Art, das Bauwesen, die Wirtschaftsförderung oder die Kulturpflege, aber auch die gesetzlichen Versicherungen, die Polizei, die Unfallkassen oder die Arbeitsverwaltung – sie alle sind der öffentliche Dienst.[13] Die sozialstrukturanalytische Aufmerksamkeit gilt in diesem Zusammenhang mithin den Bediensteten des »arbeitenden Staates«, den Professionellen für öffentliche Wohlfahrt, Sicherheit und Daseinsvorsorge. In den Nachkriegsjahrzehnten hat sich der öffentliche Dienst in Deutschland von 2,1 Millionen Beschäftigten (10,3 Prozent der Erwerbstätigen) im Jahre 1950 über 3,0 Millionen (11,4 Prozent) 1960, 4,4 Millionen (16,8 Prozent) und 4,6 Millionen (18,0 Prozent) in den Jahren 1980 und 1985 (jeweils »alte« Bundesrepublik Deutschland) bis zu 4,8 Millionen im Jahre 2001 und 4,61 Millionen Beschäftigte 2004 entwickelt. Der Verwaltungshistoriker Reinhard Fenske schreibt zur Entwicklung des öffentlichen Dienstes, dass dieser unmittelbar nach der deutschen Wiedervereinigung 1991 mit 6,6 Millionen Angehörigen seinen bisher größten Umfang hatte. Die Verringerung der Beschäftigtenzahlen auf 4,8 Millionen im Jahre 2001 wurde durch die Rationalisierung und Effektivierung von Verwaltungsabläufen erreicht, in erster Linie jedoch durch eine offensive Politik der Privatisierung. Die Transformation weiter Teile der öffentlichen Beschäftigung in privatrechtliche Organisationsformen ermöglichte insbesondere mit Blick auf die in-

---

13 Vgl. Bundesministerium des Innern (BMI) (Hg.), Der öffentliche Dienst in Deutschland, S. 6 ff.

terne Beschäftigungspolitik und Personalplanung größere Flexibilität.»Rechnet man die 1,2 Millionen Personen mit ein, die in Unternehmen arbeiten, die Bund, Ländern oder Gemeinden oder anderen Gebietskörperschaften zu mehr als 50 Prozent gehören, so arbeiten heute im öffentlichen Dienst etwa sechs Millionen Beschäftigte. Das ist jeder sechste Erwerbstätige.«[14] An der quantitativen Relevanz dieses Beschäftigungssektors ist daher nicht zu zweifeln, denn nach wie vor gilt, dass der öffentliche Dienst mit rund 15 Prozent der Beschäftigten der größte Arbeitgeber in der Bundesrepublik ist.[15] Von den Beschäftigten im öffentlichen Dienst sind am 30. Juni 2004 knapp die Hälfte als Angestellte, mehr als ein Drittel als Beamte und etwas mehr als jeder Zehnte als Arbeiter tätig.[16]

Wenn der »arbeitende Staat« Thema wird, dann ist sicher zunächst an die Beschäftigten bei Bund, Ländern und Gemeinden zu denken. Doch zur öffentlichen Wohlfahrtspflege zählen wesentlich auch die in freier Trägerschaft und privatgewerblich erbrachten sozialen Dienste. Das Spektrum dieser Dienste reicht von Kindergärten über Einrichtungen der Jugend- und Familienhilfe, der Altenpflege, der Drogenberatung bis hin zum betreuten Wohnen von behinderten Menschen, der Verbraucherberatung oder der Migrantenhilfe. Die professionelle Aufgabendifferenzierung und der Beschäftigungszuwachs in den sozialen Diensten sind beeindruckend. Rund 12,6 Prozent aller sozialversicherungspflichtig Beschäftigten waren 2004 in Wirtschaftsbereichen erwerbstätig, die den sozialen Diensten zuzurechnen sind. 1970 waren es erst knapp 5 Prozent. Beispielsweise ist es im Bereich der sozialpflegerischen Berufe zwischen 1999 und 2004 trotz gesamtwirtschaftlichen Rückgangs der Beschäftigtenzahlen zu einem Beschäftigungszuwachs von fast 14 Prozent gekommen.[17] Ingesamt waren

14 Fenske, Verwaltungskunst.
15 Vgl. Keller, Aktuelle Entwicklungen der Beschäftigungsbeziehungen, S. 79.
16 Vgl. Bundesministerium des Innern (BMI) (Hg.), Der öffentliche Dienst in Deutschland.
17 Vgl. Bäcker u.a., Sozialpolitik und soziale Lage in Deutschland, Bd. 2, S. 519.

2004 im Gesamtspektrum sozialer Dienste 1,4 Millionen haupt-
amtliche Beschäftigte tätig. Darunter befindet sich der größte private Arbeitgeber Deutschlands, der Caritasverband mit rund einer
halben Million Beschäftigten. Im Folgenden konzentrieren wir
uns jedoch auf die Entwicklung des öffentlichen Dienstes und der
Staatstätigkeiten. Bevor diese Sektoren des Arbeits-, Wirtschafts-
und Soziallebens näher beleuchtet werden, zunächst zur Frage
nach der kategorialen Bestimmung sozialer Klassenbildung im
modernen Wohlfahrtsstaat.

Klassenbildung. Versorgungsklassen und Dienstklassen als Prototypen

Im Blickfeld steht die staatsgebundene »neue Mittelklasse« semi-
professioneller und akademischer Berufe in der öffentlichen Verwaltung und Infrastrukturplanung, im Sorge-, Erziehungs- und
Gesundheitsbereich. Die Staatsgebundenheit dieser neuen Mittelklasse, die ihren Aufstieg in der zweiten Hälfte des 20. Jahrhunderts in allen europäischen Gesellschaften nahm, steht gegen
die wirtschaftlich selbständige alte Mittelklasse der Handwerker,
Händler und Bauern. Mit welchen Begriffen hat die soziologische
Diagnostik diese »neue Mittelklasse« zu typisieren versucht? Ralf
Dahrendorf fixierte das Thema der sozialen Mitte am Beispiel
der »Dienstklassen«, die als spezifischer Typus der »neuen Mittelklasse« in besonderer Weise die »soziale Zentralkonstellation«
repräsentieren.[18] Der Begriff der »Dienstklasse« steht für Dahrendorf im Kontext der herrschafts- und konfliktsoziologischen
Erklärung sozialer Ungleichheit. Ein wohlfahrtsstaatlich neuer
Typus sozialer Mittellagen sind schließlich die »Versorgungsklassen«.[19] Der Begriff der Versorgungsklasse steht unter dem
Eindruck ausgebauter Wohlfahrts- und Sicherungssysteme. Er erweitert die von Max Weber getroffene Unterscheidung zwischen
Besitz- und Erwerbsklassen. Wir können die Kategorien der Dienstklassen und der Versorgungsklassen als Prototypen wohlfahrtsstaatlicher Klassenbildung betrachten.

---

18 Dahrendorf, Gesellschaft und Demokratie in Deutschland, S. 107.
19 Vgl. Lepsius, Soziale Ungleichheit, S. 128 f.

Im Begriff der *Versorgungsklasse* spiegeln sich die Staatsbedürftigkeit der modernen Sozialstruktur und Lebensführung sowie die wachsende Abhängigkeit weiter Kreise der Bevölkerung von staatlichen Transferleistungen. Lepsius definiert diese neue soziale Klasse folgendermaßen:»Versorgungsklasse soll eine Klasse insoweit heißen, als die Unterschiede im sozialpolitischen Transfereinkommen und Unterschiede in der Zugänglichkeit zu öffentlichen Gütern und Dienstleistungen die Klassenlage, das heißt die Güterversorgung, die äußere Lebensstellung und das innere Lebensschicksal bestimmen.«[20] Im Unterschied zu den Besitz- und Erwerbsklassen ist für die Kategorie der Versorgungsklasse entscheidend, dass sie sich nicht infolge des Marktaustausches heranbildet, sondern durch politische und administrative Maßnahmen formiert. So werden in der Versorgungsklasse all diejenigen zusammengebunden, die ihr Einkommen direkt oder indirekt über den Staat beziehen: die Beschäftigten des öffentlichen Dienstes und der Staatsbürokratie, aber auch die Rentenempfänger, die Sozialhilfebezieher, die Arbeitslosen, die Schüler und Studenten mit Beihilfeberechtigung. Der Begriff Versorgungsklasse signalisiert zwar Fürsorge, Zuwendung, Beruhigung und Konfliktdämpfung. Zugleich ist mit dem Konzept der Versorgungsklassen aber ein nachdrücklicher Hinweis auf beständige Konflikte um staatliche und politische Diskriminierung und Privilegierung verbunden. Diese Konflikte drehen sich um die Macht-, Zugangs- und Verteilungsbalancen zwischen Frauen und Männern, Erwerbstätigen und Nichterwerbstätigen, Familien und Alleinlebenden, Ausländern und Inländern sowie zwischen den Wohlfahrtsstaatsgenerationen. Insbesondere an der Generationenfrage werden im Falle der Versorgungsklassen starke soziale und materielle Ungleichheiten zwischen den verschiedenen Kohorten der Beitragszahler und der Leistungsempfänger thematisiert.[21] In der Diskussion des Konzepts der Versorgungsklassen macht Lepsius darauf aufmerksam, dass das staatliche Transfersystem gerade nicht zu einer weitgehenden Homogenisierung sozialer Lagen führt, son-

---

20 Ebenda, S. 128.
21 Vgl. Bude, Wohlfahrtsstaatliche Grundbegriffe; Sackmann, Konkurrierende Generationen.

dern umgekehrt neue und politische Formen sozialer Ungleichheit produziert. Auf diese Weise entstehen durch wohlfahrts- und sozialpolitische Interventionen immer positiv und negativ privilegierte Versorgungsklassen. Diesen Aspekt dauerhafter sozialer Konflikte um die Formierung sozialstaatlicher Versorgungsklassen greift auch Jens Alber auf. Er zeigt, dass das System staatlicher Transfers permanent verschiedene Anknüpfungspunkte für neuartige Konflikte bereithält. Zum Beispiel dann, »wenn der Zugang zu öffentlichen Leistungen ungleich verteilt ist. Dies kann durch regionale Disparitäten in der Verteilung öffentlicher Güter bedingt sein oder durch die rechtliche Beschränkung von Leistungsansprüchen auf spezifische Gruppen.«[22] Ein Großteil der erwerbstätigen Bevölkerung ist auf irgendeine Weise in die sozialen Sicherungssysteme integriert. Staatliche Transferzahlungen sind eine wichtige Komponente des Haushaltseinkommens. Manfred G. Schmidt betont, dass »allein die Bürger, die ihren Lebensunterhalt ausschließlich oder überwiegend aus Sozialleistungen finanzieren, [...] mittlerweile rund 40 Prozent der Wahlberechtigten [stellen]«.[23] Im Kern handelt es sich dabei um Sozialversicherungsleistungen, die primär an Statusfragen orientiert sind: Renten- und Pensionsleistungen, Krankenversorgung und Pflege sowie familienbezogene Transfers. Die Verteilungskonflikte im Umfeld der Versorgungsklassen sind demzufolge keine Konflikte um staatlich regulierte Umverteilungsprozesse, sondern politische und rechtliche Absicherungs- und Anerkennungskonflikte um erreichte oder verweigerte Statuspositionen.

Begriffsschärfer als die Versorgungsklassen sind die *Dienstklassen* zu bestimmen. Mit dem Begriff der Dienstklassen ist nicht nur der säkulare wirtschaftliche Strukturwandel von produktions- zu dienstleistungszentrierten Gesellschaften angesprochen. In den Dienstklassen manifestieren sich auch die Expansion staatlicherseits geschaffener Beschäftigungsfelder und die Etablierung verwaltungsbezogener Laufbahn- und Statusordnungen. Schließlich verbinden sich im Begriff der Dienstklasse weiterführende sozialstrukturanalytische Überlegungen mit herrschafts- und konflikt-

---

22 Alber, Versorgungsklassen im Wohlfahrtsstaat, S. 229.
23 Schmidt, Der Sozialstaat in Deutschland, S. 97.

soziologischen Fragestellungen. Die Klassenanalyse ist für Dahrendorf immer auch Soziologie politischer Herrschaft und sozialer Konflikte. Die Klassen- und Statusordnung der Gesellschaft ist Ausdruck und Spiegel politischer Auseinandersetzung und Kräfteverhältnisse. Und zu guter Letzt signalisiert der Begriff der Dienstklassen eine verstärkte berufliche Aufwärtsmobilität in einer dynamischen Arbeitsgesellschaft. Die klassische Definition der Dienstklassen finden wir in der Schrift »Die Wandlungen der modernen Gesellschaft« des österreichischen Sozialdemokraten Karl Renner. Die Dienstklassen sind, so Renner, keine Lohnarbeiter mehr, »sie erzeugen nicht, sondern disponieren über erzeugte Werte«.[24] Zudem werden sie nicht mehr entlohnt, sondern besoldet. »Was der Besoldete herstellt, ist nicht Ware, nicht ›volkswirtschaftliches‹ Gut, sondern Recht und Ordnung.«[25] Auf diese Weise verändern sich für diese Klasse auch die soziale Existenzweise und die Möglichkeiten zur Lebensführung: »Die Besoldung soll nicht von Woche zu Woche Nahrung und Behausung sichern, sondern eine Lebens- und Familienstellung begründen, und diese Stellung – die Anstellung – verbessert sich mit zunehmenden Lebensjahren.«[26] Zusammenfassend hält Renner mit Blick auf die Expansion der Dienstklassen zu Lasten der Arbeiterklasse sowie mit gewissem Ressentiment gegenüber der spezifischen Arbeitsleistung und Berufsrolle der Dienstklasse fest: »Neben die Arbeiterklasse (im streng technischen Sinne) ist die Dienstklasse getreten. Der Ausdruck Dienstklasse bezeichnet einen Unterschied toto coelo zur historisch überlieferten ›dienenden Klasse‹, welche reale Arbeit, wenn auch in technisch rudimentärer Form, leistet und zumeist natural entlohnt ist. Drei Grundformen sind zu unterscheiden: economic service (Manager und so weiter), social service (Verteilungsorgane des Wohlfahrtswesens) und public service (öffentliche und behördliche Organe).«[27] Auch Dahrendorf sieht in Anknüpfung an die Überlegungen Renners den Ursprung der Dienstklassen »in jenem Prozeß der Arbeitsteilung der Herrschaft,

---

24 Renner, Wandlungen der modernen Gesellschaft, S. 211.
25 Ebenda, S. 212.
26 Ebenda.
27 Ebenda, S. 212 f.

der in neuerer Zeit, [...] den Gesetzen umfassenderer Aufgaben der Daseinsvorsorge in Staat und Wirtschaft [...] folgend, nicht nur die öffentliche Verwaltung, sondern auch die anderen Institutionen erfaßt hat. Das bedeutet aber, daß jedes Mitglied der Dienstklasse einen zwar zuweilen bis zur Unkenntlichkeit geringen, aber darum nicht minder selbstbewusst zur Schau getragenen Anteil an der Ausübung von Herrschaft hat.«[28]

Wenn die Rede auf die Dienstklassen kommt, dann müssen die für die Sozialstrukturanalyse sehr einflussreichen Systematisierungen sozialer Ungleichheit bei Robert Erikson und John Goldthorpe Berücksichtigung finden.[29] Soziale Ungleichheit ergibt sich nach deren Definition idealtypisch zwischen »Arbeitskontrakt« und »Dienstverhältnis«. In beruflich formierten Arbeitsgesellschaften repräsentieren sie die sozialstrukturell relevanten Grundformen des Beschäftigungsverhältnisses. Auf dieser Grundlage unterscheiden Erikson und Goldthorpe zwischen einer »oberen Dienstklasse«, zu der die leitenden Angestellten und Beamten der öffentlichen Verwaltung oder der Privatwirtschaft zählen, und einer »unteren Dienstklasse« kaufmännischer und technischer Angestellter bzw. des exekutiven Verwaltungspersonals. Die besondere Erwerbs- und Statusposition der Dienstklassen kennzeichnet die »Ausübung von delegierter Autorität« und im Unterschied zu den »labour-contract«-Beschäftigten unterliegen die in einem Dienstverhältnis Tätigen keinem direkten Kontrollsystem. Das Arbeitsverhältnis gründet vielmehr auf der wechselseitigen Loyalitätszusicherung von Arbeitnehmer und Arbeitgeber sowie auf einem spezifischen beruflichen Anreizsystem der Laufbahn- und Gehaltsentwicklung.[30] Diese Schematisierung der Dienstklassen bei Erikson und Goldthorpe – die obere Dienstklasse erinnert an die »Verteilereliten« bei Abram de Swaan – ist insofern interessant, da sie nicht nur eine Abstufung von beruflichen Positionen repräsentiert, sondern auch »die Form der Beschäftigungsverhältnisse bzw. der Austauschprozesse berücksichtigt, in die die Personen eingebunden sind. Damit gewinnen Kriterien, wie der Grad

---

28 Dahrendorf, Gesellschaft und Demokratie in Deutschland, S. 106.
29 Vgl. Erikson/Goldthorpe, Trends in Class Mobility.
30 Vgl. Brauns u.a., Die Konstruktion des Klassenschemas, S. 11.

der Arbeitsautonomie und der organisationsinternen Autoritäts-
und Kontrollbefugnisse, das Ausmaß an Identifikation mit den
Zielen des Arbeitgebers, aber auch Aspekte der Arbeitsplatzsicherheit und des Einkommens für die Klassifikation an Bedeutung.«[31] Der Begriff der Dienstklasse verweist bei Erikson und
Goldthorpe daher nicht nur auf die formalen Verschiebungen in
der Beschäftigungsstruktur, sondern auch auf qualitative Veränderungen der Arbeitswelt und auf die Neuordnung sozialer Statuspositionen. Die Dienstklassen repräsentieren die Stabilität sozialer
Strukturen, aber auch die Dynamik sozialer und beruflicher Aufstiege.

Für unseren Zusammenhang ist der Gedanke wichtig, dass die
Lebenslagen und Berufschancen der Dienst- und Versorgungsklassen eng mit politischen Prozessen verknüpft sind. Sie repräsentieren als Kerngruppen der neuen Mittelklasse die Gesellschaft der
Erwerbstätigen und Einkommensbezieher, die als Beitragszahler
oder als Beitragsempfänger (und in vielen Fällen sowohl als auch)
fest in die staatlichen Leistungssysteme integriert sind. Dienstklassen und Versorgungsklassen sind konstitutive Faktoren der sozialversicherten und tarifrechtlich geordneten »Arbeitnehmergesellschaft«. Die Interessen dieser sozialen Mittellagen gegenüber dem
Wohlfahrtsstaat sind ambivalent, da sie auf der einen Seite die
fiskalische Hauptlast des Wohlfahrtsstaates zu tragen haben, auf
der anderen Seite aber enorm von der oben bereits diskutierten
Expansion des sorgenden Staates profitieren. Ihre soziale Lage ist
daher für sehr unterschiedliche Stellungnahmen zum Aus- und
Abbau des Wohlfahrtsstaats ausbeutbar. Mal erscheinen sie als
Opfer wohlfahrtsstaatlicher Überregulation, mal als Profiteure
staatlicher Aktivitäten. Vieles spricht dafür, dass beides gleichermaßen zutrifft. So zeigen Analysen der Transferzahlungen, dass
Leistungen und Belastungen (positive und negative Transfers)
gerade in den Haushalten der Mittelklasse an- bzw. zusammen-
fallen.[32] Irritierend bleibt dennoch, dass zwar die Arbeitnehmergesellschaft seit den späten 1970er Jahren zu einem geradezu ubi-

---

31 Ebenda, S. 11f.
32 Vgl. exemplarisch die Analysen bei Alber, Versorgungsklassen im Wohl-
    fahrtsstaat.

quitären Begriff der Zeitdiagnostik geworden ist, aber gleichwohl kaum eine nähere empirische Bestimmung ihrer sozialen Kerngruppen jenseits der industriesoziologischen Ausleuchtung der Facharbeiterschaft und – in geringerem Maße – der Privatangestellten stattgefunden hat. Diese sozialstrukturanalytische Verschattung starker Gruppen der sozialen Mitte beschleunigte sich in den 1990er Jahren, nachdem die Ungleichheitsforschung konzeptionell von der individualisierten Risikogesellschaft zu der exklusionsbedrohten Arbeitnehmergesellschaft fortschritt. Die Soziologie der Ungleichheit konzentriert sich immer stärker auf »horizontale« Disparitäten und Differenzen. Die Fragen sozialer Ausgrenzung und Teilhabe, der Exklusion und Inklusion oder zum Verhältnis von Peripherie und Zentrum stehen im Mittelpunkt. Das »Problem der Exklusion«[33] überlagert seit einigen Jahren sowohl die Frage nach vertikalen Klassenbildungen, aber auch die Frage nach Herrschaft und Verantwortung. Zugleich droht die Exklusionsdebatte auch alle diejenigen gesellschaftlichen Gruppen zu überdecken, die sich in der Rechnung des Innen und des Außen nicht unterbringen lassen. Angestoßen wurde diese Ausrichtung auf Fragen der Exklusion durch Prozesse der sozialen und räumlichen Verfestigung von Armut und lang anhaltender Arbeitslosigkeit.[34] Angesichts der drängenden Fragen nach Statuserhalt, Wohlstandssicherung und nach der Vermeidung sozialer Deklassierung scheint es allerdings neben der Diskussion horizontaler Disparitäten angebracht, die Vertikalität sozialer Ungleichheit verstärkt in den Blick zu nehmen. Es geht um eine Rejustierung von horizontalen zu vertikalen Strukturbildern der Sozialordnung. Auf diese Weise könnte auch den Fragen sozialer wie beruflicher Mobilität und den zwiespältigen Erfahrungen von Aufstiegshoffnung und Abstiegsangst mehr Aufmerksamkeit gewidmet werden. In diesem Zusammenhang betritt die soziale Figur des »Statussuchers« die Bühne der Gesellschaft. Die Statussucher zählen zu den prägenden Sozialfiguren wohlfahrtsstaatlich geordneter und

---

33 Vgl. Bude/Willisch, Das Problem der Exklusion.
34 Vgl. Kronauer u.a., Im Schatten der Arbeitsgesellschaft; Kronauer, Exklusion; Vogel, Wege an den Rand der Arbeitsgesellschaft, und ders., Brüchige Arbeitswelt.

erwerbsarbeitszentrierter Gesellschaften. Sie achten peinlich genau auf soziale Abstände und berufliche Differenzen. Das tun sie mit gutem Grund. Denn »die gesellschaftliche Stufenleiter umfasst eine wachsende Anzahl von Sprossen, an denen die Lohnabhängigen ihre Identität durch Betonung der Differenz zur nächst niedrigeren Stufe festmachen und bestrebt sind, in eine höhere Schicht aufzusteigen. [...] Doch solange das Wachstum anhält, der Staat weiterhin seine Dienste und Sicherungssysteme ausweitet, kann jeder, der es verdient, auch ›aufsteigen‹: Verbesserungen für alle, sozialer Fortschritt und Wohlstand.«[35] Welche Geschichten werden in der Sozialstrukturanalyse über diese Aufsteiger erzählt?

Eine Geschichte über neue Aufsteiger und Wohlstandsgewinne erzählen in den 1970er Jahren John Goldthorpe und David Lockwood in der empirischen Studie »Der ›wohlhabende‹ Arbeiter in England«. Es handelt sich hierbei um eine soziologische Studie aus der »Achsenzeit« der Entstehung heutiger Wohlstandsfragen. Im Mittelpunkt stehen Arbeiterfamilien, deren Lebensweise folgende Merkmale aufweist: Sie verfügen auf der Basis tariflicher Entlohnung über ein »modernes Einkommensniveau«, sie üben technologisch geprägte Fabrikarbeit aus und sie sind in neue Wohnmilieus zugewandert. Die Ausgangsthese dieser als »Luton-Studie« bekannten Untersuchung lautet: »Die traditionellen Lebensformen der Arbeiterklasse werden zunehmend verdrängt durch die Entwicklung der Städte, die größere geographische Mobilität und auch durch den Demonstrationseffekt, den die schon im ›Überfluss‹ lebenden Arbeiter und ihre Familien ausüben.«[36] Diese Erzählung bringt wichtige und dominante sozialstrukturelle Tendenzen kapitalistischer Nachkriegsgesellschaften als mobiler Aufsteigergesellschaften auf den Punkt. Berichtet wird von der Verbesserung der materiellen Lebenslage breiter sozialer Schichten, insbesondere der Arbeiterschaft, die sich zu einem guten Teil und Schritt für Schritt aus ihrem Unterschichtendasein lösen kann. Zudem kommt die konfliktausgleichende Rolle des Staates zur Sprache, der sich zum zentralen, aber meistens dezenten Akteur in den

---

35 Castel, Die Metamorphosen der sozialen Frage, S. 285.
36 Goldthorpe/Lockwood, Der »wohlhabende« Arbeiter in England, S. 187.

Konstellationen der Sozialpartnerschaft etabliert. Schließlich wird die wachsende Bedeutung von Ausbildung und Beruf für die Klassenschichtung angesprochen. Goldthorpe und Lockwood zeichnen das Bild eines grundlegend veränderten Alltagslebens und Sozialklimas in der britischen Arbeiterklasse: Der Aus- und Aufbau von Wohlstand und nicht mehr die Abwehr von Armut und Elend werden zu den Referenzpunkten der gesellschaftlichen und wirtschaftlichen Entwicklung. Die Lebensstile wandeln sich durch neue und verbesserte Konsumchancen, die betrieblichen Strukturen stehen unter dem Zeichen der Humanisierung der Arbeitswelt, der soziale (Zwangs-)Zusammenhalt gerade in der Arbeiterschaft beginnt sich merklich zu lockern. Ein wesentlicher Grund hierfür ist neben staatlichen Interventionen und Sicherungszusagen die verstärkte räumliche Mobilität, also der Zuzug der Arbeiterschaft in neue Wohngebiete. Langjährige und fest begründete nachbarschaftliche Gemeinschaften und soziale Milieus, deren Preis freilich häufig große Bescheidenheit, ja Armut war, lösen sich nun auf. Der Umzug in neue Wohnviertel oder der Erwerb von Wohneigentum entwickelte sich in diesen Jahren mehr und mehr zu einem Zeichen bescheidenen Wohlstands und zum Symbol der Herauslösung aus den engen materiellen und sozialen Grenzen des Milieus. Dieser Prozess der Individualisierung und des sozialen Aufstiegs lässt die Sozialfigur des »Wohlstandsarbeiters« – sozialer Aufstieg und Individualisierung sind nicht trennbare Prozesse – entstehen und an formativer Kraft gewinnen. Im Zuge dieses sozialstrukturellen und -kulturellen Prozesses entsteht eine neue, entproletarisierte Arbeiterklasse, die sich sowohl von der Mittelklasse bürgerlicher Prägung, aber auch von der »alten Arbeiterklasse« in zweierlei Hinsicht unterscheidet: in ihren Aufstiegs- und Bildungsbestrebungen und in ihren Gesellschaftsbildern. Nach Goldthorpe und Lockwood unterscheidet sie sich sowohl von dem »hierarchisch-prestigeorientierten Ordnungsbild« der bürgerlichen Mittelklasse als auch von dem »dualistisch-machtorientierten Gesellschaftsbild« der traditionellen Arbeiterklasse. Diese neue Klasse der »Wohlstandsarbeiter« entwickelt im Zuge ihres sozialen und materiellen Aufschwungs ein planendes, instrumentelles, utilitaristisches Bewusstsein. Die soziale Figur des »Wohlstandsarbeiters« stellt Wohlstandsfragen und beschreibt auf diese Weise den sozialen und mentalen Referenzraum des aktuellen sozialstrukturellen und arbeitsweltlichen Wandels. Zugleich signalisiert die Sozialfigur des an Statuspositionen orientierten »Wohlstandsarbeiters« einen für alle europäischen Wohlfahrtsgesellschaften seit den 1950er Jahren charakteristischen sozialen »Fahrstuhleffekt«, der nachdrücklich von Ulrich Beck als gesellschaftliche Generaltendenz beschrieben wurde: »[...] die ›Klassengesellschaft‹ wird insgesamt eine Etage höher gefahren. Es gibt – bei allen sich neu einpendelnden oder durchgehaltenen Ungleichheiten – ein kollektives Mehr an Einkommen, Bildung, Mobilität, Recht, Wissenschaft, Massenkonsum. In der Konsequenz werden subkulturelle Klassenidentitäten und -bindungen ausgedünnt oder aufgelöst.«[37]

Goldthorpe und Lockwood entwerfen ein Porträt der sozialstrukturellen und -kulturellen Entwicklung der englischen Arbeiterklasse. Mooser berichtet in der historischen Monographie »Arbeiterleben in Deutschland« über Prozesse der Klassenbildung in den bundesdeutschen Nachkriegsjahrzehnten. Die gesellschaftlichen Vorzeichen standen hier noch weit ausgeprägter als in Großbritannien auf anhaltender wirtschaftlicher Prosperität und neuer sozialpolitischer Sekurität. Mooser konstatiert einen umfassenden Wandel der Soziallage der Arbeiterschaft. Mit Blick auf die 1960er Jahre spricht er von einem sozialgeschichtlichen Kontinuitätsbruch, dessen Kennzeichen »die beispiellose Anhebung des Lebensstandards«, die »Angleichung der Lebensformen zwischen den sozialen Schichten sowie eine verstärkte Mobilität«[38] sind. Diese Entwicklung war mit intergenerationeller Mobilität verbunden. Insbesondere Facharbeitersöhne (und mehr und mehr auch Arbeiter- oder Angestelltentöchter) bleiben nicht zwangsläufig Arbeiter, sondern rückten in Angestellten- und Beamtenpositionen auf. Zugleich »trat eine Arbeitergeneration in den Vordergrund, die nicht mehr durch die alte sozialistische und katholische Arbeiterkultur geprägt war, sondern durch die kontinuitätszerstörenden Prozesse des relativen Wohlstands, der Mobilität und Massenkultur, durch welche die Arbeiter aus den ehemals typischen kollektiven Bindungen an eine schichtenspezifische Lebensweise

---

37 Beck, Risikogesellschaft, S. 122.
38 Mooser, Arbeiterleben in Deutschland, S. 228.

und an politisch-soziale Gesinnungsgemeinschaften gelöst wurden. Sie nahmen gewissermaßen Abschied von der ›Proletarität‹.«[39] Die »kollektive Entproletarisierung« durch den Ausbau sozialpolitischer Sicherung und arbeitsrechtlicher Schutzkreise erweiterte erheblich den Spielraum der schon in früheren Jahrzehnten möglichen »individuellen Entproletarisierung«. Diese Auflösung und auch symbolische Abwertung der »sozialmoralischen Milieus« der Arbeiterschaft hatten eine »Verstaatsbürgerlichung« der Arbeiter zur Folge. Als Aufsteiger in die Dienstklassen und als Profiteure der Versorgungsklassen waren sie nun weit stärker an den Entwicklungen der Staatlichkeit interessiert. Mooser kommt zu dem Schluss, dass diese »Enttraditionalisierung kollektivtypischer Lebensmuster«[40] gleichermaßen neue Freiheiten wie verschärfte Abhängigkeiten bringt. Die Rückkehr der sozialen Verwundbarkeit infolge der Neujustierung wohlfahrtsstaatlicher Sicherungen und der Blockade traditioneller Aufstiegswege aus der Arbeiterschaft setzt genau an diesem zwiespältigen Punkt von Freiheitsgewinnen und Abhängigkeitsverschärfungen an.

Die französische Variante der Aufstiegsgeschichte des britischen »Wohlstandsarbeiters« und der deutschen »Entproletarisierung« (sowie des Niedergangs und der Erosion dieser Soziallagen) erzählen in einer Retrospektive die Industriesoziologen Stephane Beaud und Michel Pialoux. Im Rahmen ihrer empirischen Langzeitbeobachtung zeichnen sie die sozialen, beruflichen und bildungsbezogenen Karrieren in der Arbeiterschaft nach.[41] Beaud und Pialoux verweisen mit besonderem Nachdruck auf die zentrale Bedeutung des Bildungssystems, dessen relative Öffnung für die unteren Gesellschaftsschichten einen großen Einfluss auf den Arbeiterstatus hatte. Durch die verstärkte Bildungsbeteiligung der Kinder aus den Arbeiterschichten verschoben sich in der Generationenperspektive Erwartungshorizonte, Anspruchsniveaus und biographische Entwürfe. Selbstverwirklichung, berufliche Karriere, Streben nach einem höheren Lebensstandard und einem verbesserten Konsumniveau bündelten sich zu zentralen normativen

---

39 Ebenda, S. 228 f.
40 Ebenda, S. 235.
41 Vgl. Beaud/Pialoux, Die verlorene Zukunft der Arbeiter.

Erwartungen und Orientierungen. Interessant ist zudem ihr Verweis auf klasseninterne Generationenkonflikte zwischen den »alten« und den »neuen« Arbeitern. Die Aufstiegsdynamik und die Öffnung des Bildungswesens in den 1960er Jahren sowie die raschen produktionstechnologischen Veränderungen der industriellen Arbeitswelt seit den 1970ern hatten in der Arbeiterschaft einen starken Generationenbruch zur Folge. Hier erhält der von Mooser beschriebene Prozess der Auflösung sozialmoralischer Milieus empirische Evidenz. Auf diese Brüche und Konflikte verweist schließlich mit historischer Tiefenschärfe auch Robert Castel in den »Metamorphosen der sozialen Frage«. Die politische und rechtliche Etablierung eines Sozialeigentums in Form öffentlicher Dienstleistungen und sozialer wie materieller Sicherungssysteme verändert die Existenzbedingungen der arbeitenden Klassen grundsätzlich und ermöglicht neue Modelle der Lebensführung jenseits des Zwangs eines »Geschmacks der Notwendigkeiten« (Pierre Bourdieu) oder einer Kultur des Zufalls. Den Brüchen und Konflikten dieser Entwicklung werden wir wieder begegnen, wenn wir uns im anschließenden Kapitel mit Fragen neuer sozialer Verwundbarkeit und prekären Wohlstands auseinandersetzen.

Zunächst geht es im folgenden Abschnitt um Aufstiegsprozesse. Soziale und berufliche Mobilisierungseffekte werden sichtbar, die mit der Expansion des Staatssektors und der öffentlichen Dienste verknüpft sind. Vieles spricht dafür, die Geschichte der europäischen Aufsteigergesellschaften im Kern als Geschichte der öffentlichen Dienste zu erzählen. Hier entstanden für bildungswillige und mobilitätsbereite Männer und Frauen neue Berufsfelder, neue Arbeitsplätze und neue Karriereperspektiven.

Klassendynamik. Der öffentliche Dienst als Berufslaufbahn und Beschäftigungskohorte

Die Expansion der öffentlichen Dienste hat markante Folgen für das soziale Strukturgefüge. Mit dem Ausbau der staatlichen und kommunalen Verwaltung sowie der starken Expansion der subsidiär erbrachten Wohlfahrtspflege entstehen seit den 1950er Jahren neue Soziallagen und berufliche Laufbahnen. Das Strukturbild sozialer Ungleichheit gerät auf diese Weise in Bewegung. Die historische Entwicklung der öffentlichen Dienste, deren Organisation und Aufgaben, deren Professionalisierung und Verrechtlichung beleuchten aus unterschiedlicher Perspektive beispielsweise die Arbeiten von Renate Mayntz zur »Soziologie der öffentlichen Verwaltung«, von Bernd Wunder zur »Geschichte der Bürokratie« oder von Josef Isensee zur staatsrechtlichen Begründung des öffentlichen Dienstes: »Öffentlicher Dienst ist Staatsdienst: Arbeit in staatlicher Organisation für die Allgemeinheit der Bürger. Er bildet das personale Instrument des Staates zur Erfüllung seiner Aufgaben und darin die Bedingung seiner Wirksamkeit.«[42] In ihrer »Verwaltungssoziologie« beschreibt Mayntz die sukzessive Ausweitung und qualitative Veränderung öffentlich zu erfüllender Aufgaben. Als Ansatzpunkt nimmt sie die Definition und Neujustierung von Staatsaufgaben im liberalen Rechtsstaat des 19. Jahrhunderts, der bestenfalls auf dem Papier ein »Nachtwächterstaat« war. Tatsächlich, so Mayntz, fand in der Ära der sich neu formierenden liberalen Rechtsstaatlichkeit ein Ausbau sowohl der Ordnungsverwaltung (Lebensmittelüberwachung, Feuerschutz, Bauordnung, Hygiene- und Gesundheitswesen) als auch der Leistungsverwaltung statt. Die Wirtschaftsförderung wurde entwickelt, kommunale Versorgungsbetriebe im Bereich der Elektrizitäts- oder Wasserversorgung entstanden. Und schließlich startete in dieser Zeit auch eine systematische Entwicklung einer leistungsfähigen Sozialverwaltung.[43] Unter Bezugnahme auf internationale Quellen zeigt Mayntz, dass in den rund vier Dekaden zwischen 1882 und 1925 das öffentliche Gesundheits- und Sozialwesen in seinen Kernstrukturen entstand. Das Ende des 19. Jahrhunderts bereits starke Erziehungswesen dehnte sich weiter aus und die Dienste von Post und Bahn erhielten einen kräftigen Investitionsschub. Die Jahrzehnte um die Wende zum 20. Jahrhundert waren mit Blick auf die Personal- und Infrastrukturinvestitionen eine historische Schlüsselphase für den Ausbau der öffentlichen Dienste. In dieser Phase setzte sich deren Formwandel von der Ordnungsverwaltung zur Eingriffs- und Leistungsverwaltung durch. Dieser

---

42 Isensee, Öffentlicher Dienst, S. 1528.
43 Vgl. Mayntz, Soziologie der öffentlichen Verwaltung, S. 48.

Formwandel wurde insbesondere in der zweiten Hälfte des 20. Jahrhunderts bekräftigt. Die 1960er Jahre und die unmittelbare Folgezeit waren die »Sternstunden« (Tony Judt) des europäischen Staates und die Hochphase in der Expansion der öffentlichen Verwaltungen. Der »sorgende Staat« kam zur vollen Entfaltung. Gleichwohl weisen Derlien und Frank darauf hin, dass der Umfang der öffentlichen Dienste keineswegs stets linear gewachsen sei – etwa gemäß dem Gesetz »stetig wachsender Staatsausgaben«.[44] Die Personalentwicklung der öffentlichen Dienste verlief in den bundesdeutschen Nachkriegsjahrzehnten vielmehr zyklisch, schwankend zwischen Phasen der Konsolidierung und der raschen Expansion. Seit den 1990er Jahren schrumpfen die Personalbestände der öffentlichen Dienste.

Organisation und Struktur der öffentlichen Dienste

Was sind die Kernstrukturen des öffentlichen Dienstes in Deutschland, wie ist er organisiert und aufgebaut? Das charakteristische Merkmal ist seine Dezentralität. Als Träger öffentlicher Aufgaben fungieren der Bund, die Länder und die Gemeinden. Aufgrund der föderalen Struktur und des grundgesetzlich verankerten Prinzips kommunaler Selbstverwaltung haben wir es im Falle der öffentlichen Dienste mit einer permanenten Konfliktspannung staatlichen Handelns zu tun, die auch durch die Föderalismusreform der letzten Jahre nicht aufgehoben werden konnte. Die Rahmengesetzgebung liegt beim Bund und bei den Ländern. Zugleich ist die kommunale Selbstverwaltung für den Aufbau und die Handlungsfähigkeit des Staates von zentraler Bedeutung. Wesentliche Aufgaben erfüllen die mittelbaren öffentlichen Dienste und Verwaltungseinrichtungen. Zum mittelbaren öffentlich Dienst zählen etwa die Einrichtungen der gesetzlichen Renten-, Kranken- und Unfallversicherung sowie die Arbeitsverwaltung (Bundesagentur für Arbeit). Die Zahl der Beschäftigten im mittelbaren öffentlichen Dienst lag Mitte 2004 bei rund 615 000.[45] Hinzu kommt, dass insbesondere im Bereich der Sozial- und Gesundheitsdienste,

---

44 Derlien u.a., The German Public Service, S. 296.
45 Bundesministerium des Innern (BMI) (Hg.), Der öffentliche Dienst in Deutschland, S. 17.

in wachsendem Maße aber auch im Bildungsbereich (Privatschulen und Privathochschulen), die Zahl der öffentlich Beschäftigten nicht die Gesamtzahl der Beschäftigten dieser Sektoren abbildet. Entsprechende Dienste werden hier – staatsnah, aber nicht staatsgebunden – insbesondere von kirchlichen oder sonstigen gemeinnützigen Einrichtungen sowie zum Teil auch von gewerblichen Trägern erbracht. Neben den unmittelbaren Verwaltungseinrichtungen des Bundes und der Länder ist die Kommunalverwaltung die dritte Säule des öffentlichen Dienstes in Deutschland. Diese Säule erfüllt tragende Funktionen für die Gesamtarchitektonik der öffentlichen Dienste. Die Kommunen oder kommunalen Verbände erfüllen in der Stadtentwicklungsplanung, dem Personennahverkehr oder dem Umweltschutz, aber seit vielen Jahren auch in der lokalen und regionalen Beschäftigungs- und Sozialpolitik gewichtige öffentliche Aufgaben. Die Kommunen stehen dabei unter einer grundgesetzlich festgelegten Dauerspannung. Nach Artikel 83ff. GG nehmen sie auf der einen Seite als untere Verwaltungsinstanz Aufgaben des Bundes und der Länder wahr, auf der anderen Seite verwirklichen sie unter dem Prinzip der kommunalen Selbstverwaltung des Artikels 28 GG eigene Aufgaben. So erfüllen die Kommunen sowohl »pflichtige Selbstverwaltungsaufgaben« für Land und Bund, insbesondere in den Bereichen der Sozial-, Kinder- und Jugendhilfe, aber auch freiwillige und eigenständige Aufgaben der Selbstverwaltung wie Sozialpflege, beispielsweise in der Einrichtung von Beratungsstellen für unterschiedliche Anlässe und Zielpunkte. *Das Vitalitäts- und Aktionszentrum des Wohlfahrtsstaates findet sich in den Kommunen, Gemeinden und Landkreisen.* Vor Ort werden die Einrichtungen der öffentlichen Dienste als arbeitender Staat erfahrbar. Wir werden zum Ende hin noch einmal auf diesen für die verschiedenen Fragen der Wohlstandsentwicklung und -gewährung zentralen Aspekt zurückkommen.

Mitte Juni 2004 waren bei den Gemeinden, den Gemeindeverbänden und in kommunalen Zweckverbänden 1 392 300 Beschäftigte tätig, im Dienst der Bundesländer standen zum gleichen Zeitpunkt 2 116 100 Beschäftigte.[46] In der unmittelbaren Bundes-

---

46 Ebenda, S. 14 ff.

verwaltung (Ministerien, Bundespolizei, Zoll, Verteidigung, Bundesfinanzverwaltung) sind rund 305000 Beamte und Arbeitnehmer beschäftigt. Die Gründe für diese vergleichsweise geringe Zahl an Bediensteten beim Bund liegt an der seit Mitte der 1990er Jahre fortschreitenden Privatisierung der Eisenbahn, der Post und Telekommunikation sowie der Flugsicherung, die vormals allesamt Bereiche der bundeseigenen öffentlichen Dienste waren. 1993 – vor Beginn der Privatisierung – waren in diesen Bereichen rund 1 Mio. Personen in Lohn und Brot. Bei den privatisierten Unternehmen sind aufgrund von spezifischen Übergangsregelungen noch Beamte tätig. In der Statistik zur Gesamtbeschäftigung im öffentlichen Dienst finden sie allerdings keine Berücksichtigung mehr.[47]

Im Vergleich dieser drei Ebenen des öffentlichen Dienstes fällt auf, dass die Länder als Folge der Privatisierungswelle auf Bundesebene, aufgrund des starken Personalrückbaus in den ostdeutschen Kommunen und im Zuge der starken Ausweitung des Bildungssektors und des entsprechenden Lehrpersonals (Kulturhoheit der Länder) mittlerweile den weit stärksten Anteil an Beschäftigten im öffentlichen Dienst stellen. »Das Personal im Bildungsbereich umfasst mittlerweile circa ein Drittel des Gesamtpersonals im öffentlichen Dienst Deutschlands und hat sich im Gefolge der Bildungsexpansion seit 1960 vervierfacht.«[48] Die 1950er, 60er und 70er Jahre waren dabei jeweils starke Ausbauperioden der öffentlichen Beschäftigung. Von 1951 bis 1960 wuchs die Beschäftigung in den öffentlichen Diensten um 38,1 Prozent, in den beiden Folgedekaden um 23,0 Prozent bzw. 20,2 Prozent. Die erste Schrumpfungsperiode der Nachkriegszeit war für den öffentlichen Dienst die Dekade zwischen 1992 und 2002, in diesem Zeitraum sank die Beschäftigungsquote um 28,6 Prozent.[49] In den 1960er Jahren bildeten sich die Beschäftigungsproportionen und -anteile zwischen Bund, Ländern und Gemeinden heraus, die dann bis in die 1990er Jahre eine relative Stabilität zeigten. Die Gemeinden bzw. Kommunen stellten einen Personalanteil von einem knappen Drittel

---

47 Vgl. ebenda, S. 12.
48 Kuhlmann, Öffentlicher Dienst in Deutschland, S. 74.
49 Vgl. Derlien u.a., The German Public Service, S. 12.

der Gesamtzahl der öffentlich Bediensteten, die Länder etwa die Hälfte und der Bund ein Fünftel. »Insgesamt spiegeln die Zahlen der Bundesbediensteten [...] jene dem deutschen Verwaltungs-föderalismus eigentümliche Rolle der Bundesverwaltung wider, die darin besteht, dass diese vor allem für die Politikformulierung, für Gesetzgebung und Regulierung und Programmierung zuständig ist, während die Durchführung politischer Programme fast vollständig den Ländern (in eigener Verantwortung) und innerhalb dieser wiederum hauptsächlich den Kommunalverwaltungen der Kreise, Städte und Gemeinden zugewiesen ist.«[50]

Charakteristisch für die Beschäftigungsverhältnisse im öffentlichen Dienst ist weiterhin, dass sie sich in unterschiedlichen Status- und Rechtspositionen gliedern. Der öffentliche Dienst unterscheidet Beamte, Angestellte und Arbeiter. Die aktuelle Struktur dieser Statusgruppen zeigt, dass etwas mehr als ein Drittel aller Beschäftigten im öffentlichen Dienst im Status des Beamten (oder Richter) tätig sind (35,6 Prozent), gut die Hälfte sind Angestellte (48,0 Prozent) und nur etwas mehr als jeder Zehnte ist Arbeiter (12,3 Prozent).[51] Im Vergleich zu den 1960er Jahren hat sich dieses Bild grundlegend gewandelt. Damals war noch knapp ein Drittel als Arbeiter im öffentlichen Dienst beschäftigt, während Beamte und Angestellte zu gleichen Teilen in den öffentlichen Sektoren tätig waren. Ein zentrales personalpolitisches Gestaltungsprinzip und ein starkes Erwartungssystem im öffentlichen Dienst ist die Gliederung in spezifische Laufbahngruppen: in den einfachen, den mittleren, den gehobenen und den höheren Dienst. Die Grundlage dieser Laufbahnen sind die Zertifikate des (Aus-)Bildungssystems. Das Laufbahnrecht schafft jenseits der Aufteilung in Bundes-, Landes- und Kommunalbedienstete allgemeinverbindliche Regeln, »die die Personalpolitik objektivieren und einen einheitlichen Mindeststandard der beruflichen Leistung gewährleisten. Die vielfältigen Aufgaben der öffentlichen Verwaltung erfordern qualifiziertes Personal. [...] Um die Aufgaben des öffentlichen Dienstes sachgerecht und effektiv wahrnehmen zu können, werden entsprechend geeignete und einen größeren Kreis von Tätigkeiten

---

50 Kuhlmann, Öffentlicher Dienst in Deutschland, S. 74.
51 Stand 30. Juni 2004.

umfassende Laufbahnen eingerichtet.«[52] Die Differenzierung der Laufbahngruppen schließt an das gegliederte Schulsystem an: Der einfache Dienst setzt einen Hauptschulabschluss voraus, der mittlere Dienst in der Regel den Realschulabschluss, während für den gehobenen Dienst die (Fach-)Hochschulreife erforderlich ist. Der höhere Dienst steht schließlich den Absolventen eines Hochschulstudiums offen. Nach Berechnungen von Kuhlmann und Röber waren 2002 im höheren Dienst 14,3 Prozent tätig, im gehobenen Dienst 30,6 Prozent, im mittleren Dienst 38,6 Prozent und im einfachen Dienst lediglich 2,0 Prozent.[53] Der höhere Dienst hat sich seit Anfang der 1960er Jahre in etwa verdoppelt, während der einfache Dienst erheblich geschrumpft ist.

Was können wir festhalten, bevor wir die sozialstrukturelle Dynamik näher betrachten, die mit der Ausweitung der öffentlichen Dienste verbunden ist? Was sind generelle Trends in der Entwicklung der staatsgebundenen oder staatsnahen Beschäftigung? Die empirischen Informationen der Veränderungen dieses zentralen Sektors der Arbeitswelt, die über sozialstatistisches Datenwerk hinausgehen, sind schmal. Studien einer empirisch orientierten Verwaltungssoziologie datieren aus den späten 1970er und den frühen 1980er Jahren. Zwar wird seit Mitte der 1990er Jahre in den Politik- und Verwaltungswissenschaften sowohl der Verwaltungsauf- und umbau der ostdeutschen Kommunen bzw. Landesverwaltungen[54] als auch die (kommunale) Einführung von Konzepten des »New Public Management« (NPM)[55] empirisch begleitet. Gleichwohl können diese politik- und verwaltungswissenschaftlich orientierten Studien nicht für eine Wiederbelebung einer Soziologie der öffentlichen Dienste in Anspruch genommen werden. Die nach wie vor bestehenden eklatanten Forschungsdefizite bezüglich der öffentlichen Dienste beklagt auch der Bamberger Verwaltungsrechtler Hans Ulrich Derlien, der jüngst einen der

---

52 Bundesministerium des Innern (BMI) (Hg.), Der öffentliche Dienst in Deutschland, S. 42.
53 Vgl. Kuhlmann/Röber, Civil Service in Germany.
54 Vgl. Wollmann u.a., Transformation der politisch-administrativen Strukturen in Ostdeutschland.
55 Vgl. Bogumil u.a., Politik und Verwaltung.

raren Überblickstexte zum »Öffentlichen Dienst im Wandel« verfasst hat. Auf der Basis schmaler empirischer Grundlagen zeichnet Derlien wesentliche »Makrotrends« der strukturellen und personalen Veränderungen nach. Diese Veränderungen sind »sowohl das Produkt gezielter personalpolitischer Eingriffe und Steuerungsversuche [...] als auch von notgedrungenen Reaktionen auf gesamtgesellschaftliche Lagen [...], oder sie wurden durch historische Ereignisse wie die Wiedervereinigung ausgelöst (zwangsläufige Verschiebungen der Proportionen zwischen den Gebietskörperschaften, Dienstherren, Reduktion des Beamtenanteils).«[56] In der Rückschau auf den Zeitraum 1960 bis 2000 können zusammenfassend folgende Tendenzen in der Entwicklung der öffentlichen Dienste festgehalten werden:

Zunächst die *Stagnation des Personalzuwachses* und seit Mitte der 1990er Jahre der *sukzessive Abbau des Personalbestands* der öffentlichen Dienste. Diese Entwicklungen sind die Folge der Privatisierung der Staatsbetriebe Bahn, Post und Telekommunikation und Ausdruck der restriktiven Fiskalpolitik, die die materielle Ausstattung und Entlohnung der öffentlichen Dienste in den 1990er Jahren gravierend beschnitten hat. Zweitens zeigt sich ein Trend zur *Dezentralisierung des Personalbestandes*, der dem sukzessiven Ausbau der mittelbaren Dienste (Sozialversicherung und Arbeitsverwaltung) und den relationalen Verschiebungen zwischen den drei gebietskörperschaftlichen Ebenen von Bund, Ländern und Gemeinden geschuldet ist. Weiterhin ist drittens eine stärkere *Konzentration öffentlicher Aufgabenerfüllung* insbesondere in den Bereichen Bildung, Gesundheit und Soziales zu beobachten. In eine »personelle Randlage« sind auf diese Weise insbesondere die Bereiche der inneren Verwaltung geraten. Nach der Neuordnung des Tarifwesens und den wiederholten Dienstrechtsreformen ist im öffentlichen Dienst viertens eine *Tendenz zur Unitarisierung des Personalbestandes* festzustellen. Die Gewichte der einzelnen Statusgruppen haben sich gravierend verändert. Der Arbeiterstatus spielt nur noch eine marginale Rolle, der Anteil der Beamten ist stark geschrumpft, und somit bleiben vor allem Angestellte übrig. Dieser Trend wird durch die leistungsrechtliche

---

56 Derlien, Öffentlicher Dienst im Wandel, S. 229 f.

Angleichung zwischen Angestellten- und Beamtenstatus noch bekräftigt. Fünftens spricht Derlien von einer »Veredelung der Personalstruktur«.[57] Während 1960 jeder dritte Beschäftigte im gehobenen oder höheren Dienst tätig war, liegt dieser Wert 40 Jahre später deutlich höher, denn mittlerweile sind die einfachen Dienste stark reduziert worden und weit mehr als die Hälfte der öffentlichen Bediensteten sind im gehobenen oder höheren Dienst tätig. Der Anteil der Akademiker im öffentlichen Dienst hat stark an Gewicht gewonnen. Sechstens prägt der über Jahrzehnte kontinuierlich wachsende Anteil weiblicher Beschäftigter – die *Feminisierung* – den öffentlichen Dienst. Während der Frauenanteil 1960 gerade einmal 25,9 Prozent betrug, stellen die Frauen mittlerweile mehr als die Hälfte der Beschäftigten (52 Prozent). Das gilt insbesondere für den kommunalen Bereich und für den Landesdienst, mit Schwerpunkten in der Bildung, der Gesundheitsversorgung und der allgemeinen Verwaltung. Die öffentlichen Dienste sind im Laufe dieser Zeit zu einem wichtigen Ort qualifizierter Frauenerwerbstätigkeit geworden. Zugleich sind die öffentlichen Dienste siebtens auch *Vorreiter der Teilzeitbeschäftigung* geworden, und in jüngster Zeit – ich werde darauf zurückkommen – haben sie sich geradezu zu Protagonisten der befristeten Beschäftigung bzw. der prekären Erwerbsformen entwickelt. Beide Prozesse – die *Feminisierung und die Temporalisierung* der Beschäftigung – stehen in einem engen Zusammenhang. Überformt werden diese Trends seit einigen Jahren von Debatten um neue Steuerungsmodelle des öffentlichen Dienstes, mithin um markante Veränderungen der Arbeit des »arbeitenden Staates«. Die Personalbestände expandierten seit den 1950er Jahren nicht nur in starkem Maße, auch in qualitativer Hinsicht haben sie sich gravierend verändert.

Eine soziologisch interessante Frage ist daher, wie es um die Beschäftigten selbst steht, um ihre Orientierungen, ihre Erfahrungen, Hoffnungen, Wünsche oder Werthaltungen. Welche Interessen sind bei den Veränderungen der öffentlichen Dienste im Spiel? Wer sind die verwaltungsinternen Träger der Veränderung? Welche Konflikte werden ausgetragen und welche normative Aus-

---

57 Ebenda, S. 238.

strahlung haben die öffentlichen Dienste auf Arbeitswelt und Gesellschaft? Die Verwalter des Sozialen, das Personal des »arbeitenden Staates« und deren Sicht der Dinge bleiben soziologisch weitgehend im Dunkeln. Mehr empirische Klarheit herrscht hinsichtlich der sozialstrukturellen Dynamik des expansiven Wohlfahrtsstaates, dessen zentrale Kristallisationen sich am Beispiel der öffentlichen Dienstklassen nachzeichnen lassen. In den Kohortenanalysen wird am Beispiel der öffentlichen Dienste auf markante Weise die (Erfolgs-)Geschichte einer Aufsteigergesellschaft sichtbar.

Arbeitsmarkt und »Mobilitätskanäle« der öffentlichen Dienste
In der zweiten Hälfte des 20. Jahrhunderts sind berufliche Karrieren und soziale Laufbahnen mehr und mehr zur Staatsangelegenheit geworden. Insbesondere der Soziologe Rolf Becker hat sich seit Beginn der 1990er Jahre mit der Beschäftigungsexpansion der öffentlichen Dienste und der staatlich gestützten bzw. forcierten Karrieremobilität in empirischen Studien auseinandergesetzt.[58] Ihn interessiert zunächst die innere Dynamik staatlicher Aktivitäten. Der öffentliche Dienst kommt auf diese Weise als ein Arbeitsmarkt in den Blick, der sich von privaten Arbeitsmärkten unterscheidet. Wir treffen hier auf eine spezifische dienstrechtliche Laufbahnordnung, auf besondere berufliche Karrierewege und charakteristische betriebliche Sozialpolitiken. In Bezug auf diese Charakteristika wendet Becker auf den öffentlichen Dienst die segmentationstheoretischen Überlegungen der Arbeitsmarktforschung an. Unter der von Clarke Kerr geprägten Formel der »Balkanisierung der Arbeitsmärkte« wurden seit den 1950er Jahren Forschungen zu den »institutional markets« und »insitutional rules« auf die Arbeitsmarktentwicklung moderner Industriegesellschaften angewandt. Die Theorie der Arbeitsmarktsegmentierung weist darauf hin, dass es *den* Arbeitsmarkt nicht gibt, sondern vielmehr nur verschiedene politisch und rechtlich strukturierte Teilmärkte, die nach jeweils eigenen Gesetzen von Angebot und Nachfrage organisiert sind und dementsprechend sehr unter-

---

58 Vgl. Becker, Arbeitsmärkte im öffentlichen Dienst, und ders., Staatsexpansion und Karrierechancen.

144

schiedliche Chancen und Risiken der Beschäftigung bieten.[59] Es werden interne und externe Arbeitsmärkte unterschieden sowie je nach Beschäftigungssicherheit primäre (sichere Beschäftigung und gute Löhne) und sekundäre (unsichere Beschäftigung und schlechte Löhne) Arbeitsmärkte. Burkart Lutz und Werner Sengenberger prägten die deutsche Arbeitsmarktforschung mit dem Konzept eines dreigeteilten Arbeitsmarktes.[60] Neben den betriebsinternen, relativ sicheren und durch starke gewerkschaftliche Präsenz strukturierten Arbeitsmärkten und den externen »Jedermann-Arbeitsmärkten«, die sich durch große Flexibilitäten und Mobilitäten auszeichnen, heben Lutz und Sengenberger insbesondere ein drittes Segment hervor: die beruffachlich strukturierten und durch das Bildungssystem zertifizierten Arbeitsmärkte der qualifizierten Facharbeit in Industrie, Handwerk und privaten Diensten. Dieser »beruffachliche« Arbeitsmarkt steht in der industrie- und arbeitssoziologischen Forschung und Debatte nicht nur für eine systematische und analytische Erweiterung der Arbeitsmarktforschung, sondern ihm kommt immer auch eine normative Bedeutung für die Gestaltung der Arbeitswelt, der Bildungspolitik und auch der Lebensführung zu.[61] In kritischer Auseinandersetzung mit den Segmentationstheorien industrieller Arbeitsmärkte unterscheidet Rolf Becker drei typische Arbeitsmarktsegmente im Beschäftigungsfeld des öffentlichen Dienstes voneinander. Da ist zunächst der *unstrukturierte Arbeitsmarkt* staatlicher Aktivitäten, in dem sich vor allem unqualifizierte Tätigkeiten mit einem hohen Arbeiteranteil finden. Zu diesem ersten Segment öffentlicher Arbeitsmärkte ist ein Zugang ohne Bildungszertifikat möglich. Noch zu Beginn der 1990er Jahre sind hier große Beschäftigungsbereiche bei der Bundesbahn und der (damals noch existierenden) Bundespost sowie Teile kommunaler Gemeinschaftsdienste, in denen produzierende, erhaltende und nichthoheitliche Tätigkeiten ausgeführt werden, anzutreffen. Zu diesen kommunalen Gemeinschaftsdiensten gehören beispielsweise die Pflege und Unterhaltung

---

59 Vgl. Köhler u.a., Generalisierung von Beschäftigungsrisiken.
60 Vgl. Sengenberger, Struktur und Funktionsweise von Arbeitsmärkten, und Lutz/Sengenberger, Arbeitsmarktstrukturen.
61 Köhler u.a., Generalisierung von Beschäftigungsrisiken, S. 389ff.

von Grünanlagen oder der Straßen- und Wegebau. Im Unterschied zum privatwirtschaftlichen Jedermann-Arbeitsmarkt ist in diesem unstrukturierten Arbeitsmarkt des öffentlichen Dienstes eine geringere Fluktuationsrate zu verzeichnen. Die Beschäftigungsstabilität ist bzw. war hier insgesamt höher als im privatwirtschaftlichen Sektor. Dieser unstrukturierte Arbeitsmarkt ist stark geschrumpft und wird heute weitgehend durch öffentlich geförderte Beschäftigung ersetzt. Ein zweites Segment repräsentiert der *wohlfahrtsstaatliche Arbeitsmarkt*, der vergleichbar ist mit dem fachspezifischen Arbeitsmarkt in der Privatwirtschaft. Hier finden sich die beruffachlich orientierten und qualifizierten Tätigkeiten im Staatssektor, wozu die Beamten und Angestellten des Bildungswesens und die Beschäftigten im Gesundheits- und Pflegesektor zählen. Der wohlfahrtsstaatliche Arbeitsmarkt zeichnet sich durch klare Laufbahnorientierung und hohe Statussicherheit aus. Dieser Arbeitsmarkt ist das expansive Segment der inneren Dynamik des »arbeitenden Staates«. Der *staatsdefinierte Arbeitmarkt* kommt schließlich dem Idealtyp des privaten betriebsspezifischen Arbeitsmarktes nahe. Hier finden wir die qualifizierten Tätigkeiten der staatlichen Eingriffsverwaltung, also Tätigkeiten in der öffentlichen Sicherheit und Ordnung sowie in der allgemeinen staatlichen Verwaltung und im Verteidigungswesen, die vornehmlich von Beamten ausgeführt werden, denen die hoheitliche Aufgabenerfüllung übertragen ist. »Die Bedeutung dieses Arbeitsmarktes hat über die Zeit hinweg abgenommen, da in der Nachkriegszeit der Ausdehnung des Wohlfahrtsstaates mehr Bedeutung zugemessen wurde als dem Rechtsstaat als Kernbereich der Eingriffsverwaltung.«[62] Der staatsdefinierte Arbeitsmarkt ist geprägt von Beschäftigungsstabilität und geringer Fluktuation. Auch in diesem Teilarbeitsmarkt des öffentlichen Dienstes haben sich insbesondere durch die Reformen der allgemeinen staatlichen Verwaltung gravierende Veränderungen ergeben.

Dennoch bleibt grundsätzlich festzuhalten, dass im Vergleich mit den privatwirtschaftlichen Branchen die Struktur und Organisation der öffentlichen Arbeitsmärkte weit stärker formalisiert

---

62 Becker, Arbeitsmärkte im Öffentlichen Dienst, S. 364.

ist. Zugleich sind sie eng mit den Abschlüssen und Zertifikaten des Bildungssystems verknüpft. Das Laufbahnprinzip des öffentlichen Dienstes sieht vor, dass Bewerber und Auszubildende je nach Bildungsabschluss für eine spezifische Laufbahn ausgebildet werden. Die Personalrekrutierung der staatlichen Arbeitgeber erfolgt insbesondere im Bereich der Beamten daher in der Regel unmittelbar im Anschluss an deren Schul- und Hochschulausbildung. Von staatlicher Seite werden im Rahmen der Ausbildung eigene Vorbereitungs- und Weiterbildungskurse angeboten. »Öffentliche Beschäftiger binden damit [...] nicht nur Beamte, sondern auch Angestellte und Arbeiter dauerhaft an sich, [...] bilden sie fort [und] lassen sie über Arbeitsplatzketten und Alterseinkommen aufsteigen.«[63] Der öffentliche Dienst kennt klar strukturierte Laufbahnen und kalkulierbare Karrierewege, aber er kann keineswegs als ein uniformes Beschäftigungsfeld beschrieben werden, sondern zeichnet sich seit jeher durch seine starke professionelle Differenzierung und rechtliche Pluralität der Statusformen aus. Die arbeitssoziologischen Überlegungen und Theorieansätze zur Arbeitsmarktsegmentation, die auf die beruffachlichen Trennungen in der Arbeitswelt, auf die starke institutionelle Prägung spezifischer Karrierewege und auf die nachhaltige Determinierung von Arbeitsmarktchancen je nach Erwerbs- bzw. Berufseintritt hinweisen, treffen – so die These Beckers – eher für den öffentlichen Sektor als für die Privatwirtschaft zu. Das gilt, obgleich die Theorie und Konzeption segmentierter Arbeitsmärkte im Kontext industriesoziologischer Forschungen in der Privatwirtschaft entstanden und auf verschiedene industriewirtschaftlich organisierte Branchen angewandt wurden. Auf welche Art von Arbeitsmärkten segmentationstheoretische Überlegungen nun mehr oder weniger zutreffen mögen, auf jeden Fall lässt sich auf der Grundlage der vorliegenden Forschung sagen, dass die öffentliche Beschäftigung nicht nur ein ebenso differenzierter wie relevanter Sektor des Wirtschaftslebens ist, sondern auch eine stilbildende Funktion für die Arbeitswelt insgesamt besitzt.

---

63 Blossfeld/Becker, Arbeitsmarktprozesse, S. 235; vgl. insgesamt auch Henneberger, Arbeitsmärkte und Beschäftigung im öffentlichen Dienst.

Die Organisation und Gestaltung der Erwerbsarbeit im öffentlichen Dienst prägt stark die normativen und strukturellen Vorstellungen einer geordneten und stabilen Arbeitswelt, die Status, Sekurität und Seniorität zu bieten vermag. Inwieweit dieser Zusammenhang von öffentlichem Dienst und spezifischen Ordnungsvorstellungen der Arbeitswelt auch für die Zukunft gilt, ist allerdings fraglich. Zumindest sind bis in die aktuellen Diskussionen um die Zukunft der Arbeitswelt die Vorstellungen gelungener Erwerbskarrieren und aussichtsreicher Berufslaufbahnen sowie die Erwartungen an Beschäftigungssicherheit erheblich von der Entwicklung wie auch der Gestaltung staatlicher Beschäftigung geprägt. Die Arbeitswelten des öffentlichen Dienstes haben normative Kraft – nicht zuletzt mit Blick auf soziale Aufwärtsbewegungen und berufliche Aufstiegsperspektiven. Sie sind konstitutiv für die Formation einer Aufsteigergesellschaft. Der öffentliche Dienst ist daher für die Frage der sozialen und beruflichen Mobilität ein Gatekeeper individueller Lebenschancen sowie ein wesentliches Strukturprinzip sozialer Ungleichheit. Die im Zuge der Expansion des öffentlichen Dienstes vermehrt angebotenen sicheren und qualifizierten Arbeitsplätze, die in den 1960er und 1970er Jahren vor allem den Berufsanfängern neue Chancen und Perspektiven boten, waren ein zentraler Faktor der intergenerationalen Mobilität der Nachkriegszeit. Der Eintritt in den öffentlichen Dienst und die Beschäftigung »beim Staat« konnten sich zu eigenständigen und relevanten Faktoren und Strukturmerkmalen sozialer Ungleichheit entwickeln.[64] Doch inwieweit und in welcher Hinsicht war der öffentliche Dienst in den vergangenen Jahrzehnten tatsächlich ein »Mobilitätskanal«? Strukturdaten liegen hierfür kaum vor, ebenso wenig qualitative Fallstudien, die die Situation und Perspektive der Beschäftigten bzw. Bediensteten unter diesem sozialstrukturellen Blickwinkel beleuchten.

Eine Ausnahme sind Analysen von Blossfeld und Becker, die sich mit Arbeitsmarktprozessen im öffentlichen Sektor und mit den Fragen nach »Staatsexpansion und Karrierechancen«[65] be-

---

64 Vgl. Mayer/Blossfeld, Die gesellschaftliche Konstruktion sozialer Ungleichheit, S. 302.
65 Vgl. Becker, Staatsexpansion und Karrierechancen.

schäftigen. Für unsere Fragen nach Aufstiegsdynamiken liefern sie uns wesentliche empirische Hinweise. Sie gehen mit Hilfe von Kohortenanalysen den Beschäftigungs- und Mobilitätseffekten expansiver Staatsaktivitäten in der formativen Phase seit den 1960er Jahren nach. »Die zentrale These des Kohortenkonzepts lautet [...], daß die Beschäftigungsexpansion des Staates adäquat nur über Berufsverläufe vermittelt begriffen werden kann.«[66] Mit Hilfe der Kohortenanalysen werden zwei Hypothesen empirisch verfolgt. Die erste Hypothese besagt, dass in der Kohortenfolge gerade die Generationen verstärkt im öffentlichen Dienst Beschäftigung finden konnten, die in der Expansionsphase des Staates in das Beschäftigungssystem eingetreten sind, denn Berufsanfängern fällt es sehr viel leichter, sich in neuen Beschäftigungsfeldern zu etablieren. Die zweite Hypothese geht davon aus, dass gerade die beruffachlich gut qualifizierten Arbeitskräfte von der Ausdehnung staatlicher Arbeitsmärkte profitieren konnten. Die Bildungsexpansion und die Ausweitung staatlicher Beschäftigung greifen ineinander. Die Ausdehnung öffentlicher Beschäftigung hat auf diese Weise selektive Effekte, indem bestimmte Gruppen der Gesellschaft in besonderer Weise von dieser Entwicklung profitieren konnten. Die Entwicklung der öffentlichen Dienste seit den 1950er Jahren hatte demzufolge keinen universalen, die gesamte Gesellschaft erfassenden »Upgradingeffekt« auf die Sozialstrukturentwicklung. Vielmehr lassen sich *spezifische Generationen-, Bildungs- und Geschlechtereffekte* beobachten. Die Relationen sozialer Ungleichheit zwischen den Generationen, zwischen den Absolventen des Bildungssystems und zwischen Männern und Frauen haben sich verändert.

Die empirischen Analysen zeigen, dass aufeinanderfolgende Kohorten unterschiedlich in ihren beruflichen und erwerbsbiographischen Chancen beeinflusst wurden. So stieg der Anteil der Berufsanfänger, die im staatlichen Sektor Beschäftigung fanden, von 12,7 Prozent bei der Kohorte der zwischen 1929 und 1931 Geborenen auf 15 Prozent der Kohorte 1939–1941 und schließlich auf 24,1 Prozent in der Kohorte 1949–1951. Als *erste Faustregel* im Verhältnis von Sozialstrukturentwicklung und wohlfahrts-

---

66 Blossfeld/Becker, Arbeitsmarktprozesse, S. 236.

staatlicher Expansion gilt: *Die Generation der um 1950 Gebore-*
nen konnte in besonderer Weise vom Ausbau des Wohlfahrtsstaa-
tes profitieren. Doch damit ist noch nicht die Frage beantwortet,
welche Gruppen innerhalb dieser Kohorte sich in besonders her-
vorgehobener Weise im staatlich organisierten Arbeitsmarkt posi-
tionieren konnten.

Die *zweite Faustregel* lautet: *Je höher der Schulabschluss, desto*
mehr beruflicher und statusbezogener Ertrag aus der Staatsexpan-
sion. Der Beschäftigtenanteil von Berufsanfängern mit Volksschulabschluss ohne Berufsausbildung blieb zwischen den Kohorten fast unverändert (+ 0,1 Prozent), während diejenigen, die
einen Volksschulabschluss mit Berufsausbildung vorweisen konnten, ihren Anteil um 4,3 Prozent steigern konnten. Noch besser
lagen die Absolventen mit mittlerer Reife, die einen Zuwachs von
9,1 Prozent verzeichnen konnten. Die wahren Profiteure staatlicher Beschäftigungsexpansion sind aber ohne Zweifel die Hochschulabsolventen, die mit 30,1 Prozent den größten Zuwachs
beim Berufseinstieg in den öffentlichen Sektor erreichen konnten.
Der beschleunigte Ausbau personalintensiver öffentlicher Leistungen und sozialer, erzieherischer, therapeutischer und medizinischer Dienste sowie die deutliche Zunahme von qualifizierten
Dienstleistungspositionen hat seit den 1960er und 1970er Jahren
die Nachfrage nach höherer Qualifikation deutlich verstärkt.
»Man muß deswegen davon ausgehen, daß [...] ein großer Teil des
vom Bildungssystem geschaffenen höheren formalen Qualifika-
tionsangebots vom staatlichen Sektor selbst wieder absorbiert
wurde und dass sich die historisch fest etablierte enge Verkoppe-
lung des Systems der höheren Bildung mit den qualifizierten Positionen im staatlichen Sektor in der Expansionsphase eher noch
verstärkt hat.«[67] Der Arbeitgeber und der Arbeitsort Staat wurden zu einem Sammelbecken der Akademikerbeschäftigung. Die
durchschnittliche (Bildungs-)Qualifikation der Staatsbediensteten
lag daher deutlich höher als in den privatwirtschaftlichen Sektoren des Arbeitsmarktes, obgleich sich auch hier der Trend einer
tendenziellen Höherqualifikation zeigt. Die Entwicklung der
Staatsbeschäftigung markiert schließlich auch den grundlegenden

---

67 Ebenda, S. 235.

Strukturwandel der industriellen Gesellschaft. Personalintensive und personenbezogene Dienstleistungen weiten sich aus, produktionsorientierte und (werk)stoffliche Tätigkeiten schrumpfen. Die Kohortenanalyse zeigt, dass in den staatlichen Beschäftigungsfeldern und Dienstorten der Produktionsbereich um 14,5 Prozent sinkt, während zur gleichen Zeit der Dienstleistungs- sowie Verwaltungsbereich zunimmt (5,4 Prozent beziehungsweise 8,9 Prozent). Die Gewinner dieses Prozesses sind die Semiprofessionen (Krankenschwestern, Sozialpädagogen oder Grundschullehrer, + 7,6 Prozent), die Professionen (Ärzte, Professoren, Richter, + 6,0 Prozent) und die qualifizierten kaufmännischen und Verwaltungsberufe (+ 11,2 Prozent). »Der Ausbau der Staatsbeschäftigung schlägt sich damit sehr augenfällig in einem raschen Zuwachs von Dienstleistungsberufen mit hohen Qualifikationsanforderungen nieder. Bei der Kohorte 1949–51 besteht die Berufsanfängerstruktur zu 45,6 Prozent aus qualifizierten Berufen und zu 43,4 Prozent aus hoch qualifizierten Positionen. Damit bestätigt sich die Vermutung, daß der staatliche Sektor durch die verstärkte Übernahme medizinischer, erzieherischer und sozialer Dienste in erheblichem Maße auf Qualifizierungsleistungen des Bildungswesens angewiesen war. Der Ausbau personalintensiver Wohlfahrtsprogramme forderte Bildungsprozesse, für die selbst wiederum der Staat zu sorgen hatte. Ein großer Teil des vom Bildungssystem erzeugten höheren Angebots an qualifiziertem Arbeitskräftepotential wurde vom Staat selbst wieder konsumiert.«[68] In der Privatwirtschaft gab es in der genannten Kohorte im selben Zeitraum bei den hochqualifizierten Berufen nur geringe Zuwachsraten (2,6 Prozent). Dagegen steht der staatliche Sektor: Hier lag der Zuwachs doppelt so hoch, nämlich bei 5,8 Prozent. Zusammenfassend kommen Blossfeld und Becker zu dem Schluss: »Für den Berufseinstieg hat der Vergleich der Tätigkeitsstrukturen von privatem und öffentlichem Sektor über die Kohorten hinweg darüber hinaus deutlich gemacht, daß sich durch den Tertiärisierungsprozeß in der Privatwirtschaft vor allem eine Umschichtung von den einfachen Berufen zu den Berufen im mittleren Qualifikationsbereich vollzogen hat. [...] Ein etwas anderes Bild ergibt sich aller-

---

68 Ebenda, S. 242.

dings beim Staat. Dort wurden im Zuge des Ausbaus des öffentlichen Dienstes in den 60er und 70er Jahren viele neue hoch
qualifizierte Berufspositionen geschaffen.«[69] Kurz gesagt: Beschäftigung beim Staat fanden vor allem Akademiker bzw. Personen, die mit Hochschulreife das allgemeinbildende Schulsystem verlassen haben.

Doch heißt Beschäftigung beim Staat zu finden auch sozial aufzusteigen? Verlassen diejenigen, die im öffentlichen Dienst tätig
sind, häufiger als andere ihr soziales und berufliches Herkunftsmilieu? Auch hier geben Kohortenanalysen zur intergenerationalen Mobilität eine Antwort. Offensichtlich entwickelte sich
der öffentliche Dienst über die Geburtskohorten 1929–1931,
1939–1941 und 1949–1951 hinweg zur sozialen und beruflichen
Aufstiegsleiter für diejenigen, deren Herkunftsmilieu nicht im
Bereich der Semiprofessionen oder der akademischen Berufe lag.
Und hier waren es wieder in besonderer Weise die Berufsanfänger,
deren Einstieg in einen Sektor der öffentlichen Beschäftigung
zugleich den Auftakt zu einer beruflichen und sozialen Aufstiegs-
karriere bildet. »In dieser Hinsicht hat der öffentliche Dienst als
Mobilitätskanal an Bedeutung gewonnen.«[70] Als weitere Faustregel gilt dementsprechend: *Der öffentliche Dienst funktionierte
in der Vergangenheit verstärkt als sozialer Aufstiegsmotor.* Doch
der öffentliche Dienst lief sich über lange Jahrzehnte nicht nur
als Aufstiegsmotor warm, er bot auch ein hohes Maß an Statussicherheit.

Hinsichtlich der Frage nach Aufstieg und Abstieg zeigen die
Kohortenanalysen, dass die Beschäftigung im staatlichen Sektor
individuelle soziale und berufliche Abstiegsrisiken verringert. »Im
Vergleich zu Beschäftigten in der Privatwirtschaft sind für Beschäftigte im öffentlichen Dienst intergenerationale Abstiege äu-
ßerst unwahrscheinlich. [...] Wie auf der einen Seite die Expansion des öffentlichen Dienstes zur Zunahme sozialer Aufstiege von
Berufsanfängern im öffentlichen Dienst beitrug, garantieren auf
der anderen Seite traditionelle Karrieremechanismen im öffent-

---

69 Ebenda, S. 244.
70 Becker, Intergenerationale Mobilität, S. 615.

lichen Dienst die Sicherheit erreichter Statuslagen.«[71] Die Erwerbsbiographien der untersuchten Geburtskohorten unterstreichen die
statusbewahrende Funktion der Beschäftigung im öffentlichen
Dienst. Statussicherheit, die Planbarkeit von Berufswegen und
die Garantie bestimmter Chancen der Lebensführung sind eng mit
einer Beschäftigung im öffentlichen Dienst verknüpft. Die vierte
Faustregel lautet: *Die Statusordnung des öffentlichen Dienst ist
(oder war?) ein wichtiger Stabilitätskern der (Arbeits-)Gesellschaft.*
In der Vergangenheit repräsentierte die Beschäftigung beim Staat
hohe Statusstabilität und starke Statusgarantie.

So bleibt schließlich noch die Frage zu klären, in welcher Weise
die Expansion der öffentlichen Dienste die Ungleichheitsrelatio-
nen auf dem Arbeitsmarkt zwischen Männern und Frauen beeinflusst hat? Welche Rolle spielte die mobilisierende Funktion neu
eröffneter Beschäftigungsfelder für die Lebens- und Berufsverläufe
von Männern und Frauen? Wir haben gesehen, dass sich über
die untersuchten Geburtskohorten hinweg die sozialen Aufstiegschancen verbesserten.»Mit zunehmender Bildungsausstattung
nimmt die Wahrscheinlichkeit sozialer Aufstiege im Berufsverlauf
zu. [...] Insbesondere Frauen in den beiden jüngeren Kohorten mit
ausgeprägter Bildungsausstattung konnten ihre Humankapital-
investitionen für Aufstiege im Berufsverlauf mobilisieren. Insofern
erbrachte die Bildungsexpansion den Frauen zusätzliche Chancen,
ihre Herkunftsschicht zu verlassen und in höhere Schichten der
Sozialstruktur einzutreten.«[72] Die wohlfahrtsstaatlich geprägte
Aufsteigergesellschaft trägt zumindest mit Blick auf die Arbeitswelten der öffentlichen Dienste erkennbar »weibliche Züge«.
Auf diesen Prozess der »Feminisierung« der öffentlichen Dienste
bzw. bestimmter Bereiche der Staatsbeschäftigung weist auch
die verwaltungswissenschaftliche Literatur hin. Frauen stellen
mittlerweile mehr als die Hälfte der öffentlich Bediensteten. In
den 1990er Jahren konnten sie insbesondere im höheren Dienst
und bei den Beamten ihren Beschäftigtenanteil noch einmal steigern. Zudem werden immer häufiger und regelmäßiger auch Füh-
rungspositionen in der öffentlichen Verwaltung von Frauen einge-

---

71 Ebenda.
72 Ebenda, S. 613.

nommen bzw. besetzt.[73] Die letzte Faustregel lautet: *Junge und gut ausgebildete Frauen konnten in besonderer Weise von der Expansion des Wohlfahrtsstaates profitieren und vermochten sich dauerhaft in den Arbeitsmärkten der öffentlichen Dienste zu etablieren.*

»Vater Staat« entwickelte sich seit den 1960er Jahren zur Mutter qualifizierter Frauenbeschäftigung. Vor allem hat sich mit dem Ausbau der Bildungseinrichtungen das Verhältnis der Frauen zu Bildung, Arbeit und Beruf langfristig und dauerhaft verändert. Die Frauen repräsentieren eine starke Kerngruppe der wohlfahrtsstaatlich formierten Aufsteigergesellschaft. Doch mit Blick auf die »Geschlechterfrage« gibt es in diesem Zusammenhang auch kritische und relativierende Stimmen. So weist Günther Schmid in seiner Studie »Die Frauen und der Staat« ganz auf der Linie der Kohortenanalysen von Blossfeld und Becker darauf hin, dass zwar der Staat als Arbeitgeber »den Frauen in den meisten Ländern mehr Arbeitsplätze (wenn auch in verschiedenster Ausprägung) als der private Sektor«[74] bietet, dass Frauen »beim Staat« durchschnittlich auf bessere Arbeitsbedingungen treffen und dass auch die Frauenverdienste im öffentlichen Sektor höher sind als im privaten Sektor. Auf der anderen Seite sieht Schmid diese »Feminisierung des öffentlichen Sektors« jedoch kritisch und kommt zu dem Ergebnis, »dass der Staat keineswegs der ideale Arbeitgeber oder Unternehmer ist«.[75] Die horizontale Segregation der öffentlichen Dienste halte zu viele Frauen in ihren jeweiligen Beschäftigungsfeldern fest und die Gleichstellungsprogramme des Staates hätten zu wenig positive Effekte. Sicher, der Staat mag nicht der ideale Arbeitgeber für Frauen sein – aber ist das ein für die soziologische Debatte wirklich weiterführender Hinweis? Hilfreicher und analytisch interessanter sind hier die Arbeiten der britischen Soziologin Suzanne Franks. Mit Blick auf die Veränderungen der Arbeitswelt beschreibt sie das »Geschlechterbeben« – die neuen Haltungen, Einstellungen und Orientierungen junger Frauen ge-

---

73 Vgl. Czerwick/ Willems, Der Staat als Arbeitgeber.
74 Schmid, Die Frauen und der Staat, S. 59.
75 Ebenda, S. 1.

154

genüber dem Bildungssystem und dem Berufsleben heute.[76] Mit dem Stichwort des »Geschlechterbebens« erfasst Franks sehr präzise die Veränderungen, die sich in den vergangenen Jahrzehnten in allen wohlfahrtsstaatlich geprägten Gesellschaften für Frauen ergeben haben. Mit dem sorgenden Wohlfahrtsstaat als Arbeitgeber und Transformator des Bildungswesens haben sich in geradezu atemberaubend kurzer Zeit neue soziale, bildungsbezogene und berufliche Räume für Frauen geöffnet. Dieser Öffnungsprozess hat mittlerweile eine beeindruckende Selbstverständlichkeit. Eine neue Generation von Frauen hat den gut begründeten Eindruck, dass ihnen erheblich mehr Möglichkeiten zur Verfügung stehen als ihren Müttern oder Großmüttern. Im Unterschied zu ihren männlichen Generationsgenossen absolvieren Frauen seit den 1970er Jahren immer erfolgreicher höhere Bildungslaufbahnen; die gut Gebildeten unter ihnen verfügen über ein starkes Selbstbewusstsein und ihre beruflichen Ambitionen richten sich (nach wie vor) sehr stark auf Beschäftigungsbereiche, die im engeren oder weiteren Sinne zu den staatlichen Sektoren zählen (Bildung, Gesundheit, Sorge), aber sie beschränken sich keineswegs darauf.[77] Der Motor dieses »Geschlechterbebens« liegt in den wohlfahrtsstaatlich forcierten Veränderungen der Bildungswege und der Arbeitswelten. Mit anderen Worten: Die Frage von beruflicher Karriere und sozialem Statuserwerb bleibt nicht länger ein Phänomen gelungener männlicher Erwerbsbiographien, sondern wird mehr und mehr auch zur Referenz für die weibliche Beteiligung am Erwerbsleben.

Die vorliegenden empirischen, auf Kohortenanalysen beruhenden Studien zeigen zentrale Trends: Im Zeitverlauf wurde der öffentliche Dienst als beruflicher und sozialer »Aufstiegskanal« für Männer und Frauen immer bedeutsamer; zudem verfestigte sich mit der Gleichzeitigkeit von Bildungs- und Staatsexpansion die Bindung zwischen dem System höherer Bildung und den leitenden Positionen im öffentlichen Dienst. Die staatlicherseits initiierte Bildungsexpansion wurde vom Staat als Arbeitgeber absorbiert; von der Expansion des öffentlichen Dienstes profitierten vor allem die Gewinner der Bildungsexpansion und die Kinder der

---

76 Vgl. Franks, Das Märchen von der Gleichheit.
77 Ebenda, S. 26 ff.

Staatsbeschäftigten; weiterhin trägt die Expansion des öffentlichen Sektors einerseits zur Auflösung bekannter Prinzipien sozialer Selektion und Klassenbildung bei, auf der anderen Seite verstärkt sie bestehende Unterschiede. Schließlich fällt es im Rahmen einer Beschäftigung im öffentlichen Dienst zwar schwerer als in der Privatwirtschaft, verpasste Aufstiege nachzuholen, dafür schützt eine Tätigkeit im Staatssektor weitgehend vor beruflichen Abstiegen. Einmal erreichte Positionen können als gesichert betrachtet werden. Der öffentliche Dienst bleibt Statusbewahrer. Soziale Sicherheit sowie kalkulierbare Erwerbskarrieren bleiben mit der Arbeit »beim Staat« verknüpft.

An den skizzierten Generationen-, Bildungs- und Geschlechtereffekten lässt sich die *innere Dynamik des Wohlfahrtsstaates* nachzeichnen. Die spezifische Gestalt öffentlicher Arbeitsmärkte wird ebenso sichtbar wie veränderte soziale Machtbalancen und politische Privilegienstrukturen. Im Aufstieg der sozialen »Dienstklassen« spiegelt sich die *Entstehung einer neuen, staatsgebundenen Mittelklasse*, die von einer bestimmten Generation dominiert wird, in der sich die höheren Bildungsabschlüsse konzentrieren, die zugleich von einer starken beruflichen Aufwärtsmobilität getragen wird und die insgesamt ein weiblicheres Gesicht zeigt. Auf diese Weise verändern sich auch die Strukturen und normativen Gehalte der Arbeitswelt. Der Wohlfahrtsstaat ist nicht nur wirtschaftlicher Akteur, der in das gesellschaftliche Geschehen eingreift, Märkte schafft und dominiert, sondern auch eine politische Steuerungsinstanz, die normative Akzente für Konsum und Lebensführung setzt und Vorstellungen arbeitsweltlicher Normalität prägt. Die Dynamik des Wohlfahrtsstaates ist die Dynamik der Arbeitswelten der Staatsbeschäftigung – der öffentlichen Dienste. Insbesondere Robert Castel betont die hohe normative und institutionelle Relevanz der öffentlichen Dienste als Transfer- oder Sozialeigentum. Der zentrale Gedanke ist, das Eigentum zur gesellschaftlichen Funktion zu machen, zu einer öffentlichen Sache (chose publique). In den »Metamorphosen der sozialen Frage« hebt Castel mit Nachdruck den besonderen Charakter des öffentlichen Dienstes als Arbeitsort, der mit der Herstellung normativer Güter beauftragt ist, hervor. Wir haben es hier in der Lesart Castels mit einem kollektiven Gut zu tun, »das eine Verringerung der

Ungleichheiten durch die Bereitstellung allgemein zugänglicher Sozialleistungen für alle, in erster Linie von Bildung, erlauben sollte. So lassen sich die Funktionen des republikanischen Staates mit konkretem Inhalt füllen, wie es Barni [im Jahre 1872, B.V.] in seinem ›Manuel republicain‹, dem Republikanischen Handbuch, beschrieben hat, das zu einer Art Bibel, freilich einer laizistischen, für das Regierungssystem wurde: ›Der Staat besteht aus der Gesamtheit der mit der Lenkung und Verwaltung des gesamten Landes befassten öffentlichen Behörden‹.«[78]

Die exemplarischen Investitionen und Bemühungen des »sorgenden Staates« in und um das Bildungssystem haben die Beschäftigungsformen und die beruflichen Opportunitäten der Staatsbeschäftigung bzw. der öffentlichen Dienste auf grundlegende Weise verändert und formiert. Insbesondere die strukturelle Höherqualifikation der Staatsbeschäftigung hat in vergleichbarem Umfang in der Privatwirtschaft nicht stattgefunden. Dennoch spricht einiges dafür, dass die starke Aufstiegsdynamik im öffentlichen Dienst auch auf den industriellen Sektor ausstrahlte. Die wachsende berufliche »Professionalisierung« und die steigende allgemeine »Durchschnittsbildung« formierten seit den 1950er Jahren auch die Gestalt der industriellen Arbeit. Doch nicht nur das Bildungsangebot steigerte sich in kurzer Zeit. Im Zuge der Rationalisierung und Technisierung der Produktion wuchs auch die Nachfrage nach höheren Qualifikationen und spezifischen Kompetenzen, die sich nicht allein auf manuelle Fertigkeiten beschränkten. In diesem Umfeld öffneten sich neue berufliche Aufstiegskanäle für »fachgeschulte Arbeiter«. Insbesondere aus den Arbeiten von Burkart Lutz, aber auch aus den bereits zitierten sozialhistorischen Studien Josef Moosers zur Veränderung des »Arbeiterlebens« erfahren wir, dass berufliche Aufstiege in den ersten Nachkriegsjahrzehnten massiv die Lebensführung und die Berufsperspektiven von Industriefacharbeitern beeinflusst haben. In den Jahren zwischen 1950 und 1970 hat sich, so Burkart Lutz, die Zahl der Techniker und Ingenieure in der Privatwirtschaft mehr als verdreifacht. Sie stieg von rund 160 000 auf etwa 570 000 an. Angesichts der faktischen Zahl der Diplomingenieure, die in dieser Zeit die Hochschulen

---

78 Castel, Die Metamorphosen der sozialen Frage, S. 271.

verließen, »musste dieser Zuwachs von rund 400 000 ganz überwiegend durch beruflichen Aufstieg von Facharbeitern, vor allem
aus den Metall- und Elektroberufen, zustande kommen, von denen jedoch 1950 allenfalls 1.0 bis 1.2 Millionen erwerbstätig waren. Berücksichtigt man daneben noch den Aufstieg zum Meister
oder in andere, nicht als ›Techniker‹ klassifizierte Angestelltenberufe, so hat grosso modo in zwei Jahrzehnten etwa jeder zweite
Industriefacharbeiter den Blaumann mit dem grauen oder weißen
Kittel vertauscht.«[79] Lutz kommt anhand der Daten der Bildungs-
und Berufsverlaufsstudien des Berliner Max-Planck-Instituts für
Bildungsforschung zu einer beeindruckenden (und für die heutige
Zeit geradezu unglaublichen) Aufstiegsquote qualifizierter Industriearbeiter von 50 Prozent. Gut die Hälfte aller Industriearbeiter stieg seit den 1950er Jahren zu Technikern und Ingenieuren
auf, etablierte sich in verwaltenden oder kaufmännischen Berufen
oder eroberte berufliche Positionen im betrieblichen Management. Die Tätigkeit dieser Berufsaufsteiger bestand darin, für diejenigen, die in der Folgezeit Beschäftigung in der Industrie fanden
(darunter waren sehr viele weibliche Beschäftigte und seit den
1960er Jahren zahlreiche Arbeitsmigranten), die restriktiven und
zugleich produktiven Arbeitsplätze zu konzipieren und zu gestalten. Als Repräsentanten des industriellen Zweigs der Aufsteigergesellschaft übernahmen die ehemaligen Facharbeiter Schritt für
Schritt die ihrer neuen beruflichen Stellung entsprechenden Lebensformen, Verhaltensweisen und Gesellschaftsbilder. Auch an
»ideologischen Versatzstücken zur Legitimation ihrer Situation
und ihres Handelns fehlte es nicht: Vertrauen in Technik und Organisation, Drängen auf Chancengleichheit und eine sehr typische
Kombination von Sinn für soziale Gerechtigkeit und Sozialdarwinismus. Als Ergebnis eines ausgesprochen effizienten Kooptationsprozesses von besonders ehrgeizigen, aktiven und intelligenten ›Kindern des Volkes‹ wurden sie sehr rasch ein wesentlicher
und zumindest in bestimmten Bereichen sehr wertvoller Teil des
neuen Mittelstandes, der sich in einer hoch differenzierten, arbeitsteiligen und technisierten Wirtschaft und Gesellschaft durch-

---

79 Lutz, Integration durch Aufstieg, S. 307.

aus zufrieden stellend eingerichtet hatte.«[80] Die Gesellschaftsgeschichte der zweiten Hälfte des 20. Jahrhunderts prägte offensichtlich nicht nur die imposante Ausweitung der Leistungen und
Dienste wohlfahrtsstaatlicher Einrichtungen, sondern auch die
Verfestigung des industriellen Segments eines neuen Mittelstandes
beruflicher und betrieblicher Aufsteiger. Die neue Mittelklasse
wurde um die »Arbeiteraristokratie« im modernisierten Gewand
reicher. Die Grundlage dieser Geschichte industrieller Karrieren
waren Prozesse sich vertiefender Arbeitsteilung sowie zunehmender Positionsdifferenzierung und Professionalisierung der Industriearbeit.

Obgleich die soziologische Geschichte wohlfahrtsstaatlicher
Aufsteigergesellschaften noch nicht geschrieben ist, spricht vieles
dafür, dass *der Aufstieg einer neuen Mitte der öffentlichen Dienstklassen und die Aufwärtsmobilität eines Gutteils der Arbeiterschaft in technische und organisatorische Leitungsfunktionen in
der Industrie* ineinandergreifen und sich wechselseitig verstärken.
Beide Prozesse formen die deutsche Nachkriegsgesellschaft zu
einer dynamischen, vitalen und optimistischen Aufsteigergesellschaft. In seinem Aufsatz »Unmoderne Menschen in der modernen Welt« hat Ralf Dahrendorf Mitte der 1960er Jahre die soziale
Aufwärtsmobilität im Bild der »Gebirgslandschaft« auf anschauliche Weise gefasst und in bemerkenswert aktuellem Vokabular
(Teilhabe) formuliert. »Stellen wir uns das System sozialer Schichtung einmal als Wanderweg eines Menschen vor, der ganz unten
beginnt [...] und nach ganz oben will – ganz sicher kein Regelfall,
vielleicht auch kein Modellfall, aber doch ein instruktives Beispiel.
Unser Wanderer hat zunächst einen ersten Hang von mittlerer
Höhe vor sich, der ihn von den Niederungen sozialer Verachtung
auf das Plateau der Zugehörigkeit, der gesellschaftlichen Teilhabe
führt. Hat er dieses Plateau erreicht, dann sieht er jedoch in der
Ferne schon den höchsten Hang vor sich, den er zu erklimmen hat,
eine Steilwand, die nach zwei Dritteln des Wegs vor ihm aufragt
und sich nur mit äußerster Anstrengung, großem Geschick und
einer guten Portion Glück bewältigen läßt. Auch dieser Kraftakt
führt indes unseren Wanderer nur auf eine Hochebene unterhalb

---

80 Ebenda, S. 308 f.

des Gipfels, den er erstrebt. Eine letzte Anstrengung ist nötig, bevor er diesen erklommen hat. [...] niemand [ist] zu dieser schwierigen Wanderung gezwungen [...]. Man kann auch zu Hause bleiben; vor allem aber bieten sich unterwegs viele Wanderwege, die zwar nicht von ganz unten nach ganz oben führen, aber darum nicht minder lohnend sind.«[81] Viele Wege führen den Berg hinauf, nicht alle sind so kräftezehrend und anstrengend wie ein Gipfelaufstieg, gleichwohl erfordern alle Wege nach oben ein beträchtliches Maß an Energie und Durchhaltevermögen. Dem Aufsteiger ist die Kletterei anzusehen, er ist in der Regel ein wenig außer Puste und wirkt oft angestrengt und abgekämpft. Das gilt für den raschen wie den schrittweisen Aufstieg oder auch für Aufstiegswege, die in der Generationenfolge bewältigt werden – »den Weg von der Arbeiterfamilie in die untere Beamtenposition in der ersten, von der Beamtenposition zur Hochschule in der zweiten Generation«.[82]

Das Bild der Aufsteigergesellschaft, ihrer Präferenzen, Ressentiments und Orientierungen, die voller Energieleistung und Kraftanstrengung stecken, entspricht wohl nicht nur der sozialen Wirklichkeit der Bundesrepublik Deutschland, sondern mit Abstrichen und institutionellen Differenzen wohl auch der Entwicklung der DDR, dem »Land der kleinen Leute«,[83] in dem sehr viele – nachdem die bürgerliche Elite mehr und mehr gen Westen wanderte – die Chance erhielten, sehr schnell aus einfachen Verhältnissen in Positionen gesellschaftlicher, betrieblicher und kultureller Verantwortung aufzusteigen.[84] Die Gesellschaft der DDR verdankte ihre langjährige relative Stabilität nicht zuletzt dieser politischen Aufstiegsmobilisierung der einfachen Arbeiterschaft. Auch die in der publizistischen Öffentlichkeit prominenten spätbundesrepublikanischen Beschreibungen der »Risikogesellschaft« (Ulrich Beck) oder der »Erlebnisgesellschaft« (Gerhard Schulze) rücken die dominante Sozialerfahrung in den Vordergrund: den gesellschaftlichen und beruflichen Aufstieg, die Ablösung aus dem Herkunftsmilieu, das Abwerfen sozialer und familiärer Bindungen. Das Er-

---

81 Dahrendorf, Gesellschaft und Demokratie in Deutschland, S. 118 f.
82 Ebenda, S. 119.
83 Vgl. Gaus, Wo Deutschland liegt.
84 Vgl. Niethammer, Erfahrungen und Strukturen.

gebnis ist ein anhaltender Prozess der Individualisierung. Dieser Prozess ist eine Chance und ermöglicht neue Erfahrungen. Doch zugleich hält er immer auch neuartige und unbekannte soziale Risiken und Gefährdungen bereit. Aufsteigergesellschaften sind in ihren Mentalitäten und Sozialerfahrungen verwundbare Gesellschaften.

Klassenbewusstsein. Statussuche und Aufstiegsorientierung

Statussuche und Aufstiegsorientierung prägen das Klassenbewusstsein der Mittelklasse. Sie sind das Ergebnis neuer beruflicher Aufstiegsdynamiken und einer markanten Steigerung des materiellen Lebensstandards. Noch mehr: Die Statussuche und die Aufstiegsorientierung repräsentieren kulturell hegemoniale Lebensmuster. Die Klassenkämpfe manifestieren sich verstärkt als Klassifikationskämpfe.[85] Das Feld des Statusdenkens hat sich mit der Expansion des verwaltenden, intervenierenden und planenden Wohlfahrtsstaates nicht nur in der Arbeitswelt ausgedehnt, sondern erstreckt sich über weite Bereiche der Gesellschaft. Ironisch kommentiert Dahrendorf diesen Prozess, wenn er mit Blick auf die immer mehr an Stärke gewinnenden Dienstklassen von den Wegmarken in die Modernität spricht: »Von den Seidenschnüren der Statussymbole allerorten durchzogen, gibt die moderne Gesellschaft gerade der Dienstklasse mannigfachen Anlaß zur Entfaltung ihrer sozialen Mentalität: Automarken und Urlaubsorte, Chorgestühl im Wohnzimmer und Gartenzwerge vor der Haustür, den Mantel der Frau und das Spielzeug der Kinder. Die Mitglieder der Dienstklasse sind die ursprünglichen Statussucher; von ihnen her hat die Gewohnheit sich auf nahezu alle anderen Schichten übertragen.«[86] Die kulturelle Hegemonie der beflissenen Aufsteiger und der nervösen Statussucher, die peinlich genau auf soziale Abstände und symbolische Abgrenzungen achten, die stets befürchten, im sozialen und materiellen Verteilungskampf zu kurz zu kommen und die die soziale Gerechtigkeit in all ihren Abschattierungen der Generationen-, Geschlechter-, Bildungs- und Einkommensgerechtigkeit zu ihrem Lebensthema machen, hat Folgen

---

85 Vgl. Bourdieu, Die feinen Unterschiede.
86 Dahrendorf, Gesellschaft und Demokratie in Deutschland, S. 107.

für Klima und Mentalität der Gesellschaft. Woran lassen sich diese Folgen erkennen? Beispielsweise daran, dass im Laufe der Jahre des kollektiven Aufstiegs eine mentale »Protoprofessionalisierung« stattfindet, die das Verhalten weiter Teile der Gesellschaft gegenüber dem Bildungssystem oder den Einrichtungen des Gesundheitswesens prägt. Immer mehr Menschen beginnen sich in ihren Wertschätzungen und Verhaltensnormen an (semi)akademischen Berufen und dem dort hergestellten Wissen zu orientieren. Die Ausweitung der öffentlichen Dienste, der sozialen Hilfen, der Gesundheitspflege oder auch der Verbraucherberatung hat eine wachsende Medikalisierung, Psychologisierung und Pädagogisierung des Alltagsverhaltens zur Folge. Ganz auf dieser Linie beschreibt Dahrendorf »1968« als eine Revolution des öffentlichen Dienstes.[87] Die Absolventen des rasch expandierenden Systems der höheren Bildung brauchten neue Plätze im Arbeitsleben. Zugleich »drängten sie auf Reformen gesellschaftlicher Strukturen, die ihrer Auffassung nach von privaten Wirtschaftsinteressen beherrscht wurden. Für sie bedeutete ›öffentlich‹ soviel wie ›erstrebenswert‹. So mußten sie Stellen im öffentlichen Bereich finden. Tatsächlich brachte eine ganze Generation von Hochschulabsolventen es fertig, mit großer Leichtigkeit in Planungs- und Lehr-, Aufsichts- und Verwaltungsberufe im öffentlichen Dienst hineinzuschlüpfen. Die Tatsache, daß unmittelbar nach ihnen dieser Zugang gleich doppelt verschlossen wurde durch das Ende der Stellenexpansion einerseits und das vergleichsweise jugendliche Alter der neuen Beamten andererseits hat viel zu tun mit der politischen Stimmung der achtziger Jahre.«[88]

Zugleich entwickelt sich unter den Auspizien des sorgenden und auf Intervention bedachten Wohlfahrtsstaates ein Bewusstsein sozialer Interdependenz, das über das wohltätige Empfinden des Einzelnen deutlich hinausgeht. Die Vorstellung, dass die Gesellschaft »die Gesamtheit interdependenter Teile« (Robert Castel) sei, korrespondiert mit der sozialen Gestaltungs- und Interventionsform der Versicherung, genauer der Sozialversicherung als spezifisches Modell pragmatisch praktizierter Solidarität. »Ein

---

87 Dahrendorf, Der moderne soziale Konflikt, S. 193 ff.
88 Ebenda, S. 194.

Arbeitnehmer geht keine Versicherung ein, um mit den anderen Beitragszahlern solidarisch zu werden, er ist es einfach. Sein Interesse hängt von dem der anderen Mitglieder des von der Versicherung gebildeten Kollektivs ab und umgekehrt.«[89] Der Arbeitnehmer ist mit der Durchsetzung des Sozialversicherungswesens zwangsläufig in einen Solidarzusammenhang eingebunden. In der Sozialversicherung (als besondere Form der mittelbaren öffentlichen Dienste) tritt für Castel – wie oben bereits skizziert – neben das Privateigentum die historisch neue Eigentumsform für die abhängig Arbeitenden: das *Sozialeigentum*. Im Aufbau der Sozialversicherung, die um die Lohnarbeit herum organisiert ist, verwirklicht sich ein Eigentumstransfer. Der Status der Erwerbsarbeit und der mit ihm verbundene Zugang zu sozialer und materieller Absicherung für die Wechselfälle des (Arbeits-)Lebens bildet eine Art Äquivalent zu den Sicherheiten von Eigentum und Besitz.[90] Die zivilisatorische und zivilisierende Wirkung kollektivierter Fürsorge auf den Affekthaushalt einer Gesellschaft ist nicht zu unterschätzen. Allerdings – so möchte man doch den durchweg positiven Lesarten dieser Entwicklung hinzufügen – sind diese Effekte zwiespältig. Denn der Übergang vom wohltätigen Empfinden zum sozialen Bewusstsein leistet zwar einen entscheidenden Beitrag zur Konstitution einer solidarischen, an Prinzipien des Gemeinwohls orientierten Gesellschaft. Doch wohlfahrtsstaatlich formierte Aufsteigergesellschaften bilden immer auch einen Nährboden für eine Haltung, die der Soziologe Sighard Neckel treffend als »verwilderte Selbstbehauptung« analysiert hat.[91] Eine wichtige Grundlage der Mühen um Selbstbehauptung und eine zentrale Quelle des Unbehagens von Aufwärtsmobilen ist der Vergleichsstress, der die eigene Lage ständig ins Verhältnis zur besseren Lage anderer setzt, so dass das eigene Wohlergehen nicht mehr in den Blick kommt. Insbesondere Aufsteiger sehen ihren gesellschaftlichen Referenzpunkt nicht in der eigenen sozialen Herkunft, sondern vergleichen sich mit anderen, deren Lage sie entweder erreichen wollen, oder noch schlimmer: die an ihnen vorbeizuziehen dro-

---

89 Castel, Die Metamorphosen der sozialen Frage, S. 261.
90 Vgl. ebenda, S. 264.
91 Vgl. Neckel, Die Verwilderung der Selbstbehauptung.

hen. Das Bewusstsein sozialer Interdependenz rückt nicht nur die gesellschaftliche Solidarität und Verbundenheit mit den anderen oder das Wissen um die wechselseitige Angewiesenheit unterschiedlicher sozialer Klassen in den Vordergrund, es fördert auch die Neigung zum permanenten, tendenziell individualisierenden Vergleich. Wo stehe ich? Überholen mich andere? Wen kann ich überholen? Wie kann ich (noch weiter) nach vorne kommen? Wer hindert mich am Fortkommen? Welche Nachteile habe ich zu erleiden? Welche Privilegien darf ich genießen und vor allem: Welche Privilegien genießen andere? So lauten die Fragen, die sich Statussucher in einer Aufsteigergesellschaft stellen. Sie schwanken als Angehörige einer ebenso breiten wie differenzierten Mittelklasse in einem nervösen und angespannten Wechselspiel zwischen Überlegenheitsdemonstration und Unterlegenheitsangst.

Die Erfahrungen und Orientierungen der Dienstklassen des Wohlfahrtsstaates repräsentieren mithin einen moralischen und mentalen Raum normativer Erwartungssysteme.[92] Daran wird deutlich, dass es im wohlfahrtsstaatlichen Arrangement stets um mehr als um soziale Sicherheit geht; es enthält immer auch ein kollektives Versprechen auf mehr Wohlstand und verbesserten Status. Der Wohlfahrtsstaat entwickelt eine normative und soziale Struktur, an der sich Lebensentwürfe ausrichten und orientieren können. Diese Struktur liefert Anhaltspunkte für gelungene Erwerbskarrieren, für die richtige Familienführung und Kindererziehung, für aussichtsreiche Bildungswege und sozialdemonstrativ wirksame Konsumentscheidungen. Es bilden sich stabile Erwartungen auf eine aussichtsreiche Zukunft in sozialer Sicherheit und materiellem Wohlstand aus. Erst im Wohlfahrtsstaat kann der »Traum vom guten Leben« (Arne Andersen) geträumt werden. Diese Träume und Erwartungen haben in der Periode der »hyperbolischen Expansion« des Wohlfahrtsstaates gute wirtschaftliche Gründe. Das Wirtschaftswachstum seit den 1950er Jahren ist in allen (west)europäischen Gesellschaften eindrucksvoll. »In Westeuropa wuchs die Wirtschaft zwischen 1950 und 1973 im Durchschnitt jährlich um fast fünf Prozent, einige Länder wie die Niederlande und die Bundesrepublik hatten zeitweise noch deut-

---

92 Vgl. Luhmann, Rechtssoziologie 1, S. 40 ff.

lich höhere Wachstumsraten aufzuweisen. Gespeist wurde diese Wachstumsdynamik aus Zuwächsen der industriellen Produktivität, die von rationalisierten Fertigungsabläufen profitierte und sich im westeuropäischen Durchschnitt zwischen 1950 und 1973 verdreifachte.«[93] Die Industrieproduktion steigerte sich beispielsweise zwischen 1950 und 1963 in Deutschland um real 185 Prozent (sic!).[94] Die 1950er Jahre waren ein Jahrzehnt starker wirtschaftlicher Dynamik. Seit den 1950er Jahren wuchs die industrielle Produktivität und die industriellen Strukturen wandelten sich grundlegend: Zu den Trägerindustrien der neuen bundesdeutschen Wirtschaftskraft entwickelten sich die Innovationsindustrien – neben der chemischen Industrie die Elektroindustrie und insbesondere der Maschinen- und Fahrzeugbau. Die Massenmotorisierung kam in Schwung, die Nachfrage nach Haushaltsgeräten stieg sprunghaft, und für die Herstellung von Alltagsproduktion kamen immer mehr chemische Verfahren zum Einsatz.[95] Zugleich erlebten alle westlichen Industriegesellschaften eine bemerkenswerte Steigerung ihrer Massenkaufkraft. Der Traum vom guten (Konsum-)Leben blieb kein kurzer Traum.»Während sich bis 1950 der Lohn- und Lebenshaltungsindex fast parallel entwickelte, vervierfachten sich bis 1990 die Löhne im Verhältnis zu den Lebenshaltungskosten – eine sensationelle Chance für den Massenkonsum.«[96] Dementsprechend veränderten sich das Konsumverhalten und die Möglichkeiten und Modalitäten der Lebensführung.»Während 1952 noch 335 Waren und Dienstleistungen ausreichten, um das Konsumverhalten eines vierköpfigen bundesdeutschen Arbeitnehmerhaltes nachzuvollziehen, ließen die Statistiker den Warenkorb 1970 auf 725 Positionen anwachsen. [...] Innerhalb von zwanzig Jahren hat sich die Warenwelt, die den Konsumalltag des durchschnittlichen Bundesbürgers charakterisierte, mehr als verdoppelt.«[97]

---

93 Süß, Der bedrängte Wohlfahrtsstaat, S. 95.
94 Vgl. Ambrosius, Öffentliche Verwaltungen.
95 Andersen, Der Traum vom guten Leben, S. 15f.; vgl. auch Kaelble, Sozialgeschichte Europas, S. 87ff.
96 Andersen, Der Traum vom guten Leben, S. 16.
97 Ebenda, S. 20.

Das Bündnis von industrieller Erwerbsgesellschaft, innovativer Technikentwicklung, korporativer Wirtschaftspolitik, konsumorientierter Lebensweise und sorgendem Wohlfahrtsstaat kam in diesen Jahrzehnten zur vollen Blüte und Entfaltung. Die Europäer wurden Zeugen eines raschen Reichtumszuwachses, der eine klassenübergreifende Mentalität hervorbringt, in der nicht mehr der aktuelle kleine Vorteil für den Einzelnen im Vordergrund steht, sondern die dauerhafte Verbesserung der wirtschaftlichen und sozialen Lage der Vielen. Alle existierenden Disparitäten wurden nun als provisorische Differenzen wahrgenommen. Es entwickelte sich eine gerade auf die Generationenfolge bezogene Projektion der Wünsche auf einen breiten Horizont der Zukunft. Alle Menschen konsumierten, investierten und verschuldeten sich im festen Glauben an Wachstum und (zumindest) zyklischer Prosperität. Diese Hoffnung auf immerwährendes Wirtschaftswachstum und unendlichen Fortschritt wurde klassenübergreifend habitualisiert und auf die nachfolgenden Generationen projiziert. Die Vorwegnahme einer immer besseren Zukunft gründete in der Struktur der Gegenwart.[98]

Wohlfahrtsstaatliche Daseinsvorsorge, Bildungspolitik, Sozialversicherung und die Schaffung von Sozialeigentum – in diesem Kräftefeld der Gesellschaftspolitik endete erstmals in der modernen Gesellschaftsgeschichte die »massenhafte Verwundbarkeit« der Arbeiterschaft. Zugleich konsolidierte sich die Erwerbsfähigkeit der Arbeitnehmer und die konsumtiven Möglichkeiten weiteten sich in allen Sozialklassen beträchtlich aus. Die Logik dieser Entwicklung liegt rückblickend betrachtet weniger in einer Vereinheitlichung der Gesellschaft, in der Solidarität und Konsens Leitprinzipien sind, sondern es ist eher eine Logik der Differenzierung und der Distinktion am Werk. Im Aufbau und in den Funktionsprinzipien des modernen Wohlfahrtsstaates spiegelt sich die Arbeitsgesellschaft – eine hierarchisch geordnete Gesellschaft, in der die verschiedenen Milieus, Interessenverbände und Berufsgruppen um Vorrechte und Privilegien sowie um die Anerkennung ihrer je spezifischen Probleme kämpfen. Das Streben nach Abstand und Differenz beherrscht den Alltag in Betrieb und Nach-

---

98 Vgl. Castel, Die Metamorphosen der sozialen Frage, S. 326.

barschaft. Die individuelle Geltendmachung von materiellen Konsumforderungen und politisch motivierten Rechtsansprüchen sowie die kulturellen Symboliken der Klassifikationskämpfe ersetzen den Klassenkampf zwischen »Kapital und Arbeit«. Dieses Schnittmuster des Sozialen wird durch neuen Wohlstand rasch abgewertet und bietet keinen Fixpunkt kollektiver Orientierung mehr.

Massenkonsum, Manteltarifvertrag und Mitbestimmung sind die zentralen Parameter der Gesellschaftsentwicklung in den »trente glorieuses« sozial-demokratisch verfasster europäischer Nachkriegsgesellschaften. Ob »Lohnarbeitsgesellschaft« bei Castel, »Arbeitnehmergesellschaft« bei Lepsius oder »Mittelstandsgesellschaft« bei Schelsky – in all diesen Gesellschaftsentwürfen geht es immer um tiefgreifende Prozesse sozialer Vereinheitlichung bei gleichzeitiger Differenzierung. In genau diesem Umfeld sozioökonomischen und gesellschaftspolitischen Wandels findet der Typus des Statussuchers sein Wachstumsmilieu. Zwar dehnt sich der Lohnarbeiter- oder der Arbeitnehmerstatus auf weite Teile der Gesellschaft aus, zwar entwickelt sich in den Sozialfigurationen der Versorgungs- und Dienstklassen so etwas wie eine »Gesellschaft der Staatsabhängigen«,[99] zugleich jedoch nimmt die Zahl der Sprossen auf der sozialen Stufenleiter zu, an denen der einzelne Arbeitnehmer seine Identität durch Betonung der Differenz zur nächstniedrigen Stufe festzumachen bestrebt ist. Die Universalisierung der Erwerbsarbeit geht mit der Differenzierung sozialer und beruflicher Positionen einher. »Die Arbeiterlage nimmt fast immer den untersten Teil der Stufenleiter ein (es gibt ja auch noch die Immigranten, halb Arbeiter, halb Barbaren, und dann noch die Verlorenen des Subproletariats). Doch solange das Wachstum anhält, der Staat weiterhin seine Dienste und Sicherungssysteme ausweitet, kann jeder, der es verdient, auch ›aufsteigen‹: Verbesserungen für alle, sozialer Fortschritt und Wohlstand. Die Lohnarbeitergesellschaft [oder Arbeitnehmergesellschaft, B.V.] scheint von einer unaufhaltsamen Aufstiegsbewegung getragen zu sein, was in der Anhäufung von Gütern und Vermögen, der Schaffung neuer Positionen und völlig neuartiger Opportunitäten,

---

99 Vgl. Krätke, Steuergewalt.

dem Anwachsen von Ansprüchen und Garantien, schließlich der Zunahme von Sicherheiten und Absicherungen zum Ausdruck kommt.«[100] In den Prozessen wohlfahrtsstaatlicher Klassenbildung verändern sich also nicht nur aktuelle Lagen, sondern auch die sozialen Erwartungen und Zukunftsvorstellungen. Die politische Gestaltung der Gesellschaft hat immer auch etwas mit der »Normierung der Zukunftsbedürfnisse« (Helmut Schelsky) zu tun. Konkret gesagt: Nicht das, was sie bereits haben, sondern das, was sie (oder ihre Kinder) noch zu bekommen glauben, versetzt die Menschen in eine gute Stimmung. Das ist das Sozialklima in den aufstiegsorientierten Mittelklassegesellschaften des hyperbolischen Wohlfahrtsstaates. Soziale und berufliche Aufstiegsperspektiven mindern das soziale Unbehagen grundlegend, das sich erst in dem Moment wieder einstellt, wenn es darum geht, die einmal erreichte Mittelschichtposition zu stabilisieren, zu verteidigen und aufrechtzuerhalten.

Albert O. Hirschman hat diese Effekte in der Analogie des »Tunnels« plastisch beschrieben. Hier können wir positive und negative Tunneleffekte unterscheiden. Doch was bedeutet die Analogie des »Tunnels«? »Nehmen wir einmal an, ich fahre durch einen Tunnel mit zwei Spuren in gleicher Richtung und gerate in einen langen Stau. So weit mein Auge reicht (und es reicht nicht sehr weit), steht der Verkehr auf beiden Spuren still. Ich befinde mich auf der linken Spur und bin deprimiert. Nach einiger Zeit beginnen die Autos auf der rechten Spur wieder zu rollen. Meine Stimmung steigt natürlich beträchtlich, denn ich weiß, daß der Stau sich aufzulösen beginnt und auch die Schlange auf meiner Seite jeden Moment in Bewegung kommen wird. Und obwohl ich immer noch regungslos dasitze, fühle ich mich aufgrund der Erwartung, daß es gleich weitergehen wird, viel besser als vorher. [...] Eine solche Situation läßt sich leicht in die Sprache der Wohlfahrtsökonomie übersetzen. Das Wohlergehen eines Individuums hängt vom gegenwärtigen und von dem erwarteten Grad seiner Zufriedenheit ab.«[101] Der Tunneleffekt kommt zur Geltung, da er von der Gunst der Stunde kündet. Eine Erwartungshaltung

---

100 Castel, Die Metamorphosen der sozialen Frage, S. 285.
101 Hirschman, Entwicklung, Markt und Moral, S. 72.

setzt sich frei. Die Geschichte Europas (und Nordamerikas) in den Jahrzehnten nach dem Zweiten Weltkrieg öffnete ein solches Fenster neuer sozialer Opportunitäten. Doch Hirschman diskutiert auch den umgekehrten Fall – den negativen Tunneleffekt: »Stellen wir uns vor, mein Nachbar oder Bekannter würde vom Verlust seines Arbeitsplatzes betroffen, während ich den meinen behielte. [...] auch diesmal werde ich die Erfahrung meines Nachbarn als eine Ankündigung dessen verstehen, was mir bevorstehen mag, und ich werde deshalb auch besorgt und beunruhigt sein.«[102] In dieser Situation befindet sich die gegenwärtige Gesellschaft, die die Unsicherheiten und Fragilitäten der Arbeitswelt bzw. die weit um sich greifende Verschlechterung von Beschäftigungskonditionen in zentralen Bereichen der Ökonomie – in der Großindustrie, im Banken- und Versicherungssektor und eben auch im öffentlichen Dienst – als allgemeinen Abwärtstrend deutet, auch wenn von Teilen der Wissenschaft und der politischen Publizistik auf die Stabilität bestehender Verhältnisse hingewiesen wird. Soziale Verwundbarkeit und prekärer Wohlstand verbreiten sich als gefühlte, befürchtete, aber auch als faktische Erfahrungen neuer sozialer Ungleichheiten; Erfahrungen, in denen sich veränderte Physiognomien der Arbeitswelt widerspiegeln.

---

102 Ebenda, S. 74.

IV. Soziale Verwundbarkeit und prekärer Wohlstand

Neue Erfahrungen und Strukturen sozialer Ungleichheit

Der Kern veränderter Wohlfahrtsstaatlichkeit ist die schrittweise, aber konsequente Abkehr vom Prinzip sozialer Statussicherung. Hier zeigt sich zu Beginn des 21. Jahrhunderts erneut eine markante Zäsur in der politischen und rechtlichen Gestaltung des Sozialen. In den 1950er Jahren stellte die staatliche Agenda von Fürsorge und Nothilfe auf Lebensstandardsicherung und Statusbewahrung um. Mitte der 1960er Jahre konzentrierte die wohlfahrtsstaatliche Ordnungspolitik ihre Leistungsaufgaben mehr und mehr auf die Bereitstellung öffentlicher Güter in den Bereichen der Bildungspolitik und des Gesundheitswesens, des Städtebaus und der Raumordnung, der Energie und des Umweltschutzes.[1] Unter den politischen Formeln »Agenda 2010« und »Hartz I–IV« findet nun die sukzessive Abkehr von der sozialen und beruflichen Statussicherung und unter den Schlagworten des »New Public Management« oder der »Public Private Partnership« der allmähliche Rückzug des Staates aus der unmittelbaren Verantwortung für öffentliche Leistungen der Daseinsvorsorge statt. Diese Politik der Abkehr und des Rückzugs ist keinesfalls auf Fragen der fiskalischen und normativen Gestaltung der Arbeitsmarktpolitik begrenzt. Vielmehr erstreckt sie sich auch auf Altersvorsorge, Gesundheitspolitik und allgemeine Fragen sozialer Sicherheit. Zugleich forciert der neue Wohlfahrtsstaat ein neues Ordnungsmodell des Öffentlichen bzw. des Gemeinwohls. Vieles spricht dafür, dass dieser Modellwechsel der sozialen Sicherung und der staatlichen Daseinsvorsorge die Entwicklung des sozialen Strukturgefüges und des politischen Klimas verändern wird. Die

---

1 Vgl. Hockerts, Metamorphosen des Wohlfahrtsstaats.

170

aktuellen gesellschaftspolitischen Reaktionen und Kontroversen erinnern an die von Hirschman beschriebenen »negativen Tunneleffekte«. Statusverlustängste verstärken sich wechselseitig und haben den Fortschrittsoptimismus abgelöst. Die Gründe hierfür sind triftig. Sie liegen in der allmählichen Auflösung des sozialintegrativ erfolgreichen Bündnisses aus korporativer Gestaltung der Erwerbsarbeit und staatlicher Sicherung und Daseinsvorsorge. Der Wandel der Erwerbsarbeit leitet den Nachmittag sorgender Wohlfahrtsstaatlichkeit ein. Die Politik des Wohlfahrtsstaates kann vom substantiellen Wandel der Organisation und Verwertungsbedingungen der Erwerbsarbeit nicht getrennt werden. Wir haben es seit Beginn der modernen Industriegesellschaft mit einem erwerbsarbeitsformierten Staat zu tun, doch wir sind ebenso mit einer staatlich formierten Arbeitsgesellschaft konfrontiert. Die Formierungsbedingungen sind freilich historisch variabel und haben sich grundlegend verändert. Hier liegen die Wurzeln neuer sozialer Prekarität. Hier wird das Verhältnis von Sicherheit und Prekarität, von Bindungen und Brüchen, von Stabilität und Verflüssigung neu justiert und gesellschaftspolitisch verhandelt.[2] Inwieweit schlagen sich diese Entwicklungen nun in den aktuellen Debattenlagen der soziologischen Sozialstruktur- und Ungleichheitsdiagnostik nieder?

Auf der einen Seite ist die Soziologie sozialer Ungleichheit in wachsendem Maße in die statistische Messung und Quantifizierung sozialer Ungleichheiten vertieft. Zugleich scheint sie andererseits in kategoriale Debatten über die Frage verstrickt zu sein, mit welchen Strukturbildern gesellschaftliche Veränderungen beschrieben werden können. Der Wert dieser empirischen und konzeptionellen Mühen ist keineswegs in Zweifel zu ziehen. Gleichwohl irritiert bisweilen die Entschärfung von Ungleichheitsfragen durch methodische Raffinesse. Als gesellschaftliche Wirklichkeit gilt offensichtlich nur noch das, was sich als Zahl berechnen lässt und graphisch als Schaubild aufbereitet werden kann. Aber auch die konzeptionelle Verschärfung der Ungleichheitsdebatte,[3] die von Eliten und Überflüssigen spricht oder von denen, die dazuge-

---

2 Vgl. Vogel, Sicher-prekär.
3 Vgl. Vogel, Soziale Verwundbarkeit.

hören, und denen, die entbehrlich sind, hat irritierende Effekte. Von was und wem genau ist die Rede, wenn die »Überflüssigen«, die »Entbehrlichen« oder die »Exkludierten« zum Thema werden? Auf diese Weise oszilliert die soziologische Ungleichheitsforschung und Sozialstrukturanalyse zwischen Stabilitätsnachweis und Exklusionsdramatik, zwischen Normalitätsberuhigung und Prekaritätsbesorgnis. Das folgende Kapitel plädiert für einen mittleren Weg, in dessen Zentrum eher das Gespür für und die Spürbarkeit von Veränderungen im Sozialgefüge stehen. Der Blick auf die Daten scheint oftmals zu eng, die Worte um Brüche, Erosionen und Zerklüftungen im Sozialgefüge zu weit, um die allmählichen, aber wirksamen Turbulenzen gesellschaftlichen Wandels erfassen zu können. Es geht nicht darum, alte Debattenlagen aufzurollen, sondern es sind neue Fragen zu stellen. Diese Fragen richten sich nicht auf Prozesse des Zerfalls, der Auflösung oder des Ausschlusses, sondern sie gehen den »Verwundbarkeiten« erreichter Positionen und Wohlstandslagen nach, die ihre Selbstverständlichkeit verlieren und an Prekarität gewinnen. Die Begriffe »Verwundbarkeit« und »prekärer Wohlstand« geben den Blick auf die statusbesorgte Mitte der Gesellschaft frei. In ihnen spiegeln sich die sozialstrukturellen Wirkungen der oben beschriebenen »Institutionenfortbildung« staatlicher Architektur, die keineswegs dramatisch, aber möglicherweise sehr nachhaltig ausfallen. Besondere Aufmerksamkeit erhält in der vorgeschlagenen sozialstrukturanalytischen Perspektive die »mittlere« Arbeitswelt der öffentlichen Dienste, die sich in den vergangenen Jahren – unbemerkt von der politischen oder wirtschaftlichen Publizistik und von der soziologischen Fachöffentlichkeit weitgehend unbeachtet – in besonderer Weise verändert haben. Vieles spricht dafür, dass im Zeitalter der Prekarisierung gerade staatliche Arbeitsmärkte die Rolle des Protagonisten übernommen haben. Wer etwas über die Veränderungen von Arbeits- und Lebenswirklichkeiten erfahren möchte, der darf die öffentlichen Bediensteten nicht übersehen. Welche Hinweise auf Veränderung und Stabilität erhalten wir aus der soziologischen Literatur? Welche Positionen treten hier besonders markant hervor?

Die These relativer sozialer Ungleichheitsstabilität wird prominent von Karl Ulrich Mayer vertreten. In seinem programmati-

172

schen Beitrag »Sinn und Wirklichkeit« formuliert er mit Blick auf die gesellschaftswissenschaftliche Diagnostik sozialer Ungleichheit eine Kritik des »soziologischen Trüffelschweins«. Diese Trüffelschweine zeichnen sich nach seiner Auffassung dadurch aus, dass sie empiriefreie Zeitdiagnostik betreiben und ein Verfallsszenario nach dem anderen durch die sozialwissenschaftliche Publizistik jagen. Dabei unterschätzen sie die Stabilität des Sozialen. Diese Kritik verfehlt gewiss nicht ihr Ziel. Mayers Hinweis, dass »die rasche Abfolge von Integration und Ausgrenzung, verschärften Klassenlagen und Zerfall der Klassengesellschaft, Entschichtung und Restratifizierung [...] auf ein Ausmaß an Diskontinuität [verweist], das für Sozialstrukturen ungewöhnlich wäre«,[4] trifft sicher zu. Auch ist seiner Feststellung nicht grundsätzlich zu widersprechen, dass Phänomene und Prozesse wie »Dauerarmut«, »Absturz der Mittelschichten«, »neue Mehrheiten der Arbeitsmarktflexibilisierten«, »brasilianische Erwerbsverhältnisse« oder neue »Großgruppen der Überflüssigen« häufig »unbelegte Fiktionen« voreiliger sozialwissenschaftlicher Diagnostik sind. Aber dennoch wirken die von Mayer vorgebrachten empirischen Belege für sozialstrukturelle Stabilität in Zeiten wohlfahrtsstaatlichen und arbeitsgesellschaftlichen Wandels nicht so recht überzeugend. Es ist sicher ein eindrucksvolles Ergebnis, für den Zeitraum zwischen 1976 und 2002 mit Hilfe der Kohortenanalyse die relative Konstanz sozialer Mobilität am Beispiel von Auf- und Abstiegsraten zeigen zu können. Dasselbe gilt für den Nachweis der Stabilität der Einkommensmobilität. Zugleich ist die Argumentation Mayers ein gutes Beispiel für die Neigung der Sozialstrukturforschung, Gesellschaft allein in Zahlen zu denken. Auf solider Datenbasis wird dann ein ums andere Mal der Nachweis geführt, dass sich im Grunde in den vergangenen Jahrzehnten nichts geändert hat.[5] Im Besitz der »richtigen« Daten zu sein darf soziologischen Spürsinn jedoch nicht ersetzen. Denn die Retrospektive auf soziale und finanzielle Mobilitäten beantwortet beispielsweise noch nicht die zeitdiagnostisch interessante Frage nach den sozia-

---

4 Mayer, Sinn und Wirklichkeit, Teil 2, S. 9.
5 Vgl. Eriksson/Goldthorpe, Trends in Class Mobility, sowie Shavit/Blossfeld, Persistent Inequality; kritisch hierzu auch Bude, Exklusion.

len Konsequenzen einer grundlegenden Neujustierung wohlfahrtsstaatlicher Sicherungsleistungen und Ordnungsbemühungen, die
in der Bundesrepublik Deutschland mit dem Start der zweiten
rot-grünen Koalition im Jahr 2002 in Gang gesetzt wurden. Gerade diese Frage richtet sich in besonderer Weise an die gesellschaftliche Mittelklasse, an die sozialen Aufsteiger der 1970er und
1980er Jahre, »deren« Wohlfahrtsstaat seine Funktionsbedingungen umstellt. Wenn wir an anderer Stelle bildhaft von dem »Nachmittag des Wohlfahrtsstaates« (Berthold Vogel) sprechen, dann
ist keineswegs der drohende Absturz *der* Mittelklassen angesprochen, wie Mayer in seinem Beitrag glaubt feststellen zu können.
Die Mittelklasse existiert ohnehin bestenfalls als sozialstatistisches Modell. Auch der kritische Hinweis, dass die »Behauptung«
der sozialen Verwundbarkeit der Mittelklasse in die Irre geht,
da sich die Einkommensverhältnisse nicht als »Abstiegsmobilität
vom ersten ins dritte bis fünfte Quintil oder vom dritten Quintil
ins fünfte Quintil zeigen«,[6] läuft ein wenig ins Leere. Zum einen
kann in der Tat nicht von einem kollektiven Verfallsprozess *der*
Mittelklasse die Rede sein,[7] zum anderen spricht wenig dafür, dass
sich die verstärkte Prekarität und Verwundbarkeit sozialer Mittelklassen binnen Jahresfrist in markanten Einkommensverlusten
nachzeichnen lässt. Neue Zahlen des DIW zur »schrumpfenden
Einkommensmitte« zeigen jedoch, dass sich die finanziellen Verhältnisse in der Mittelklasse verschieben[8] – wir kommen auf diese
aktuellen Studien und ihre Zahlen noch zurück. Alles in allem
führt Datenpositivismus an dieser Stelle nur begrenzt weiter. Interessant ist vielmehr, ob Gefühle oder Erfahrungen der Verwundbarkeit sich in der Zunahme von Abstiegsängsten und Verlustsor-
gen niederschlagen, an welchen Orten im sozialen Raum solche
Sorgen und Befürchtungen auftreten und auf welche Weise Einzel-
personen und Haushalte darauf reagieren (können oder müssen) –
durch Anspannung, Neuordnung, Statuspanik oder Gelassenheit.
Aufgrund der Datenstabilität auf die Stabilität *der* Gesellschaft

---

6 Mayer, Sinn und Wirklichkeit, Teil 2, S. 20.
7 Vgl. hierzu Vogel, Soziale Verwundbarkeit, und ders., Die Staatsbedürftigkeit der Gesellschaft.
8 Vgl. Grabka/Frick, Schrumpfende Mittelschicht.

oder *der* Mittelklasse zu schließen ist möglicherweise etwas voreilig. Gute Indikatoren der Stabilitätsskepsis sind beispielsweise die zahlreichen Sozialreportagen zu den Befindlichkeiten und Turbulenzen in der Mitte der Gesellschaft. Sie können gewissermaßen als Fortführung und vielleicht auch als weitere Präzisierung der Reportagen betrachtet werden, die infolge der »Hartz-Gesetzgebung« im Sommer 2004 entstanden sind – zu Beginn war im ersten Kapitel davon die Rede. Doch es werden keineswegs zugespitzte Verfallsgeschichten erzählt. Anomie ist nicht das Thema. Freilich kommt auf eine soziologisch sehr interessante Weise die Unruhe in der Mitte der Gesellschaft zum Ausdruck, aber auch die Strategien, mit diesen neuen sozialen Nervositäten umzugehen: Unter dem Titel »Haus und vorbei« berichtet beispielsweise im März 2006 das Magazin der *Süddeutschen Zeitung* davon, wie sich die Angst vor dem sozialen Absturz inzwischen auch in den Lebensalltag der Mittelklasse einschleicht. Im Februar 2007 machte die Wochenzeitung *Die Zeit* mit der Schlagzeile »Das war das Glück der Mittelschicht« auf. Der Untertext lautet: »Unsicherheit, Leistungsdruck und weniger Wohlstand – mitten in der Gesellschaft grassiert die Angst vor dem Abstieg«. Weiterhin ist binnen Jahresfrist 2006/2007 in Leit- und Gastkommentaren der *Süddeutschen Zeitung* von der »bedrängten« und der »geschröpften« Mitte die Rede, in der Berliner *tageszeitung* vom »grollenden Unbehagen«, das sich in der Mitte zusammenbraut und sich gegen die unteren Klassen richtet. Und auch in der Tageszeitung *Die Welt* findet sich im selben Zeitraum der Hinweis, dass die Furcht vor dem sozialen Abstieg wächst. Die Grundlage für diesen Befund ist hier eine eigens von der *Welt* in Auftrag gegebene Umfrage, die von dem Umfrageinstitut »infratest« durchgeführt wurde. Als Ursachen für Unruhe und Beunruhigung in der sozialen Mitte werden in diesen Berichten die Ungewissheit des eigenen Arbeitsplatzes, die Gefährdung beruflicher Perspektiven und die löchrigen sozialen und politischen Sicherungssysteme genannt. Insbesondere die Statusentsicherung durch die Reform des Arbeitslosengeldes ist immer wieder Bezugspunkt der Besorgnis. Die Diskrepanz zwischen solider empirischer Kohortenanalyse und seriöser journalistischer Reportage aus der Mitte der Gesellschaft fällt auf. Es mag sein, dass sich die sozialen Befürchtungen und Sorgen über die Veränderungen der Arbeitswelt und über die Tragfähigkeit der veränderten wohlfahrtsstaatlichen Architektur noch nicht quantifizieren lassen. Gleichwohl sind Abstiegsängste und Deklassierungsfurcht soziale Wirklichkeiten. In der Traditionslinie der soziologisch informierten und inspirierten Sozialreportage, die am Einzelfall typische soziale Konstellationen und Figuren zu beschreiben versucht, bewegen sich aktuell verschiedene Publikationen, die sich den sozialen Verhältnissen und Zeitläuften in Gespräch und Porträt und nicht über Zahlenwerk und Schaubild nähern.[9] Ziel ist, über die Erfahrungen, die an unterschiedlichen Orten geschildert werden, die Gesellschaft zu verstehen – auch in ihrer Widersprüchlichkeit und Uneindeutigkeit. Diese zunächst unsystematische Vielfalt wird zu einem facettenreichen Bild, das gesellschaftliche Zumutungen, aber auch individuelle und familiäre Stärken in der Auseinandersetzung mit diesen Zumutungen sichtbar macht. So entsteht eine qualitative Analyse des sozialen Strukturgefüges unter dem Eindruck einer sich verändernden Arbeitswelt. Diese Arbeitswelt wird immer haltloser, sie bietet zugleich aber auch neue Haltepunkte; in ihr gibt es neue Ungewissheiten, es eröffnen sich aber auch neue Perspektiven. Die sozialen und symbolischen Kämpfe um Statuserhalt werden an vielen Orten der Gesellschaft immer energischer geführt – begleitet und beeindruckt von den wachsenden gesellschaftlichen Randlagen der dauerhaften Arbeitslosigkeit, der Verarmung und der Verfestigung prekärer Beschäftigung. Deren Existenz und Expansion gefährden zwar nicht zwangsläufig die Stabilität des Ganzen, aber sie stellen sie doch zumindest in Frage.

Einen vielbeachteten Kontrapunkt zu der in der soziologischen Ungleichheitsforschung der letzten Jahre dominierenden quantitativen Strukturanalyse bildet die Debatte um Exklusion und Inklusion. Die Quellen dieser Debatte legt Martin Kronauer in seiner begriffskritischen Studie zur »Exklusion« frei. Die Hauptquelle entspringt bei der Europäischen Kommission in Brüssel: »Die Europäische Gemeinschaft fasste 1989 den Beschluss, ihre Aktionen gegen Armut und Arbeitslosigkeit unter das Motto des Kampfes

---

9   Vgl. Klinger/König, Einfach abgehängt; Schultheis/Schulz, Gesellschaft mit begrenzter Haftung; Grass u. a., In einem reichen Land.

gegen ›social exclusion‹ zu stellen.«[10] Die performative Kraft des
Begriffs der »Exklusion« ist eng mit der Entstehung eines (sozial)-
politischen Raums in Europa verknüpft. Weitere politische Schub-
kraft erhielt der Exklusionsbegriff in den späten 1990er Jahren
aus London und Paris. So setzte 1997 die neue Labour-Regierung
ein »social exclusion unit« in Kraft; 1998 verabschiedete die französische Regierung ein »Loi de prevention et de lutte contre les ex-
clusions.« Etwa seit dem Jahr 2000 ist der Begriff der Exklusion
auch in der deutschen Diskussion angekommen. Hierzulande ist
er allerdings nur sehr sporadisch in den politischen Sprachge-
brauch eingewandert. Er wurde in erster Linie in den Sozialwissenschaften rezipiert.[11] In welche Richtung zielt diese sozialwissenschaftliche Rezeption? Die Diskussion der Exklusion hält sich
nicht lange mit den Fragen nach den Kontinuitäten sozialstruktureller Stabilität auf, sondern hebt im Gegenteil die Dramatik sozialer Brüche und die Dynamik der Ausschließung hervor, in der
sich die gesellschaftlichen Folgen lang anhaltender Arbeitslosigkeit und verfestigter Armut spiegeln. Die Exklusionsdebatte spitzt
die Veränderungen der Arbeitswelt zu und transformiert sie in
starke Bilder gesellschaftlicher Spaltung. Sie evoziert die Vorstellung einer grundlegend veränderten Landschaft sozialer Ungleichheit. Die sozialen Trennlinien liegen jetzt anderenorts. Die Gesellschaft spaltet sich nicht mehr zwischen Reichen und Armen,
Herrschenden und Beherrschten oder zwischen Ausbeutern und
Ausgebeuteten, sondern zwischen denen, die mithalten können
bzw. »teilhaben«, und denen, die den Anschluss verlieren und außen vor bleiben. Doch in der Exklusionsdebatte verändert sich
nicht nur die Spaltungsqualität der Gesellschaft, auch deren Sozialcharakter verwandelt sich. Neue Figuren betreten in der soziologischen Literatur die Bühne: die »Überflüssigen« oder auch die
»Entbehrlichen«. Dabei handelt es sich um die Soziallagen derjenigen, die weder dem Produktivitätsfortschritt folgen können
oder wollen, noch die gesellschaftlich gültigen Konsumnormen zu
erfüllen imstande sind. Besonders düstere und exaltierte Szenarien

---

10 Kronauer, Exklusion, S. 9.
11 Vgl. zu Rezeption und Kritik des Begriffs insbesondere Bude/Willisch,
Exklusion.

entwickelt hier der englische Soziologe Zygmunt Bauman, der das
»verworfene Leben« und die »überschüssige Bevölkerung« wort-
reich zum Thema seiner Studien zur Moderne macht.[12] Die Exklusionsdebatte entwickelte seit den 1990er Jahren ihre eigene
Dynamik. Das Bild einer »Innen-Außen«-Spaltung der Gesellschaft löste sowohl die Vorstellung einer geschichteten Mittelstandsgesellschaft altbundesrepublikanischer Prägung als auch
die Diagnose einer individualisierten Sozialordnung jenseits von
Stand und Klasse ab. Von einer klassengegliederten Gesellschaft
ist hierzulande ohnehin seit den 1970er Jahren keine Rede mehr.
»Exklusion und Inklusion«, aber auch »Ausgrenzung und Einbindung« oder »Überflüssige und Integrierte« sind mittlerweile
etablierte Kategorienpaare sozialstruktureller Gliederung und
Ordnung. Dieser Neuzuschnitt der Sozialstrukturanalyse hat
zweifelsohne ein produktives Potential, er weist auf neue soziale
Spaltungen hin, er thematisiert Armut und Marginalität in neuer
Weise und liefert ein erweitertes Verständnis aktueller gesellschaftlicher Entwicklungen.[13] Zudem erinnert der Exklusionsbegriff mit Nachdruck an die Krise der beiden zentralen Integra-
tionsagenturen arbeitsteiliger und pluraler Gesellschaften: an die
sinkende Integrationskraft des Wohlfahrtsstaates und die schwin-
denden Bindekräfte der Erwerbsarbeit.

Doch dieser Zugewinn an Erkenntnis fordert seinen Preis. So
drohen die Zusammenhänge und Prozesse aus dem Blick zu geraten, die das »Innen« und das »Außen«, das »Zentrum« und
die »Peripherie« des sozialen Lebens aneinanderbinden. Zudem
suggeriert das Bild einer gespaltenen, exkludiert-inkludierten
Gesellschaft das Vorhandensein identifizierbarer und stabiler Zen-
tralität. Bezugspunkt der Exklusion ist jeweils der nicht näher
definierte oder nur schwierig zu definierende »mainstream« der
jeweiligen Gesellschaft, ihrer Erwerbsformen und Konsumprak-
tiken. Alle, die irgendeiner Form der Erwerbstätigkeit nachgehen,
gelten als Teilhabende bzw. als diejenigen, die dabei sind. Die
strukturellen Verwerfungen, Brüche und Spaltungen, aber auch
die Prozesse symbolischer Abwertungen, auf die wir zum Beispiel

---

12 Vgl. exemplarisch Bauman, Verworfenes Leben.
13 Vgl. auch Paugam, Die elementaren Formen der Armut.

innerhalb der Industriearbeiterschaft oder auch bei öffentlich Bediensteten treffen, drohen auf diese Weise unbeobachtet zu bleiben. Damit sind die kleinen Nöte und die großen Sorgen derjenigen, die die rechtlichen und materiellen Veränderungen der Arbeitswelt zu (er)tragen haben, der Aufmerksamkeit weitgehend entzogen. Die dichotome Vorstellung eines »Innen« und eines »Außen« der Gesellschaft konzentriert sich auf die Fluchtpunkte sozialer und ökonomischer Prozesse: auf Armut, dauerhafte Arbeitslosigkeit und verstetigte Abhängigkeit von staatlicher Unterstützung. Die Gesellschaft wird aus der Perspektive ihrer Randlagen wahrgenommen. Diese Verlagerung der Aufmerksamkeit auf die Zonen der sozialen und materiellen Marginalität hat gute empirische Gründe. Doch darf sich die empirische wie konzeptionelle Analyse des Sozialgefüges und der Entwicklung der gesellschaftlichen Ungleichheit mit dem Verweis auf die Expansion und Abspaltung der Randlagen begnügen? Vieles spricht dafür, dass die organisatorischen Veränderungen der Arbeitsgesellschaft, die in weiten Teilen der Bevölkerung vorhandenen Bedürfnisse nach individueller Entfaltung und der weitreichende Umbau des Wohlfahrtsstaates komplizierte und ambivalente Folgen für die Gesellschaftsentwicklung haben. Wirft der Exklusionsbegriff nicht ein zu grelles Licht auf die Veränderungen des Sozialen, so dass die schattierten Grauzonen und die spannungsreichen Übergangsphasen des sozialen Wandels kaum in den Blick kommen? Führt die sozialstrukturelle Perspektive des Innen und des Außen, der Teilhabe und des Ausschlusses, des Erfolgs und des Misserfolgs, der gelungenen Karriere und der misslungenen Laufbahn, der definierbaren Gewinner und Verlierer nicht zu einer soziologischen Überbelichtung? Die Gefährdungen des vorhandenen Wohlstands, die schleichende Aushöhlung sozialer und rechtlicher Statuspositionen und die Verwundbarkeit der Lebensführung und des Arbeitsalltags fügen sich nicht so recht in die Klarheit des Bildes der Exklusion. In mancher Hinsicht erinnert der Begriff der Exklusion eher an die oben beschriebene Zeit sorgender Staatlichkeit, als die selektiven Prinzipien intervenierender Daseinssorge noch mehr oder weniger geräuscharm funktionierten und als die sozialen Grenzen zwischen Auf- und Absteigern, zwischen Erwerbstätigen und Arbeitslosen, zwischen aussichtsreichen Karrieren und verhängnisvollen Abwärtsspiralen noch klarer gezogen werden konnten. Klingt hier eine gesellschaftspolitische Epoche nach, die noch ein stabiles Zentrum, eine breite Mittelschicht kannte? Möglicherweise war gerade die Zweidrittelgesellschaft, von der Peter Glotz mit Blick auf die 1980er Jahre sprach,[14] eine Gesellschaft starker und inklusiver Zugehörigkeiten, in der die übergroße Mehrheit von den Turbulenzen der Arbeitslosigkeit, der sozialen Deklassierung und der materiellen Verarmung – in heutiger Diktion: der Exklusionsrisiken – verschont blieb.

Doch alles spricht dafür, dass sich die Funktionsbedingungen einer stabilen und strukturklaren Zweidrittelgesellschaft weitgehend erschöpft haben. Der wirtschaftliche Strukturwandel hat die Kernbereiche der Arbeitswelt erreicht, die Neujustierung der wohlfahrtsstaatlichen Politik zielt mehr und mehr auf die Mitte der Gesellschaft, und aufgrund der Veränderungen der zentralen Integrationsinstanzen Arbeit und Staat drohen Status- und Wohlstandspositionen fragil zu werden. Es scheint daher unabdingbar zu sein, den soziologischen Blick zu erweitern und alte wie neue Stabilitätshypothesen zu problematisieren. Selbstverständlich haben sich in den vergangenen Jahren grundsätzliche Ungleichheiten und Klassenlagen nicht aufgelöst. Armut und Arbeitslosigkeit bleiben ein Zentralproblem in der (industriellen) Arbeiterschaft, Bildungsgewinne und Wohlfahrtsprofite haben Gesicht und Struktur der Mittelklasse nachhaltig verändert und die Vermögenskonzentration in der Oberklasse hat in den vergangenen Jahren deutlich zugenommen. Selbstverständlich haben die technischen wie organisatorischen Veränderungen der industriellen Arbeitswelt zu neuen materiellen, sozialen und auch räumlichen Ausschließungsprozessen geführt. Die Empirie der strukturellen Benachteiligung und der Exklusionsdynamik auf den Arbeits- und Bildungsmärkten spricht eine deutliche Sprache.[15] Dennoch benötigen wir für die soziologische Ungleichheitsforschung ein Vokabular, das den Blick auf die sozialen Zwischenräume freigibt, das die biographischen Übergangszonen beruflicher Instabilitäten sichtbar macht,

---

14 Vgl. Glotz, Die Arbeit der Zuspitzung.
15 Vgl. Bonß, Beschäftigt – Arbeitslos; Solga/Powell, Gebildet – Ungebildet.

und das hinreichend Sensibilität für irritierende Ungleichheitssituationen bereithält. Vor diesem Hintergrund verdienen Labilitätsvermutungen mehr Aufmerksamkeit als Stabilitätsbehauptungen.[16] Wir benötigen für die Sozialstrukturanalyse neue Problematisierungskategorien. Diese Problematisierung wird im folgenden Abschnitt erfolgen. Im Anschluss an die Skizzierung der Begriffe der sozialen Verwundbarkeit und der Prekarität geht es dann um die Dekonstruktionen und Verschiebungen der Arbeitswelt, die zentrale Quellen neuer sozialer Ungleichheitsdynamiken darstellen.

Ungleichheitsvokabular: Soziale Verwundbarkeit und Prekarität

Das Vokabular der Verwundbarkeit und des prekären Wohlstands hilft, die angesprochenen soziologischen Labilitätsvermutungen aufzuhellen und näher zu bestimmen. Das neue Vokabular gesellschaftlicher Ungleichheit verweist auf Prozesse, soziale Laufbahnen und Erwerbsbiographien und damit auf die historische Variabilität sozialer Ungleichheit. Beide Begriffe bringen die Relationalität des Sozialen zum Ausdruck, indem Abstände zu Soziallagen der Armut und des gesicherten Wohlstands markiert werden. Der Kontext der sozialen Verwundbarkeit und die Frage nach der Prekarität enthalten stets auch Hinweise auf vorhandene oder restriktive Spielräume der jeweiligen Haushalts- und Lebensführung, auf diese Weise kommen nicht nur individuelle Lebenslagen, sondern immer auch soziale und familiäre Lebenszusammenhänge in den Blick. Und mit Hilfe dieses Ungleichheitsvokabulars wird die subjektbezogene Seite gesellschaftlicher Wahrnehmungsmuster und Selbstbilder hervorgehoben. Die Erfahrungen, die Erwartungen und die Orientierungen werden zum Gegenstand sozialstrukturanalytischer Überlegungen. Was hat es nun im Einzelnen mit diesen Begriffen auf sich? Welchen Kontexten sind sie entnommen? Auf welche Zusammenhänge verweisen sie?

---

16 Vgl. Vogel, Sicher-prekär.

Soziale Verwundbarkeit

Die Begriffe »soziale Verwundbarkeit« oder »Vulnerabilität« sind in einer Reihe politischer und wissenschaftlicher Zusammenhänge präsent. Sie haben beispielsweise in der politischen Umweltforschung, in Arbeiten zur Entwicklungssoziologie oder in humangeographischen Studien Eingang gefunden.[17] In diesem Kontext findet wissenschaftspolitisch auch eine Institutionalisierung des Vulnerabilitätsbegriffs statt. Am »Institute for Environment and Human Security« der United Nations University in Bonn wurde jüngst ein Lehrstuhl zu »Social Vulnerability« eingerichtet – mit folgender Denomination: »Vulnerabilty as a social feature is influenced by cultural, institutional and governance settings along with technological competencies, knowledge and economic options.«[18] Die Weltbank arbeitet bereits seit längerem in ihren Länderanalysen mit der Kategorie der Vulnerabilität, die auf »conceptions of marginality, resilience, susceptibility and adaptability« zielt.[19] Die Fähigkeit von Gesellschaften, mit Vulnerabilität umzugehen, liegt »in the ability of technology, prediction, bureaucratic organization and modernization to mitigate disasters«.[20] In komparativer Perspektive wird hier mit Hilfe des Vulnerabilitätsbegriffs auch der Status von »developing countries« bestimmt. Für die ökonomische und fiskalische Analyse wohlfahrtsstaatlicher Effizienz- und Leistungsproblematiken, die unter dem Druck der Globalisierung in entwickelten Industriegesellschaften entstehen, argumentieren Scharpf und Schmidt mit dem Begriff der »Vulnerability«.[21] Für die soziologische Strukturanalyse sind »soziale Verwundbarkeit« und »Vulnerabilität« hingegen recht junge Begriffe. Mit Blick auf die sozialstrukturellen Veränderungen in modernen Wohlfahrtsstaaten bringt der Aspekt der Verwundbarkeit die gefühlte soziale Ungleichheit und Unsicherheit ins Spiel. Die relative Empfindlichkeit und die tendenzielle Schutzlosigkeit im gesell-

---

17 Vgl. Glade, Naturgefahren, Naturrisiken und Naturkatastrophen.
18 Vgl. Warner, Perspectives on Social Vulnerability; Villagrán de León, Vulnerability, oder Birkmann/Wisner, Measuring the Un-Measurable.
19 Prowse, Towards a clearer understanding, S. 4.
20 Ebenda.
21 Vgl. Scharpf/Schmidt, Welfare and work in the open economy.

schaftlichen Wandel werden zum Thema. »Vulnerability is not the same as poverty. It means not lack or want, but defencelessness, insecurity and exposure to risk, shocks and stress [...]. Vulnerability here refers to exposure to contingencies and stress, and difficulty in coping with them.«[22] Darüber hinaus öffnet der Begriff der Vulnerabilität den Horizont soziologischer und sozialanthropologischer Diskussion und Theoriebildung, den Klaus Latzel in einem bilanzierenden Aufsatz folgendermaßen umreißt: »Zur Quelle von Verletzungen können sowohl der eigene Körper, die Außenwelt wie das Verhältnis zu anderen werden. [...] Erfahrungen von Verletztwerden bzw. Verletztsein können dann als Erfahrungen der Bedrohung, Störung oder Zerstörung der mit der leiblichen Existenz gegebenen Beziehungen gelten: des Verhältnisses zu sich selbst, der Kontrolle über den eigenen Körper, der Basisregeln und Gewissheiten der Lebenswelt, des Grundvertrauens auf die Respektierung körperlicher und seelischer Integrität, der Aussicht auf Hilfe, der Kontinuität räumlicher Vertrautheit und zeitlicher Vorhersehbarkeit.«[23]

Doch worin besteht der Ertrag des Begriffs der sozialen Verwundbarkeit für die soziologische Ungleichheitsforschung? Die Einführung dieser Kategorie hebt die relationalen und strukturellen Aspekte des Sozialen hervor, vor allen Dingen aber kommen in der Rede von der Verwundbarkeit die gefühlten Aspekte sozialer Ungleichheit zu ihrem Recht. Das Erleben wachsender sozialer Abstände, die Erfahrungen des gesellschaftlichen Zurückbleibens oder Überholtwerdens sind nicht erst dann ein Problem, wenn sie sich in sozialwissenschaftliche Zahlenwerke gießen lassen. Genau auf diese Innenseite gesellschaftlicher Veränderungen zielt der Begriff der Verwundbarkeit. Das heißt zunächst, dass Verwundbarkeit eine *soziale Beziehung* ist, die zwischen zwei Polen angesiedelt ist. Verwundbarkeit steht zwischen der Konfrontation mit ökonomischen, sozialen und symbolischen Risiken und den Fähigkeiten, diesen Risiken ausweichen, bzw. den Möglichkeiten, Ressourcen gegen diese Risiken mobilisieren zu können. Soziale Verwundbarkeit »cannot be defined or measured without reference to the

---

22 Chambers, Vulnerability, Coping and Policy, S. 33.
23 Latzel, Gewalt, Leiden, Verletzbarkeit, S. 134.

capacity of a population to absorb, respond and recover from the impact of the event. [...] vulnerability is the degree to which different social classes are differentially at risk.«[24] Der Verwundbarkeitsbegriff enthält zudem eine *strukturelle Komponente*. Er steckt ein Terrain sozialer Gefährdungen ab. Die soziologische Aufmerksamkeit kann sich auf die Kipppunkte des sozialen Strukturgefüges und auf die Grenzzustände des Sozialen konzentrieren. Als strukturanalytische Kategorie umreißt der Begriff eine Zone sozialer Wahrscheinlichkeiten, in der sich Abstiegsdrohungen und Deklassierungssorgen, aber auch Aufstiegshoffnungen und Etablierungsbemühungen finden, jedoch keine Exklusions- oder Inklusionsgewissheiten. »Vulnerabilité« ist in den Arbeiten Robert Castels ein heuristischer und systematischer Begriff der sozialhistorischen und soziologischen Ungleichheitsforschung. Castel schlägt zur Beschreibung und Analyse der Entwicklung der Lohnarbeitsgesellschaft ein Modell vor, das drei historisch variable Zonen unterscheidet – die Zonen der »Integration«, der »Entkoppelung« und der »Verwundbarkeit«. In der Zone der Integration kommt ein »stabiles Arbeitsverhältnis« und ein »solides Eingegliedertsein in soziale Beziehungen« zusammen. Im Fall der Zone der Entkoppelung geht es umgekehrt zu: hier kumulieren die negativen Folgen des fehlenden Zugangs zu produktiver Erwerbstätigkeit mit einem deutlichen Mangel an stabilen und tragfähigen sozialen Bindungen. Von besonderem Interesse ist die Zone der sozialen Verwundbarkeit. Sie bildet eine instabile Zwischenzone ab, in der prekäre Beschäftigungsbedingungen und fragile soziale Beziehungen kombiniert sind.[25] Mit Blick auf die Kohäsion und Stabilität des sozialen Ganzen erhält die Kategorie der Verwundbarkeit zudem eine *strategische Funktion*. »In reduziertem oder kontrolliertem Zustand gewährleistet sie die Stabilität der Sozialstruktur, sei es im Rahmen einer einheitlichen Gesellschaft (einer Formation, innerhalb der alle Gesellschaftsmitglieder in den Genuss von Grundsicherheiten kommen), oder in Form einer konsolidierten zweigeteilten Gesellschaft (einer Gesellschaft vom Typ Spartas, in welcher kaum Zwischenpositionen zwischen den Voll-

---

24 Vgl. Cardona, The Need for Rethinking the Concepts of Vulnerability.
25 Vgl. Castel, Die Metamorphosen der sozialen Frage, S. 13.

184

bürgern und den unfreien Heloten existieren). Im Gegensatz dazu speist die heutzutage ganz klar geöffnete und in Ausdehnung befindliche Zone der Verwundbarkeit die Turbulenzen, die die erreichten Situationen brüchig und gesicherte Statuspositionen zunichte machen. Diese Feststellung besitzt auch zeitübergreifende Gültigkeit. Die Verwundbarkeit ist ein sich über Jahrhunderte hinziehendes Wogen, das der Lage des einfachen Volkes den Stempel der Ungewissheit und ganz häufig des Unglücks aufgeprägt hat.«[26] Der Umfang und die Grenzen der Zone sozialer Verwundbarkeit, aber auch der Zonen des Ausschlusses und der Integration, bestimmen sich historisch variabel je nach betrieblicher, beruflicher und rechtlicher Sicherheit der Erwerbsarbeit, je nach der Stabilität der Einbindung in soziale Netze und je nach politischer und wohlfahrtsstaatlicher Gesellschaftsgestaltung. Unter dem aktuellen Eindruck wachsender Instabilität der Beschäftigung, veränderter Qualitäten in den sozialen Beziehungen und des neuen Zuschnitts wohlfahrtsstaatlicher Politik prognostiziert Castel die Ausweitung der Zone der Verwundbarkeit, ja er geht für die europäischen Gesellschaften sogar von der Rückkehr »massenhafter Verwundbarkeit« aus. Das ist freilich kein unumkehrbarer Prozess, der gleichsam als soziales Schicksal die Gesellschaften heimsucht. Denn Castel betont gerade in seinem Buch »Die Stärkung des Sozialen« die zentrale Rolle von Politik und Recht, die die Expansionen und Kontraktionen der Zone der Verwundbarkeit entscheidend beeinflussen. Die Quantität und der Umfang der Zone der Verwundbarkeit sind daher immer auch das Resultat politischer Entscheidungen, rechtlicher Ordnungsversuche und staatlicher Interventionen. Auf diesen Zusammenhang verweisen exemplarisch Hilhorst und Bankoff in ihrem Band »Mapping Vulnerability«, der aus sozialanthropologischer, wirtschaftsgeographischer und entwicklungspolitischer Perspektive die Problematik sozialer Verwundbarkeit ausleuchtet: »Vulnerability is political in nature in two analytically different ways. First, the material production and distribution of vulnerability is the result of political processes. [...] Second, and not unrelated to the previous point,

---

26 Ebenda, S. 15.

the labelling of vulnerable people is also a political act.«[27] Verwundbarkeit als Lage und Prozess ist das Resultat der politischen und rechtlichen Gestaltung der Arbeitsmärkte wie der betrieblichen Verhältnisse.

Schließlich spiegeln sich in den Debatten um Verwundbarkeit die Folgen der Subjektivierung und Individualisierung des Sozialen. Castels historische Studie über die »Metamorphosen der sozialen Frage« ist im Kern diese Geschichte des Aufstiegs abhängiger Lohnarbeit von der verachteten Fron und der permanenten Verwundbarkeit zur Bedingung subjektiver Stabilität und individueller Identität – und der aktuellen Infragestellung dieses Aufstiegs. Denn gerade in dem historischen Moment, in dem die Erwerbsarbeit sich zum fixen sozialen Status etablierte und zum zentralen Platzanweiser in der Sozialstruktur wurde und auf diese Weise andere soziale Identitätsstützpunkte, insbesondere die Familie, aber auch die soziale Zugehörigkeit zu religiösen oder lokalen Gemeinschaften verdrängt hat, wird ihre Rolle prekär und fragil. Im Zuge der Veränderungen der betrieblichen Organisationsformen und der biographischen Karrierewege wird deutlich, dass die Erwerbsarbeit mehr ist als nur eine Form des Erwerbstätigseins. Wenn sich in einer Gesellschaft, in der der Wohlfahrtsstaat und die von ihm formierten und finanzierten Institutionen an die Stelle familiärer oder nachbarschaftlicher Sicherung getreten sind bzw. erst die Herauslösung und Emanzipation aus gegebenen Sozialbedingungen ermöglichen, die gewachsenen staatlichen und betrieblichen Integrationsprinzipien verändern, dann öffnen sich Felder sozialer Verwundbarkeiten. Verwundbar sind daher nicht nur die Randlagen der Gesellschaft, die mehr oder weniger schutzlos fiskalischen oder normativen Justierungen ausgesetzt sind, sondern auch die sozialen Aufsteiger, die den potentiellen Schutzraum sozialer und familiärer Herkunft zugunsten ihres Vorwärtskommens opfern mussten. Verwundbarkeit verweist mithin auch auf die Kosten der Dynamik gesellschaftlichen Wandels. Schärfer formuliert: Staatsbedürftigkeit ermöglicht nicht nur neue individuelle Handlungsspielräume, sie macht auch verwundbar. Im Rahmen der Diskussion der neuen sozialen Frage macht Castel

---

27 Vgl. Hilhorst/Bankoff, Introduction, S. 2.

auf diesen Zusammenhang aufmerksam. »Die [staatlichen, B.V.] Behörden schaffen Sicherungen und Bande, freilich auf einer ganz anderen Ebene als derjenigen der Zugehörigkeit zu konkreten Gemeinschaften. Über generelle Regulierungen und durch das Einräumen objektiver Rechtsansprüche vergrößert der Sozialstaat noch die Distanz zu den Herkunftsgruppen.«[28] Die Pflichtversicherung ist – weiter oben war davon bereits die Rede – eine spezifische Art und Weise, »Gesellschaft zu bilden«, aber sie erfordert im Unterschied zu den primären Sozialbeziehungen »nur ein begrenztes Maß an persönlicher Investition und minimale Verantwortlichkeit (man zahlt seine Sozialabgaben, die obendrein automatisch eingezogen werden, wählt eventuell noch die Versichertenvertreter der Kassen, deren Funktionsweise den meisten Leuten sowieso schleierhaft ist)«.[29] Wenn staatliche Einrichtungen oder staatlich gestützte Verbandsstrukturen als Sicherungsarrangements des Sozialen übrig bleiben, dann entstehen mit jeder Veränderung und Neujustierung dieser Arrangements Risiken (nicht zwangsläufig Fakten) der Verwundbarkeit.[30] Verwundbarkeit markiert soziale Wahrscheinlichkeiten. Die wohlfahrtsstaatlich Gesicherten und Privilegierten registrieren die neue Empfindlichkeit ihrer Statuspositionen. Die sozialwissenschaftliche Diskussion reagiert auf diese Entwicklung bislang vor allem mit dem Konzept der »Prekarität« bzw. mit dem Prozessbegriff der »Prekarisierung«.

Prekarität und prekärer Wohlstand
Prekarität als soziologisch gehaltvoller Begriff ist in den letzten Jahren aus dem französischen Sprach- und Debattenraum in den deutschen eingewandert. Die Protagonisten dieser kategorialen Innovation waren Pierre Bourdieu, Robert Castel und Serge Paugam. Mit der Chiffre der Prekarität sind ihnen zufolge weniger die Dynamiken der Verarmung oder der Sachverhalt der Exklusion angesprochen, sondern die Entwicklung einer veränderten Arbeitswelt, neuer betrieblicher Wirklichkeiten und mäandrierender Er-

---

28 Castel, Die Metamorphosen der sozialen Frage, S. 345.
29 Ebenda.
30 Vgl. Vogel, Die Justierung des Sozialen.

werbsbiographien, die an Eindeutigkeit verloren haben. In der Arbeitswelt entwickelt sich eine Kultur des Zufalls, der Ungewissheit und der Unplanbarkeit. Das Diktat des Relativen und des Ungefähren legt sich über den Lebens- und Arbeitsalltag vieler Erwerbstätiger. Die von wirtschaftlicher Seite geforderte und vom Gesetzgeber bekräftigte Möglichkeit zur beschäftigungsorientierten Unverbindlichkeit entwickelt sich zur zentralen Triebkraft der Prekarisierung. Zugleich verändert die Diffusion des Prekären die Mentalitäten, Erwartungen und Orientierungen der Mitglieder einer Gesellschaft. In dieser soziologischen Lesart gesellschaftlichen Wandels verfügen Prekarität und Prekarisierung mit Blick auf soziale oder betriebliche Beziehungen über eine zerstörerische Kraft »negativer Individualisierung«[31] oder einer allgemeinen »disqualification sociale«.[32] In dieselbe Richtung argumentieren zwei weitere französische Soziologen: Luc Boltanski und Eve Chiapello sprechen – orientiert an der Prekaritätsdiskussion – von der verschärften »Dekategorisierung« oder »Dekonstruktion« der Arbeitswelt. Sie konkretisieren diese Dekonstruktionen an der vertraglichen Gestaltung der Beschäftigungsverhältnisse. Am Arbeitsvertrag und seinen arbeitsrechtlichen Rahmenbedingungen lassen sich die internen, häufig wenig spektakulären Veränderungen der Arbeitwelt gut nachvollziehen. So setzte sich der unbefristete Arbeitsvertrag in den Nachkriegsjahrzehnten in den westeuropäischen Industriegesellschaften als Normvertrag durch. Andere Vertragsformen zur Ausführung und Verrichtung von Erwerbsarbeit waren zugleich strengen Regularien unterworfen. Nun, so Boltanski und Chiapello, »liegt dieses Gebäude in Ruinen. [...] Auf dem Arbeitsmarkt stehen sich ein vereinzelter Arbeitnehmer [»negative Individualisierung«, B.V.], der arbeiten muss, um zu leben, und ein durchstrukturiertes Unternehmen gegenüber, das alle Möglichkeiten, die sich aus der arbeitsrechtlichen Deregulierung ergeben, auszuschöpfen versteht. Da die Karrierewege deutlich schwächer vorgeformt sind, müssen die Menschen immer wieder auf den Arbeitsmarkt zurück, wo sich ihr Wert in den verschiedenen Stadien des Berufslebens bemisst. Die

---

31 Castel, Die Metamorphosen der sozialen Frage, S. 401 ff.
32 Vgl. Paugam, La disqualification sociale.

Umwandlung der Großunternehmen in einen Verband von Kleinbetrieben und die wachsende Vielfalt an Beschäftigungsverhältnissen (Art des Arbeitsvertrages und des Arbeitgebers, Arbeitszeiten,
betreffende Tarifverträge etc.) haben den einheitlichen Kalkula-
tionsraum in viele verschiedene Einzelsituationen aufgelöst, die
sich nur noch schwer zu einem Gesamtbild zusammenfügen lassen.«[33] In der Debatte zur Prekarität reagieren die Gesellschaftswissenschaften auf die veränderte Physiognomie der Erwerbsarbeit, der Betriebe, der Arbeitsverträge. Und mit dem Begriff der
Prekarität werden nicht nur veränderte ökonomische Rationalitäten angesprochen, sondern auch neue Prioritäten politischer Intervention. Daher hat die Prekaritätsdiskussion immer auch eine
historische Referenzfolie: das Erfolgsbündnis von sorgender Wohlfahrtsstaatlichkeit und korporativer Arbeitsgesellschaft.

In der »Prekaritätsfrage« geht es um systematische »Unterschreitungen« vorhandener historischer Standards des »Normal-
arbeitsverhältnisses«.[34] Diese Unterschreitungen beziehen sich auf
materielle Standards der tariflich normierten Entlohnung, auf
rechtliche Standards der herrschenden Rechtsprechung des individuellen wie kollektiven Arbeitsrechts sowie auf betriebliche Standards der Integration und Organisation der Erwerbsarbeit.[35] Eine
exemplarische und schon seit langen Jahren bewährte Definition
der Prekarität, die im Rahmen der Forschungen der Internationalen Arbeitsorganisation (ILO) entstanden ist, findet sich bei Gerry
Rodgers. Er definiert prekäre Arbeits- und Beschäftigungsverhältnisse anhand von vier Merkmalen. Entscheidend sind der Grad
der potentiellen Arbeitsplatzsicherheit, der Einfluss auf die jeweilige Arbeitssituation, das Vorhandensein von arbeitsrechtlichen
Schutzbestimmungen und die Chancen zur Existenzsicherung
durch Arbeit.[36] Je unsicherer ein Arbeitsplatz und je brüchiger
Arbeitsverträge sind, je weniger persönlicher Einfluss auf die Ar-

---

33 Boltanski/Chiapello, Der neue Geist des Kapitalismus, S. 360f.
34 Vgl. für die deutsche Diskussion exemplarisch Oschmiansky/Schmid,
    Wandel der Erwerbsformen; Oschmiansky/Oschmiansky, Erwerbsfor-
    men im Wandel, und Brinkmann u.a., Prekäre Arbeit.
35 Vgl. Mayer-Ahuja, Wieder dienen lernen?
36 Rodgers, Precarious Work in Western Europe, S. 3.

beitsausführung besteht, je weniger arbeits-, sozial- oder tarif-rechtlicher Schutz vorhanden ist und je geringer die Aussicht ist, sich und seiner Familie mit regelmäßiger Erwerbsarbeit den Lebensunterhalt sichern zu können, desto prekärer ist die Arbeit. In der Tat können arbeitssoziologische Studien und Reportagen aus prekären Arbeits- und Lebenswelten zeigen, dass sich die Erwerbsarbeit offensichtlich für immer mehr Menschen zu einem prekären Ort der sozialen Vorläufigkeit und Widerruflichkeit ent-wickelt.[37] Zwei Beispiele sind an dieser Stelle aufgrund ihrer Aktualität und ihrer Bemühung um die Bildung von Prekaritäts-indizes hervorzuheben.

Interessante Befunde für eine quantifizierende empirische Be-stimmung der Prekarität in der Arbeitswelt liefern Nienhüser und Matiaske, die auf der Grundlage des »Third European Survey on Working Conditions« einen »Prekaritätsindex« entwickelt haben. Mit Hilfe dieses mehrdimensionalen und vielschichtigen Ana-lyseinstruments können sie zeigen, dass in den EU-Staaten gerade auch die »Normalarbeitsverhältnisse« prekäre Strukturen und Konditionen aufweisen. So beziehen 40 Prozent der Befragten in »Normalarbeit« Niedrigeinkommen, 63 Prozent haben keinen Zugang zu Weiterbildung, 52 Prozent sind starken körperlichen Belastungen ausgesetzt, 47 Prozent verfügen über nur geringe Handlungsspielräume in der Arbeit und 54 Prozent leiden unter einem hohen Zeitdruck.[38]

Auch der Index »Gute Arbeit« des Deutschen Gewerkschafts-bundes,[39] der auf einer repräsentativen Befragung erwerbstätiger Frauen und Männer aus allen Branchen und Regionen beruht, zeigt prekäre Entwicklungen der Arbeitswelt, die weit über die Randlagen des Arbeitsmarktes hinausreichen: Jeder dritte Be-schäftigte bewertet seine Arbeitssituation negativ. Diese Arbeit-nehmer sprechen so unterschiedliche, aber doch auch zusam-

---

37 Vgl. zum Beispiel Vogel, Der Nachmittag des Wohlfahrtsstaates; Schult-heis/Schulz, Gesellschaft mit begrenzter Haftung; Keller/Seifert, Atypi-sche Beschäftigungsverhältnisse; Bäcker, Was heißt hier »geringfügig«?.
38 Vgl. Nienhüser/Matiaske, Der »Gleichheitsgrundsatz«.
39 Vgl. Deutscher Gewerkschaftsbund (DGB), DGB-Index Gute Arbeit 2007.

mengehörige Aspekte wie den mangelnden Respekt seitens der Vorgesetzten, einseitige körperliche Belastungen in der Arbeit oder »emotionale Überforderung« an. Zugleich sehen sie für sich kaum arbeitsplatzbezogene oder berufliche Möglichkeiten der Weiterentwicklung. Mit Blick auf ihre Zukunft in der Arbeitswelt zeigen sie sich stark verunsichert. Zugleich thematisieren sie, dass ihr Einkommen weder ihren Leistungen noch Bedürfnissen gerecht werden kann.[40] Aber auch über den Kreis des Drittels derer hinaus, die ihre Erwerbstätigkeit als »schlechte Arbeit« qualifizieren, sehen 37 Prozent aller Befragten gar keine und 45 Prozent nur geringe Aufstiegsmöglichkeiten für sich. Vier von fünf Beschäftigten sehen sich beruflich oder betrieblich in einer Sackgasse. Zudem verdeutlichen die Ergebnisse, dass mehr als zwei Drittel aller Befragten die Unsicherheit ihres Arbeitsplatzes belastet. Nur 31 Prozent ängstigen sich nicht um ihre berufliche Zukunft.[41]

Die Prekarisierung der Arbeitswelt ist keineswegs auf die Randgruppen des Arbeitsmarktes beschränkt, sondern reicht immer weiter in die arbeitnehmerische Mitte der Facharbeiter, der Bürokräfte und der technischen Angestellten hinein. Die Erwerbsarbeit ist offenbar immer weniger ein Fundament, auf das sich stabile soziale und berufliche Verhältnisse bauen lassen. Dennoch hat auch der universale Trend der Prekarisierung der Arbeitswelt an verschiedenen Orten der Gesellschaft unterschiedliche Wirkungen. Systematisch können wir beispielsweise in sozialstrukturanalytischer Hinsicht zwischen einer »alten« und »neuen« Prekarität unterscheiden. Hier ist die verschärfte und in der Regel mit starken Armutsrisiken verknüpfte Prekarität der einfachen industriellen und handels- oder haushaltsbezogenen privaten Dienstleistungen zu nennen, die geringe Qualifikationsanforderungen stellen, in erster Linie von Frauen ausgeführt und immer noch stark nachgefragt werden. Auf die Persistenz und Permanenz dieser »traditionellen«, historisch verfestigten Prekarität der Arbeits- und Lebensverhältnisse spezifischer Arbeitermilieus hat in jüngster Zeit mehrfach und mit großer empirischer Überzeugungskraft

---

40 Vgl. ebenda, S. 12.
41 Vgl. ebenda, S. 15.

Olaf Groh-Samberg hingewiesen.[42] Deindustrialisierung, Arbeitslosigkeit, Bildungsbenachteiligung und die kollektiven Abwehr-
schwächen gewerkschaftlicher Politik haben Prekarität und Armutsrisiken als klassenbezogene Chancenungleichheiten in den
vergangenen Jahren verstärkt. Daneben stehen die sozialen Orte
der neuen Prekarität, also die bereits skizzierte Expansion unsicherer, gering entlohnter, tariflich schlecht geschützter und erwerbsbiographisch vorläufiger Beschäftigung in die qualifizierten,
mittelständischen und männlich dominierten Berufe der industriellen, technischen und kaufmännischen Facharbeit, aber auch
die von Frauenarbeit strukturierten Sektoren der öffentlichen
Dienste. Hinzu kommt mit der allseits wachsenden Projektförmigkeit der Arbeit auch die Prekarität, die Vorläufigkeit und Widerrufbarkeit der Beschäftigung in Leitungspositionen. In historischer Perspektive sind prekäre Formen der Arbeit weder in der
Arbeiterschaft noch für die Mehrheit der weiblichen Beschäftigten
unbekannt. Die Veränderungen liegen in der Ausweitung der Prekarität in beruffachliche Arbeitsmärkte der Mittelklasse und in die
Sektoren männlich dominierter Erwerbstätigkeit. Sozialstrukturell und ungleichheitsanalytisch können wir also von einer stärkeren Verfestigung und einer wachsenden Diffusion der Prekarität
im Arbeitsleben sprechen.[43] In der Diskussion um Prekarität kommen freilich nicht nur die genannten sozialstrukturellen Differenzierungen, Diffusionen und Verhärtungen oder spezifische Hinweise zum organisatorischen Formwandel der Erwerbsarbeit zum
Ausdruck, sondern hier spiegelt sich auch die *veränderte arbeitsrechtliche und beschäftigungspolitische Programmatik*, die auf die
Förderung atypischer Arbeitsverhältnisse und auf eine Pluralisierung bzw. Diversifizierung der Erwerbsarbeit setzt. Das politische
Ziel dieser Mühen ist es, Brücken aus den Randlagen der Arbeitswelt in deren Zentrum zu bauen. Wir haben es mit einer Arbeitsmarktpolitik und einer Arbeitsrechtsentwicklung zu tun, die auf
die Kraft und die Energie der Zersplitterung setzt. Die Zersplitte-

---

42 Vgl. exemplarisch Groh-Samberg, Armut und Klassenstruktur.
43 Vgl. Pongratz/Voß, Arbeitskraft-Unternehmer; Faust u.a., Führungskräfte; Faust, Karrieremuster von Führungskräften, sowie Manske, Prekarisierung auf hohem Niveau.

rung und Destandardisierung der Arbeit in stabile und instabile, in dauerhafte und gelegentliche Beschäftigung soll neue Arbeitsgelegenheiten schaffen und die drohende Insider-Outsider-Teilung der Arbeitsmärkte verhindern. In gewissem Sinne ist das ja auch gelungen. Denn im Verhältnis von Innen und Außen, von Sicherheit und Prekarität, von Verlässlichkeit und Brüchigkeit zeichnet sich mehr und mehr eine stabile Uneindeutigkeit ab. Wir beobachten in der Arbeitswelt eine wachsende soziale Übergangszone, in der zahlreiche Konflikte um neue Abstufungen und Klassifizierungen sozialer Gefährdungen und Risiken zu beobachten sind. Der wesentliche Grund hierfür ist, dass sich das Angebot der Ware Arbeitskraft aufgrund zahlreicher politischer und rechtlicher Interventionen in das Arbeitsmarktgeschehen vervielfältigt hat. Hinzu kommt, dass die Lage des Arbeitnehmers arbeitsrechtlich durch die »Negation des vertragsrechtlichen Sonderstatus des Arbeitsrechts« neu bestimmt wird. Die Disparität, die in der Machtasymmetrie der Vertragsparteien am Arbeitsmarkt zum Ausdruck kommt, verliert für Rechtsbegründung und Rechtsschöpfung an Relevanz.[44] »Mit der Zunahme und der rechtlichen ›Normalisierung‹ atypischer Beschäftigungsverhältnisse [geht] eine allmähliche Umdeutung der juristischen Interpretation des Arbeitsvertrages einher [...], die das Arbeitsrecht seiner Sonderstellung beraubt, auf der es sich als soziales Schutzrecht der abhängigen Arbeit entfalten konnte.«[45] Die Vorgänge im Arbeitsleben, die unter dem Stichwort der Prekarität gesellschaftspolitisch zur Verhandlung stehen, sind daher keineswegs ein Ausdruck globaler ökonomischer Naturgesetze, die sich jeder Form der politischen oder rechtlichen Regulation entziehen. Im Gegenteil erkennen wir in der Phänomenologie der Prekarität unschwer die Resultate politischer Reformvorstellungen und gesetzgeberischer Gestaltungsziele.

Während der Prekaritätsbegriff auf wachsende soziale und betriebliche Niemandsländer unsicherer, widerruflicher und zufälliger Arbeitswelten verweist, wird mit der Frage nach dem *prekären Wohlstand* die gesamte Lebenswelt, ja die Formen der Lebensführung in die soziologische Ungleichheitsforschung einbezogen.

---

44 Blanke, Thesen zur Zukunft des Arbeitsrechts, S. 8.
45 Ebenda, S. 3.

Mit der Formel »prekärer Wohlstand« kommt eine Grundspannung ins Spiel – die Spannung zwischen erreichtem Wohlstand und dessen Gefährdungen. Die *Kategorie des prekären Wohlstands* wurde erstmals zu Beginn der 1990er Jahre in der Analyse der Einkommensverteilung und der Armutsrisiken verwandt. In einer empirischen Studie im Auftrag des katholischen Sozialverbandes »Caritas« machte der Sozialwissenschaftler Werner Hübinger auf eine statistisch relevante Einkommenszone aufmerksam, die zwischen verfestigter Armut und gesicherten Wohlstandspositionen angesiedelt ist.[46] Was ist daran so bemerkenswert? Zahlreiche Studien belegen zwar eine stetige Zunahme der Einkommensungleichheit. Dennoch kennzeichnet die Einkommensentwicklung in der Bundesrepublik Deutschland weniger eine scharfe Polarisierung zwischen Arm und Reich, sondern eher die Differenzierung mittlerer Einkommenspositionen bei allmählich wachsendem Reichtum auf der einen und wachsender Armut auf der anderen Seite. Mit dem Begriff des »prekären Wohlstands« rückt daher ein Spannungsbegriff in den Vordergrund, der sich dem einfachen Schema von Arm und Reich nicht so recht fügen will. Diese Formel erlaubt einen Blick auf die Vielfalt des »Dazwischen« und verbindet Einkommens- und Lebenslagen. Hübingers Studie zum »prekären Wohlstand« nimmt auf diese Weise eine (Einkommens-)Mitte der Gesellschaft ins Visier, die sich zwar oberhalb der Armutsschwelle bewegt, die aber auf der anderen Seite durch eine recht breite Kluft von den gesicherten Wohlstandspositionen getrennt ist. »Die zentrale Fragestellung bei der Thematisierung des prekären Wohlstands ist, ob und wie sich die Armen von denjenigen unterscheiden, die zwar nicht als arm gelten, aber dennoch im unteren Einkommensspektrum angesiedelt sind.«[47] Zur Klärung dieser Frage unterteilt die Untersuchung das Armuts- und Wohlstandsspektrum in jeweils fünf gleich große Einkommenslagen (Quintile), die sich graduell unterscheiden. Die beiden oberen der fünf »Wohlstandslagen« werden als »gesicherter Wohlstand«, die drei unteren als »prekärer Wohlstand« be-

---

46 Vgl. Hübinger, Prekärer Wohlstand. Neue Befunde, und ders., Prekärer Wohlstand.
47 Hübinger, Prekärer Wohlstand, S. 18.

zeichnet.[48] Die Haushaltsführung in den Einkommenszonen des prekären Wohlstands fällt nicht leicht. Das Auskommen mit dem Vorhandenen ist Problem und Herausforderung. Der erreichte Lebensstandard und Wohlstand sind nicht gewiss. Soziale Unsicherheit und materielle Restriktionen drohen die Lebensführung zu untergraben. Der Begriff des prekären Wohlstands signalisiert, dass sich finanzielle Sorgen nicht erst in den verarmten und arbeitslosen Randlagen der Gesellschaft finden lassen. Er steht aber auch für ambivalente Erfahrungen und Selbstdefinitionen sowie für die lebens- und arbeitsweltlich erfahrbare Spannung zwischen sozialer Unsicherheit auf der einen und materiellem Wohlstand auf der anderen Seite. Prekärer Wohlstand ist seit einigen Jahren schließlich eine offizielle Kategorie der im Datenreport des Statistischen Bundesamtes veröffentlichten Einkommensverteilung. Dieser Einkommenszone werden diejenigen Haushalte zugerechnet, deren Einkünfte sich zwischen 50 und 75 Prozent des arithmetischen Mittels der monatlichen Haushaltsnettoeinkommen bewegen. Seit einigen Jahren erweist sich diese Zone als relativ stabil – wir finden hier immerhin ein Viertel der Bevölkerung.[49] Doch nicht nur diese Daten geben wichtige Hinweise auf die Struktur und Gestalt des Ungleichheitsgefüges. Auch die Statistik des Arbeitsmarktes und der Beschäftigungsformen weist auf einen anhaltenden Dekonstruktionsprozess der Arbeitsgesellschaft hin.

Ungleichheitsvielfalt. Pluralität und Dekonstruktion

Wenn wir versuchen, uns ein genaueres Bild von den Zonen sozialer Verwundbarkeit und von der Prekarität des Wohlstands zu machen, dann müssen wir einige Zahlen aufrufen.[50] In den Daten zur Entwicklung der unterschiedlichen Spielarten sozialversicherungspflichtiger Beschäftigung spiegeln sich Veränderungen in den Statusformen der Erwerbsarbeit, in den Strukturen des Arbeitsmark-

---

48 Ebenda, S. 19.
49 Vgl. Statistisches Bundesamt, Datenreport 2006.
50 Die aktuelle Gesamtentwicklung des Arbeitsmarktes verdeutlichen die Zahlenwerke des IAB-Handbuchs zum Arbeitsmarkt, vgl. Allmendinger et al., IAB Handbuch Arbeitsmarkt.

tes sowie in der Organisation des betrieblichen Arbeitskräfteeinsatzes. Die Architekturen des Arbeitsmarktes und der Erwerbsarbeit haben sich seit den 1990er Jahren markant verändert. Eine
Synopse der Entwicklung von Arbeitsmarkt, Erwerbsformen und
Beschäftigung hat die Deutsche Bundesbank vorgelegt. Dieser Bericht konstatiert zunächst den universalen Trend einer »beträchtlichen Zunahme der Flexibilität des Arbeitseinsatzes« in den Betrieben. Das Normalarbeitsverhältnis, ein Produkt des sorgenden
Wohlfahrtsstaates, also die tariflich gesicherte Vollzeitbeschäfti-
gung von unbefristeter Dauer, geht inzwischen in nahezu allen Wirtschaftsbereichen zurück. Zwischen den Jahren 1991 und 2004
schrumpfte die Zahl der Vollzeitbeschäftigten um fast 6 Millionen
oder rund 20 Prozent auf 23,75 Millionen. Dagegen verdoppelte
sich im selben Zeitraum die Zahl der *Arbeitnehmer in Teilzeit* ein-
schließlich der nur *geringfügig Beschäftigten* auf 11 Millionen.
Der Aufstieg der Teilzeitarbeit geht zu Lasten der Vollzeiterwerbs-
tätigkeit. Der Rückgang der Vollzeitstellen trifft in erster Linie
Männer, während der Aufschwung der Teilzeitarbeit von Frauen
getragen wird. Der Blick auf die Entwicklung unterschiedlicher
Branchen zeigt, dass eine verkürzte Arbeitszeit insbesondere in
den Gesundheits- und Sozialberufen sowie im Einzelhandel prak-
tiziert wird. »Auch die öffentlichen Verwaltungen, Erzieher und
Lehrer sowie Stelleninhaber rund um die Immobilie treten bei der
Beschäftigung häufig kürzer.«[51] Von wachsender Bedeutung ist in
diesem Zusammenhang auch die Entwicklung der »befristeten
Teilzeitbeschäftigung«. Sie wächst vor allen Dingen unter jüngeren Beschäftigten, »der starke Anstieg dieser Erwerbsform könnte
ein kleiner Hinweis auf die empirisch schwer zu fassende ›Generation Praktikum‹ oder ›Generation prekär‹ sein«.[52] Bemerkenswert
ist weiterhin, dass in den vergangenen 15 Jahren die Arbeitsverhältnisse in *geringfügiger Beschäftigung* ebenso stark gewachsen
sind wie die sozialversicherungspflichtige Teilzeitbeschäftigung.
2005 gab es rund 6,7 Millionen geringfügig beschäftigte Arbeitnehmer, deren Monatsverdienst höchstens 400 Euro beträgt, die
steuerrechtlich nicht abgabepflichtig sind und für die die Arbeit-

---

51 Deutsche Bundesbank, Rascher Wandel der Erwerbsarbeit, S. 15 ff.
52 Oschmiansky, Der Wandel der Erwerbsformen, S. 14.

geber nur reduzierte Sozialbeiträge leisten müssen. Diese Minijobs finden sich in zahlreichen Branchen, im Handel und der Gas-
tronomie, in der Gebäudereinigung, in Wach- und Schutzdiensten,
in Verlagen oder in der Bauwirtschaft. Viele Minijobs werden als
Zweit- oder Drittjobs ausgeführt. Zwei Drittel der Minijobber
sind Frauen. »Der Gesundheits- und Sozialsektor stellt eine der
wichtigsten Branchen für ›Mini-Jobs‹ dar. Fast 630 000 Mini-Jobs
waren [2005, B.V.] im Bereich ›Gesundheits-, Veterinär- und Sozialwesen‹ registriert.«[53] In den »prekären« Segmenten der Arbeitswelt treffen wir zudem auf 1,7 Millionen geringfügig Beschäftigte
im Nebenjob sowie auf 100 000 Beschäftigte in Privathaushalten.
Ein Fünftel hiervon sind Rentner, Schüler und Studenten. Es fällt
auf, dass etliche Minijobber noch einer regulären Beschäftigung
nachgehen. Offenbar sind sie trotz Beschäftigung in einem »Normalarbeitsverhältnis« auf weitere Zusatzverdienste angewiesen.
Hier ist die Mehrfachbeschäftigung bzw. das »multiple jobholding« zu Hause.[54] Einigermaßen stabile Zahlen zeigen sich seit
vielen Jahren bei der *befristeten Beschäftigung*. Während sich die
Befristungsquote kaum verändert hat, zeigt sich doch, dass die
qualitative Struktur der befristeten Erwerbsarbeit nicht mehr dieselbe ist. Heute sind andere Beschäftigtengruppen befristet tätig
als noch vor zehn oder fünfzehn Jahren. Befristete Beschäftigung
betrifft heute zum einen die in der Regel gut qualifizierten Berufsanfänger, aber in verstärktem Maße auch die ungelernten Beschäftigten. Für viele, auch sehr gut qualifizierte Berufseinsteiger ist die
Befristung des »ersten« Arbeitsvertrages mittlerweile die Regel.
Das gilt in allen Branchen. Für Geringqualifizierte werden in zahlreichen Sektoren des Arbeitslebens ohnehin nur noch befristete
Verträge vergeben. Mit anderen Worten: Die befristete Beschäftigung hat an zahlreichen Orten der Arbeitsgesellschaft bereits
den Status der »Normalarbeit« erreicht. Die Frage, ob befristet
oder nicht, wird hier gar nicht mehr gestellt. Die *Leiharbeit* hat
in den vergangenen Jahren einen erheblichen Zulauf erhalten.
Die Arbeitnehmerüberlassung ist eine Boombranche – wir werden
darauf noch zurückkommen. Die Hälfte der im Jahre 2007 neu

---

53 Kühnlein/Wohlfahrt, Lohn und Profession, S. 11.
54 Vgl. Rouault, Multiple jobholding.

geschaffenen Arbeitsstellen in Deutschland entstanden in der Zeit-
bzw. Leiharbeitsbranche.[55] Die Spitzenreiter unter allen Unternehmen, die in 2007 die meisten neuen Arbeitsplätze schufen, sind
bemerkenswerterweise die drei Branchenführer der Arbeitnehmerüberlassung bzw. der Leiharbeit – die Firmen Adecco, Rand-
stad und Manpower. Die Wachstumsraten der Leihbeschäftigung
liegen seit Ende der 1990er Jahre im zweistelligen Bereich. Insgesamt sind aktuell etwas mehr als zwei Prozent aller sozialversicherungspflichtig Beschäftigten jahresdurchschnittlich als Leiharbeitskräfte tätig. Das hört sich wenig an, doch noch vor einigen Jahren
lag Leiharbeit im Null-Komma-Bereich. Interessant ist vor allen
Dingen der sozialstrukturelle Wandel der Leiharbeit. Sie wurde
lange Zeit mehrheitlich von eher jüngeren, unterdurchschnittlich
qualifizierten Männern in Großbetrieben des produzierenden Ge-
werbes ausgeführt. Leiharbeit war Aushilfsarbeit. Doch die Leiharbeit beginnt sich in den Kernsektoren der Arbeitsgesellschaft zu
etablieren, die über Jahrzehnte das normative Modell der deutschen Arbeitnehmergesellschaft prägten: im Automobilbau und
bei den Banken. Hier fungiert sie nicht mehr nur als Personalpuf-
fer und als konjunktureller Notnagel, sondern als wichtiges Re-
krutierungsfeld bei der Personalauswahl. Außerdem findet sich
Leiharbeit mittlerweile auf allen Ebenen des Arbeitslebens, ob im
Entwicklungsbüro oder in der Lagerhalle.[56] Auch betriebsarchi-
tektonisch hat die gewerbliche Arbeitnehmerüberlassung heute
ein anderes Profil als noch vor zehn Jahren. Mit Hilfe der Leiharbeit bauen zum Beispiel Banken und Automobilhersteller, aber
auch die Telekom (Vivento) oder die Bahn (DB-Zeitarbeit) systematisch eine Zweitbelegschaft auf. Aktuell oder auf Dauer über-
zählige Mitarbeiter werden in diesen Verleihagenturen mehr oder
weniger kurzfristig »zwischengelagert« und entweder je nach Bedarf zu außertariflichen Konditionen im Kernbetrieb eingesetzt –
auf diese Weise werden sie in den Betrieb »zurückgeholt« und in
neuen Statusformen und Vertragsverhältnissen neu eingesetzt –
oder an andere Firmen verliehen. Offensichtlich findet ein betrieblicher Funktionswandel der Leiharbeit statt: von der Nutzung als

---

55 Weinkopf/Vanselow, (Fehl-)Entwicklungen in der Zeitarbeit?, S. 5 ff.
56 Vgl. Vogel, Leiharbeit; Schenk, Arbeitnehmerüberlassung.

Flexibilitätspuffer hin zu einer strategischen Intensivnutzung, die systematisch mit Leiharbeit im Betrieb »rechnet«. Die Arbeitnehmerüberlassung dringt auf diese Weise Schritt für Schritt in Segmente qualifizierter Facharbeit und Angestelltentätigkeit vor und entfaltet eine starke symbolische und normative Wirkung, die weit über ihre gesamtwirtschaftliche Relevanz hinausgeht.[57]

Dezentralisierung, Flexibilisierung, Neudefinition

Insgesamt zeigt sich in der Arbeitswelt eine neue Vielfalt von Beschäftigungsformen und eine Pluralisierung der Ungleichheiten. Zugleich ist deren ökonomische und politische Dekonstruktion zu beobachten. Die Folgen sind *die Dezentralisierung der betrieblichen Organisation, die Flexibilisierung der Beschäftigung und die Neudefinition des Arbeitnehmerschutzes und der Sozialstandards.* Zentrale Stichworte der arbeitsgesellschaftlichen Debatte sind fragmentierte Arbeitswelten, disparate Erwerbsbiographien und zersplitterte betriebliche Strukturen, aber auch neue Ansprüche an die Arbeit von Seiten der Beschäftigten, die diesen Dekonstruktionsprozess weiter vorantreiben. Der Industriesoziologe Josef Reindl fasst die Entwicklung folgendermaßen zusammen: »Die Unternehmen verwandeln sich in lose verkoppelte Wertschöpfungsketten mit einem kleiner werdenden Stamm fester Mitarbeiter und einer größer werdenden flexiblen Reservearmee aus befristet Beschäftigten, Leiharbeitern und Subkontraktoren, die als Unternehmen oder als freie Mitarbeiter auftreten. In einer soziologischen Perspektive ist ein Prozess der Entbetrieblichung und Vermarktlichung des Unternehmens im Gange, ein Risikotransfer vom Unternehmen hin zu den labilisierten Beschäftigtengruppen und zu den selbständigen Satelliten des Unternehmensnetzwerks.«[58] Die Grammatik sozialer Ungleichheit verändert sich, indem sich die Arbeitnehmerschaft aufspaltet, indem das Arbeitsrecht bestimmte Schutzfunktionen aufgibt oder indem die Arbeitsbelastungen bei sinkenden Reallöhnen wachsen. Vieles spricht dafür, dass sich die Erwerbsarbeit für einen Gutteil der erwerbsfähigen Bevölkerung in intransparenter Weise zu einem

---

57 Vgl. Vogel, Leiharbeit, oder Promberger, Leiharbeit.
58 Reindl, Scheinselbstständigkeit, S. 416.

Kampfplatz entwickelt, der starke soziale Energien auf sich zieht und auf dem unter veränderten historischen Voraussetzungen um Überlebenssicherung auch an den Orten gerungen werden muss, an denen in den Nachkriegsjahrzehnten die berechtigte Hoffnung auf dauerhafte Sekurität bestand.

Diese Effekte rücken Luc Boltanski und Eve Chiapello in den Mittelpunkt ihrer »kritischen Kritik« des Kapitalismus. Die »Dekonstruktion der Arbeitswelt«[59] ist ihr zentrales Thema. Hier orten sie auch den Kern der normativen Verschiebungen, die den neuen Geist des Kapitalismus beleben. Dabei betonen sie, dass diese Dekonstruktion der Arbeitswelt keineswegs einem fatalistischen Muster des Zerfalls folgt. Die Akteure der Arbeitswelt lassen sich nicht ohne weiteres in Gewinner und Verlierer aufteilen. Auf den unterschiedlichen Ebenen des Arbeitslebens gibt es immer wieder erfinderische und innovative Strategien, die die Verlustlogiken der Exklusion oder die Gewinnstrategien der Teilhabe durchbrechen oder konterkarieren. Um diese theoretischen Vorannahmen empirisch zu veranschaulichen, diskutieren sie in ihrer Studie zum »neuen Geist des Kapitalismus« aktuelle arbeits- und industriesoziologische Forschungsliteratur. Im Kontext der Frage nach Dekonstruktion, Verwundbarkeit und Prekarität machen sie auf zwei Studien aufmerksam, die in paradigmatischer Weise über den Einzelfall hinausweisen und die Konsequenzen betrieblicher Reorganisation nachzeichnen.

Die Studie von Perilleux zur Neuorganisation einer Rüstungsfabrik gibt eine »sehr genaue Analyse der Selektionsformen, die die Entwicklung vom alten Fertigungswerk – eine Halle, in der 800 Frauen an Fabrikmaschinen arbeiteten – zur neuen Fabrik begleiten, die aus einem Komplex aus polyvalenten, informatikgesteuerten Maschinen besteht«.[60] In einem fünfjährigen Prozess wurde der Personalstand von 10 000 auf 1400 Mitarbeiter reduziert. In der technisch um- und aufgerüsteten Produktionshalle stellt jetzt ein Gutteil der ehemaligen Maschinenmeister das neue Bedienungspersonal. Sie konnten auf diese Weise zwar ihren Arbeitsplatz erhalten, jedoch mussten sie dafür den Preis der Dequa-

---

59 Boltanski/Chiapello, Der neue Geist des Kapitalismus, S. 261.
60 Ebenda, S. 292.

lifikation zahlen und sind mit deutlich verschlechterten Lohn- und Leistungsbedingungen konfrontiert. Die Hierarchieebenen des Betriebes wurden von neun auf vier reduziert. Die neue Organisation soll »Engagement« und »Eigenverantwortung« fördern. Bei der Personalauswahl wurden Tests und fachliche Eignungsprüfungen im Assesment Center zu Rate gezogen. Die psychologischen Testverfahren zielten auf das Verhalten in Gruppensituationen und auf Kompetenzen wie Teamfähigkeit und Kommunikationsvermögen. Ältere Selektionskriterien und Beförderungsmaßstäbe, zum Beispiel die Dauer der Betriebszugehörigkeit oder das innerbetrieblich erworbene Arbeitswissen, spielen jetzt keine Rolle mehr.

Aufschlussreich ist in diesem Kontext außerdem eine Studie zur Anwerbung und Rekrutierung von Arbeitskräften bei der Eröffnung eines neuen Zuliefererwerks in der Automobilindustrie. Die Stellenbewerber wurden einer Vielzahl differenzierter »psychotechnischer Tests« unterzogen, »mit denen ihre Anpassungsfähigkeit, ihre Geschicklichkeit, ihr Gedächtnis, ihr Farberkennungsvermögen [...] gemessen wurden. Ein Gespräch mit einem Psychologen zielte sodann darauf ab, die tatsächliche Motivation des Bewerbers, seine Stressverarbeitung angesichts der Just-in-Time-Produktion und der vielfältigen Einsetzbarkeit, sein emotionales Gleichgewicht, seine Teamfähigkeit und sein Verantwortungsbewusstsein zu bewerten. Alle verbliebenen Kandidaten wurden schließlich in einer ›normalen‹ Arbeitssituation während eines siebenwöchigen Zugangspraktikums getestet, das einem eventuellen unbefristeten Arbeitsvertrag voranging.«[61]

Boltanski und Chiapello können am Beispiel dieser und anderer Untersuchungen zeigen, dass die Veränderungen der Arbeitswelt auf unterschiedlichen Ebenen, in sehr verschiedenen Branchen mit sehr differenzierten Konsequenzen stattfinden. In ihrer Bilanz der Dekonstruktion heben sie die oft uneindeutigen Folgen hervor. Die Dekonstruktion ist nicht nur und nicht für alle gleichermaßen ein Verlustgeschäft. Dekonstruktion ist nicht Exklusion. Aber sie ist eben auch nicht die Fortentwicklung der alten klassengesellschaftlichen Strukturen in neuem Gewand. »Es ist unstrittig, dass die jüngeren Arbeitnehmer die alten Arbeitsorganisationsformen,

61 Ebenda, S. 293.

die Vorgesetzten der 60er Jahre und ihr autoritäres und moralisie-
rendes Auftreten heute ebenso wenig ertragen würden, wie ihre
Vorgängergeneration, die 1968 dagegen rebelliert hatte. Ebenso
unstrittig ist es, dass in vielen Fällen die Bereicherung der Arbeits-
aufgaben, die größeren Verantwortungsbereiche am Arbeitsplatz
und die leistungsbezogene Entlohnung wichtigen Forderungen der
Arbeitnehmer entsprochen haben. Doch muss auch betont werden, dass sich gleichzeitig der Status der Arbeitnehmer in den letzten zwanzig Jahren in vielerlei Hinsicht verschlechtert hat.«[62]

Warum kommt es zur Dekonstruktion der Arbeitswelt? Welche
ökonomischen, politischen oder rechtlichen Wirkzusammenhänge
sind hier am Werk? Die Standardantwort der vergangenen Jahre
war auch in der soziologischen Literatur in der Regel der Verweis
auf die Folgen der »Globalisierung«. Gebetsmühlenartig wurde die
neue Dominanz der globalen Ökonomie beschworen. Unentrinn-
bar sind nach Willen und Vorstellung der Globalitätslogik die nationalen Arbeitsgesellschaften in weltwirtschaftliche Sachzwänge
verstrickt. Nationale Politik ist demnach nur noch Reflex und
Appendix globaler Unternehmensstrategien. Externe Sachzwänge
des Wirtschaftlichen brechen sich ungehemmt Bahn. Wenn die
Welt zum Markt und zur effizienzorientierten Betriebsstätte wird,
dann wird die lokal gebundene Arbeitskraft zum Spielball wirtschaftlicher Kräfte und im Extremfall überflüssig. Wenn Konzerne
und Unternehmen internationale Investitionsentscheidungen treffen, dann stumpfen alle Steuerungssysteme und Planungsinstru-
mente ab, alle Gesetze und Gerichte des Nationalstaats sind wir-
kungslos. Doch haben wir es möglicherweise nicht mit einer
kapitalen »Fehldiagnose Globalisierung« (Daniel Cohen) zu tun,
wenn wir die Zunahme sozialer Ungleichheit und die verschärfte
Polarisierung der Einkommens- und Vermögensverhältnisse allein
oder weit überwiegend auf die Expansion und Dominanz der wirtschaftlichen Globalität zurückführen? Nach Auffassung des Ökonomen Daniel Cohen ist das populäre Globalisierungsargument
umzukehren, denn »nicht die Globalisierung ist für die immer
unsicheren Arbeitsverhältnisse [für die Dekonstruktion der Arbeitswelt, B.V.] verantwortlich, sondern umgekehrt: Unsere eigene

---

62 Ebenda, S. 308.

Neigung zur Veränderung der Arbeitswelt öffnet der ›Globalisierung‹ überhaupt erst den nötigen Raum und ist dafür verantwortlich, daß sie in Verruf gerät.«[63] Eine Vielzahl empirischer Studien kann keinen oder nur einen schwachen Einfluss des Welthandels auf die in allen Industrieländern wachsende ungleiche Einkommensverteilung nachweisen.[64] Verantwortlich für neue und scharfe Disparitäten in der Arbeitswelt ist weniger der globale Wirtschaftsaustausch, sondern viel eher der Wandel fortgeschrittener kapitalistischer Gesellschaften in dienstleistungsorientierte Ökonomien. Unsere Konsum- und Produktionsbedürfnisse, unsere Lebensführung und Alltagspraxis verändern die Arbeitswelt. Der neue Geist des Kapitalismus ist keineswegs ein Projekt, das nur von einer globalen ökonomischen Elite vorangetrieben wird. Zudem ist weithin bekannt, dass die Beschäftigung in einer dienstleistungsorientierten Ökonomie weit heterogener ist als die industrielle Arbeit. Wir treffen hier zwischen dem Banker und der Reinigungskraft, zwischen dem Regierungsrat und der Kellnerin auch auf größere Einkommensabstände als im Produktionsbereich. Hinzu kommt – wir haben es sehr deutlich im Bereich der öffentlichen Dienste gesehen – der Schub beruflicher Qualifizierung und Professionalisierung. Die Tertiärisierung der Ökonomie geht mit einem (Aus-)Bildungsschub einher. In der Industrie wächst der Anteil der technischen Kräfte und der Ingenieure, im Dienstleistungssektor vergrößert sich der Sektor der Experten- und Leitungstätigkeiten. Die Gruppe der neuen Arbeitnehmer, die über starke berufliche Qualifikationen und schwache soziale Sicherheiten verfügen, wächst.[65]

Mehr Dienstleistungen heißt größere Instabilität der Erwerbslaufbahnen, stärkere Lohnspreizung und sehr unterschiedliche soziale Karriereperspektiven.[66] Die qualifizierten Arbeitskräfte sind weiterhin Stützen des arbeitsgesellschaftlichen »Systems«, aber die Verwertung ihrer Arbeitskraft unterliegt Schwankungen

---

63 Cohen, Fehldiagnose Globalisierung, S. 15.
64 Ebenda, S. 76 f.
65 Vgl. Vester u. a., Die neuen Arbeitnehmer.
66 Vgl. dazu zum Beispiel Häußermann/Siebel, Dienstleistungsgesellschaften.

und ist verwundbar geworden. Noch ein weiterer Aspekt tritt hinzu: Die Veränderungen in den familiären Strukturen bleiben nicht ohne Folgen auf das Gefüge sozialer Ungleichheit. Auch die Trends zum Singledasein und zur Kinderlosigkeit, also zur Abkoppelung von der Herkunftsfamilie und der Nichtgründung neuer familiärer Zusammenhänge, haben Ungleichheitseffekte. Doch auch hier sind eher veränderte individuelle Bedürfnisse der Lebensführung und wohl kaum die abstrakten Mächte internationaler Konzerne am Werk. Weitere empirische Hinweise zu den ungleichheitssoziologischen Fallen des Globalisierungsdiskurses erhalten wir von dem amerikanischen Ökonomen Neil Fligstein, der vor dem Hintergrund der These, dass Globalisierung unmittelbar mit Deindustrialisierung, wachsender Einkommensungleichheit und Abbau des Arbeitnehmerschutzes in wohlfahrtsstaatlich formierten Arbeitsgesellschaften verknüpft wird, für eine empirische Abkühlung der Debatte plädiert.[67] Die Veränderungen innerhalb der Weltwirtschaft seien, so Fligstein, erheblich weniger spektakulär, als es die Globalisierungsthese behauptet. Die politische und rechtliche Regulation der Märkte im nationalstaatlichen Kontext hat weit stärkeren Einfluss auf die Entwicklung sozialer und materieller Ungleichheiten und auf die Ausgestaltung sozialer Sicherheit. Mit anderen Worten: In der Hitze der wirtschaftlichen Globalisierung schmilzt der Wohlfahrtsstaat als gesellschaftsformierende und ungleichheitsstrukturierende Institution keineswegs dahin. Zweifelsohne verändern sich unter dem Eindruck neuer weltwirtschaftlicher Verflechtungen die rechtliche Verfassung und die Struktur politischer Institutionen im nationalen wie transnationalen Rahmen. Diese Veränderung haben wir als stabilen Institutionenwandel, als eine Transformation von »sorgender« zu »gewährleistender« Staatlichkeit skizziert und charakterisiert. Die Kausalitätsannahme, Globalisierung führe zwangsläufig zur Zerstörung des nationalstaatlich organisierten wohlfahrtsstaatlichen Gefüges, ist empirisch hingegen nicht überzeugend zu belegen.[68]

---

67 Vgl. Fligstein, Verursacht Globalisierung die Krise des Wohlfahrtsstaates?.
68 Vgl. hierzu auch Goldthorpe, Globalisierung und soziale Klasse.

Die Beschäftigungsrisiken und -chancen sowie die Ungleichheiten der Arbeitswelt haben ihre wohlfahrtspolitische und klassenstrukturelle Grundlage nicht verloren. Der Übergriff sozialer und beruflicher Gefährdungen auf stabile Bastionen männlicher Erwerbstätigkeit und auf die Zonen (hoch)qualifizierter Arbeit[69] – also die bereits skizzierten Prozesse sozialer Verwundbarkeit und prekären Wohlstands – haben mit weltwirtschaftlichen Veränderungen nach vorliegenden empirischen Befunden nur sehr bedingt zu tun. Die Aufmerksamkeit richtet sich daher auf die *Formierungsleistungen und Strukturfolgen der Arbeitsmarkt- und Beschäftigungspolitik* sowie der *arbeitsrechtlichen Justierung*.

Der nationale Rahmen verliert hier keinesfalls an Relevanz. Für den deutschen Fall lässt sich bereits heute exemplarisch zeigen, dass die Politik der sogenannten Hartz-Reformen zur Pluralisierung und Dekonstruktion der Arbeitswelt beigetragen hat.[70] Die Studie von Oschmiansky konzentriert sich dabei auf veränderte arbeitsmarktpolitische Instrumentarien sowie auf modifizierte beschäftigungspolitische Rahmenbedingungen. Die verschärften Zumutbarkeits- und Sanktionsregeln der neu geordneten Arbeitsverwaltung bleiben dabei unberücksichtigt, obwohl auch sie vielleicht »indirekt zur Förderung atypischer Erwerbsformen beigetragen haben«.[71] Eine Reihe empirischer Studien unterstreicht den politischen Erfolg einer neuen arbeitsrechtlichen, statusbezogenen und beschäftigungsarchitektonischen Pluralisierung der Arbeitswelt durch die Gesetzesreformen der »Modernen Dienstleistungen am Arbeitsmarkt«. Mit der Förderung der Minijobs, der »Arbeitsgelegenheiten mit Mehraufwandsentschädigungen« (vulgo: Ein-Euro-Jobs), der »Ich-AGs« und der befristeten Teilzeitbeschäftigung sowie der Deregulierung der Leiharbeit wurde ein deutlicher politischer und rechtlicher Rahmen zur Dekonstruktion einer am Normalarbeitsverhältnis orientierten Arbeitswelt geleistet. Der Effekt der Dekonstruktion ruht vor allen Dingen auf den durch die Arbeitsmarktpolitik ausgelösten Substituierungsprozessen. Prekäre Beschäftigungsformen kommen mithin kaum als neue Ar-

---

69 Ebenda, S. 42f.
70 Vgl. Oschmiansky, Der Wandel der Erwerbsformen, S. 20ff.
71 Ebenda, S. 21.

beitsverhältnisse hinzu, sondern ersetzen und unterminieren bestehende.[72] Auf diesem Wege wandert prekäre Beschäftigung in die stabilen Zonen der Arbeitnehmergesellschaft ein. Sie verlässt – politisch gefördert – die Rand- und Pufferzonen der Arbeitswelt. Das *Arbeitsrecht* bietet ein weiteres *exemplarisches Feld der Dekonstruktion der Arbeitswelt.* Das Arbeitsrecht war im »sorgenden Wohlfahrtsstaat« der Nachkriegsjahrzehnte die zentrale »Arena der Konfliktinstitutionalisierung«.[73] Als Schutzrecht der abhängigen Arbeit »strukturiert [es] über das Betriebsverfassungsrecht und das Tarifvertrags- und Arbeitskampfrecht den Rahmen für die kollektiven Arbeitnehmerrechte. Die dadurch eingetretene Verrechtlichung der Arbeitsbeziehungen neutralisiert zahlreiche Konfliktgegenstände aus der direkten Konfrontation zwischen den Sozialpartnern. Arbeitsrechtliche Streitigkeiten machen diese berechenbar und über die Instanzen der Arbeitsgerichtsbarkeit sowohl revisionsfähig wie fortbildungsoffen.«[74] In seiner Fortbildung war das Arbeitsrecht als Schutzrecht immer ein grenzziehendes Recht. Die Grenzziehungen des Arbeitsrechts erfolgen in inhaltlicher, räumlicher und zeitlicher Absicht. Die Regeln zur Gestaltung der Arbeitszeit gehören zu den ältesten Begrenzungen des Arbeitsverhältnisses – beispielsweise das Arbeitszeitgesetz, das Bundesurlaubsgesetz und zahlreiche tarifliche Verabredungen zur betrieblichen Gestaltung der Arbeitszeit. Die in den vergangenen Jahren unter den Stichwörtern Flexibilität und Mobilität diskutierten »Entgrenzungen« der Erwerbsarbeit bleiben nicht ohne Folgen für das Arbeitsrecht, das sich durch diese arbeitsweltlichen Veränderungen stark herausgefordert sieht. Wie reagiert das Arbeitsrecht? Verstärkend? Korrigierend? Neue Grenzen ziehend? Normbildend für die abhängige Erwerbsarbeit ist die vertraglich unbefristete und vollzeitig ausgeführte Erwerbstätigkeit – das »Normalarbeitsverhältnis«. Doch wie gezeigt schrumpfen diese unbefristeten und vollzeitigen Beschäftigungsverhältnisse seit eini-

---

72 Vgl. hierzu Bofinger u.a., Vorrang für das reguläre Arbeitsverhältnis; Hohendanner, Verdrängen Ein-Euro-Jobs sozialversicherungspflichtig Beschäftigte, sowie Kaldybajewa u.a., Minijobs.
73 Lepsius, Die Prägung der politischen Kultur, S. 74.
74 Ebenda, S. 76.

gen Jahren je nach Branche unterschiedlich stark. Es findet eine zeitliche Entgrenzung der Erwerbsverhältnisse statt, aber auch eine zunehmende räumliche Auflösung der Grenzen der Arbeit. Betriebliche Ausgliederungen in Form von Profit- und Cost-Center-Strukturen, die Verlagerung von Produktionsstätten und internationale betriebliche Netzwerkbildung, auch die telekommunikativ mögliche Verlagerung der Arbeit vom Betrieb in den Privathaushalt haben neue räumliche Zuordnungsverhältnisse der Arbeit geschaffen. Ebenso haben sie die einst rechtlich klar definierten Grenzen zwischen den Statusformen der Erwerbstätigkeit aufgelöst. Die Grundformen von Angestellten und Arbeitern sind in der vereinheitlichenden Kategorie des Arbeitnehmers aufgehoben. Doch charakteristisch für den Prozess der Entgrenzung der Erwerbsarbeit ist weniger die Vereinheitlichung, sondern vielmehr die Vervielfältigung der Erwerbsformen. In Richtung einer »Aufgliederung des Status der abhängig Beschäftigten weisen die teils arbeitsrechtlich, teils sozialrechtlich erzeugten intermediären Erscheinungsformen der Erwerbstätigkeit zwischen Selbständigkeit und Abhängigkeit«.[75] Hierzu zählen die »Scheinselbständigen«, die heterogene Gruppe der freien Mitarbeiter, die Praktikanten, Volontäre und Aushilfskräfte sowie die im Nebenberuf selbständig Erwerbstätigen. Intermediären Charakter tragen zudem die Beschäftigungsformen derjenigen, die mit staatlicher Förderung in die Selbständigkeit starten, sowie derer, die nach § 16 SGB II in den neu geschaffenen Arbeitsgelegenheiten tätig sind, die jedoch kein Arbeitsverhältnis im Sinne des Arbeitsrechts begründen. Diese Übergangszonen sind typisch für die Entgrenzungen der rechtlichen und sozialen Gestalt der Erwerbsarbeit. Gleichwohl betont Höland, dass eine Beschreibung der Veränderungen des Arbeitsrechts zu kurz greifen würde, die allein auf dessen Demontage abstellt. Vielmehr zeichnet sich die Entwicklung des Arbeits- und Sozialrechts aktuell durch eine »Doppelmechanik« aus: »Es [das Arbeitsrecht, B.V.] befördert auf der einen Seite die Veränderung von Grenzen durch die Öffnung oder jedenfalls Ausweitung von Tatbeständen. Und es zieht auf der anderen Seite neue Demarkationslinien oder schafft Verfahren für eingrenzende Aushandlungs-

---

75 Höland, Die Doppelmechanik des Arbeitsrechts, S. 86.

prozesse.«[76] Das Arbeitsrecht verschwindet nicht, und die Arbeitskraft wird nicht schutzlos den Märkten überantwortet. Die »Doppelmechanik« steckt die Grenzen arbeitsrechtlicher Regulation neu ab – zu Lasten bestimmter Beschäftigungsformen und Beschäftigtengruppen, aber auch zum Nutzen neuer Interessen und Regulierungsbedürfnisse in der Arbeitswelt.

Was können wir an dieser Stelle festhalten? In die Sozialstrukturanalyse und in die soziologische Ungleichheitsforschung sind produktive Skepsis und Bewegung gekommen. Das Vokabular sozialer Ungleichheit wird neu bedacht. Die soziale Verwundbarkeit und der prekäre Wohlstand werden zu neuen kategorialen Orientierungspunkten der Sozialstrukturanalyse. Die Rede von starken Trennungen und manifesten Spaltungen tritt in den Hintergrund. Ausschlussklarheiten müssen mit einem Fragezeichen versehen werden. Die Prozesse sozialer und arbeitsweltlicher Ungleichheit erscheinen zunehmend in neuem Licht. Von Dekonstruktionen und Verschiebungen ist die Rede und nicht von Bruch und Zerfall. Aber auch die Ursachen wachsender Ungleichheit werden in anderer Weise beleuchtet – politische und soziale Fragen kommen ins Spiel und der methodologische Globalismus, der nur noch die Prozesse und Dynamiken der Globalisierung und die allmähliche Konstitution der Weltgesellschaft kennt, wird zurechtgerückt. Soziale Ungleichheiten stehen und entstehen nach wie vor im politisch konstituierten Rahmen des Nationalstaats und im ökonomischen Umfeld einer Volkswirtschaft. Kurzum, die Sozialstrukturanalyse öffnet sich in der Debatte um widersprüchliche Soziallagen der Verwundbarkeit und Prekarität neuen konzeptionellen Denkrichtungen und empirischen (Forschungs-)Perspektiven. Eine soziologisch interessante Zone der Ungewissheit und Uneindeutigkeit kommt in den Blick, in der die Auseinandersetzungen und Konflikte um den erreichten Lebensstandard im Zentrum stehen. Aufstiegshoffnung, Stabilitätswunsch und Verlustangst werden als Spannungsfelder des Sozialen in Zeiten wohlfahrtsstaatlichen und arbeitsgesellschaftlichen Wandels sichtbar. Es geht um Minusvisionen, Unregelmäßigkeiten, aber auch um neue Gelegenheiten.

---

76 Ebenda, S. 86.

Ungleichheitsprozesse. Minusvisionen und neue Gelegenheiten

Ein Blick auf die Mittelklasse in Zeiten wohlfahrtsstaatlicher Statusentsicherung lässt schlaglichtartig die Neukonturierung sozialer Ungleichheiten erkennen. Mit der Diskussion sozialer Verwundbarkeit und prekären Wohlstands treten in der Ungleichheitsforschung die Minusvisionen derjenigen in den Vordergrund der konzeptionellen Überlegungen und der empirischen Bemühungen, die bislang auf weitgehend gesicherte Positionen vertrauen konnten. Nicht die Erosion oder gar Auflösung der gesellschaftlichen Mitte ist in diesem Kontext angesprochen, sondern die verbesserte Sichtbarkeit sozialer Gefährdungen, die sich zu Abwärtsbewegungen zu verfestigen drohen. Diese Verläufe kommen als materieller Verlust daher, als symbolische Statusbedrohungen, als sozialversicherungstechnische Inkonsistenz oder auch als verminderte arbeits- und tarifrechtliche Schutzrechte. Konstellationen und Figurationen der Gefährdung treten in den Vordergrund. An welche vielfältigen Figurationen ist dabei zu denken? Zum Beispiel an familiär verpflichtete *Alleinverdiener*, die ihr Haushaltsbudget in prekärer Balance zu halten versuchen, an *Mehrfachbeschäftigte*, die mittels »Job-Mix« ihr Auskommen bestreiten, an qualifizierte *Fachkräfte*, die als Leiharbeiter den Anschluss an die Arbeitswelt halten wollen, an *Beschäftigte in Kleinbetrieben*, die durch Lohnverzicht den eigenen Arbeitsplatz zu stabilisieren versuchen, an Existenzen *prekärer Selbständigkeit*, die sich von Auftrag zu Auftrag hangeln, oder auch an *Angestellte im öffentlichen Dienst*, deren berufliche Hoffnungen und materielle Erwartungen im »New Public Management« ihr Ende fanden. Alle diese Konstellationen, Figuren und Arbeitswelten haben mit sozialen Randlagen nichts zu tun. Sie finden sich im Zentrum der Gesellschaft. Das Bemerkenswerte dieser Konstellationen ist in aller Regel ihr *vordergründiges Stabilitätsbild*, das von den Kämpfen, Konflikten und Kosten im Hintergrund nur wenig erahnen lässt. Einiges spricht dafür, dass wir es hier in vielen Fällen mit prekären Wohlstandslagen, oftmals auch mit kreditbelastetem Scheinwohlstand zu tun haben. Solche Arrangements enden keinesfalls zwangsläufig in Armut. Erstaunlich ist eher deren oft langfristige Tragfähigkeit.

Wer die soziale Frage heute als Wohlstandsfrage stellt, darf daher nicht von vornherein auf eine effektvolle Dramaturgie sozialer Probleme rechnen. Wir haben es an dieser Stelle eben nicht mit der »ewigen Wiederkehr des Unglücks« zu tun, sondern mit neuen Formen der Verwundbarkeit und Prekarität vor dem Hintergrund staatlicher Sicherungen und auf der Grundlage eines nach wie vor funktionsfähigen Wohlfahrtsstaates.[77]

Wenn wir die Veränderungen in der Mitte der Gesellschaft näher bestimmen, dann können wir erkennen, dass *zwei zentrale Mittelklassemilieus* als (ehemalige) Aufsteigergruppen auf besondere Weise unter Druck und in Anspannung geraten sind. Die Rede ist zum einen vom *gewerkschaftlich organisierten Milieu der industriellen Facharbeiterschaft*, das sich in den Nachkriegsjahrzehnten auf den Grundlagen tarifvertraglicher Disziplin, gemeinwohlorientierter Mitbestimmung und konfliktscheuer Leistungsbereitschaft durchzusetzen und zu etablieren vermochte.

Auf der anderen Seite attackieren die staatlichen und arbeitsgesellschaftlichen Veränderungen in starkem Maße das *Mittelklassemilieu öffentlicher Dienste*, das auf klar geordneten Berufslaufbahnen, moderater, aber sicherer Entlohnung und wechselseitiger Loyalität ruhte. Im industriellen Facharbeitermilieu etablierte sich in den Jahrzehnten sorgender Wohlfahrtsstaatlichkeit die neue, vorwiegend männlich geprägte Mittelklasse, im öffentlichen Dienst und in seinen angeschlossenen Korporationen und Institutionen hingegen deren weibliche Variante. Für beide Milieus gilt, dass mit der tendenziellen Auflösung der engen Verbindung von sorgender, intervenierender Staatlichkeit und korporativ organisierter Arbeitswelt die Geschäftsgrundlagen ihres sozialen Erfolgs zumindest brüchig werden, wenn nicht sogar verschwinden. Die gesellschaftspolitische Brisanz dieser Verschiebungen im Ungleichheitsgefüge besteht nun darin, dass die Fachkräfte in Industrie und öffentlicher Verwaltung nach wie vor zentrale Trägerschichten der Wohlstandsökonomie und des politischen Gemeinwesens repräsentieren. Auf diese Entwicklung weisen empirische Studien hin, die sich den neuen Ungleichheitsverhältnissen widmen.

---

77 Vgl. Castel, Die Metamorphosen der sozialen Frage, S. 401 ff.

Minusvisionen in der Mittelklasse

Im Bericht der Europäischen Kommission »Soziale Prekarität und soziale Integration«, erarbeitet von Serge Paugam und Duncan Gallie, wird zunächst einmal deutlich, dass sich in der Zunahme von Unsicherheit und Prekarität kein universaler Trend der Arbeitswelt spiegelt, der alle Beschäftigtengruppen in gleicher Weise erfasst. Interessant ist vielmehr, in welcher Weise und an welchen Orten sich neue soziale Differenzen bilden. Neben der verfestigten Prekarität in der Arbeiterschaft findet sich in der EU-Studie eine signifikante Steigerung sozialer und beruflicher Unsicherheit bei den dienstleistenden Kerngruppen der »arbeitnehmerischen Mitte«. Hierzu zählen die leitenden Angestellten und die Bürokräfte der privaten Wirtschaft bzw. des öffentlichen Dienstes. Die Studie von Paugam und Gallie zeigt für den europäischen Raum, dass die Zeit der von dem amerikanischen Ökonomen Paul Krugman beschriebenen »great compression« vorbei zu sein scheint, also die Zeit der Etablierung und Stabilisierung einer erstaunlich stabilen Mittelklassegesellschaft mit relativ gleichmäßiger Einkommensverteilung, egalitären Konsummöglichkeiten und kultureller Standardisierung. In der Mitte des sozialen Raums kommen Prozesse der sozialen Differenzierung in Gang, die Einkommensverteilung wird ungleicher, die Konsumchancen fallen auseinander und die Distinktionsbedürfnisse wachsen.

Hinweise auf Wohlstandssorgen und Abgrenzungswünsche erhalten wir aus den »Hannoveraner Milieustudien«.[78] Sie zeigen, dass sich nichtakademische »Intelligenzberufe« und »Semiprofessionen« der Technik, der Verwaltung oder der medizinisch-sozialen Dienstleistungen, mithin prototypische Berufe und Aufsteigermilieus der sozialen Mitte, in doppelter Hinsicht in ihrer Stabilität und sozialen Selbstgewissheit bedroht sehen.[79] Erstens wachsen die beruflichen, arbeitsrechtlichen und betrieblichen Unsicherheiten, zweitens bleibt mit Blick auf die eigenen Kinder die bange Frage nach der Stabilität des Erreichten. Prekarität wird hier auch als Generationenfrage, als Frage nach der Fähigkeit zur sozialen Vererbung sichtbar. Denn offensichtlich finden sich gerade in die-

---

78 Vgl. Vester u.a., Soziale Milieus im gesellschaftlichen Strukturwandel.
79 Vgl. Vester, Die »Eieruhr-Gesellschaft«.

sen Milieus berufliche und soziale Aufsteiger, die nach den Mühen der Vergangenheit nun mit der Ungewissheit der Gegenwart und der Fragwürdigkeit ihrer Zukunft und der ihrer Kinder konfrontiert sind. Doch es kommt noch ein weiterer Punkt hinzu. Abstiegsgefahr verbindet sich für spezifische Milieus der sozialen Mitte mit Aufstiegsblockaden. Hierfür ist nach den Hannoveraner Befunden primär die strukturelle und organisatorische Entwicklung des Dienstleistungssektors verantwortlich. Private und öffentliche Dienstleistungen waren – wie bereits geschildert – in der Nachkriegsentwicklung soziale Aufstiegsleiter und berufliches Auffangbecken für die Folgen der Beschäftigungsverluste in Industrie und Landwirtschaft. Hier boten sich neue professionelle Perspektiven für Berufseinsteiger und (bessere) Alternativen für Berufsumsteiger. Doch gerade in diesem Arbeitsmarktsegment zeichnen sich seit einiger Zeit gravierende Veränderungen ab. Der Dienstleistungssektor »bietet nicht mehr, wie in den ›goldenen Jahren‹, eine Masse von Arbeitsplätzen der herkömmlichen Angestellten mit mittleren Qualifikationen und Einkommen, sondern […] vor allem Arbeitsplätze der Hochqualifikation und Niedrigqualifikation, beide mit besonderer weiblicher Komponente«.[80] Nach den Befunden dieser Studie spaltet sich die Mittelklasse. Verschwindet auf diese Weise die Mitte der Mittelklasse? Zumindest entwickeln sich jenseits des alten Zentrums der Mittelklasse sowohl bei den hoch- als auch bei den niedrig qualifizierten Dienstleistungen offensichtlich Phänomene »prekärer Stabilität«, die in feinem Unterschied zur »stabilen Prekarität« der (industriellen) Arbeiterschaft stehen. Beispiele für »hochqualifizierte prekäre Stabilität« sind Journalisten, die von Verlagen als Dauerleiharbeitskräfte von einer Agentur angeheuert werden, oder IT-Spezialisten, die sich durch gut bezahlte Kurzfristverträge hangeln. Daneben sind in den vergangenen Jahren, so die Hannoveraner Studie, eine Vielzahl gering entlohnter, arbeitsrechtlich »entsicherter« und befristeter Arbeitsplätze im Gesundheitssektor, in der Weiterbildung, der Altenpflege oder der Sozialarbeit entstanden, die die qualitative Struktur der Dienstleistungsbeschäftigung nachhaltig verändern. Mit diesem Schwund des Zentrums der Mitte

---

80 Ebenda, S. 9.

verändern sich freilich auch Erwartungshorizonte und Hoffnungs-
räume. Auf diese Aspekte enttäuschter Erwartungen und uner-
füllter Hoffnungen verweisen aktuell unter dem Titel »Die neuen
Arbeitnehmer. Zunehmende Kompetenzen – wachsende Unsicherheit«[81] Befunde einer neuen Untersuchung. Diese sehr reflektierte
und empirisch gehaltvolle Studie konzentriert sich auf die expansiven und »jungen Milieufraktionen« der sogenannten modernen
Arbeitnehmer, die überwiegend in technischen Dienstleistungsberufen mit mittlerem oder gehobenem Qualifikationsniveau tätig
sind. In diesem Milieu finden sich viele Abiturienten, die ihren
höheren Schulabschluss allerdings in der Regel für einen Fach-
schulbesuch nutzen und weniger für den Aufstieg in akademische
Berufe.[82] Dieses Milieu repräsentiert beispielhaft die gesellschaftliche und wirtschaftliche Entwicklung hin zu einer industriellen
»Ökonomie der Hochqualifikation«. Die Ergebnisse der Hannoveraner Studien zeigen, dass zahlreiche Beschäftigte dieses Milieus
aufgrund beschäftigungs- und organisationspolitischer Strategien
in eine Krise ihrer Berufsstellung, in eine »Statuskrise« geraten
sind. Die »Kompetenzrevolution« trifft in einer sehr widersprüchlichen und konfliktreichen Weise auf Strategien der Entwertung
der Arbeitskraft. »Einerseits wird ihre Arbeit anspruchsvoller,
kompetenter und unerlässlicher für die Leistung und Exportkraft
der Wirtschaft. Andererseits verlieren viele von ihnen ihren bisherigen relativ privilegierten und gesicherten Berufsstatus. Das
heißt, die Berufsqualifikationen steigen und werden dann aus
funktionalen und machtpolitischen Gründen wieder entwertet.«[83]
Während die Zahl der höheren Berufsqualifikationen stetig an-
wächst, erodiert deren Privilegierungsfunktion. Höhere Bildungsabschlüsse und technische Qualifikationen verlieren in der Welt
der Industriearbeit den Seltenheitswert, der vormals aussichtsreiche berufliche Perspektiven ermöglichte und vor Entlassung
oder Herabstufung zu schützen vermochte. Ehemals spezifischen
Qualifikationsgruppen vorbehaltene Tätigkeiten können zudem
unter den veränderten technischen Voraussetzungen ausgelagert

---

81 Vgl. Vester u.a., Die neuen Arbeitnehmer.
82 Ebenda, S. 42.
83 Ebenda, S. 67.

werden. Hochqualifizierte Arbeit wird von außerhalb günstig ein-
gekauft – nicht nur aus Indien oder China, sondern auch von pro-
jektgebundenen Anbietern im eigenen Land. Die Hannoveraner
Milieustudien zeigen an dieser Stelle, dass »Verwundbarkeit« und
»Prekarität« der eigenen Position eben nicht nur ein unbestimmtes
Gefühl ist, eine zu allen Zeiten vorhandene fluktuierende Angst
der Mittelklasse, sondern eine konkrete Erfahrung aus dem beruflichen Alltag hochqualifizierter Industriearbeit, die mit strukturellen Veränderungen des (Berufs-)Bildungssystems und industrieller Produktionszusammenhänge zu tun hat.

Auf die Diffusion sozialer Ängste und Befürchtungen macht
die von der Friedrich-Ebert-Stiftung in Auftrag gegebene Studie
»Gesellschaft im Reformprozess« aufmerksam, die im Herbst
2006 für politische und publizistische Aufmerksamkeit gesorgt
hat, nachdem mit ihren Daten auf die Expansion einer neuen
Unterschicht des »abgehängten Prekariats« geschlossen wurde.
Die Daten der Studie zeigen jedoch die dominante gesellschaftliche Grundstimmung aus Anspannung und Verunsicherung, die
weit über den Bereich der »Unterschichtenmilieus« hinausreicht.
63 Prozent der Befragten geben an, dass ihnen die gesellschaftlichen Veränderungen Angst machen, 46 Prozent erleben ihr Leben
als ständigen Kampf. Bemerkenswerte 49 Prozent geben an, dass
sie befürchten, in Zukunft ihren Lebensstandard nicht halten zu
können, und immerhin 14 Prozent sehen sich in jeder Hinsicht als
Verlierer der gesellschaftlichen Entwicklung bzw. als ins Abseits
Geschobene.[84] Schließlich ist in diesem Zusammenhang noch
die Bielefelder Langzeitstudie »Deutsche Zustände« zu erwähnen.
Sie vermittelt seit einigen Jahren einen guten Eindruck von den
mentalen Orten der Sicherheitsbesorgnis, der Statusängste und
der damit verknüpften gesellschaftlichen Ressentiments. Die Befunde der Untersuchung zeigen »eine sowohl beunruhigte als auch
beunruhigende Mitte, denn die Kontrolle über die eigene Lebens-
planung und das Reservoir von Anerkennungsmöglichkeiten werden in der Gesamtentwicklung von Desintegrationsängsten und
-erfahrungen auch für sie prekär.«[85] Des Weiteren geben uns die

---

84 Vgl. Müller-Hilmer, Gesellschaft im Reformprozess.
85 Heitmeyer, Wo sich Angst breit macht, S. 21.

Daten dieser Untersuchung den Hinweis, dass zwischen 2002 und 2006 die Zahl derer, die konkret befürchten, dass sich ihre Lage in der kommenden Zeit verschlechtern wird, von 24 Prozent auf 38 Prozent gestiegen ist. Alle genannten Studien – auf die wichtige Untersuchung zur schrumpfenden Einkommensmitte des Deutschen Instituts für Wirtschaftsforschung (DIW)[86] werde ich im abschließenden Kapitel zurückkommen – vermitteln den empirisch gut gesicherten Eindruck, dass die Sorge, nichts mehr gewinnen, aber viel verlieren zu können, ein Gutteil der mittleren Lagen der Gesellschaft zu beschäftigen scheint. Die empirischen Befunde umreißen ein Szenario drohender sozialer Abstiegsprozesse, in dessen Mittelpunkt gerade diejenigen Arbeitnehmergruppen stehen, die vor Jahren noch zu den Aufsteigermilieus zählten und sich (mit gutem Recht) auf der sicheren Seite des wirtschaftlichen und gesellschaftlichen Umbruchs wähnen konnten.[87]

Neue Gelegenheiten für die Mittelklasse

Doch kein gesellschaftlicher Wandel, der nur Verlierer, Absteiger und Verlustbilanzen kennt. Im Zuge arbeitsgesellschaftlicher und wohlfahrtsstaatlicher Veränderung eröffnen sich für bestimmte Gruppen und an bestimmten Orten auch neue Gelegenheiten, Opportunitäten treten neben Minusvisionen. Die Marktorientierung staatlichen Handelns, der Lobpreis der individuellen Autonomie und des knappen Kalküls, die steigende Nachfrage nach Beratung, Therapie oder Mediation eröffnen qualifizierten Fachkräften neue soziale Perspektiven, berufliche Gelegenheiten und respektable Karrierefelder. In der Veränderung der Professionen und der organisatorischen Ausrichtung der Arbeitswelt formiert sich die fachgeschulte Mittelklasse neu. Daran zeigt sich, dass der Wohlfahrtsstaat, der wichtige Bereiche seiner mittelbaren wie unmittelbaren Aufgabenerfüllung vermarktlicht, vertraglicht und ausgliedert, im Zuge seiner Neujustierung keineswegs seine gestaltende Kraft verliert. Unter den Rahmenbedingungen gewährleistender Staatlichkeit machen neue Leitfiguren Karriere. Hier ist zum Beispiel an

---

86 Vgl. Grabka/Frick, Schrumpfende Mittelschicht.
87 Vgl. zur Nachhaltigkeit von Aufstiegsprozessen sehr interessant Fuchs/ Sixt, Zur Nachhaltigkeit von Bildungsaufstiegen.

den *Controller* zu denken, der vom neuen betriebswirtschaftlichen Effizienzdenken in der öffentlichen Verwaltung profitiert, an den *Projektentwickler*, der als Handlungstyp auch außerhalb des akademischen Feldes rege Nachfrage in zahlreichen öffentlichen wie privaten Dienstleistungen findet, oder an den *Therapeuten*, der aus der Psychologisierung sozialer und beruflicher Beziehungen Gewinn zu ziehen vermag. Als neuer Arbeitnehmertypus treten auch die *Case-Manager* auf, die man nicht nur in den neu eingerichteten Job-Centern der Bundesagentur für Arbeit findet, sondern zum Beispiel auch im Gesundheitssektor. Das Fallmanagement gehört zur wachsenden Familie der »Outsourcing-Dienstleistungen«, die im Falle der Job-Center gewichtigen Einfluss auf die beruflichen und sozialen Laufbahnen ihrer Klientel nehmen. Im Bereich des Gesundheitswesens umfasst das Fallmanagement den ausgelagerten Sozialdienst der Kliniken, die Arbeitsvorbereitung in den Rehabilitationseinrichtungen, die Leistungsoptimierung der Kassen oder die (den Patienten abgenommene) Organisation der Heilbehandlung. Zu einer Aufzählung neuer Karrierefelder im und durch den gewährleistenden Staat gehört auch die wachsende Zahl der *Mediatoren*, die ein staatlich gefördertes Konfliktmanagement betreiben, um die Notwendigkeit staatlicher Intervention in soziale Auseinandersetzungen zu minimieren. Die meisten Mediatoren haben sich, je nach Ausbildung, Berufs- und Lebenserfahrung, auf Konflikte in Partnerschaft und Familie, in Schule und Jugendarbeit, im Bau- und Gerichtswesen, bei politischen und interkulturellen Konflikten spezialisiert.[88] Schließlich sind in diesem Zusammenhang die *Berater* als Berufsgruppe und Branche zu nennen. Das neue Modell staatlicher Gewährleistung stärkt offensichtlich den Beratungsbedarf der Bürger. Die Privatisierung staatlicher Versorgungsleistungen steigert die Notwendigkeit individueller Entscheidungen. Das Spektrum neuer Möglichkeiten vorgeblich souveräner Konsumenten reicht von der Wahl einer leistungsfähigen Krankenversicherung über die richtige Höhe der privaten Altersvorsorge und günstigste Telefonanbieter bis hin zu Finanzdienstleistungen und Angeboten zur Geldverwaltung. Hier öffnen sich unter anderem neue und aussichtsreiche Märkte für

---

88 Vgl. hierzu Buono u. a., Die Mediation.

das Versicherungs- und Bankwesen.[89] Die Berater sind dabei gleichermaßen Zeugen, Beschleuniger und Profiteure der Verschärfung sozialer Ungleichheiten. Wohlhabende und bildungsstarke Haushalte profitieren als ressourcenstarke Konsumenten von der wachsenden Differenzierung und Privatisierung öffentlicher Dienstleistungen, indem sie nicht zuletzt private Beratung einkaufen (können). Dagegen geht die neue Unübersichtlichkeit öffentlicher Dienste, Sorgeleistungen und Sicherungen nach dem Rückzug des Staates zu Lasten der Haushalte, deren »Konsumentensouveränität« deutlich eingeschränkt ist. Alles in allem charakterisiert den Gewährleistungsstaat wesentlich, dass er den Beratungsbedarf in Fragen der Gesundheit, der Familie und der »richtigen«, das heißt selbstbeherrschten und eigenverantwortlichen, Lebensführung erhöht. Hierzu zählt auch die Sparte der neuen Haushaltsökonomie, die sich als Schul- und Studienfach die »finanzielle Allgemeinbildung« auf ihre Fahnen geschrieben hat. So entwickelt sich durch die veränderte wohlfahrtsstaatliche Architektur ein Beratungsmarkt, der neue Berufe schafft.

Wenn wir den Struktur- und Gestaltwandel der Mittelklasse unter dem Aspekt neuer Gelegenheiten und Karriereperspektiven diskutieren, dann dürfen wir die Entwicklung der »unternehmensbezogenen Dienstleistungen« nicht übersehen. Hier hat sich in einer neuen sozialen Zwischenschicht in den vergangenen Jahren neuer Wohlstand etabliert, der deutlich mit den faktischen und noch drohenden Verlusten der öffentlich Bediensteten und der facharbeitsbezogenen Mittelklasse kontrastiert. Auf der einen Seite sehen wir die staatlicherseits forcierte Schaffung neuer Berufsprofile, auf der anderen Seite entwickeln sich in der Privatwirtschaft die unternehmensbezogenen Dienstleistungen zu neuen Leitsektoren. Dieses Segment des Arbeits- und Wirtschaftslebens ist in den vergangenen zwei Jahrzehnten stark gewachsen, die Zahl der Beschäftigten hat sich auf 3,3 Mio. verdoppelt.[90] »Die Globalisierung der Wirtschaft, die Reorganisation und Rationalisierung der Unternehmen (Dezentralisierung), die Informatisierung der Ökonomie, neue Logistikkonzepte, die Beschleunigung

---

89 Vgl. Legnaro u. a., Kapitalismus für alle.
90 Vgl. Reindl, Das Wachstum industrieller Dienstleistungen, S. 511.

der Innovationszyklen, die Kapitalmarktorientierung vieler Firmen, die benchmark- und Zertifizierungsanforderungen, die Verschärfung der Konkurrenz (Marketing), die unbegrenzt wachsende Praxis des Vergleichens, die Überhandnahme bürokratischer Regulierung, die mit zunehmender Internationalisierung einhergeht – alle diese Erscheinungsformen modernen Wirtschaftens stellen einen idealen Nährboden für die Genese von qualifizierten Dienstleistern jeder Art dar. [...] [In die, B.V.] Konzipierung, Vermarktung und den Vertrieb von Produkten wird inzwischen weit mehr Arbeit investiert als in den Herstellungsprozess der Waren.«[91] Der Tertiärisierungsprozess der Wirtschaft, in dessen Folge sich ein immer dichterer Kranz von Dienstleistungen um die Produktion lagert, geht mit der inneren Tertiärisierung der Betriebe einher. Immer stärker halten mehr oder weniger verwissenschaftlichte Aufgaben im Produktionsprozess Einzug. Diese Entwicklung korrespondiert mit dem Niedergang der unmittelbaren industriellen Produktionsarbeit, aber auch mit dem Abstieg des immer noch relativ starken mittleren Status- und Qualifikationssegments in den Betrieben – den Bereichen, in denen die Betriebshandwerker oder die Techniker in Entwicklung, Vertrieb und Service tätig sind. Zusammengefasst heißt das, dass sich die privilegierten Beschäftigtengruppen einerseits in Branchen und Bereichen der Finanzdienstleister und Unternehmensberatungen, der Versicherungen sowie der global agierenden Fertigungs- und Transportunternehmen finden lassen. Diese Betriebe stützen sich auf spezialisierte Kleinbetriebe im Bereich des Produktdesigns, der Werbung, der Medien und der Computertechnik. Andererseits finden betriebsinterne Neudefinitionen von Statuspositionen und beruflichen Wertigkeiten statt. Hierbei zählen nicht mehr Kriterien des Dienstalters, der zurückgelegten Karriere oder beruflicher Erfahrung, sondern die Fähigkeit, sich der veränderten Arbeitswirklichkeit von Public Relations und Marketing anzupassen. Diese Fragmentierungen und (siehe oben) Dekonstruktionen der Arbeitswelt haben freilich ein sozialstatistisches Repräsentationsdefizit. In den Kategorien und Klassifikationen der Berufs- und Erwerbstätigenstatistik können diese Veränderungen nur unzureichend abgebildet

---

91 Ebenda.

werden. Der anhaltende Strukturwandel von einer um industrielle Produktion organisierten Wirtschaft hin zur Dienstleistungsökonomie lässt sich statistisch gut erfassen, die (semi)professionellen Gewichtsverlagerungen, die beispielsweise innerhalb der »sonstigen Dienstleistungen« stattfinden, bleiben jedoch unbeobachtet. Dabei finden gerade in diesem Feld, das auch weite Bereiche der Wohlfahrtsökonomie, der sozialen Dienste und der öffentlichen Daseinsvorsorge umfasst, die Auf- und Abstiegsprozesse sowie die Auf- und Abwertungskämpfe statt, die für die interne Dynamik und den strukturellen Wandel der Mittelklasse relevant sind.[92]

Der Preis der Veränderung für die Mittelklasse
Die Gesellschaftspolitik des sorgenden Staates richtete sich auf die Homogenisierung einer stabilen Mittelklasse. Im politischen und rechtlichen Prozess institutioneller Fortbildung zum gewährleistenden Wohlfahrtsstaat kommt es zur Vervielfältigung und zur Differenzierung sozialer Lagen und Arbeitswirklichkeiten. Wachsende soziale Ungleichheiten werden – insbesondere mit Blick auf Arbeitsmärkte und Betriebe – weniger als Fehlentwicklung, sondern eher als neue Triebkraft gesellschaftlicher Innovation und Veränderung thematisiert. Soziale und berufliche Unregelmäßigkeiten gewinnen daher an Kraft und verlieren den Charakter ausgleichsbedürftiger Defizite. Das Bemerkenswerte am forcierten Strukturwandel der Mittelklasse ist, dass Abstiegsgefahren wachsen und sich zugleich, wenn auch in geringerem Maße als zu Zeiten des wohlfahrtsstaatlichen »take off« der unmittelbaren Nachkriegsjahrzehnte, neue Gelegenheiten bieten und Karrieren entwickeln. Wichtig ist zunächst, dass es diese Gelegenheiten gibt. Ein weitgehend einfarbiges Gesellschaftsbild zu zeichnen, das nur Verlierer porträtiert, wird der sozialen, wirtschaftlichen und kulturellen Dynamik nicht gerecht. Der Preis für die Nutzung dieser Gelegenheiten hat sich freilich verändert. Das gilt für die neuen Tätigkeitsprofile im Umfeld gewährleistender Staatstätigkeiten, aber auch für die Erwerbsformen im Bereich unternehmensbezo-

---

92 Zu dieser Problematik der statistischen Repräsentation gesellschaftlicher Veränderungen vgl. insbesondere Barlösius, Die Macht der Repräsentation, S. 100 ff.

gener Dienstleistungen. Die Karrierekosten sind im Vergleich zur Expansionsphase des sorgenden Wohlfahrtsstaates in den 1960er und 1970er Jahren deutlich gestiegen – darauf spielen ja die veränderungssensiblen Begriffe der Verwundbarkeit und des prekären Wohlstands an. *Nicht nur die Verlierer, auch die Gewinner der Neuformierung der Erwerbssphäre und des Arbeitsmarktes sind heute mit weit größeren Unsicherheiten ihrer Beschäftigungsverhältnisse und mit geringerem arbeits- und tarifrechtlichem Schutz konfrontiert.* Die Grundlagen beruflicher und sozialer Laufbahnen werden auch für diejenigen brüchiger und instabiler, die über eine solide, nachgefragte fachliche Qualifikation verfügen. Im Strukturwandel der Arbeitswelt und ihrer Betriebe findet eine Neubewertung sozialer Sekurität und Verlässlichkeit statt. Die Strukturverschiebungen sozialer Ungleichheit durch Auf- und Abstiege werden begleitet und verstärkt von einer normativen, symbolischen und materiellen Degradierung der beruflich Gefestigten und der sozial Gebundenen. Diese Entwicklung umrahmt ein publizistischer Trend, der »Arbeitsreportagen für die Endzeit« (Hans-Peter Ullmaier) verfasst oder mit dem »Kursbuch Arbeit« auf den »Ausstieg aus der Jobholder-Gesellschaft« (Jan Engelmann und Michael Wiedemayer) vorbereiten möchte, in der die »Arbeit als Lebensstil« (Alexander Meschnig und Mathias Stuhr) daherkommt. Währenddessen sind die industriellen Facharbeiter oder öffentlich Bediensteten keineswegs aus dem Arbeitsleben verschwunden. Im Gegenteil: Sie sind die Repräsentanten der großen Mehrheit derer, die jeden Morgen Richtung Produktionshalle und Büro aufbrechen. Doch als soziale Klassen oder Milieus, die auf neuartige Weise unter Druck geraten und in ihrer Stabilität gefährdet sind, finden sie nur noch wenig Aufmerksamkeit und Anerkennung.

Normative, symbolische und materielle Prämien verdienen sich eher die notorisch Instabilen und bereitwillig Bindungslosen, also die Projektemacher und Freelancer. Der Eindruck ist sicher nicht falsch, dass in den letzten Jahren jeder entgrenzt arbeitende Internetdienstleister mehr publizistische und wissenschaftliche Aufmerksamkeit erhalten hat als das Personal im städtischen Bezirksamt, dem bei verlängerter Arbeitszeit die Bezüge gekürzt wurden. Auch angespannte und dauermobilisierte Unternehmensberater können mit mehr Beachtung rechnen als die befristeten Mitarbeiter im lokalen Wohlfahrtsverband, die mehr und mehr von Ein-Euro-Jobbern umzingelt werden. Die akademisch gebildete Generation Praktikum erfährt schließlich mehr Neugier und Verständnis als Angestellte und Arbeiter eines mittelständischen Handwerksbetriebs, die zugunsten »ihrer« Firma auf Monatslöhne und arbeitsrechtliche Ansprüche verzichten. Diese mangelhafte empirische Aufmerksamkeit verwundert, denn zweifelsfrei wird auf dem Amt, in der Verbandsarbeit und im Handwerksbetrieb nach wie vor das Kerngeschäft moderner Arbeitsgesellschaften verrichtet und repräsentiert – inmitten der Arbeitsgesellschaft. Noch mehr: Vieles deutet darauf hin, dass gerade an diesen Orten neue arbeitsgesellschaftliche »Projektwelten« (Ulrich Bröckling) in Szene gesetzt werden. Vielleicht lässt sich sogar sagen, dass gerade die spektakulären Veränderungen der Arbeitsgesellschaft in ihren vorgeblich unspektakulärsten Branchen und Segmenten stattfinden. Aber was heißt an dieser Stelle genau »Projekt«? Welche Veränderungen in den Ordnungsvorstellungen und Ordnungsmustern des Sozialen sind mit diesem populären Begriff verknüpft? Bröckling zeigt in seinem Aufsatz, dass das »Projekt« als spezifische Organisations- und Rechtsform der Erwerbsarbeit auf allen Ebenen und in nahezu allen Branchen des Wirtschafts- und Soziallebens anzutreffen ist. Projekte »sind situiert in einer Mittellage zwischen singulärer Aufgabe und dauerhafter Beschäftigung, punktueller Zusammenarbeit und komplexer Organisation, Idee und Verwirklichung und befinden sich stets in statu nascendi: Sie drängen auf Realisierung, aber sie bleiben nur so lange Projekte, wie sie noch nicht realisiert sind.«[93] Das ganze Leben ist ein Projekt bzw. wird als Projekt »gefahren«. Die Erwerbstätigkeit findet projektförmig statt, die Familiengründung und die Aufzucht von Kindern gerät zum beratungsbedürftigen Projekt, die Liebesbeziehungen und die Leibespflege werden als zu bearbeitende und zu organisierende Projekte gedacht und gehandhabt. Die verantwortliche Lebensführung folgt in immer weiteren Kreisen der Gesellschaft den Imperativen individueller Gestaltung. Projekte sind freilich »unhintergehbar behaftet mit der Möglichkeit ihres Schei-

---

93 Bröckling, Projektwelten, S. 364.

terns«.[94] Wer kennt dieses Gefühl möglichen Scheiterns nicht, in einer Gesellschaft, die sich vom Leittypus des laufbahnloyalen Aufsteigers und Angestellten verabschiedet hat und den Projektarbeiter, der sich durchs (Arbeits-)Leben hangelt, zumindest symbolisch und normativ prämiert. Die Vorstellung des Projekts und die Neigung, in Projekten zu denken, ist freilich untrennbar mit dem Planungsdenken der Moderne verknüpft. Im gewährleistenden Wohlfahrtsstaat werden diese Vorstellungswelten aktualisiert und gestärkt. Zwischen der Planungseuphorie des »sorgenden Staates« des 20. Jahrhunderts und der Projektemacherei im »gewährleistenden Staat« des 21. Jahrhunderts besteht mehr Kontinuität und Gemeinsamkeit, als es sich die Verfechter von Ich-AG und Selbstunternehmertum bzw. die Apologeten des »freien« Marktes und rücksichtsloser Selbstbehauptung eingestehen möchten.

Der Hinweis auf die zunehmende Projektförmigkeit arbeitsweltlicher Strukturen zeigt, dass sich nicht nur das Strukturgefüge der Mitte verändert, sondern auch die normative und symbolische Ordnung sozialer und beruflicher Klassifikationen und Zertifikate. Einiges deutet darauf hin, dass sich Prozesse des gesellschaftlichen Aufstiegs und der Karriere im Beruf entkoppeln. Karrieren folgen nicht mehr zwangsläufig sozialen oder betrieblichen Statuslaufbahnen. Der »neue Geist des Kapitalismus« bläst denen kalt ins Gesicht, die sich durch ihre Berufswahl und ihre sozialen Beziehungen festgelegt haben. Umgekehrt weht der »neue Geist« für diejenigen, die sich anpassungsbereit, unabhängig und beweglich zeigen können. Dem Leben und Arbeiten in Projekten, in Patchwork-Jobs und -Familien scheint die Zukunft zu gehören. Sind die »Grenzgänger« zwischen Berufen, Branchen und Arbeitsorten, die jenseits von Kernbelegschaften, Normalarbeit und Bewährungsaufstieg agieren, die dominanten Arbeitskrafttypen von morgen? Wie auch immer diese Fragen in Zukunft empirisch beantwortet werden können, eines scheint jedenfalls klar zu sein: Die aktuelle Diskussion zur neuen Ungleichheit greift zu kurz, wenn sie sich ausschließlich auf die Frage des Abstiegs konzentriert. Aufstiegsmöglichkeiten und Aufstiegsblockaden verdienen ebenso viel Auf-

---

94 Ebenda.

merksamkeit. Aus dem gegensätzlichen Zusammenspiel von Auf- und Abstiegen ergeben sich gerade die soziologisch und zeitdiagnostisch relevanten gesellschaftlichen Spannungen. Hinzu kommt das bemerkenswerte Phänomen des Verharrens in einer auf paradoxe Weise gleichermaßen aufwärtsmobilen und aufwärtsblockierten Position. Beispiele für ein solches Hängenbleiben beim Klettern auf der sozialen Stufenleiter sind die oben bereits skizzierten »neuen Arbeitnehmer« in Industrie und Verwaltung, die alle guten qualifikatorischen Voraussetzungen haben, nach oben zu kommen, von denen sich aber viele ausgebremst, behindert und blockiert sehen.[95] Das gilt auf interessante Weise auch für avancierende Migrationsgruppen, die als Gewerbetreibende in den lokalen Mittelstand aufsteigen und die einheimische Bevölkerung in ihrem Sozial- und Berufsstatus hinter sich lassen. Dennoch finden sie kaum Anerkennung und Prämierung für ihre Aktivitäten.[96] Alle diese Gruppen und Milieus sind weder eindeutige Gewinner noch klare Verlierer des sozialstrukturellen und arbeitsgesellschaftlichen Wandels. Sie sind weder ausgeschlossen noch marginalisiert, sie bringen eine Menge Ressourcen mit, aber sie sehen sich dennoch häufig in eine Position der Schwäche gedrängt. Sie sind verwundbar, ihre materielle und symbolische Stellung im aktuellen Klassifikationskampf ist nicht gefestigt, sondern von stabiler Widerrufbarkeit.

Abstiegskämpfe und Aufstiegsstreben in der Mittelklasse
Die ehemaligen Leitfiguren der sozialen Wirklichkeit einer Aufsteigergesellschaft – die industriellen Facharbeiter und die öffentlich Bediensteten – haben ihre hegemoniale Stellung in den vergangenen Jahren verloren. Der berufliche Abstieg, die symbolische Dequalifikation und das materielle Zurückbleiben haben deren Position porös werden lassen. Stabile Firmen zerbrechen oder werden zergliedert; anerkannte Berufe erleiden Wertverluste. Die

---

95 Vgl. Vester, Die neuen Arbeitnehmer.
96 Vgl. hierzu die bemerkenswerten Studien von Sutterlüty, Blutsbande, und ders., Wer ist was in der deutsch-türkischen Nachbarschaft, sowie Sutterlüty/Walter, Übernahmegerüchte, oder auch Somm, Lokale Zugehörigkeit und Status.

empirischen Hinweise, dass es immer noch die Arbeiter sind, die vom arbeitsgesellschaftlichen Strukturwandel am härtesten getroffen werden, sind nicht von der Hand zu weisen.[97] Doch zugleich diffundieren soziale Ängste und reale Gefährdungen in Zonen (ehemaliger) arbeitsweltlicher Stabilität. Doch nicht nur die Frage des Abstiegs hat ihren qualitativen Charakter verändert, auch Aufstiegsfragen werden heute auf andere Weise gestellt. Sighard Neckel betont, dass den Prozessen des sozialen Aufstiegs und der erfolgreichen Karriere immer häufiger etwas Willkürliches und Zufälliges anhaftet. Das Arbeitnehmeraufstiegsmodell, das in seinem Kern das Karrieremodell der öffentlichen Dienste war, verliert an struktureller und normativer Kraft. »Die Idealtypen sozialen Emporkommens in der Gesellschaft waren früher Fleiß, Protektion und die gut geplante Karriere. Vor allem in der jüngeren Generation treten heute kontingente Muster hinzu: die günstige Gelegenheit etwa oder die Chance, plötzlich entdeckt zu werden. [...] Vom jungen Börsenmakler, von den Trendsettern in Mode und Popkultur bis zu den Medienstars ist sozialer Aufstieg nicht unbedingt als Resultat besonderer Kompetenz zu begreifen. Über ihn entscheiden vielmehr schwankende Konjunkturen, auf den Finanzmärkten wie in der Kulturindustrie. Dieser neue Typus des Aufsteigers entbehrt oft jeder Begründung, außer eben: erfolgreich gewesen zu sein. Erfolg ist jedoch in sich keine Leistungskategorie. Er kann, muss aber nicht auf Leistungen zu basieren.«[98] Auf- und Abstiege scheinen sich vielerorts von Leistungsbilanzen zu entkoppeln. Weder korrespondieren Abstiege hier stets mit beruflicher Minderleistung, noch begründen sich Aufstiege regelhaft mit besondern Bildungsabschlüssen und Berufserfolgen. Ist soziale Mobilität zu einem kontingenten Phänomen geworden? Die Sozialstatistik zur Vererbung sozialer Positionen nach sozialer Herkunft und zu den Bilanzen von Auf- und Abstiegen mahnt hier eher zu vorsichtigen Bewertungen. Soziale Mobilität und Stabilität ist immer noch sehr stark mit Herkunft verknüpft, und die Mobilitätsraten, das Ausmaß von sozialen Auf- und Abstiegen, halten

---

97 Vgl. Goldthorpe, Globalisierung und soziale Klasse; Groh-Samberg, Arbeitermilieus in der Ära der Deindustrialisierung.
98 Vgl. Neckel, Waldleben, S. 21.

sich doch im überschaubaren Rahmen.[99] Aber vieles spricht zugleich dafür, dass das Kaliber der gesamtstatistischen Betrachtung zu groß ist, um quantitative und qualitative Veränderungen sozialer Mobilität immer angemessen erfassen zu können. *Soziale Mobilität ist zum Problem geworden und hat ihren optimistischen Grundton der vergangenen Jahrzehnte verloren.*

Lorenz von Stein diskutierte die Wirkungsweisen sozialer Mobilität auf sehr hellsichtige Weise bereits für das späte 19. Jahrhundert. Sein soziologisches Grundgesetz lautete: Sozialer Abstieg gefährdet zwar den Zusammenhalt und die Integrationskraft jeder Gesellschaft, doch die Perspektive auf Aufstieg ist das »Lebensprinzip« einer offenen und freien Gesellschaft. Nicht nur Abstiegsverhinderung, auch Aufstiegsermöglichung muss daher ein zentrales Prinzip politischen Handelns sein. Diese Aufstiegsermöglichung ist dabei an zwei Voraussetzungen gebunden, deren formale Verwirklichung der moderne Rechts- und Sozialstaat brachte: die faktische Existenz rechtlicher Egalität und die prinzipielle strukturelle Durchlässigkeit der Gesellschaft. »Unfreiheit ist [...] für Stein dann vorhanden, wenn der einzelne von Rechts wegen nicht die Möglichkeit hat, seinen Platz in der gesellschaftlichen Hierarchie zu wechseln (erste Stufe der sozialen Frage: rechtliche Komponente), indem er die den Aufstieg vermittelnden gesellschaftlichen Güter erwirbt (zweite Stufe der sozialen Frage: wirtschaftliche Komponente). Die soziale Frage erscheint Stein somit als gelöst, wenn die freie Klassenbewegung (wieder) rechtlich und wirtschaftlich möglich ist.«[100] Die politische Antwort auf die »soziale Frage« ist nicht Armutsversorgung, sondern die rechtliche und wirtschaftliche Ermöglichung sozialer Mobilität. Der Kern jeder »sozialen Frage« ist in diesem Sinne die Durchlässigkeit bzw. Undurchlässigkeit der gesellschaftlichen Klassenstrukturen. Die Legitimation wohlfahrtsstaatlicher Politik hängt daher davon ab, ob die Voraussetzungen dafür geschaffen sind und ob auch ein normatives Klima herrscht, die es vom Prinzip her jedem erlauben, sich in den Klassenverhältnissen emporzuarbeiten.

---

99 Vgl. Statistisches Bundesamt, Datenreport 2006, S. 600ff.
100 Pankoke, Soziale Politik als Problem öffentlicher Verwaltung, S. 395.

In dieser Perspektive entzündet sich die soziale Frage weniger an der wachsenden Zahl der Armen, sondern vor allen Dingen an zerstörten sozialen Aufstiegshoffnungen. Den gesellschaftlichen Zusammenhalt gefährden die scheiternden oder zu scheitern drohenden Aufstiegskämpfer, die nach neuen sozialen und beruflichen Wegen individueller Selbstbehauptung suchen, aber möglicherweise als Verlierer enden. Vor dem biographischen Hintergrund fragwürdiger Aufstiegshoffnungen entwickelt sich eine gewisse soziale Mitleidlosigkeit, die Erfolge und Niederlagen individualisiert und aus dem Versagen der anderen neue eigene Kräfte zu schöpfen versucht. Die immer wieder aufflackernden Unterschichtdebatten prägen daher starke soziale und moralische Gefühle. In diesen Debatten treten die Sorgen der eben noch Bessergestellten hervor. Der schrumpfende Abstand zur wachsenden Zahl der Unterprivilegierten weckt Ressentiments und Abgrenzungsbedürfnisse. Diese Bedürfnisse wachsen im Zuge der Verfestigung von Minusvisionen und der wachsenden Wahrscheinlichkeit, sozial und beruflich scheitern zu können. Auskunft erteilt in diesem Zusammenhang eine Literatur, die das Scheitern zum Thema macht. Scheitern und Misslingen werden hier als neue Zentralmomente moderner Lebensgeschichten thematisiert.[101] Soziales Scheitern als subjektive Erfahrung ist freilich voraussetzungsvoll, denn es muss etwas geben, woran man scheitern kann. Verlusterfahrungen setzen Bestände voraus, und so bedarf das Scheitern eines bestimmten Maßstabs des Gelingens.

Zur Frage sozialer Mobilität gehören auch die symbolischen Konflikte und Wettbewerbe zwischen unterschiedlichen Akteuren und Gruppen. Die gedachten Ordnungen des Sozialen stehen auf dem Spiel, wenn sich Aufsteiger formieren oder wenn Absteiger ihren Halt auf den Stufenleitern der Gesellschaft verlieren. Boltanski und Chiapello sprechen in diesen Zusammenhängen von Kraftproben und Wertigkeitsprüfungen. Diese Proben und Prüfungen repräsentieren Konflikte, in denen Ansprüche auf ein Mehr artikuliert werden oder in denen sich die Angst vor dem Weniger artikuliert. »Allgemein lässt sich sagen, dass Veränderungen im

---

101 Vgl. de Botton, StatusAngst; Schmeiser, »Missratene« Söhne und Töchter; Zahlmann/Scholz, Scheitern und Biographie.

System der Kämpfe anscheinend an Akteure gebunden sind, die sich selbst von allem befreien wollen, was sie vom Genuss und der Vermehrung ihrer Privilegien abhält. Hierfür suchen sie nach neuen Wegen, Erfolg zu haben und Anerkennung zu gewinnen.«[102] In den Konflikten setzen die veränderungswilligen Akteure nicht auf Bruch, sondern auf Verschiebung. »Wenn diese Verschiebungen erfolgreich sind, modifizieren sie nach und nach das System der Kämpfe. Sie ersetzen die alten (fest etablierten, wohlbekannten und vielfach durch rechtliche Regelungen begrenzten) Wettkämpfe, die zunehmend unter Kritik geraten sind, durch neue, weniger formalisierte und kaum anerkannte Kämpfe.«[103] Erfolgreich sind diese Verschiebungen jedoch erst, wenn sie drei Dinge für sich beanspruchen können. Die Verschiebungen orientieren sich als neue Ansprüche am Gemeinwohl, sie versprechen ein höheres Maß an gesellschaftlicher Effizienz und sie dienen zu guter Letzt der Verbesserung der öffentlichen und privaten Moral. Am Umbau des Wohlfahrtsstaates von der Sorge- zur Gewährleistungsarchitektur und an der personalpolitischen, arbeitsrechtlichen und betriebswirtschaftlichen Forcierung vorläufiger und widerruflicher Formen der Beschäftigung lassen sich diese Kräfteverschiebungen nachvollziehen. In diesen Kräftespielen spiegeln sich der Kampf um Stabilität sowie die Mühen um Aufstiege. So verschieben sich die soziale Stellung, die berufliche Wertigkeit und die symbolische Kraft der Arbeiter, der Angestellten und der Beamten in der Transformation des Wohlfahrtsstaates und seiner Arbeitsgesellschaft. Im Gegenzug werden soziale Unregelmäßigkeiten durch die Privilegierung der Instabilen, der Projektemacher, der Berater und der Therapeuten forciert. Hier drängen neue soziale Typen auf die Vorderbühne des Sozialen. Die Wertigkeitsordnungen werden neu sortiert, neue Bewährungsproben setzen sich durch. Sie reflektieren die symbolischen und normativen Klassifikationskämpfe, die für die Konstitution der Ungleichheitsordnungen maßgeblich sind.

Alles in allem wird deutlich, dass die Veränderungen in der Mitte der Gesellschaft besondere Konfliktfelder repräsentieren, in

---

102 Boltanski/Chiapello, Die Rolle der Kritik, S. 317.
103 Ebenda, S. 318.

denen sich Fragen nach sozialer Dynamik und Rhythmik stellen. Wer schlägt den Takt im Wandel der (Arbeits-)Gesellschaft? Wer befindet sich aktuell im Aufwind? Wessen Sichtweisen sozialer und politischer Problematiken sind legitim und durchsetzungsfähig? Welche Modelle der Lebensführung, der professionellen Gestaltung der Erwerbsarbeit und der Alltagsbewältigung erhalten hegemoniale Qualitäten? Wessen Anstrengungen laufen ins Leere? Welchen Aktivitäten fehlen soziale Anknüpfungspunkte? Zeigen sich Dispositionen, die keine Resonanz mehr finden? Gesellschaftliche Konflikte sind niemals nur politische oder rechtliche Kämpfe zwischen verschiedenen Klassen oder Klassenfraktionen, sondern vor allen Dingen symbolische Klassifikationskämpfe um die angemessene Repräsentation, um Sichtbarkeit und Selbstbehauptung. »Die vom Soziologen klassifizierten sozialen Akteure sind mithin Produzenten nicht nur von klassifizierbaren, sondern auch von klassifizierenden Akten, die ihrerseits klassifiziert sind.«[104] Insbesondere die Mitte der Gesellschaft, der Ort, an dem sich die Wege der Aufsteiger und der Absteiger, der Statusverbesserer und Statusgefährdeten, der Anerkennungsbedürftigen und der Stabilitätskämpfer kreuzen, ist ein bevorzugter Ort permanenter sozialer Klassifizierungen und Klassifizierungsbemühungen. In diesem strukturellen und mentalen Wimmelbild der Sozialordnung finden stets mehr oder minder offen ausgetragene Auseinandersetzungen um wirksame Bewertungen und Beurteilungen, um Rangzuweisungen und Maßregeln, um gültige Maßstäbe und Ordnungsvorstellungen statt. Die Schule und die vielfältigen Bildungsmärkte, die Publizistik und die Medien, aber auch die auf Leistung orientierte Kleinfamilie, in der es um berufliche Selbstbehauptung der Eltern bei optimaler Nachwuchsförderung geht, sind paradigmatische Felder mittelständischer Lebenswelten und fruchtbare Nährböden permanenter Klassifikationskämpfe. Diese Kämpfe um Rangordnungen und Positionen, die von der Sozialstrukturforschung theoretisch, begrifflich, aber auch empirisch beschrieben werden, sind Klassenkämpfe in der und um die so-

---

104 Bourdieu, Die feinen Unterschiede, S. 728; vgl. auch ders., Sozialer Raum und symbolische Macht.

ziale Mitte der Gesellschaft.[105] Auch Fragen nach Umfang und
Qualität prekärer Beschäftigung oder nach der näheren Bestimmung verwundbarer Lebensverhältnisse sind schließlich – als Fragen nach den markanten Ungleichheitsorten der Gesellschaft –
wesentliche Ausgangspunkte und zentraler Ansporn klassifizie-
render Unterscheidungen.

Ungleichheitsorte. Formverluste der Industriearbeit und öffentlicher Dienste

Die Erfahrung der Prekarität, der Vorläufigkeit und Widerrufbarkeit setzt die Kenntnis der Stabilität voraus. Wer sich seit jeher
in den Randzonen der Arbeitswelt aufgehalten hat oder aufhalten
musste, der wird die Befristung eines Arbeitsvertrags, einen Mini-
job oder das Angebot, bei einer Verleihfirma zu arbeiten, kaum
als prekär erfahren. Und auch nur diejenigen, die Statussicherheit kennengelernt bzw. die sich Statussicherheit (als Aufsteiger)
erarbeitet haben, fürchten deren Verwundbarkeit und Fragilität. *Wenn wir über die Verwundbarkeit der Arbeitswelt und die
Durchsetzung prekärer Beschäftigung sprechen, dann sind die angesprochen, die schon etwas erreicht haben und fürchten, Erreich-
tes wieder zu verlieren, oder die noch etwas erreichen wollen und
sich mit dem Vorhandenen nicht zufriedengeben.* Die Diagnose
sozialer Verwundbarkeit und prekären Wohlstands zielt auf die
Brüchigkeit des festen Kerns der Arbeitnehmergesellschaft. Weiter
oben wurden die zentralen Kern- und Aufsteigergruppen benannt,
die besonders unter den Veränderungen des Wohlfahrtsstaates
und den Dekonstruktionen der Arbeitsgesellschaft zu leiden haben: die industriellen Facharbeiter und die öffentlich Bediensteten.
Sie taugen nicht als Beispiel für soziale Zerfallsprozesse, aber
sie sind Repräsentanten weitreichender und tiefgreifender Formverluste der Arbeitsgesellschaft und des Wohlfahrtsstaates; Formverluste, die Gestalt und Lebensführung der sozialen und beruf-

---

105 Vgl. Barlösius, Die Macht der Repräsentation; Bourdieu, Die feinen
Unterschiede; Neckel, Die Macht der Unterscheidung; Neckel u.a.,
Das umkämpfte Leistungsprinzip, und Schultheis, Bourdieus Wege in
die Soziologie.

lichen Mitte nicht unberührt lassen. Denken von der Mitte her lautet daher die Faustformel für die Neuformulierung der sozialen Fragen in der Sozialstrukturanalyse und der Arbeitssoziologie.

In der dieses Kapitel abschließenden Betrachtung konzentrieren wir uns auf diejenigen Ungleichheitsorte, an denen sich die Entwicklung neuer Fragmentierungen und verschärfter Dekonstruktionen in der Mittelklasse gut und markant nachvollziehen lässt. Die Rede ist *erstens* von industriegesellschaftlichen Kernbranchen und Leitsektoren. Ein hervorstechendes Beispiel ist die Entwicklung der Automobilindustrie und ihrer Zulieferernetzwerke. Deren Arbeitsorganisation und Personalwirtschaft ruht mehr und mehr auf der Verschärfung betrieblicher Ungleichheit. Die Statusverhältnisse im Betrieb gewinnen neue Konturen. Die treibende Kraft ist hier die zunehmende Anwendung befristeter Beschäftigungsverhältnisse und Leiharbeitsverträge. Die Autoindustrie beginnt sich von einem Ort tarifvertraglicher Kollektivierung zu einem System arbeitsvertraglicher Differenzierung und Pluralisierung zu entwickeln. Die nach wie vor vorhandenen Stabilitätszonen industrieller Arbeit sind durchzogen von Leiharbeitsverhältnissen und befristeten Beschäftigungsformen.

Zweitens lässt sich der Veränderungsdruck in der sozialen Mitte besonders nachdrücklich am Zustand der öffentlichen Verwaltung sowie am Beispiel der subsidiären Verbände des Sozialsektors nachvollziehen. Die Verwaltung ist (oder besser: war) ein Arbeitsort, der mit klar nachvollziehbaren Karrierewegen, mit senioritätsorientierten Besoldungsstufen und mit arbeitsvertraglichen Stabilitätsgarantien über lange Zeit den Charakter nicht nur der staatlichen Beschäftigungslandschaft prägte. Doch die Physiognomie des öffentlichen Dienstes und des an ihm orientierten Bereichs der Wohlfahrts- und Sozialverbände hat sich in den vergangenen Jahren in grundlegender Weise verändert. Starke politische Kräfte und organisationspolitisch einflussreiche Gruppen sind auf den unterschiedlichen Ebenen von Bund, Ländern und Gemeinden darum bemüht, den Staatssektor in ein dynamisches Dienstleistungsunternehmen zu verwandeln.[106] Die Beschäftigungsverhältnisse sind durchwirkt von Minijobs und alimentier-

---

106 Vgl. Bull, Positionen, Interessen und Argumente.

ten Arbeitsgelegenheiten, Karriere- und Aufstiegswege haben sich verschoben oder verschlossen, die Chancen auf sichere Beschäftigung sind geschwunden. Der öffentliche Dienst ist nach mehr als einem Reformjahrzehnt in weiten Teilen nicht wiederzuerkennen.[107] Das Bemerkenswerte dabei ist, dass sich dieser Gestaltwandel eines Zentralbereichs der Gesellschaft weitgehend unbemerkt von sozialwissenschaftlichem Interesse und öffentlicher Erregung vollzogen hat. Doch zunächst zu den Formverlusten industrieller Arbeitswelten.

Die Formverluste industrieller Arbeitswelten.
Die Automobilindustrie als Prekaritätsort

Die Formverluste der Industriearbeit lassen sich an einer Beschäftigungsform besonders gut ablesen: an der Leiharbeit bzw. der »Arbeitnehmerüberlassung«.[108] Zwar repräsentiert die gewerbliche Arbeitnehmerüberlassung auch nach zahlreichen Gesetzesinitiativen und Deregulierungsschüben trotz aller Zuwachsraten nach wie vor ein schmales Segment der Arbeitswelt, aber ihre qualitative Wirkung und Ausstrahlung ist erheblich.[109] Sie ist zu einer Chiffre des Wandels der Arbeitswelt geworden. Leiharbeit oder Arbeitnehmerüberlassung steht für mehr als nur für ein spezifisches personalpolitisches Instrument. Sie gilt als Konjunkturbarometer und ist Sinnbild einer prekären industriellen Arbeitswelt. Rund die Hälfte der 2007 in Deutschland neu geschaffenen sozialversicherungspflichtigen Arbeitsplätze entstanden – ich habe bereits darauf hingewiesen – in der Verleihbranche. Die Leiharbeit ist und bleibt die Aufsteigerin unter den Beschäftigungsformen. Nach wie vor hat sie mit ihrem schlechten Ruf zu kämpfen, doch eine Imageverbesserung hat sie dadurch erfahren, dass es ihr mehr und mehr gelungen ist, aus dem Segment gering qualifizierter Helfertätigkeiten herauszukommen und sich in den qualifizierten und gut entlohnten Kernbranchen der Industriearbeit festzusetzen. Ihr Beispiel zeigt, dass sich die Grundstrukturen der Beschäf-

---

107 Vgl. Ahlers, Beschäftigungskrise im öffentlichen Dienst?.
108 Vgl. hierzu Antoni/Jahn, Arbeitnehmerüberlassung, sowie Vogel, Leiharbeit.
109 Vgl. Brinkmann u.a., Prekäre Arbeit.

tigungsorganisation in der Industrie erkennbar zu verschieben beginnen. Erfüllte bis Ende der 1990er Jahre diese prekäre Form des Arbeitskräfteeinsatzes im wesentlichen Puffer- und Auffangfunktionen, so hat sich ihr Stellenwert in den letzten Jahren deutlich gewandelt. Die Betriebe gliedern sich nicht nur immer weniger in klar voneinander unterscheidbare Stamm- und Randbelegschaften, sondern die Verwendung prekärer Arbeit ist mehr und mehr ein integraler Bestandteil der Unternehmenspolitik. So wird der Einsatz der Leiharbeitskräfte zur betrieblichen Personalauswahl genutzt. Sie bildet ein zentrales Arbeitskräftereservoir, aus dem bei Bedarf geeignete und bereits bewährte Mitarbeiter rekrutiert werden können.[110] Auf der anderen Seite – und das ist in der Tat eine grundlegend neue Situation – sind die Leihkräfte bereits in vielen Branchen nahezu vollständig in den betrieblichen Arbeitsmarkt integriert. Als Leiharbeiter sind sie in die Produktionsabläufe verflochten und keineswegs in einer jederzeit austauschbaren Randposition. Sie trennt der Status und die Rechtsposition von den Stammkräften, aber nicht die konkrete Tätigkeit und das Einsatzprofil. Die besondere Karriere der Leiharbeit gründet nicht auf ihrer quantitativen Ausweitung, sondern auf ihrem betrieblichen Funktionswandel. Dieser zeigt sich markant in der Automobilindustrie: Ob bei Volkswagen in Zwickau-Mosel oder bei Audi in Ingolstadt – ein Anteil von 20 Prozent Leiharbeitskräften und mehr ist nichts Ungewöhnliches. Hohe Leiharbeiteranteile finden sich zudem in der Elektroindustrie oder in der Luftfahrttechnik, beispielsweise bei Airbus in Hamburg. Ein besonders avanciertes Beispiel des strategischen Einsatzes von Leiharbeit ist das 2005 in der Nähe von Leipzig eröffnete BMW-Werk. Der Anteil der Leihkräfte beträgt rund ein Drittel, in der Produktion liegt er sogar bei etwa 50 Prozent. Auch in den Betrieben der Zuliefererindustrie, die sich wie ein Netz um die Automobilproduktion legen, ist die Leiharbeit längst zu einem bewährten personalpolitischen Instrument geworden. Die intensive Nutzung dieser Beschäftigungsform bleibt freilich ein großbetriebliches Phänomen. Empirische Studien zeigen, dass knapp 40 Prozent der Betriebe mit über 500 Be-

---

110 Vgl. Schenk, Flexibilisierung betrieblicher Arbeitsmärkte; Houseman u.a., The Role of Temporary Help.

schäftigten systematisch Leihkräfte einsetzen.[111] Verwundbare und prekäre Beschäftigungsverhältnisse haben die industriegesellschaftlichen Kernbranchen erreicht – mit allen Folgen neuer sozialer Konfliktlinien und Abgrenzungsbedürfnisse.[112]

Die industriesoziologische Forschung verweist uns auf anhaltende Formverluste und neuartige Statusproblematiken der Industriearbeit.[113] Exemplarisch lässt sich diese Entwicklung – die oben genannten Hinweise auf Volkswagen oder BMW zeigen das – am Beispiel des Einsatzes der Leiharbeit in der Automobilproduktion und ihren Zulieferbetrieben nachvollziehen. Zwar befinden sich die Prekärarbeiter der Autobranche im Vergleich zu ihren Schicksalsgenossen in anderen Wirtschaftsbereichen in einer relativ privilegierten Situation. Möglicherweise sind jedoch gerade sie die Protagonisten des Wandels der Arbeitswelt, in der atypische Beschäftigungsformen zunehmend an Relevanz gewinnen. Wird der Automobilbau zur Leitbranche einer strategischen Flexibilisierung industrieller Fertigung? Zu den Prozessen sozialer Verwundbarkeit und zu den anhaltende Formverlusten vormals stabiler industrieller Arbeitswelten liegt eine qualitative Fallstudie vor.[114] In deren Mittelpunkt steht eine typologische Interpretation prekärer Erwerbsbiographien. Sie verdeutlicht, dass die Erfahrungen, Orientierungen und Erwartungen von Leiharbeitnehmern oder befristet Beschäftigten keinem einheitlichen Muster folgen. Je nach biographischer Erfahrung und Lebensphase ergeben sich Unterschiede. Sie gibt Hinweise auf Betriebs- und Arbeitswelten, in denen vielen Beschäftigten die Gewissheit fehlt, ob die jeweilige arbeitsvertragliche Situation und betriebliche Statusposition den Einstieg in den Aufstieg, den Einstieg in den Abstieg oder gar das Verharren in einem auf Dauer gestellten, niemals enden wollenden Einstiegsprozess bedeutet. Von klaren Karrierewegen in einer aufstiegsorientierten und aufstiegsermöglichenden Arbeitswelt kann in diesen Fällen nicht die Rede sein.

---

111 Vgl. hierzu etwa Promberger u.a., Leiharbeit im Betrieb.
112 Vgl. Grimm/Vogel, Gespaltene Belegschaften.
113 Vgl. hierzu Schumann, Metamorphosen von Industriearbeit.
114 Vgl. jeweils Vogel, Leiharbeit und befristete Beschäftigung; Noller u.a., Zwischen Integration und Ausgrenzung; Grimm/Vogel 2007.

Typologische Orientierungspunkte bilden die Erwerbsbiographien der Befragten, deren Gründe für den Einstieg in Leiharbeit und Befristung, die in den Interviews geschilderten Erfahrungen mit diesen Formen des Erwerbstätigseins sowie die sozialen und qualifikationsbezogenen Ressourcen der Befragten. Im Rahmen qualitativer Fallstudien zu prekären Beschäftigungsformen konnten vier erwerbsbiographisch geprägte Erfahrungs- und Haltungstypen unterschieden werden.[115]

Eine kleine Gruppe der Befragten verfolgt mit dem Eintritt in prekäre Beschäftigung tatsächlich das Bestreben nach betrieblich-sozialem Aufstieg. Es mag paradox klingen, aber durch die Inkaufnahme der Prekarität versuchen sie den Einstieg in den Aufstieg. Vor der Leiharbeit bzw. dem befristeten Arbeitsverhältnis waren sie mehrheitlich stabil beschäftigt. Sie sind allesamt beruflich gut qualifiziert, haben in der Regel im Handwerk ihre Ausbildung absolviert und dort auch mehrere Jahre gearbeitet. Arbeitslosigkeit oder auch prekäre Tätigkeiten spielen in ihrer Erwerbslaufbahn bislang so gut wie keine Rolle. Die Befristung ihres Arbeitsvertrags und den Weg in die Leihfirma nehmen sie in Kauf, um sich beruflich zu verändern bzw. betrieblich zu verbessern. Insbesondere die Befragten, die zuvor im lokalen Handwerk bzw. im Baugewerbe tätig waren, thematisieren in Interviews immer wieder die von ihnen erlebte Prekarität bisheriger Beschäftigungsverhältnisse. Unsichere betriebliche Perspektiven, unregelmäßige Lohnzahlungen, der Verzicht auf arbeitsrechtliche Ansprüche, unentgeltliche Überstunden und Wochenendarbeit oder auch ein angespanntes Betriebsklima zählen für diese Befragten zur Normalität stabiler und unbefristeter Beschäftigung. Die arbeitsvertragliche Vorderseite der Normalarbeit lässt eben keine definitiven Aussagen über die prekäre Hinterbühne betrieblicher Realitäten des Arbeitskräfteeinsatzes zu. Die Prekarität der »Normalarbeit« zum Beispiel in Kleinbetrieben des Handwerks ist diesen Beschäftigten keineswegs fremd. Vor diesem erwerbsbiographischen Hintergrund eröffnet die periodische Akzeptanz einer auch formal instabilen und insbesondere in rechtlicher Hinsicht prekären Be-

---

115 Vgl. Vogel, Erwerbsbiographische Wege, und Noller u. a., Zwischen Integration und Ausgrenzung.

schäftigung aus der Sicht dieser Befragten neue betriebliche und soziale Perspektiven. Mit Hilfe der Leiharbeit und der befristeten Beschäftigung steuern sie gezielt dominante Großbetriebe an, die mit Blick auf die Entlohnung oder die Gestaltung der Arbeitszeit verbesserte Bedingungen bieten. Dieser erwerbsbiographische Schritt ist das Resultat arbeitsmarktstrategischer Überlegungen. Es geht darum, zum rechten Zeitpunkt am richtigen Ort zu sein. Das gilt in besonderer Weise für Leiharbeiter. Es ist wichtig, in der »richtigen« Leiharbeitsfirma zur richtigen Zeit anzuheuern. Nicht jede Leiharbeitsfirma vor Ort besitzt zum Beispiel das Privileg, an die attraktiven Großbetriebe ausleihen zu können – die Leiharbeitsfirmen konkurrieren untereinander um den Zugang zu den dominanten lokalen Betrieben. Auch im Status der Leihfirmen spiegeln sich soziale Ungleichheiten. Der Fall des Umstiegs aus dem Handwerk in die bessere Verdienstmöglichkeiten und geregelte Arbeitszeiten bietende Großindustrie ist nicht neu. Dass Fachkräfte aus dem Handwerk in formal »einfachere« Tätigkeiten in der Industrie abwandern, ist ein bekanntes berufliches Karrieremuster. Neu ist heute, dass immer mehr Um- und Aufsteiger eine Zwischenphase der Befristung oder der Leiharbeit in Kauf nehmen müssen, um in ihrem Streben nach betrieblichem Aufstieg erfolgreich zu sein. Sie müssen durch das Fegefeuer der Unsicherheit und Instabilität. Prekäre Beschäftigung als erwerbsbiographische Phase, um den Einstieg in einen möglichen Aufstieg realisieren zu können, ist bereits ein erster Hinweis auf wachsende Formverluste der industriellen Arbeit.

Ein größerer Teil der prekär Beschäftigten (etwa ein Drittel der in der Studie Befragten) suchen nach dem Einstieg in den Einstieg in die Erwerbsarbeit. Auf verschlungenen Wegen suchen sie sich durch die Akzeptanz verwundbarer Arbeitsverträge am Arbeitsmarkt zu behaupten. Auf ihren Schleifen durch die Arbeitswelt durchlaufen sie in erster Linie die Zulieferfirmen der Automobilindustrie. Es handelt sich dabei zum einen um jüngere Arbeitskräfte, denen nach Abschluss oder auch Abbruch ihrer Ausbildung noch keine Etablierung im Arbeitsleben gelungen ist. Zum anderen finden sich hier Personen, die ihre aktuelle Beschäftigungssituation in der Leiharbeit oder Befristung vor dem Hintergrund langjähriger Arbeitslosigkeit oder Nichterwerbstätigkeit erleben.

Sie wissen aufgrund ihrer erwerbsbiographischen Vorgeschichte, die durch unregelmäßige Teilnahme am Arbeitsleben gekennzeichnet ist, um ihre geringen Chancen am Arbeitsmarkt. Insgesamt treten die Leiharbeiter und befristet Beschäftigten dieses zweiten Typs deutlich weniger selbstsicher auf dem Arbeitsmarkt auf als der zielstrebige erste Typ. Sie sind schulisch und beruflich weniger gut ausgebildet, und ihre sozialen Netze, auf die sie sich stützen können, sind erheblich schmaler und brüchiger. Sie betrachten die Tatsache, dass sie als Leiharbeiter oder befristet Beschäftigte tätig sind, in erster Linie als zweckmäßig, um überhaupt eine Anstellung zu finden. Auf diese Weise ist aus ihrer Sicht zumindest schon einmal ein erster Schritt in Richtung eines Arbeitsplatzes getan. Es ist eben der Einstieg in den Einstieg. Nolens volens zeigen sie zu diesen Formen prekärer Erwerbstätigkeit ein eher pragmatisches Verhältnis. Sie akzeptieren zähneknirschend, dass ihnen aktuell kein anderer Weg offensteht. Mit Blick auf die Erfolgsaussichten ihrer Einstiegsbemühungen sind diese Befragten weit skeptischer als diejenigen des ersten Typs. Ihre Akzeptanz der Befristung und der Leiharbeit ist eher aus der Not geboren, ohne dass diese Beschäftigungsformen zum Zeitpunkt der Befragung als starke Gefährdung der eigenen Lebenssituation erlebt werden. Dennoch hoffen sie, dass Leiharbeit und Befristung eine kontrollierbare, mit der aktuellen Lebenssituation in Einklang zu bringende Übergangsphase in der Erwerbsbiographie bleibt. Alle Befragten dieses zweiten Typs sehen kaum Chancen, den Einstieg ins Erwerbsleben auf dem »herkömmlichen« und direkten Weg zu erreichen. Um in Erwerbsarbeit zu kommen, sehen sie sich gezwungen, eine Phase der befristeten Beschäftigung oder Leiharbeit zu durchlaufen. Zugleich wissen sie, dass diese »Vorschaltphase« aufgrund ihrer beruflichen und schulischen Vorgeschichte für sie riskant ist und nicht zu lange andauern darf. Denn sonst wächst die Gefahr, in der Übergangzone der Leiharbeit und der Befristung »hängenzubleiben«.

Die größte Gruppe (40 Prozent) unter den Leiharbeitskräften und befristet Beschäftigten bilden diejenigen, die in dauerhafter erwerbsbiographischer Gefährdung und in einer Situation des »permanenten Einstiegs« durchzuhalten versuchen. Deren Erwerbsbiographie ist durch eine Kette befristeter Tätigkeiten bzw.

von wiederholter Beschäftigung in Leiharbeit geprägt. Prekäre und verwundbare Arbeitsverträge haben sich in den Erwerbsbiographien dieser Arbeitskräfte verstetigt und verfestigt. Die Zwischenzone der Leiharbeit und Befristung ist zu einem dauerhaften Aufenthaltsort geworden. Ihre aktuelle Lage am Arbeitsmarkt bietet ihnen weder positive Anknüpfungspunkte an die Vergangenheit noch wegweisende Orientierungspunkte für die Zukunft. Die Tatsache, befristet beschäftigt oder Leiharbeiter zu sein, wird für sie zu einem Arbeitsmarktrisiko eigener Qualität. Ihre unstete poröse Erwerbsbiographie wird mehr und mehr zum Stigma. Ihre Bereitschaft, Kompromisse zu schließen, befristete Verträge und geringere Entlohnung zu akzeptieren, zahlt sich für sie nicht aus. Ihrem Ziel, den Weg in eine dauerhafte und stabile Beschäftigung zu finden, kommen sie hierdurch keinen Schritt näher. Befristung zieht Befristung und Leiharbeit zieht Leiharbeit nach sich. Hier zeigen sich »Ketteneffekte« prekärer Beschäftigung. Der Preis, der dafür zu zahlen ist, im Arbeitsmarkt zu verbleiben – und sei es auch »nur« auf befristeten Stellen oder als Leiharbeitskraft –, ist hoch. Durchhalten im Kampf gegen die Gefahr des Absturzes ist das erwerbsbiographische Minimalziel. Diese Leiharbeiter und befristet Beschäftigten bekommen weit stärker als die Beschäftigten des ersten und zweiten Typs die »soziale Drift« aus dem Zentrum in die Randzonen der Arbeitsgesellschaft zu spüren. Die Angst vor dem Abstieg bestimmt ganz und gar ihr soziales und berufliches Handeln.

Jeder zehnte prekär Beschäftigte gehört schließlich zur Gruppe derer, für die der Einstieg in Leiharbeit und Befristung der definitive Einstieg in den Abstieg ist. Die Angst vor dem Abstieg hat sich hier zur Gewissheit, ein sozialer Absteiger zu sein, gewandelt. Diese befristet Beschäftigten und Leiharbeiter blicken auf eine in der Regel langjährige stabile Erwerbskarriere zurück. Diese Karriere wurde aufgrund wirtschaftlich-betrieblicher oder persönlich-gesundheitlicher Gründe unterbrochen. Seitdem gelang es ihnen nicht mehr, in stabile Beschäftigung zurückzukehren. Ihre aktuelle Tätigkeit wird von ihnen als deklassierender Tiefpunkt im bisherigen Erwerbsleben wahrgenommen – jetzt sind sie nur noch Leiharbeiter oder befristet Beschäftigte; ein Umstand, der sie beschämt. In den Klassifikationskämpfen um Wertigkeiten und Anerkennung sehen sie sich als klare Verlierer. Gerade die Beschäftigten dieses Typs verschweigen häufig die eigene Arbeitssituation gegenüber anderen. Doch um überhaupt wieder einen Weg in die Erwerbsarbeit zu finden, sehen sich diese Befragten gezwungen, erhebliche Konzessionen am Arbeitsmarkt zu machen; Konzessionen mit Blick auf die Qualifikation der Tätigkeit und mit Blick auf die Entlohnung. Sie sehen sich vor dem Problem, den eigenen Lebenslauf nicht mehr steuern zu können. Sie haben das Gefühl, zum Spielball von Firmeninteressen und »Marktbedürfnissen« geworden zu sein, an die sie sich entweder anpassen müssen oder Gefahr laufen, ganz und gar und wahrscheinlich endgültig aus dem Erwerbsleben verdrängt zu werden. Eine Rückkehr in die alte soziale und berufliche Position scheint ausgeschlossen. Diese Erfahrung, das eigene Erwerbsleben nicht mehr im Griff zu haben, schmerzt gerade vor dem Hintergrund ihrer beruflichen Karriere früherer Jahre. Die aktuelle Tätigkeit dementiert die eigene Erwerbsgeschichte.

Was zeigen die skizzierten erwerbsbiographischen Konstellationen hinsichtlich der angesprochenen betrieblichen und organisatorischen Formverluste der Industriearbeit? Die Berufswege und Karrierepfade durch die Landschaften der Arbeitswelt verändern sich. Die Kartographie der Industriearbeit wird neu gestaltet. In diesem Zusammenhang ist von »Arbeitskraft in Entgrenzung« (Nick Kratzer) die Rede, von »Flexicurity« (Martin Kronauer und Gudrun Linne) in den Beschäftigungsverhältnissen, von der »Internalisierung des Marktes« in den Betrieb oder gar von der »Auflösung des Unternehmens« (Dieter Sauer). Bekannte Wege durch diese Arbeitswelten – zum Beispiel der Aufstieg vom angelernten Arbeiter zum Industriemeister oder vom Facharbeiter zum Entwicklungsingenieur – werden schmaler oder wuchern zu, da sie kaum mehr begangen werden (können). Neue Pfade werden im Unterholz veränderter Arbeitslandschaften sichtbar. Häufig sind es Wege, die keine klare Richtung erkennen lassen bzw. im Kreis verlaufen und immer wieder zum Ausgangspunkt zurückkehren. Mit den Formverlusten der (groß)industriellen Arbeitswelten verändern sich vor allen Dingen die biographischen Wege durch die Arbeitswelt. Neue Figuren des Arbeitnehmers, die so gar nicht mehr dem Facharbeiter- oder Technikermodell der Vergangenheit entsprechen, entwickeln sich und werden im neu vermessenen Gelände sichtbar. Die oben skizzierte Typologie prekärer erwerbsbiographischer Verläufe, vor allem aber die reichhaltige soziologische Forschungsliteratur zu den Veränderungen der Arbeitswelt geben uns Hinweise auf veränderte berufliche Muster, soziale Figurationen und symbolische Repräsentationen der Erwerbsarbeit.[116]

In den veränderten industriellen Arbeitswelten und den neu formierten betrieblichen Wirklichkeiten treten drei charakteristische »Arbeitsmarktakteure« hervor: »Jobnomaden«, »Arbeitsmarktdrifter« und »Pfadfinder«.[117] Ihnen allen ist gemeinsam, dass sie sich an den Wegmarken der neuen industriellen Arbeitswelt aufhalten, dass sie sich in Sackgassen manövrieren oder dass sie sich mit neuem Kompass auf verschlungenen Pfaden zu bewegen versuchen. Die *Jobnomaden* kennen sich sehr gut im neuen Unterholz prekärer Beschäftigungsformen aus, aber auch in der neuen Betriebsvielfalt der »Cost-« und »Profit-Center«. Zudem wissen sie sich im Umgang mit den Ämtern, mit den Angeboten der neuen Ordnungspolitik des Arbeitsmarktes zu helfen. Sie sind sozial sehr beweglich und zeigen eine hohe Kompetenz, mit den Anforderungen komplizierter Arbeitsmärkte fertig zu werden. Die neue Formlosigkeit industrieller Arbeitswelten macht sie keineswegs ratlos. Dennoch sind sie eher Getriebene der Veränderungen als selbständig Agierende. In anderer Weise stellt sich hingegen die Situation für die *Arbeitsmarktdrifter* dar. Ihnen sind im Formverlust der Industriearbeit die Haltepunkte und Orientierungsmarken verlorengegangen. Sie sind vom Weg abgekommen und können mit der neuen Kartographie der Arbeitswelt nur noch wenig anfangen. Alles ist unübersichtlich geworden und bewährte Wege führen nicht mehr weiter. Sie haben den Eindruck, erwerbsbiographisch in einer Sackgasse gelandet zu sein, aus der sie kein Weg mehr her-

---

116 Vgl. Schumann, Metamorphosen von Industriearbeit; Engelmann/Wiedemayer, Kursbuch Arbeit; Beck/Lau, Entgrenzung und Entscheidung; Deutschmann, Postindustrielle Industriesoziologie, oder auch Brinkmann u.a., Prekäre Arbeit.
117 Vgl. hierzu auch die bilanzierenden und typologisierenden Überlegungen in: Vogel, Prekarität und Prekariat, sowie Vogel, Biographische Brüche.

ausführt. Die neue Arbeitsmarktpolitik, die sehr stark auf die Fähigkeit setzt, sich selbst orientieren zu können und eigenverantwortlich Aktivitäten zu entfalten, bietet denen, die mit dem Formverlust der Industriearbeit die Übersicht verloren haben, nur wenig neue Anhaltspunkte. Schließlich die *Pfadfinder*, die von den Formverlusten der Industriearbeit zu profitieren vermögen. Sie entwickeln einen strategischen Umgang mit veränderten betrieblichen Umwelten. Ein Beispiel sind die skizzierten Einsteiger in den Aufstieg: Arbeitskräfte, die durch die Inkaufnahme prekärer Erwerbsphasen auf die Verbesserung ihrer berufsbiographischen Gesamtsituation hinarbeiten. Diese Pfadfinder durch die neuen Risiko- und Gelegenheitsstrukturen der Arbeitswelt offenbaren zugleich eine veränderte Form der Subjektivität: die Rücksichtslosigkeit und Durchsetzungsfähigkeit als Varianten negativer Individualisierung. Hier entwickelt sich ein Sozialcharakter des Arbeitsmarktindividualismus und des unbedingten Konkurrenzdenkens, ein Sozialcharakter, der beschäftigungspolitisch durchaus als förderungswürdig erscheint. Auf diese Weise werden auch die Veränderungen industrieller Mentalitäten sichtbar, die sich bewusst von Strategien der Kollektivierung, der Vereinheitlichung und der Standardisierung abwenden.

Eine bemerkenswerte Studie zu den Formverlusten der industriellen Arbeitswelt haben Stephane Beaud und Michel Pialoux unter dem Titel »Die verlorene Zukunft der Arbeiter« vorgelegt. Sie erzählen in dieser Studie die Geschichte des widersprüchlichen Prozesses der synchronen Entwertung und Neubewertung industrieller Arbeit. Es geht um Statusbedrohungen und Anerkennungsverluste, um das Schwinden politischer Stärke und beruflicher Selbstsicherheit, um Generationenzwiste und Bildungskonflikte. Die Dekonstruktion des Arbeitnehmerstatus geht mit der Pluralisierung und Individualisierung des Lohnarbeitsverhältnisses einher. Im Mittelpunkt stehen angelernte Arbeiter und Facharbeiter, Meister und Techniker, junge und alte Arbeiter, Stammarbeiter und Leiharbeiter in den Peugeotwerken von Sochaux und Montbéliard. Das gesellschaftliche Schicksal der Industriearbeiterschaft, ihre Form und Stärke – so die zentrale These der Studie – entscheidet sich keineswegs allein in der Fabrikhalle und am Montageband. Der soziale, politische und symbolische Niedergang der einst gefestigten industriellen Arbeiterschaft, die in den europäischen Wohlfahrtsstaaten zum sozialen Startpunkt zahlreicher Aufsteiger wurde, kennt viele Orte und Ursachen. Nicht nur die Automatisierung und Rationalisierung der Produktion bedroht und schwächt die Industriearbeiterschaft, auch die Entwertung spezifischer Bildungsgänge, das Verschwinden der Arbeitersiedlungen, die Sackgassen familiärer Reproduktion und die Auflösung eines eigensinnigen und widerspenstigen Arbeiterethos tragen ihren Teil zur Zukunftslosigkeit der Arbeiterschaft bei. Zu den Formverlusten industrieller Arbeit zählt schließlich auch, dass die Arbeiter »von der gesellschaftlichen Bildfläche« verschwunden sind. Von der gefährlichen Klasse haben sie sich zur vergessenen Klasse verwandelt. Die traditionelle Arbeiterklasse ist symbolisch und in gewissem Sinne auch als physisch sichtbarer Typus nicht mehr präsent: Ein Beleg für diese mangelhafte Präsenz ist – so Beaud und Pialoux – die systematische Unterschätzung der tatsächlichen Zahl der Arbeiter in Bevölkerungsumfragen. Der Zeitraum der Untersuchung erstreckt sich über 15 Jahre, von 1983 bis 1998. Sichtbar werden die Veränderungen im sozialen (Struktur-)Gefüge der Fabrik. Angelernte Arbeiter haben im Rahmen veränderter Organisationsformen und Produktionsbedingungen keine Aufstiegschancen mehr, so dass sich die mentale und materielle Kluft zwischen Arbeitern und Technikern vertieft. Im Zeitverlauf wird auch die Neujustierung der schulischen und beruflichen Bildung zu Lasten der »alten« Arbeiter sichtbar. Die schulische Laufbahn der »neuen« Arbeiter führt zu Haltungen und Mentalitäten, die mit dem »alten« Arbeiterhabitus nichts mehr gemein haben. Auch in der Industriearbeit geht es mehr und mehr um soziale Kompetenz, Flexibilität und Anpassungsfähigkeit. Der Eigensinn manueller Fertigkeiten, handwerklichen Geschicks und betrieblichen Erfahrungswissens verliert an Wert. Auf diese Weise entsteht Konfliktstoff zwischen »alten« und »neuen« Arbeitern, der die politische und symbolische Kraft der Arbeiterschaft schwächt. Diese Konflikte verbleiben freilich nicht im Betrieb, sie setzen sich in den Familien fort. In der Studie von Beaud und Pialoux wird Industriesoziologie zur Familien- und Generationengeschichte. Die Geschichte der Automobilarbeiter bei Peugeot reicht freilich über den Einzelfall hinaus. Dieses Stück spielt nicht nur in Frankreich.

Der politische Niedergang der Arbeiterschaft, ihr Verschwinden aus der publizistischen Öffentlichkeit und ihr normativer Bedeutungsverlust greifen ineinander. Die Industriearbeiter verlieren ihre »kollektiven Abwehrmechanismen«. Jetzt kehrt in der Lesart von Beaud und Pialoux das verwundbare »Arbeiter-Sein« zurück, das vor der Arbeitnehmergesellschaft bestand. Das Recht der Stärkeren kommt in der Arbeitswelt mehr und mehr zur Geltung.

Die Präsenz und die Repräsentation der Arbeiter als aufstiegsfähige und aufstiegswillige soziale Klasse, die für eine positive Dynamik sozialen Wandels sorgt, sind dramatisch geschwunden. Die mittelständische Berufskultur der Industrie- und Handwerksmeister, der technischen Angestellten und Ingenieure schöpft aus diesem sozialen und beruflichen Umfeld. Wenn dagegen heute von der Arbeiterschaft die Rede ist, dann mehr und mehr unter der Perspektive der »Ausgeschlossenen«, der sozial Deklassierten oder der »Migranten«. Sie haben den Platz in der Öffentlichkeit eingenommen, den früher die aufstiegsorientierten Industriearbeiter innehatten, die Bildung und Etablierung als Rechts- und Teilhabeansprüche reklamierten. Auch die Debatten um soziale Ausgrenzung und Desintegration sind Teil der symbolischen und normativen Entwertung des Arbeiterstatus. Im Schattenreich des sozialen Ausschlusses verschwindet der Sozialtypus des Schichtarbeiters, der sich auf dem Weg der inner- wie außerbetrieblichen Weiterbildung nach oben zu kämpfen bemüht. In der Diskussion um die »Überflüssigen« und »Entbehrlichen« spiegeln und verstärken sich gleichermaßen die Formverluste industrieller Arbeitswelten. »Man gewinnt immer mehr den Eindruck, dass sich die Arbeiter auf sich selbst zurückgezogen haben, dass sie, angesichts der normativen Kraft der Tatsachen und der Art und Weise, wie über sie der Mantel des Schweigens ausgebreitet wird, verstummt sind.«[118] Die fachgeschulte und tariflich entlohnte Industriearbeiterschaft hat als Klassenlage und soziales Milieu an Kraft verloren. Die Lage der Arbeiter, die sich im sorgenden Wohlfahrtskapitalismus an der sozialen Schnittstelle zwischen Arbeiter- und Mittelklasse bewegten bzw. ein wesentliches Reservoir der sozialen Aufstiegs-

---

118 Beaud/Pialoux, Die verlorene Zukunft der Arbeiter, S. 22.

dynamik in der Nachkriegszeit repräsentierten, ist fragil und ver-wundbar geworden. Ihre Statussicherheit ist ungewiss. Die Staats-bediensteten sehen sich mit ähnlichen Prozessen symbolischer Entwertung und gesellschaftspolitischer Unsichtbarkeit konfron-tiert. Dabei haben sich gerade der öffentliche Dienst und die Wohl-fahrtsverbände von strukturellen und normativen Leitbranchen zu Orten neuer Verwundbarkeit und zu Experimentierfeldern pre-kärer Beschäftigungsformen gewandelt. Die Ironie der Entwick-lung besteht hier vor allem darin, dass im öffentlichen Dienst und der Wohlfahrtspflege immer häufiger prekär Beschäftigte auf das neue Prekariat der Abstiegsbedrohten, Arbeitslosen und Armuts-gefährdeten treffen. Prekarisierte Mitarbeiter auf Ämtern und Behörden bearbeiten die Prekarität der Antragssteller und Hilfe-suchenden. Es ist notwendig, sich den Formverlusten des Wohl-fahrtsstaates zuzuwenden.

Die Formverluste wohlfahrtsstaatlicher Beschäftigung.
Die öffentlichen Dienste als Nervositätszentrum
Wenn die Architektur des gewährleistenden Wohlfahrtsstaates oder die Formveränderungen staatlicher Intervention in den Gesell-schaftswissenschaften erforscht und diskutiert werden, dann rich-tet sich das Interesse in erster Linie auf die Folgen politischer und rechtlicher Veränderungen für die Klientel staatlicher Dienste und Sorgeleistungen bzw. auf die allgemeinen Strukturveränderungen öffentlicher Verwaltung[119] und des öffentlichen Dienstes als »Mo-tor der Staats- und Verwaltungsmodernisierung«.[120] In kritischer Bewertung wohlfahrtsstaatlicher Konzepte des »Forderns« und »Förderns«, der »Aktivierung« und der »Eigenverantwortung« werden mit Blick auf die sorge- und unterstützungsbedürftigen Bürger empirische Befunde und konzeptionelle Thesen über Sta-tusentsicherung durch »Fallmanagement«,[121] über Maßnahmen der »aktiven Proletarisierung«[122] oder auch über die rechtspoliti-

---

119 Vgl. Bogumil u.a., Politik und Verwaltung.
120 Koch/Conrad, New Public Service; Bogumil u.a., Politik und Verwal-tung, sowie Schader-Stiftung, Die Zukunft der Daseinsvorsorge.
121 Vgl. Spindler, Rechtliche Rahmenbedingungen.
122 Vgl. Wölfle/Schöller, Soziale Disziplinierung.

sche Tendenz der »Residualisierung und Konditionalisierung der Leistungen der Arbeitslosensicherung und Sozialhilfe«[123] vorgestellt. Die Tatsache, dass sich mit der institutionellen Fortbildung vom »sorgenden« zum »gewährleistenden« Wohlfahrtsstaat die Arbeitsbedingungen, die Statuspositionen und die Entwicklungsmöglichkeiten derer verändern, die im und für den Staat auf unterschiedlichen Leistungsebenen und in differenten Statuspositionen arbeiten, bleibt in der soziologischen Literatur und Forschung weitgehend unberücksichtigt. Die Fragen, wer die Verlierer und wer die Gewinner der Verwaltungsmodernisierung sind, welche Erfahrungen die unterschiedlichen Beschäftigtengruppen machen oder welche Konflikte innerhalb der Behörden, Ämter und Institutionen ausgetragen werden, bleiben ungestellt. Das ist merkwürdig. Der öffentliche Dienst, seine Beamten, Angestellten und Arbeiter – mithin das Personal des arbeitenden Staates –, ist seit den 1970er Jahren weder für die Arbeitssoziologie von empirischem Interesse, noch ist er ein relevanter konzeptioneller Ort für sozialstrukturanalytische Überlegungen. Die Verwaltungssoziologie kommt seit Jahrzehnten über eine Randexistenz nicht hinaus. In der Diagnostik gesellschaftlicher Entwicklungen spielt sie keine Rolle – nach einem punktuellen »Höhepunkt«, der um das Jahr 1977 herum lag.[124] Wenn Renate Mayntz in den 1970er Jahren in ihrem bereits erwähnten Lehrbuchtext zur »Soziologie der öffentlichen Verwaltung« formuliert, dass sich die Vorliebe der Sozialwissenschaften eher auf andere Gegenstandsbereiche als die staatliche Exekutive oder die Behörden als spezifische Arbeitsorte richtet, dann gilt das im Grunde noch heute.[125] Dabei lassen sich am Beispiel der öffentlichen Dienste, der Daseinsvorsorge, der staatlichen und kommunalen Verwaltung Strukturveränderungen vortrefflich nachzeichnen. Alles spricht dafür, dass die Formverluste öffentlicher Beschäftigung Einfluss auf die arbeitsgesellschaftliche Entwicklung insgesamt haben. Welche Indikatoren stehen uns für

---

123 Mohr, Pfadabhängige Restrukturierung, S. 298.
124 Vgl. Haussleiter, Verwaltungssoziologie; Häußermann, Die Politik der Bürokratie; Pankoke, Verwaltungssoziologie; Prätorius, Folgen der Planung; Federwisch, »Bürgernähe«.
125 Mayntz, Soziologie der öffentlichen Verwaltung, S. 6.

die Bewertung und Einordnung der veränderten Beschäftigungswirklichkeit in den öffentlichen Sektoren zur Verfügung?

Der Jurist Klaus Henneberger zeigt in historischer Perspektive, dass sich in den öffentlichen Diensten die Voraussetzungen personalwirtschaftlicher Planungen und personalpolitischen Handelns seit den 1970er Jahren grundlegend verändert haben. Zu beobachten sind bei den öffentlichen Arbeitgebern restriktive Personalpolitiken und Strategien der Flexibilisierung,[126] die nur Anfang der 1990er Jahre, als die Einbindung der öffentlichen Verwaltung der DDR in den neuen öffentlichen Dienst Gesamtdeutschlands anstand, kurzzeitig unterbrochen wurden. Doch bereits im Zeitraum 1976 bis 1985 zeichnen sich Strukturveränderungen der öffentlichen Personalwirtschaft ab. Veränderungen, die sich im Zeitverlauf verfestigt haben. So stellt Henneberger fest, dass die »restriktiven, quantitativ wirkenden personalpolitischen Maßnahmen von (pauschalen) Abwertungen freiwerdender Stellen und besoldungsstrukturellen Änderungen wie der Kürzung der Anwärterbezüge, der Absenkung der Eingangsbesoldung der Beamten [...], mehrmonatige Verzögerungen bei der Anpassung der Beamtenbesoldung an die tarifliche Einkommensentwicklung der Angestellten und Arbeiter sowie Nullrunden« begleitet wurden.[127] Zudem weist Henneberger in seinen Arbeiten darauf hin, dass bereits seit Anfang der 1980er Jahre die öffentliche Hand vor dem legitimatorischen Hintergrund erschöpfter fiskalischer Ressourcen eine mehr oder weniger konsequente Privatisierungspolitik betreibt.[128] Die Mühlen der Privatisierung staatlichen Vermögens und staatlicher Aufgabenbereiche mahlen langsam, aber stetig. Die öffentlichen Arbeitgeber arbeiten konsequent an einem »Abbau der betriebsinternen Personalreserven (Stabilisierung der betrieblichen Kernbelegschaften auf geringem Minimumniveau) durch Schaffung eines in Quantität und Qualität relativ kurzfristig steuerbaren und rechtlich unkomplizierter variierbaren Arbeitnehmeraushilfspotentials am Rande der jeweiligen verfestigten internen

---

126 Vgl. Henneberger, Arbeitsmärkte und Beschäftigung im öffentlichen Dienst.
127 Ebenda, S. 218.
128 Ebenda, S. 220 ff.

öffentlichen Arbeitsmärkte (Vermeidung von unbefristeten Neu-
einstellungen über das absolut notwendige Ausmaß zur Aufrechterhaltung des reibungslosen Dienstbetriebs hinaus). Mit Hilfe
dieses hoch elastischen Arbeitnehmerpotentials als flexibler exter-
ner Einsatzreserve fällt es den öffentlichen Arbeitgebern leichter,
auf ›Konjunkturschwankungen‹ (zum Beispiel gesunkene Schüler-
zahlen) und geänderte Finanzierungsbedingungen durch Anpassung des Personalbestands zu reagieren.«[129] Die Konsequenz dieser Personalpolitik der knappen Kalkulation und der »unteren
Personallinie« ist die Verschiebung des Verhältnisses von Stamm-
zu Randbelegschaften. Dieser Trend hat sich über die 1990er
Jahre hinweg fortgesetzt. Allerdings reichen mittlerweile die materiellen Verluste und das Schwinden von arbeits- und sozialrechtlichen Sicherungen bis weit in die Kernbereiche öffentlicher Beschäftigung hinein. Zudem zeigen nach Henneberger empirische
Mobilitätsanalysen für die späten 1980er und die frühen 1990er
Jahre, dass im Sektor staatlicher Beschäftigung sowohl horizontale
wie vertikale Mobilitäten an Schwung verloren haben. Das Arbeiten für den Staat hat mithin erheblich an Attraktivität eingebüßt.
Der Aufstiegsmotor »öffentlicher Dienst« ist ins Stottern gekommen. Die Formverluste staatlicher Beschäftigung lassen sich daher
nach Jahren der Stellenkürzungen und des Einstellungsstopps
sowie nach zahlreichen dienst- und arbeitsrechtlichen Reformen
auf folgende Stichworte bringen: Personalabbau, Arbeitszeitver-
längerung, Wegfall betrieblicher Gratifikationen, Lohnsenkung,
Verdichtung der Arbeitsabläufe sowie die Durchsetzung flexibler
und ungeschützter Arbeitsbedingungen. Was sind die politischen,
rechtlichen und fiskalischen Grundlagen dieser Entwicklung –
drei Stichwörter sind von besonderer Relevanz: »Neues Steuerungsmodell« (NSM), »Public Private Partnership« (PPP) und die
maßgeblich von der nordrhein-westfälischen Landesregierung
angestoßene *Dienstrechtsreform* der »Bull-Kommission«.[130] In all
diesen rechtlichen Fällen und politisch-wirtschaftlichen Konstellationen wird im Kern auch das Staatsverständnis verhandelt, das

---

129 Ebenda, S. 232.
130 Vgl. hierzu Regierungskommission des Landes Nordrhein-Westfalen,
    Zukunft des öffentlichen Dienstes.

den architektonischen Umbauten der öffentlichen Dienste zugrunde liegt.

Im Mittelpunkt des Umbaus der öffentlichen Dienste, der Daseinsvorsorge und der Wohlfahrtspolitik steht die Einführung des NSM. Die Leitvokabeln lauten hier: Kontraktmanagement, Controlling, Outputsteuerung, Wettbewerb und Kundenorientierung. In einem bilanzierenden, das thematische Feld umreißenden Aufsatz »Öffentlicher Dienst in Deutschland: veränderungsfähig oder reformresistent?« schreibt Sabine Kuhlmann, die in zahlreichen Beiträgen aus politikwissenschaftlicher Perspektive den Fortgang der Einführung neuer Steuerungsmodelle forschend begleitet hat: »Die internationale New Public Management-Debatte hat [...] in den neunziger Jahren Einzug in die deutsche Verwaltung, vor allem auf kommunaler Ebene, gehalten. Im Unterschied zur internationalen NPM-Bewegung wurde das NSM eher als eine Alternative zu Privatisierungen und neo-liberalem Minimalstaat gesehen [...], indem es stärker auf Binnenreformen als auf Markttests und Outsourcing abzielte. Ein wesentliches Ziel des NSM bestand darin, von der ›klassisch-bürokratischen‹ Verwaltungsorganisation zu einer stärker an betriebswirtschaftlichen Vorbildern orientierten Organisations- und Steuerungsform überzugehen.«[131] Auf der verwaltungspolitischen Tagesordnung standen in dieser Linie der Abbau von hergebrachten Amtshierarchien sowie die Neuordnung von Verantwortungsstrukturen, indem insbesondere die Trennung von fachlicher und fiskalischer Verantwortung weitgehend aufgehoben wurde. Die Diagnose ging in bürokratiekritischer Manier von der »organisierten Unverantwortlichkeit« der staatlichen Verwaltung aus und plädierte für eine an privatwirtschaftliche Vorbilder angepasste dezentrale Führungs- und Organisationsstruktur. Kuhlmann betont, dass die Diskussion des Verwaltungsumbaus in der Regel institutionen- und organisationsfixiert blieb, während das Personal des arbeitenden Staates in Forschung und Debatte so gut wie keine Beachtung fand. Die

---

131 Kuhlmann, Öffentlicher Dienst in Deutschland, S. 89; vgl. auch ders., Wandel lokaler Verwaltung in Kontinentaleuropa; ders., Evaluation lokaler Verwaltungspolitik; vgl. auch Bouckaert, Auf dem Weg zu einer neo-weberianischen Verwaltung.

Steuerungsmodell-Debatte verharrte in technokratischer Bürokratiekritik. Die Verbesserungsbedürftigkeit der Haushaltswirtschaft, des Finanzgebarens und der Verwaltungsorganisation der öffentlichen Hände war und ist die Leitlinie – immer unter der ideologischen Maßgabe, dass die Privatwirtschaft stets effizienter oder einfach besser sei als die öffentlichen Dienste. Wenn das Personal in den Blick der NSM-Strategien kommt, dann als »strategische Ressource«, die durch »ökonomische Anreizsysteme« (Leistungszulagen etc.) zur Umsetzung der angestrebten Ziele aktiviert werden muss. Steuerungsmodelle ohne Personen sind in der Tat blutleere Handlungsstrategien. Dementsprechend, so Sabine Kuhlmann, »widersprüchlich waren die proklamierten Wirkungsziele des NSM: einerseits Effizienzerhöhung und Wirtschaftlichkeitsgewinne, andererseits – teils im Kontrast dazu – Motivationsverbesserung und Erhöhung der Arbeitszufriedenheit«.[132] Die Steuerungsmodelle, die die Diskussion um die Neujustierung der öffentlichen Dienste seit rund zehn Jahren stark prägen, finden sich primär im Bereich der kommunalen Verwaltung. Kommunale Leistungen werden nun als Produkte definiert. »Die Kommune gilt als ein ›Konzern‹ mit der Verwaltungsspitze als ›Vorstand‹, der die strategischen Entscheidungen über die grundsätzlichen kommunalen Leistungs- und Finanzierungsziele trifft. Der Politik kommt die Rolle eines Auftraggebers zu, der über das ›ob‹ und das ›was‹ entscheidet. Die Verwaltungsspitze gilt wiederum als Auftragnehmer und legt das ›wie‹ der Leistungserbringung fest. Dies erfolgt durch konkrete Vereinbarungen zur operativen Umsetzung, die entweder mit den jeweiligen Fachämtern oder mit Dritten, das heißt im Falle der Sozial-, Kinder- und Jugendhilfe mit frei-gemeinnützigen oder privat-gewerblichen Trägern, im Wege des Kontraktmanagements (Leistungsverträge) abgeschlossen werden.«[133] Das »Neue Steuerungsmodell« in der Kommunalverwaltung soll mit Hilfe fiskalischer Einsparungen und verwaltungsrechtlicher Effizienzsteigerung für ein verändertes Klima und für eine neue Mentalität in der Verwaltung des Sozialen sorgen.

132 Kuhlmann, Öffentlicher Dienst in Deutschland, S. 89.
133 Bäcker u.a., Sozialpolitik und soziale Lage in Deutschland, Bd. 2, S. 564.

In diesem neuen Verwaltungsklima ist der Bürger nach diesen Maßgaben des Verwaltungshandelns nun »Kunde«, die sozialen Dienste sind »Marktprodukte«, an deren Volumen und Qualität bestimmen sich die Leistungsverträge; die Beziehungen zwischen Politik und Verwaltung werden in Verträge gegossen – Kontraktmanagement ist das mehr oder weniger freudig aufgenommene Zauberwort auf den Amtsfluren. Die Verantwortung für den Umgang mit fiskalischen und personellen Ressourcen wird zudem dezentralisiert. Öffentliche Dienste treten stärker als zuvor in den Wettbewerb mit privaten Anbietern. Verwaltungsintern werden im Rahmen von Benchmarkingprozessen Leistungsvergleiche zwischen Ressorts und Fachabteilungen durchgeführt, deren Grundlage in der Regel neu erarbeitete Kennziffernsysteme sind.

Ein weiterer Punkt in der Diskussion zum Umbau und zur Neuordnung öffentlicher Aufgaben und Leistungen ist das (verwaltungsrechtliche) Konzept des »Public Private Partnership« (PPP), der staatlichen und privaten Verantwortungsteilung. In dieser Diskussion kommt die Indienstnahme privater Akteure für Gemeinwohlzwecke in den Blick. »Privatisierung des Staates« ist das kritische Schlagwort in der politischen Öffentlichkeit. Mit der Praxis der Verantwortungsteilung reagieren die Staats- und Verwaltungswissenschaften auf spezifische, in sich durchaus widersprüchliche Problembefunde. Zum Beispiel reagieren sie auf den faktischen Zuwachs an Staatsaufgaben bei gleichzeitig abnehmender Handlungsfähigkeit des Staates oder auf die begrenzte Steuerungskraft des Rechts bei anhaltender Durchrechtlichung der Gesellschaft. Verantwortungsteilung als »Public Private Partnership« (PPP) werden als staatsentlastende und gesellschaftsfordernde Konzepte des PPP ins Spiel gebracht.[134] Die Folge ist eine »Neuakzentuierung staatlicher Steuerungskapazität unter veränderten Bedingungen, die Verantwortungsteilungen weniger als einen Rückzug als vielmehr einen Formenwandel staatlicher Steuerung ausweisen«.[135] Es geht um die Steuerungsfähigkeit des politisch-

---

134 Vgl. grundsätzlich Trute, Verantwortungsteilung; aktuell Jansen u.a. 2007 oder Gerstberger/Schneider, Öffentlich Private Partnerschaften.
135 Trute, Verantwortungsteilung, S. 15.

administrativen Systems, um veränderte Implementationsformen des Rechts, um Bildung von Kooperation und Netzwerkbildung, aber auch um die Analyse der Binnenstruktur der zu steuernden gesellschaftlichen Felder, die eine eigene Institutionen- und Handlungslogik kennen, welche selbst wiederum eine wesentliche Bedingung gelingender oder scheiternder Steuerung ist. Während die konzeptionell-theoretische Bestimmung des gewährleistenden Staates die Sphären des Staates und der Gesellschaft trennt, um auf diese Weise ihr Verhältnis neu durchdenken zu können, geht es in der empirischen Bestimmung gewährleistender Wohlfahrtsstaatlichkeit um die Pluralisierungen und Differenzierungen der Staatsorganisation und der gesellschaftlichen Bedürfnisse. Auch hier sind durchaus widersprüchliche Entwicklungen beobachtbar. Politisch zu bewältigen sind die Anforderungen an eine zunehmende Internalisierung individualisierter sozialer Interessen auf der einen Seite. Staatliches und politisches Handeln verlangt nach Zielgruppenorientierung. Auf der anderen Seite erzwingt die Komplexität der gesellschaftlichen Realität eine Externalisierung der Gemeinwohlverwirklichung. Der Wohlfahrtsstaat wird nicht einfach abgebaut. Er ist als Gewährleister vielmehr zugleich schlanker als auch komplexer geworden. In Netzwerken und Verhandlungssystemen werden komplexe Strukturen der Kooperation zwischen Staat und Gesellschaft sichtbar. Daran zeigt sich, »dass es sich um einen weit reichenden Perspektivenwechsel handelt, der allerdings den Anspruch des Staates zur Formulierung und Implementation von Gemeinwohlzielen nicht aufgibt, aber der Verselbständigung gesellschaftlicher Teilsysteme und ihrer eigenen Handlungslogik Rechnung trägt und durch deren Beeinflussung und Überdetermination versucht, die Gemeinwohlziele zu erreichen. In diesem Sinne kann man von einem Formenwandel staatlicher Steuerung sprechen.«[136] Dieser findet in Gestaltung von »Handlungsbeiträgen öffentlich-rechtlicher und privater Akteure bei der Verfolgung von Aufgaben mit Gemeinwohlbezug«[137] seinen Ausdruck. Wer erledigt welche Aufgaben, wie steht es um die Leistungstiefe des öffentlichen Sektors, welche neuen Regelungs-

---

136 Ebenda, S. 19.
137 Ebenda, S. 20.

instanzen werden geschaffen und wie sehen die Regelungsinstrumente aus? Wer stellt in welcher Weise bestimmte öffentliche Dienste und Infrastrukturen (im Sinne einer Infrastrukturgewährleistung) zur Verfügung? In welchem Substitutions- bzw. Ergänzungsverhältnis stehen staatliche und private Akteure zueinander? Wie verlaufen die Wege »von der Steuerung zur arbeitsteiligen Normimplementation«?[138] Hier ist ganz offensichtlich Regierungs- und Verwaltungskunst gefragt.[139]

Ein auslösendes Moment der Veränderung der öffentlichen Dienste war neben der Durchsetzung der NSM und neben den grundlegenden verwaltungsrechtlichen Überlegungen zum Verhältnis staatlicher und privater Verantwortungsteilung (PPP) die Grundsatzdebatte zur *Dienstrechts- und Strukturreform* der öffentlichen Verwaltung, die durch die von der nordrhein-westfälischen Landesregierung eingesetzte Kommission »Zukunft des öffentlichen Dienstes – öffentlicher Dienst der Zukunft« angestoßen und bestimmt wurde. Ein zentrales Leitmotiv der Kommissionsarbeit war, von der privaten Wirtschaft für den öffentlichen Dienst »zu lernen«. Die Kommission konzentrierte sich in ihren Vorschlägen nicht nur auf Fragen des Dienstrechts, sondern auch auf die Steuerungsprinzipien der Leistungsentlohnung, der Mitbestimmung, des Personalmanagements und auf Maßnahmen des sogenannten Hierarchieabbaus. Überlegungen dieser Art haben sicher nichts mit neoliberalen Attacken auf den öffentlichen Dienst zu tun, sondern sind eher eine Reaktion auf fiskalische Engpässe der Staatsverwaltung, auf veränderte Bedürfnisse innerhalb der Mitarbeiterschaft und auch auf wachsende Ansprüche der Öffentlichkeit an »ihre« Verwaltung. So führt die Diskussion um die Dienstrechtsreform und um die Neustrukturierung der öffentlichen Personalwirtschaft mitten hinein in die Diskussion um das Staatsverständnis. Eine starke Gruppe in dieser Diskussion bilden die Verfechter eines »schlanken« oder »minimalen« Staates, die unter dem Schlagwort »Bürokratieabbau« darauf drängen, »dass ein großer Teil der vorhandenen öffentlichen Beschäftigten künftig durch Ange-

---

138 Ebenda, S. 26.
139 Vgl. dazu auch Vogel, Die Staatsbedürftigkeit der Gesellschaft, S. 99 ff.

stellte privater Unternehmen ersetzt werden muss, da zum Beispiel Schulen und Hochschulen in private Trägerschaft übergehen und auch Krankenhäuser, soziale und kulturelle Einrichtungen, Bauverwaltungen und viele andere bisher in staatlicher oder kommunaler Regie betriebene Stellen nach diesen Ideen privatisiert werden müssen«.[140] Dagegen steht die etatistische Gegenposition, die auf der demokratischen Legitimation aller staatlichen Handlungen besteht. Bull unterstreicht, dass sich auch die von ihm geleitete Regierungskommission einem sozialstaatlichen Verständnis von Staatsaufgaben verpflichtet sieht. »Auch künftig hat der Staat einen umfassenden Auftrag zur Gewährleistung der menschlichen Grundbedürfnisse, sozialer Verhältnisse und von Bildung und Kultur – mag auch die Ausführung dieses Auftrages auf vielfältige Weise denkbar und in Kooperation mit der Wirtschaft oft besser realisierbar sein als durch eigene Beschäftigte des Staates oder der Kommunen. Den staatstheoretischen Hintergrund dieser Vorstellungen bildet die Unterscheidung von ›Kernaufgaben‹ und ›Gewährleistungsaufgaben‹ oder ›Gewährleistungsverantwortung‹ des Staates.«[141]

Die Diskussion über die arbeitsbezogenen, sozialstrukturellen, erwerbsbiographischen und normativen Folgen dieser Entwicklung hin zur Gewährleistungsverantwortung des Wohlfahrtsstaates steckt noch in den Kinderschuhen. Der Begriff des gewährleistenden Wohlfahrtsstaates ist sozialwissenschaftlich kaum gefüllt und die Fragen nach der Staatszielbestimmung, nach den substantiellen Gehalten öffentlicher Dienste sowie nach dem Verhältnis, in dem Staat und Gesellschaft zueinander stehen, werden von der Sozialforschung konsequent ausgespart. Zumindest hinsichtlich neuer rechtlicher Konturen und sozialer Figurationen sowie mit Blick auf Artikulationen des Unbehagens mit der veränderten Arbeitswirklichkeit im öffentlichen Sektor bieten beispielsweise die soziologischen Arbeiten von Elke Ahlers und Berndt Keller hilfreiche Hinweise. Beide Autoren setzen sich seit einigen Jahren aus gewerkschaftlich-personalpolitischer Sicht und aus der Perspektive der Verwaltungsforschung mit dem Umbau der öffentlichen

---

140 Bull, Positionen, Interessen und Argumente, S. 336.
141 Ebenda, S. 338.

Dienste auseinander.[142] Ahlers zeigt mit empirischen Studien, dass »flexibilisierte oder auch atypische Beschäftigungsformen im öffentlichen Dienst verbreiteter sind als angenommen und in den letzten Jahren deutlich zugenommen haben«.[143] Der öffentliche Dienst ist durchzogen von befristeter Beschäftigung, Minijobs oder von Ein-Euro-Tätigkeiten. Laut neuer Daten des Bundesinnenministeriums sind im öffentlichen Dienst immer mehr Beschäftigte auf staatliche Unterstützungsleistungen angewiesen – »Hartz IV für Staatsdiener« schlagzeilt die *Süddeutsche Zeitung* im März 2008.[144] Diese neue Prekarität der öffentlichen Dienste und die Umstellung dauerhafter und stabiler Sorge- und Dienstleistungen auf volatile, unsichere und gering entlohnte Projektarbeit findet vor dem Hintergrund einer anhaltenden und konsequenten Politik der Einstellungsstopps und der Stellenkürzungen statt. Seit Anfang der 1990er Jahre schrumpfte die Beschäftigung im öffentlichen Dienst um rund ein Drittel – durch Privatisierung, durch die Auslagerung bestimmter Beschäftigungszweige in die Obhut privater Träger oder Stiftungen sowie durch Personalabbau.[145] Insgesamt kommt Ahlers zu dem Ergebnis, dass sich im öffentlichen Dienst in wachsendem Maße eine Differenzierung und Pluralisierung der Status- und Vertragsformen abzeichnet. Während der größere Teil der bei Bund, Ländern und Gemeinden sowie der bei Sozialversicherungen und Arbeitsverwaltung Beschäftigten nach wie vor über relativ sichere Arbeitsplätze verfügt, wächst zugleich eine starke Gruppe fluktuierender Mitarbeiter heran, die sich mit fragilen Beschäftigungsverhältnissen und Statusformen konfrontiert sieht. Zur Besonderheit der Personalstruktur kommen Spezifika in der Arbeitsorganisation. Die Privatisierung, die anhaltende Ausgliederung bestimmter Aufgabenbereiche und die neuen Leitlinien der Beschäftigung (»bürgernahe Verwaltung«) sorgen für anhaltende Unruhe und Nervosität unter vielen Beschäftigten. Der öffentliche Dienst ist wahrhaft kein Ort der »Ge-

---

142 Vgl. hierzu auch Siedentopf, Stand und Entwicklungsperspektiven, oder Bogumil u.a., Politik und Verwaltung.
143 Ahlers, Beschäftigungskrise im öffentlichen Dienst?, S. 80.
144 Bovensiepen, »Hartz IV für Staatsdiener«.
145 Vgl. Ahlers, Arbeitsbelastungen im Öffentlichen Dienst, S. 347.

mütsruhe des Wohlfahrtsstaates« (Bram van Stolk und Cas Wouters), sondern ein Zentrum sozialer und beruflicher Beunruhigung. Die Personalräte berichten, so Ahlers, von wachsenden Arbeitsbelastungen, die durch Termin- und Zeitdruck verursacht werden, aber auch von mangelhafter Personalführung und von wohlklingenden, aber aus Sicht der Beschäftigten unzureichenden Steuerungskonzepten der öffentlichen Verwaltung. Sehr weit oben auf der Belastungsskala steht zudem der Aspekt der mangelnden Aufstiegsmöglichkeiten. Auch häufige Überstunden und unklare Zuständigkeiten belasten die Mitarbeiterschaft – das gilt offensichtlich auf allen Ebenen, im mittleren, gehobenen und höheren Dienst und auch gleichermaßen bei Beamten und Angestellten. Zwar wird die Statusgruppe der Beamten von ihren Dienstherren in Bund, Ländern und Gemeinden nach wie vor im Geist der »hergebrachten Grundsätze des Berufsbeamtentums« versorgt. Im Gegenzug garantieren sie Verlässlichkeit und Amtsloyalität. Doch das hilft den Beamten offensichtlich nicht. Vielmehr sind gerade die Beamten – horribile dictu – zu Trendsettern geworden. Der Wegfall von Urlaubs- und Weihnachtsgeld ist bei den Beamten nahezu aller Bundesländer längst Realität. Die Rückkehr zur 40- oder gar zur 42-Stunden-Woche bei gleichzeitiger Kürzung der Bezüge ist bei den Beamten schon Wirklichkeit – während in der Privatwirtschaft um diese Dinge zwischen den Tarifpartnern ebenso heftig wie öffentlichkeitswirksam gerungen wird. In zahlreichen Verwaltungseinheiten und Ämtern werden Sonderschichten angeordnet, auf allen Ebenen der öffentlichen Dienste wächst die Arbeitsverdichtung, im mittleren ebenso wie im höheren Dienst. Ob im Bildungsbereich, dem Wohnungsamt oder in der Jugendpflege – die Zahl der zu betreuenden »Kunden« (früher: Bürger) pro Mitarbeiter steigt bei sinkendem Personalstand. Dazu kommt die zusätzliche Komplexität der auszuführenden Tätigkeiten. Die öffentlichen Dienstleister werden vom Gesetzgeber nicht geschont. Sie werden in immer kürzeren Abständen mit einer immer komplizierteren Gesetzeslage zur Umsetzung betraut. Das gilt in besonderer Weise für die Beschäftigten im Bereich der Beschäftigungs- und Arbeitsmarktpolitik, aber auch im Gesundheits- und Pflegesektor. Doch wenn beispielsweise die Beamten durch staatliches Dekret länger arbeiten müssen und wenn auch gegenüber den Angestellten des öffentlichen Dienstes verlängerte Arbeitszeiten zu verschlechterten Arbeitsbedingungen von den Arbeitgebern durchgesetzt werden können, dann braucht man weniger Personal für die gleiche Stundenzahl. Das spart Steuergelder und leuchtet der breiten Öffentlichkeit sofort ein. Umfragen zeigen immer wieder, dass zwar eine aktive Staatstätigkeit auf breite Zustimmung in der Bevölkerung stößt, zugleich aber eine hohe Zustimmungsbereitschaft gegenüber Kürz- und Streichaktivitäten im Staatssektor existiert. Es bleibt offensichtlich (vorerst?) dabei: Weite Teile der bundesdeutschen Aufsteigergesellschaft pflegen gern Ressentiments gegen die, die sie versorgen, sichern und auch umhegen.[146]

Die von Henneberger und Ahlers skizzierte Entwicklung der öffentlichen Dienste wird auch durch verwaltungswissenschaftliche Untersuchungen bestätigt. In der Zeitschrift *Die Verwaltung* hat Berndt Keller in mehreren Publikationen sowohl auf die grundsätzliche Veränderung kollektivvertraglicher Gestaltungsprinzipien der öffentlichen Dienste als auch auf den weitreichenden Umbau der individuellen Beschäftigungssituation im Bereich staatlicher Tätigkeiten hingewiesen.[147] Auch Keller hebt hervor, dass sich insbesondere die Beschäftigungssituation der Beamten der Länder und des Bundes seit Ende der 1990er Jahre zum Teil drastisch verschlechterte. Erhebliche Gehaltseinbußen gingen mit einer Verlängerung der durchschnittlichen Arbeitszeiten einher. Gisela Färber von der Verwaltungshochschule Speyer weist in der Wochenzeitung *Die Zeit* darauf hin, dass es seit 1989 faktisch keine Erhöhungen der Reallöhne im öffentlichen Dienst gibt. »Im Vergleich zu den Entgelten der privaten Wirtschaft [sind] die Staatsangestellten ›komplett‹ abgehängt.«[148] Die öffentlichen Arbeitgeber haben in den vergangenen zehn Jahren den Beamtenbereich faktisch von der wirtschaftlichen und tarifpolitischen Gesamtentwicklung abgekoppelt. Das geschieht beispielsweise durch tarifliche »Verzögerungen in Form von ›Nullmonaten‹« oder so-

---

146 Vgl. Vehrkamp/Kleinseuber, Soziale Gerechtigkeit 2007, oder Forsa, Bürgerbefragung öffentlicher Dienst.
147 Vgl. auch Lorig, Die Neugestaltung der Verwendungssysteme.
148 Vgl. die Ausführungen von Gisela Färber von der Verwaltungshochschule des Bundes in Speyer in: Faigle, Mehr Lohn für gute Arbeit.

gar durch den »kompletten Wegfall von Anpassungen«.[149] Zu Lasten der Beamten konnten »erhebliche Einsparungen bei den Personalausgaben im Rahmen der allgemeinen Haushaltskonsolidierung und -sanierung« erzielt werden.[150] »Mit dieser Strategie einer zeitlichen und monetären Flexibilisierung versuchen einige Bundesländer erstmals, eine langfristige Entwicklung umzukehren.«[151] Nicht mehr die Zentralisierung der kollektiven Regelung öffentlicher Beschäftigung steht im Vordergrund, sondern deren Dezentralisierung. Je nach regionaler Wirtschaftslage und fiskalischer Potenz gestalten sich nun Besoldung und Arbeitsbedingungen der öffentlich Bediensteten. Die Folge dieser Entwicklung wird eine zunehmende Regionalisierung der Arbeitsbedingungen und der Leistungskraft der öffentlichen Dienste sein. Keller prognostiziert für die Arbeitsbeziehungen im öffentlichen Dienst und für die spezifische Beschäftigungssituation in den Ländern und Kommunen einen durch Prozesse der Vermarktlichung angetriebenen Wechsel von konsensualen und kooperativen Strukturen zu mehr Konfrontation und Konflikt. Denn je nach Bundesland können jetzt die Höhe der Besoldung oder die Arbeitszeiten sowie alle Fragen des Laufbahn- und Versorgungsrechts festgelegt werden. Die Arbeitsbedingungen können auf diese Weise länderspezifisch flexibel gestaltet werden. Der öffentliche Dienst wird somit zu einem weitgehend regional differenzierten und fragmentierten Feld von Arbeitsbedingungen, Karriereaussichten und Versorgungsleistungen, in dem sich nicht zuletzt die bislang recht einheitlichen Arbeits- und Lebensbedingungen der öffentlichen Dienstklassen auseinanderentwickeln.[152] Die damit verknüpfte Frage ist, inwieweit für den öffentlichen Dienst in Deutschland ein »Wettbewerbsföderalismus« bzw. ein »Besoldungswettbewerb« charakteristisch sein wird; ein Wettbewerb, der die ohnehin vorhandenen Segmentierungen des öffentlichen Dienstes in Teilarbeitsmärkte des Bundes, der Länder und der Kommunen verschärfen wird.[153] Zudem ist

---

149 Keller, Wandel der Arbeitsbeziehungen, S. 198.
150 Ebenda.
151 Keller, Aktuelle Entwicklungen der Beschäftigungsbeziehungen, S. 85.
152 Vgl. Keller, Demographie als Verwaltungsaufgabe, S. 200.
153 Vgl. ebenda, S. 96.

der öffentliche Dienst Protagonist der Vertraglichung der Arbeitsbeziehungen und des »Kundenmanagements«. Der Kontrakt ist –
wie oben gezeigt – ein zentrales Instrument der politischen und
verwaltungsbezogenen Steuerung im gewährleistenden Wohlfahrtsstaat. So weist Keller darauf hin, dass im Rahmen der skizzierten Segmentierungen und Fragmentierungen der öffentlichen
Beschäftigungsbedingungen »Dienstvereinbarungen als dezentrale
Regelungsinstrumente zur Umsetzung, Konkretisierung und Implementation von tarifvertraglich-zentralisierten Vereinbarungen
an Bedeutung [gewinnen]: ihre Zahl sowie ihre materielle Regelungsdichte steigen.«[154] Die kollektivrechtliche Gestaltung der
öffentlichen Dienste bedient sich zudem mehr und mehr spezifischer tariflicher Öffnungsklauseln.[155] Ingesamt führt dieses »Aufbrechen« der bislang stark verrechtlichten und vereinheitlichten
Beschäftigungsformen dazu, dass öffentliche und private Arbeitsverhältnisse und -kontrakte zunehmend an Unterscheidbarkeit
verlieren.

Das Ziel der öffentlichen Arbeitgeber ist, so Keller, »unter den
politischen Vorzeichen von Liberalisierung und Privatisierungs-
maßnahmen (rolling back the state) sowie den ökonomischen
Rahmenbedingungen von anhaltender Finanzkrise und Kosten-
druck den Trend des ›Downsizing‹«[156] fortzusetzen. Die Folgen
sind weitreichend, in normativer wie gesellschaftspolitischer
Hinsicht: »Öffentliche Arbeitgeber geben ihre Vorbildfunktion
auf, die sie ehemals als ›Modellarbeitgeber‹ auch für die Privatwirtschaft und den Gesamtarbeitsmarkt hatten, und gleichen ihre
Strategien denen der privaten an. [...] Unter den Rahmenbedingungen erheblicher Haushaltsdefizite und wachsender Staatsver-
schuldung dominieren kurzfristige, markt- und kostenorientierte
Strategien, vor allem Arbeitskostenkalküle gegenüber langfristi-
gen politischen Überlegungen über Umfang und Qualität staatlichen Handelns.«[157] Auch Keller hebt in diesem Zusammenhang
zum einen hervor, dass der öffentliche Dienst zu einem Vorreiter

154 Ebenda, S. 193.
155 Vgl. ebenda, S. 91.
156 Ebenda, S. 94.
157 Ebenda.

fragiler Beschäftigungsformen geworden ist, und dass zum anderen diese hohen Anteile »atypischer Beschäftigung« bei staatlichen oder staatsnahen Arbeitgebern in der Öffentlichkeit kaum bekannt sind. Dieses »downsizing« der öffentlichen Dienste hat nicht zuletzt personalpolitische Folgen. Denn mit dem Beschäftigungsabbau und der Zersplitterung der Beschäftigungsformen geht kein Aufgabenabbau einher. Die Veränderungen in den Arbeits- und Statusbedingungen des staatlichen Sektors erfolgen aus Fiskal- und Effizienzgründen. Fragen nach normativen Zielen und gesellschaftspolitischen Aufgaben öffentlicher Leistungen werden hier in der Regel nicht verfolgt. Ein entscheidender Schritt der qualitativen Veränderungen der Konditionen und Perspektiven des »arbeitenden Staates« ist der seit Oktober 2005 gültige Tarifvertrag für den öffentlichen Dienst (TVöD). Dieser Tarifvertrag hat *statusbezogene Konsequenzen*, wenn er die Unterscheidung zwischen Arbeitern und Angestellten aufhebt und wenn er das Senioritätsprinzip und den Familienstand für Eingruppierungs- und Bezahlungskriterien nicht mehr berücksichtigt. Der Tarifvertrag hat *arbeitssituationsbezogene Folgen*, wenn er eine stärkere Flexibilisierung des Arbeitskräfteeinsatzes und die Einführung eines sogenannten Niedriglohnsektors vorsieht. Der TVöD hat schließlich *strukturpolitische Konsequenzen*, wenn auf mittlere bis lange Sicht vorgesehen ist, den besonderen Beschäftigungscharakter der Arbeit für den Wohlfahrtsstaat aufzulösen und sich personal- und organisationspolitisch der privaten Wirtschaft anzugleichen. Die Angleichung betrifft den Jargon der Selbstbeschreibung und gilt für die normative Ausrichtung des Arbeitsfeldes.

Alles in allem sind die Flexibilisierungsspielräume der öffentlichen Arbeitgeber und die Dispositionsmöglichkeiten ihrer Personalpolitik in den vergangenen Jahren noch einmal erheblich gewachsen. Sie verstärken und bekräftigen die vorhandenen Spaltungen in stabile und instabile Beschäftigungssegmente der sich heterogenisierenden Arbeitsmärkte des öffentlichen Dienstes. »Insofern gilt die von Repräsentanten der öffentlichen Arbeitgeber wiederholt vorgebrachte Behauptung von der ›absoluten Krisensicherheit‹ der Arbeitsplätze aufgrund der Unkündbarkeit und der damit begründeten Verschlechterung der Arbeitsbedingungen [...] zumindest nur eingeschränkt. M. a. W.: Der öffentliche Dienst ist längst nicht mehr, falls er es jemals war, die ›Insel der Glückseligen‹ oder das Biotop, für den ihn viele, vor allem auch öffentliche Arbeitgeber, halten.«[158] Und obgleich alle in der Literatur zitierten Indikatoren auf die erheblichen strukturellen Verschlechterungen der »Staatspraxis«, der Konditionen öffentlicher Sorge und Dienste hinweisen, wissen wir immer noch sehr wenig über Erwerbsbiographien, berufliche Orientierungen und Hoffnungen, über Erfahrungen und Erwartungen derer, die den »arbeitenden Staat« repräsentieren. Vieles spricht dafür, dass sich in ähnlicher Weise wie im industriellen Sektor auch in den öffentlichen Diensten spezifische Arbeitnehmer- oder Arbeitsmarkttypen etablieren. Was spricht dagegen, dass wir auch im Bildungssystem, im Gesundheitswesen oder in der öffentlichen Verwaltung auf die bereits skizzierten »*Jobnomaden*« treffen, die sich von einem befristeten Vertrag zum nächsten hangeln, oder auf »*Arbeitsmarktdrifter*«, die den Eindruck haben, immer mehr in die Randbereiche der öffentlichen Beschäftigung abgeschoben zu werden, oder auf »*Pfadfinder*«, die als Kostenrechner, IT-Spezialisten oder Berater zielsicher die lukrativen Jobs im »New Public Management« an Land ziehen? Unstete Erwerbsbiographien sind in Verwaltung und Staatsdienst keine Ausnahme mehr, die Akzeptanz prekärer Beschäftigung ist für die jüngere Generation fraglos Eintrittsvoraussetzung in diesen Beschäftigungssektor, und die Bereitschaft, sich durch das neue Unterholz der Minijobs und der »Arbeitsgelegenheiten mit Mehraufwandsentschädigung« zu schlagen, darf vorausgesetzt werden. Alles spricht dafür, dass sich aktuell die öffentlichen Dienste (und ebenso die Wohlfahrtsverbände) von Orten der formierten Mittelklassegesellschaft in ein unübersichtliches Gelände pluraler Statusgruppen und differenzierter Karrierewege verwandeln. An diesen mittleren Orten der Arbeitsgesellschaft treffen wir auf die systematische *Prekarisierung der Prekaritätsbearbeiter*, auf die anhaltende *Verunsicherung der Unsicherheitsbewältiger*, auf die verschärfte *Flexibilisierung der Flexibilitätsmanager*, auf die materielle *Auszehrung der Armutsverhinderer* und auf die symbolische *Abwertung der Deklassierungsbewahrer* – aber eben auch auf die systematische *Aufwer-*

---

158 Ebenda, S. 182.

tung der *Controller,* der *Berater,* der *Therapeuten,* der *IT-Spezia-listen* und der *Systemadministratoren.* Doch in der Gesamtbilanz deutet alles darauf hin, dass wir es in den öffentlichen Diensten mehrheitlich und überwiegend nicht nur mit materiellen, sondern vor allem auch mit normativen Substanzverlusten zu tun haben.

Wo finden wir erste Beispiele für die Neujustierung öffentlicher Beschäftigung und für eine substantiell veränderte normative Ausrichtung von Dienst und Sorgeleistungen? Hinweise auf substantielle Veränderungen dieses zentralen Sektors wohlfahrtsstaatlicher Organisation und arbeitsgesellschaftlicher Realität kommen bislang eher aus der Sozialreportage als aus der Sozialanalyse – wenige Ausnahmen bestätigen die Regel.[159] Zwar liefert die Statistik der öffentlichen Beschäftigung viele wertvolle Hinweise auf strukturelle Veränderungen im Staatssektor, doch sie lässt nur sehr wenig von den strukturellen und personellen Turbulenzen in der Arbeitsrealität des arbeitenden Staates erkennen. Von der Entwicklung des öffentlichen Dienstes vom Leitbildsektor der Mittelklasse zu einem Nervositätszentrum der Arbeitswelt, das sich durch Diskontinuität und fragmentarische Beschäftigungsformen auszeichnet, berichtet zum Beispiel eine Reportage der *Frankfurter Rundschau* von Mitte Dezember 2007. Die Journalistin Annika Joeres schildert einen typischen Fall aus der neuen Welt der öffentlichen Dienste. Unter dem Titel »Jobvermittlerin sucht Arbeit« beschreibt sie die Erfahrungen einer ehemaligen Mitarbeiterin der Agentur für Arbeit, die nach einer Odyssee durch die prekäre Arbeitswelt der öffentlichen Dienste die Seite des Schreibtischs in der Arbeitsagentur gewechselt hat und nun selbst auf Arbeitssuche ist. In den vergangenen Jahren hat die in der Reportage vorgestellte Vermittlerin 13 befristete Arbeitsverträge bei der Bundesagentur für Arbeit unterschrieben, ohne übernommen worden zu sein. »Mehr als 90 000 Menschen beschäftigt die größte Behörde Deutschlands, 15 000 davon haben nur Kurzzeitverträge. [...] Die Vermittler wechseln so häufig wie die Arbeitsuchenden. Völlig fachfremden Jobsuchenden wird [...] eine Arbeit auf dem Amt angeboten. Akademiker, Rechtsanwaltsgehilfen und Bankkauf-

---

159 Vgl. Ludwig-Mayerhofer u.a., Fallverstehen und Deutungsmacht; Zurbriggen, »Die Koffer packen«.

frauen werden bevorzugt eingestellt. [...] Im Schnelldurchgang sollen sie an 28 Tagen lernen, mit dem Computerprogramm der Agenturen umzugehen, Arbeitslose zu vermitteln, deren Rechte und Pflichten zu kennen.«[160] Die Arbeitsagenturen – Orte des mittelbaren öffentlichen Dienstes – sind in mehrfacher Hinsicht »gute« Beispiele für Formverluste und Neuformierungen des Wohlfahrtsstaates. Insbesondere die interne Verwaltungsorganisation hat sich hier verändert. Das alte Arbeitsamt wurde im Zuge der Hartz-Reformen in unterschiedliche Organisations- und Verwaltungstypen zergliedert. Zum einen in die Arbeitsgemeinschaften für die ALG-II-Bezieher, die in Job-Centern hauptsächlich Langzeitarbeitslose und ehemalige Sozialhilfebezieher betreuen. Zum anderen in die Arbeitsagentur, die versucht, »frische« Arbeitslose möglichst rasch mit einem neuen Job zu versorgen. Die Arbeitsagenturen erhalten jetzt einen ausgewählten »Kundenkreis«. Niemand steht hier mehr Schlange, wer in die Arbeitsagentur kommt, der hat einen Termin. Den Termin erhält man bei den Kundenberatern im Eingangsbereich des Kundenzentrums. Bemerkenswert ist der organisationspolitisch neue Jargon der Arbeitsmarktpolitik: Job-Center und Marktkunde, Ich-AG und Personal-Service-Agentur, Bedarfsgemeinschaft und Arbeitsgelegenheit. Die Steuerungsinstrumente wurden dem »New Public Management« entlehnt, jetzt werden zwischen den lokalen Geschäftsführern und den regionalen Direktoren Zielvereinbarungen ausgehandelt. Es gibt »Führungsdialoge«, in denen der Stand der »Zielerreichung« abgestimmt und kontrolliert wird. Zugleich sind die Arbeitsagenturen stärker mit einem bestimmten »Kundentyp« konfrontiert. Immer mehr ehemals gut bezahlte Arbeitslose tauchen in den Agenturen auf, da zumindest die periodische Arbeitslosigkeit immer weiter in die Welt der gut qualifizierten und bezahlten Mittelschichten hineinragt. Arbeitslos werden weniger die Hilfskräfte und Anlernarbeiter, denn sie bilden bereits seit vielen Jahren den Sockel der Langzeitarbeitslosigkeit. Als Arbeitslose tauchen dagegen regelmäßig Facharbeiter, technische und kaufmännische Angestellte oder auch Ingenieure auf. Durch ihre hohen Versicherungsansprüche im ALG I entstehen stärkere finanzielle Lasten,

---

160 Joeres, Jobvermittlerin sucht Arbeit, S. 14.

auch bei sinkenden Arbeitslosenzahlen. Die Mitarbeiter in den Agenturen werden aufgefordert, schwerpunktmäßig die »teuren« Arbeitslosen zu versorgen und zu vermitteln. Das hat zur Folge, dass gering qualifizierte, langzeitarbeitslose Hilfebezieher deutlich nachrangig behandelt oder sofort aus dem Vermittlungsgeschäft verdrängt werden. Gleichzeitig wurden die Maßnahmen zur Arbeitsbeschaffung (ABM) als gestaltende Instrumente der Arbeitsmarktpolitik weggespart, das trifft ebenfalls die Gruppe der relativ gering qualifizierten Arbeitslosen besonders hart. Doch auch innerhalb der Mitarbeiter der Bundesagentur steht die Stimmung nicht zum Besten. Sie werden aufgefordert, jede nur mögliche oder unmögliche Gelegenheit zu nutzen, Sperrzeiten zu verhängen. Controller drängen die Vermittler zu »Maßnahmen«, die dazu führen, dass Arbeitslosen zeitweise das Geld gestrichen werden kann. Beispielsweise wenn die Eigenbewerbungen in einem bestimmten Zeitraum hinter den Erwartungen zurückbleiben oder wenn Vorladungen nicht fristgerecht Folge geleistet wird. Der Euphemismus hierfür lautet agenturintern »aktive Steuerung«. Zahlreiche Vermittler fühlen sich in die falsche Rolle gedrängt. Sie fühlen sich zu Arbeitsmarktpolizisten degradiert, die nicht mehr darum bemüht sind, der einzelnen Person zu helfen, sondern sich Maßnahmen ausdenken, den Hilfebezug auf jede nur mögliche Weise zu beenden.[161] Die Verwaltung der Arbeit als Teil der öffentlichen Dienste hat sich in struktural-organisatorischer wie normativer Hinsicht erkennbar verändert. Doch die Neuorganisation der Arbeitsverwaltung[162] ist nur ein partikularer Prozess im Rahmen des Umbaus staatlicher Tätigkeiten. Mittlerweile liegen Berichte und Reportagen zu den Folgen der Neuordnung von Postdienst und Telekommunikation vor,[163] aber auch zur Privatisierung des Gesundheitswesens.[164] Für die Formveränderungen

---

161 Vgl. Behrend, »… das geht zu Lasten«.
162 Vgl. hierzu in historischer Perspektive Trampusch, Die Bundesanstalt für Arbeit.
163 Vgl. Busch, Deregulierung der Postmärkte; Werthmann, Staatliche Regulierung.
164 Vgl. Hajen, Gesundheitsökonomie; Lindner, Die Krise des Wohlfahrtsstaates; MAGS, Das Krankenhaus im Gesundheitsgewährleistungsstaat.

staatlicher Moderation und Gestaltung sind ebenfalls die Studien aufschlussreich, die sich mit Veränderungen des Arbeitsrechts oder des sozialen Sicherungswesens – gewissermaßen mit den Gestaltungsgrundlagen der Arbeitswelt und Sozialordnung – auseinandersetzen.[165]

Bemerkenswert ist, dass alle diese materiellen, institutionellen, rechtlichen und symbolischen Formverluste der öffentlichen Beschäftigung, von denen in diesem Abschnitt die Rede war, gerade nicht von Prozessen der Entstaatlichung getragen werden. Das gilt hinsichtlich der neuen gewährleistungsstaatlichen Restriktion der öffentlichen Selbstverwaltung im Bereich der Sozialversicherung und der Arbeitsverwaltung.[166] Das trifft aber auch für die Privatisierung ehemaliger Staatsunternehmen wie zum Beispiel die Brief- und Paketpost, die Telekommunikation oder die Bahn zu. In einer deutsch-englischen Vergleichsstudie zu den Folgen der Privatisierung für die Verwaltung des öffentlichen Sektors (Telekommunikation, Elektrizität und Bahn) kommt der Verwaltungswissenschaftler Michael W. Bauer zu folgendem Befund: »Es ist praktisch in keinem der untersuchten Sektoren zu einem nennenswerten Abbau staatlicher Verwaltung gekommen. Die Umstrukturierungen haben lediglich zu einer Umverteilung der administrativen Aufgaben geführt, gewöhnlich als Auslagerung aus den nationalen Ministerien in sektorale Regulierungsbehörden.«[167] Für Freunde der Entstaatlichung fällt insbesondere der empirische Blick ins Musterland der Privatisierung, der Blick nach Großbritannien, ernüchternd aus: Im Zuge der offensiven Privatisierung »kommt es zu dem Paradox, dass das Vereinigte Königreich zur Aufrechterhaltung der eingeführten – und insbesondere im Bahnsektor artifiziellen – ›Marktmechanismen‹ einen erheblichen Verwaltungsaufwand betreiben muss, der die Verwaltungskosten ent-

---

165 Vgl. Blanke, Thesen zur Zukunft des Arbeitsrechts; Spindler, Rechtliche Rahmenbedingungen; Vogel, Die Staatsbedürftigkeit der Gesellschaft, und ders., Biographische Brüche.
166 Vgl. Trampusch, Status quo vadis?
167 Bauer, Auf dem Weg zur »analytisch-kommunikativen Verwaltung«?, S. 220.

gegen den eigentlichen Intentionen in die Höhe schnellen lässt.«[168]
Interessant sind in diesem Kontext nicht die Regularien der
»Marktherstellung«, sondern die Tatsache, dass die Privatisierung
von Staatsunternehmen von institutionellen Neugründungen begleitet und vor allem politisch formiert wird.

Für Deutschland ist die bereits erwähnte Geschichte der Etablierung der Regulierungsbehörde bzw. seit Juli 2005 der »Bundesnetzagentur«[169] ein schlechtes Beispiel für Entstaatlichung und ein
gutes Exempel für das neue Institutionen- und Verwaltungsgefüge
des gewährleistenden Wohlfahrtsstaates. Die Dienste und Leistungen der Daseinsvorsorge sind durch Mechanismen sektorspezifischer Regulierung gekennzeichnet. Die Aufgabe gewährleistender
Staatspraxis besteht darin, die Marktstellung der Anbieter zu kontrollieren und neu auf den Markt tretenden Wettbewerbern zu
chancengleichen Bedingungen zu verhelfen. Die Palette der Aufgaben der noch jungen Staatsbehörde ist breitgefächert, ihre Infor-
mations- und Untersuchungsrechte zur Marktregulation wurden
in den vergangenen Jahren weiter präzisiert sowie ihre Sanktionsmöglichkeiten vom Gesetzgeber verschärft. Wie bereits ausgeführt: *Staatsrückzug schafft neue Behördenstrukturen.*

Die soziologisch verbreitete These der Entstaatlichung ist offensichtlich eine pauschalierende Fehldiagnose. Die Eröffnung, die
Transparenz, die Inhalte und die Leistungsfähigkeit von Märkten
sind offensichtlich in höchstem Maße staatsbedürftig. Durch
»Vermarktlichung« und »Projektierung« öffentlicher Leistungen
und Dienste wird der Staat als Verwaltungsordnung neu dimen-
sioniert, aber keinesfalls abgeschafft. Interessant ist vielmehr, die
Neuschaffung von staatlichen Institutionen zu beobachten, die als
gesetzgeberisch veranlasste und rechtlich gesicherte Einrichtungen
neue Märkte beispielsweise für Infrastrukturdienstleistungen überhaupt erst entstehen lassen. An der Bundesnetzagentur lässt sich
exemplarisch zeigen, dass Staat und Markt als Ordnungsprinzipien keine sich ausschließenden Gegensätze bilden. Die Staatsbedürftigkeit von Märkten und Marktteilnehmern tritt im Übergang
vom sorgenden zum gewährleistenden Staat, in der Transforma-

---

168 Ebenda, S. 221.
169 Vgl. Kapitel II.

tion von Staatsaufgaben und in der Privatisierung bzw. Vermarktlichung öffentlicher Aufgaben in besonders markanter Weise hervor. Auch der Erfolg der Privatisierung bedarf offensichtlich einer
handlungs- und durchsetzungsfähigen staatlichen Ordnung.

Mit Prozessen der Entstaatlichung kann schließlich auch die
systematische Demontage des für den Wohlfahrtsstaat zentralen
Subsidiaritätsprinzips in den sozialen Diensten nicht in Verbindung gebracht werden. Durch die Vermarktlichung und Ökonomisierung des Sozialsektors, der nicht mehr die im Rahmen der
Verbandsarbeit erbrachte Leistung honoriert, sondern das günstigste Angebot prämiert, werden die subsidiären Sozialverbände
entweder von billigeren Privatanbietern etwa im Bereich der
Altenpflege oder der Gesundheitsversorgung verdrängt, oder sie
müssen sich selbst in ein »race to the bottom« begeben und die
Arbeitsbedingungen ihrer Mitarbeiter in einer Weise verschlechtern, die normativ in sozialethisch fundierten Verbänden wie
»Caritas« oder »Diakonie« kaum vertreten werden kann und
entsprechende Konflikte provoziert. Die »Subsidiarität, obwohl
weiterhin im Sozialgesetzbuch verankert, wird dieser Bedeutung
zunehmend entkleidet und [...] zu einer Folie [...] für die Deregulierung sozialer Dienste. Dieses neue Subsidiaritätsverständnis
betont die persönliche Eigenverantwortung und entlastet den
Staat von seiner Leistungsverpflichtung, indem es die staatliche
Gewährleistungsfunktion der Leistungsfunktion überordnet.«[170]
Mit dem sozialkatholischen Gedanken der »Subsidiarität«, dem
»Recht der kleinen Kreise« jenseits staatlichen Eingriffs, hat diese
Entwicklung jedenfalls nichts mehr zu tun.[171] Bereits in den
1950er Jahren hat Joseph Kardinal Höffner in einem programmatischen Aufsatz »Der Start zu einer neuen Sozialpolitik« gegen
»individualistische« und »liberalistische« Missverständnisse des
Subsidiaritätsgedankens Einwände formuliert. Das zentrale liberale, auf Individualisierung der Person zielende Missverständnis
des grundlegend solidarisch gedachten Prinzips der Subsidiarität
besteht darin, dass »in jedem Notfall zunächst die persönlichen
Verhältnisse [der Hilfsbedürftigen überprüft werden, B.V.], was

---

170 Kühnlein/Wohlfahrt, Soziale Träger auf Niedriglohnkurs?, S. 1.
171 Vgl. kritisch auch Gabriel, Caritas und Sozialstaat.

schließlich in einem allgemeinen Kontrollstaat enden würde«.[172] Misstrauen statt Solidarität – das mag ein neues Prinzip der Sozialpolitik sein. Die Subsidiarität als soziales Gestaltungsprinzip der katholischen Soziallehre darf mit solchen Strategien kontrollierender Wohlfahrtsstaatlichkeit nicht in einen Topf geworfen werden.

Die unter dem Titel »Caritas und Sozialstaat unter Veränderungsdruck« vorgelegte Bestandsaufnahme von Karl Gabriel macht darüber hinaus deutlich, dass die öffentlichen Dienste in Bund, Ländern und Gemeinden keinesfalls die einzigen Orte des Wohlfahrtsstaates sind, in denen sich Beschäftigungsbedingungen und Sorgeleistungen grundlegend verändern. Insbesondere die kirchlichen Wohlfahrtsverbände sind im Zusammenhang unserer Frage nach der Dynamik der Prekarität und Verwundbarkeit der sozialen Mittelklasse ein ebenso weites wie interessantes Feld. Wir treffen auch hier auf geradezu paradigmatische Situationen des Wandels wohlfahrtsorientierter Arbeit, die den neuen Steuerungsprinzipien der Projektorientierung und des Kontraktmanagements entspricht. Die Arbeitssituationen in den Wohlfahrtsverbänden bleiben hiervon nicht unberührt. Das gilt hinsichtlich der Anzahl der Arbeitsplätze, das gilt für Arbeitszeitregeln, für Arbeitsinhalte sowie für die erforderlichen Qualifikationen der Mitarbeiterschaft. Die Studie »Zwischen Wettbewerb und Subsidiarität. Wohlfahrtsverbände auf dem Weg in die Sozialwirtschaft«[173] beschreibt diese Veränderungen auf der Grundlage aktueller empirischer Befunde präzise, detailliert und interessant. Die Beschäftigungsverhältnisse und die Entlohnungsbedingungen in den Sozialverbänden werden ungleicher. »Komplementär zur Inszenierung wettbewerblicher Strukturen im Sozialsektor ist daher ein bislang ungebremster Preiswettbewerb und – dem entsprechend – eine Abwärtsspirale bei den Löhnen und Gehältern in Gang gekommen.«[174] Die marktbeherrschenden Wohlfahrtsverbände haben sich im Zuge der Hartz-Reformen zu zentralen Experimentierfeldern geringfügiger

---

172 Zit. nach Gabriel/Große Kracht, Joseph Höffner (1906–1987), S. 168.
173 Vgl. Dahme u.a., Zwischen Wettbewerb und Subsidiarität.
174 Kühnlein/Wohlfahrt, Lohn und Profession, S. 6.

und prekärer Beschäftigung entwickelt. Die Fragilität der Wohlfahrtsarbeit wird arbeitsmarkt- und beschäftigungspolitisch inszeniert. Das gilt insbesondere für den forcierten Einsatz von Mini-, Midi- und Ein-Euro-Jobs. Dementsprechend zeigen erste empirische Ergebnisse zu Einsatz und Verbreitung der Ein-Euro-Jobs, dass diese Beschäftigungsform vor allem im Bereich der sogenannten »welfare economy« des öffentlichen Dienstes und der »Betriebe ohne Erwerbszweck« Verbreitung finden, kaum hingegen in Betrieben der Privatwirtschaft. Vieles spricht zudem dafür, dass diese geringfügigen oder partiellen Beschäftigungsformen nicht nur für zusätzliche Tätigkeiten angewandt werden – wie es der Gesetzgeber ursprünglich vorsah. In vielen Fällen gibt es klare Indizien dafür, dass beispielsweise Ein-Euro-Tätigkeiten reguläre Beschäftigung ersetzen bzw. systematisch in den Betrieben zum Einsatz kommen.[175] Daraus lässt sich die Schlussfolgerung ziehen, dass die Wohlfahrtsverbände zu den Avantgardisten der Minijob-Ökonomie geworden sind. »So waren im Jahr 2005 mehr als eine Million Mini-Jobs in den Bereichen ›Gesundheits-, Veterinärund Sozialwesen‹, ›Erziehung und Unterricht‹ sowie im Bereich ›Erbringung sonstiger öffentlicher und privater Dienstleistungen‹ registriert.«[176] Zugleich haben wir es hier – das sei noch hinzugefügt – in markantem Unterschied zu den öffentlichen Diensten des Staatssektors mit Wachstumsmärkten zu tun. Das gilt vor allen Dingen für die Expansion der Beschäftigung in den Gesundheits- und Pflegeberufen, die seit einigen Jahren zudem noch einen bemerkenswerten Professionalisierungsprozess durchlaufen.[177] Allerdings gilt diese expansive Tendenz nicht gleichermaßen für alle Bereiche des Wohlfahrtssektors. Während die Gesundheitsberufe stark expandieren, schrumpfen die sozialen Dienste der Sozialarbeit, der Armenfürsorge oder der Jugendhilfe kontinuierlich.

In der Analyse des prekären Wohlstands und der sozialen Verwundbarkeit treten die Fragen nach individuellem und ge-

175 Vgl. Bellmann u. a., Welche Arbeitgeber nutzen Ein-Euro-Jobs?, S. 202.
176 Kühnlein/Wohlfahrt, Soziale Träger auf Niedriglohnkurs?, S. 3; vgl. auch minijob-zentrale, Aktuelle Entwicklungen.
177 Vgl. Bollinger u. a., Gesundheitsberufe im Wandel.

sellschaftlichem Wohlstand hervor. Sie werden in der bzw. aus der Mitte der Gesellschaft gestellt und sie werden von dort auch beantwortet werden. Die Antworten auf diese Fragen finden wir in den öffentlichen Diensten, der Daseinsvorsorge und der Wohlfahrtspflege, kurz: in der guten Verwaltung des gesellschaftlich Allgemeinen. Während in der Prekarität der Industriearbeit die Problematiken der Soziallage Einzelner, der Wirtschaftskraft bestimmter Branchen oder der Steuerung der Tarifpolitik verhandelt werden, stellt sich die Lage in den öffentlichen Diensten zumindest qualitativ auf andere Weise dar. *Denn die Prekarität der öffentlichen Dienste verändert langfristig den normativen Haushalt der Gesellschaft und verschiebt die Maßstäbe des guten Lebens.* Wenn der »arbeitende Staat« zum Thema wird, dann geht es nicht nur um die Wohlfahrt der Einzelnen, sondern um die Wohlfahrt des Ganzen. Die Universalien und nicht nur die Partikularitäten des Sozialen sind im Spiel. Der öffentliche Dienst ist weit mehr als eine Branche der Volkswirtschaft, in der irgendwelche Dinge zu besonderen Bedingungen und mit bestimmten Preisen hergestellt und vertrieben werden.[178] Der Bürger ist eben doch kein Kunde und die Staatsbedürftigkeit moderner und arbeitsteilig geprägter sowie individualisierter und pluraler Gesellschaften ist evident. Jugendhilfe, Schulbildung und Krankenpflege sind öffentliche Angelegenheiten und keine privaten Kaufentscheidungen wie der Erwerb von Laptops, Küchengeräten oder Mobiltelefonen. Was sind soziologische Ausgangspunkte und Forschungsperspektiven, die sich dieser Problematisierung der Wohlstandsfrage von den öffentlichen Diensten und Leistungen her gewachsen sehen? Wo liegen die Orientierungspunkte einer kritischen Soziologie des Wohlfahrtsstaates, die mehr ist als politologische Institutionenkunde oder ein wirtschaftlicher Leistungsvergleich? Der letzte Abschnitt dieser Arbeit greift noch einmal die Ausgangsüberlegung auf: Die sozialen Fragen heute sind im Kern der Ausdruck von

---

178 Vgl. Bull, Absage an den Staat?; Czerwick, Demokratisierung der öffentlichen Verwaltung; ders., Die Ökonomisierung des öffentlichen Dienstes; Eppler, Auslaufmodell Staat?; Isensee, Öffentlicher Dienst, oder Dahrendorf, Wann ist der öffentliche Dienst erfolgreich?.

Wohlstandskonflikten, die aus einer verunsicherten und statusbesorgten Mittelklasse kommen. Die zeitdiagnostisch und gesellschaftspolitisch anspruchsvolle Soziologie muss hierauf Antworten finden.

V. Wohlstandsfragen

Soziologische (Aus-)Blicke auf die Maßstäbe der Wohlstandsqualität

Zurück zum Ausgangspunkt. Zurück zur Mittelklasse. Deren Zustand und Befindlichkeit hat wieder Eingang in das gesellschaftspolitische und zeitdiagnostische Gespräch gefunden. Zahlreiche Studien und Sozialreportagen zu mittleren Statusverunsicherungen, Abstiegsbesorgnissen und Deklassierungserfahrungen tragen hierzu bei und fragen: Ist die Mittelklasse noch Wohlstandsort? In den Begriffen der sozialen Verwundbarkeit, der beruflichen Gefährdung sowie der materiellen Prekarität des Wohlstands versucht ein Teil der Soziologie aktuell diese Unsicherheiten und Ungewissheiten einzufangen. Im Frühjahr 2008 erhielten diese Befunde und konzeptionellen Überlegungen, die von Teilen der empirischen Sozialforschung unter »Trüffelschweinverdacht«[1] gestellt wurden, aus weiteren, quantitativ argumentierenden wissenschaftlichen Quellen Bekräftigung. In einer Studie des Deutschen Instituts für Wirtschaftsforschung (DIW) zeigt sich, dass sich die Schicht der Bezieher mittlerer Einkommen in Deutschland zwischen 2000 und 2006 verringert hat. Die Einkommensmitte der Gesellschaft schrumpft,[2] nicht auf dramatische, aber auf spürbare Weise. Als Mittelklasse bzw. in der Diktion der DIW-Studie als »Mittelschicht« werden diejenigen bezeichnet, die sich in einer relativen Einkommensposition von 70 bis 150 Prozent des Median befinden. Die Mitte der Gesellschaft wird über ihr Einkommen, ihre finanzielle Situation bestimmt. »In dieser Abgrenzung umfasste die Mittelschicht in den 80er Jahren in Westdeutschland stabil rund 64 Prozent der Gesamtbevölkerung – die deutliche Mehrheit der Erwachsenen und deren Kinder. Auch für Deutschland insgesamt lag der Anteil der Mittelschicht 1992 mit

---

1 Vgl. Mayer, Sinn und Wirklichkeit, Teil 2.
2 Grabka/Frick, Schrumpfende Mittelschicht.

knapp 62 Prozent ungefähr in dieser Größenordnung – das entsprach etwas mehr als 49 Millionen Personen – und ist bis 2000 weitgehend stabil geblieben. Seither aber schrumpft die Einkommensmittelschicht und macht nur noch rund 54 Prozent (rund 44 Millionen Personen) der gesamten Bevölkerung aus. Innerhalb der Mittelschicht hat die Gruppe derjenigen mit einem Einkommen zwischen 90 und 110 Prozent des Median – also die ›Durchschnittsverdiener‹ – mit einem Rückgang von rund fünf Prozentpunkten die stärksten Verluste hinnehmen müssen. Entsprechend haben die Ränder der Einkommensverteilung an Bedeutung gewonnen. Einen deutlichen Zuwachs verzeichneten die untersten Schichten.«[3] Interessant für den Strukturwandel der Mittelklasse ist vor allem die Tatsache, dass die Abwärtsmobilität in der Entwicklung der Einkommensverhältnisse deutlich überwiegt. Die Mittelklasse »franst« nach unten aus. Zu diesem Befund kommt auch eine Studie des Duisburger IAQ (Forschungsinstitut Arbeit und Qualifikation), die darauf hinweist, dass auch unter den Gutqualifizierten der Anteil der Niedriglöhner in den vergangenen Jahren gestiegen ist. Niedriglöhne haben die unqualifizierten Tätigkeitsbereiche und Randlagen des Arbeitsmarktes verlassen.[4] Die oben beschriebene Entwicklung in den öffentlichen Diensten und im durch Verbände organisierten Sozialsektor, der verstärkte Einsatz von Minijobs und geringfügigen Beschäftigungsverhältnissen in diesen Sektoren, ja die generelle Aufsplitterung der Beschäftigungslandschaft forcieren diese Entwicklung. Ein bemerkenswerter und in der Öffentlichkeit kaum rezipierter Befund ist weiterhin, dass das Schrumpfen der Mittelklasse mit einem »Rückgang der klassischen Familienhaushalte« einhergeht. Die »normale Mittelklassefamilie« sieht sich offensichtlich mit spezifischen Abstiegsgefahren konfrontiert: »Besonders ausgeprägt ist der Rückgang bei den vollständigen Familien von Paaren mit minderjährigen Kindern bis zu 16 Jahren, von denen 2006 mehr als drei Millionen Personen weniger der Mittelschicht angehörten.«[5] Aus der Haushaltsperspektive liefert schließlich die Studie des

---

3 Ebenda, S. 103.
4 Vgl. Kalina/Weinkopf, Weitere Zunahme der Niedriglohnbeschäftigung.
5 Grabka/Frick, Schrumpfende Mittelschicht, S. 105.

Instituts für Makroökonomie und Konjunkturforschung (IMK) Ergebnisse zur finanziellen Lage der Mittelklasse in Deutschland. Sie zeigt, dass die durchschnittlichen Arbeitnehmerhaushalte vom konjunkturellen Aufschwung des »neuen deutschen Wirtschaftswunders« seit dem Jahr 2006 nicht nur nicht profitieren konnten, sie hatten sogar – je nach familiärer Situation – leichte bis mittlere Einkommenseinbußen zu verkraften.[6] Auch nach Auffassung der IMK-Studie liegen die Gründe für diese Entwicklung in den skizzierten Prozessen der Dekonstruktion der Arbeitswelt. Hierzu zählen die abnehmende Tarifbindung ehemals stabiler Branchen (Autobau, Banken und Versicherungen, öffentlicher Dienst), die Flexibilisierung und Vervielfältigung von Beschäftigungsverhältnissen und die politisch forcierte Deregulierung der Arbeitsmärkte. Das heißt, die Mittelklasse konnte von der konjunkturellen Aufhellung und dem neuen deutschen Wirtschafsboom nicht profitieren. Im Gegenteil, mehr und mehr Gruppen der beruffachlichen Arbeitnehmerschaft sehen sich mit prekären Arbeitsbedingungen konfrontiert, und empirische Studien zeigen zudem: Wer einmal im Niedriglohnbereich gelandet ist, kommt kaum heraus.[7] Kein Wunder also, dass sich anhand der »subjektiven Indikatoren« der DIW-Mittelschichtstudie zeigt, dass die empfundenen ökonomischen Unsicherheiten wachsen: »Der Anteil der Menschen, die sich ›keine Sorgen‹ machen, lag in den 80er Jahren noch über 40 Prozent, in den 90er Jahren in Gesamtdeutschland bei rund 30 Prozent und jüngst, also auch in den wachstumsstarken Jahren 2006 und 2007, nur noch bei rund 23 Prozent.«[8]

Die sozialwissenschaftliche Diagnose- und gesellschaftspolitische Gesprächsbereitschaft über die Mitte der Gesellschaft wird nicht nur durch einkommensstatistische Befunde oder anhand von Sozialreportagen gefördert. Sie manifestiert sich exemplarisch auch in einem aktuellen »Lagebericht« zur gesellschaftlichen Mitte in Deutschland. Unter dem Titel »Zwischen Erosion und Erneuerung« haben Historiker, Ökonomen und Soziologen, gefördert von der Herbert-Quandt-Stiftung, Expertisen zu Umfang,

---

6 Vgl. Horn u.a., Wer profitierte vom Aufschwung?, S. 3.
7 Vgl. Bosch/Kalina, Niedriglöhne in Deutschland.
8 Grabka/Frick, Schrumpfende Mittelschicht, S. 106.

Struktur und Befindlichkeit der sozialen Mittelklasse vorgelegt. Bemerkenswert ist vor allem der sozial-historische Beitrag von Paul Nolte und Dagmar Hilpert, der den strukturellen Wandel und die Selbstbehauptung der gesellschaftlichen Mitte in den Zeitläuften des 20. und des beginnenden 21. Jahrhunderts bilanziert. Diese Bilanz erfüllt nicht nur den Anspruch einer überzeugenden Synopse des gesellschaftsgeschichtlichen Kenntnisstands über die Mittelklasse, sondern sie versucht darüber hinaus konzeptionell »Grundlinien, Determinanten und Erfahrungen« der sozialen Mitte kompakt zu präsentieren. Als Instrument dienen den Autoren zwei historisch bewegliche »Kräftevierecke«, die zusammengebaut die aktuelle Mittelklasse ergeben. Das erste dieser »Kräftevierecke« bilden sozioökonomische und politische Faktoren: die Strukturen der Erwerbsarbeit und der Berufswelt, die Einkommensverhältnisse und das Vermögen, die Bildungsabschlüsse und Qualifikationen sowie der Wohlfahrtsstaat. Im zweiten »Viereck« lokalisieren Nolte und Hilpert die soziokulturellen Faktoren der gesellschaftlichen Mitte: »die räumliche Organisation der Gesellschaft, Individuum und Familie, Werte und Politikformen, schließlich Konsum und Lebensstil«.[9] Vor dem Hintergrund dieser »Kräftevierecke« entwerfen die Autoren den idealtypischen Angehörigen der Mittelklasse: Er verfügt über ein mittleres bis gehobenes Einkommen, hat einen höheren Bildungsabschluss, ist in einem Dienstleistungsberuf beschäftigt, kann sich auf tragfähige soziale Beziehungen stützen, in deren Mittelpunkt die Herkunfts- oder die eigene Kernfamilie steht. Schließlich ist der idealtypische Mittelklasseangehörige in der Definition von Nolte und Hilpert fähig zur eigenständigen Lebensführung, deren Leitprinzipien Bildung, Arbeitsethik, Toleranz und Disziplin sind. Der typische bundesdeutsche Mittelklasseangehörige bewegt sich somit in einem »komplizierten Spannungsfeld von selbstverwirklichendem Individualismus und gemeinschaftsorientiertem Altruismus. Die gesellschaftliche Mitte kann eher konservativ-traditionell oder eher liberal-progressiv ausgerichtet sein, einer individualistischen oder familienorientierten Lebensführung zuneigen, sie kann bürgerlich eher im moralisch-altruistischen Sinne oder im ökono-

---

9 Nolte/Hilpert, Wandel und Selbstbehauptung, S. 17.

misch-egoistischen Sinne sein.«[10] An den »Haltungsfragen« und den Aspekten der Lebensführung lässt sich die Expansionsgeschichte der sozialen Mitte nachzeichnen. Sichtbar wird dann ein Bild der sozialen »Mitte« als Ort sozialer Aufsteiger, der in den Jahren »sorgender Wohlfahrtsstaatlichkeit« und tarif- wie arbeitsrechtlich regulierter sowie betrieblich organisierter Erwerbsarbeit an Offenheit gewonnen, aber an kultureller und sozialer Trennschärfe verloren hat.

Auf der Linie der Argumentation der vorliegenden Arbeit heben Nolte und Hilpert neben anderen Faktoren auch die Rolle des Wohlfahrtsstaates hervor und betonen erstens, dass die Geschichte moderner Mittelschichten nicht ohne Bezugnahme auf wohlfahrtsstaatliche Politik formuliert werden kann, und dass zweitens die »Funktion des Wohlfahrtsstaates für die Mitte [...] bisher noch kaum systematisch erforscht«[11] wurde. Zu den Blindstellen der soziologischen Mittelklassediagnostik zählt drittens das von den Autoren in diesem Kontext zu Recht angerissene Thema der Steuerpolitik. Der Wohlfahrtsstaat ist nur als Steuerstaat Wohlfahrtsstaat[12] – und die steuerstaatliche Trägergruppe ist die Mittelklasse: »Die Besteuerung nach der ›Leistungsfähigkeit‹ beansprucht unverkennbar die Mitte der Gesellschaft, hat ihr jedoch insgesamt wohl genügend Handlungsspielraum gelassen, zumal relativ hohe Steuerzahlungen immer wieder durch Transferzahlungen in dieselben Haushalte hinein teilweise kompensiert worden sind. Das steuerliche Ehegattensplitting hat nicht nur familien- und geschlechterpolitische Effekte, sondern kann auch als eine relative Unterstützung der (oberen) Mittelschicht interpretiert werden. Auch andere Steuervorteile sind typisch, oder doch tendenziell, von den Mittelschichten in Anspruch genommen worden. [...] Es ist auffällig, dass gerade solche Formen einer Transfer- und Unterstützungspolitik für die Mittelschichten in den letzten drei bis fünf Jahren vermehrt kritisiert, eingeschränkt oder bereits abgeschafft worden sind.«[13] Doch die Mitte wird nicht nur

---

10 Ebenda, S. 33.
11 Ebenda, S. 60.
12 Vgl. in historischer Perspektive Ullmann, Der deutsche Steuerstaat.
13 Ebenda, S. 62.

steuer- und transferpolitisch in die Zange genommen, auch die für die beruflichen und statusbezogenen Existenzbedingungen der Mittelklasse so wichtigen arbeits- und sozialrechtlichen Arenen der Konfliktmoderation sind – ein vierter rechtlich-politischer Aspekt – in Veränderung begriffen. Die politisch geförderten, rechtlich eröffneten und ökonomisch forcierten »Entgrenzungen« der Arbeitswelt schaffen neue soziale Konflikte gerade in den bislang gesicherten Zonen der berufachlich gebildeten Mittelklasse. Die Zentralkonflikte werden offensichtlich nicht von den Rändern her, sondern aus der Mitte heraus um Statusfragen und Wohlstandschancen ausgetragen.

Diese Entwicklung zeigen auch international vergleichende Studien: »Social contracts under stress. The Middle Classes of America, Europe and Japan at the Turn of the Century« von Oliver Zunz u.a. ist der Titel einer programmatisch und empirisch argumentierenden Publikation, die die veränderten Erwerbssituationen und die Lebensbedingungen der sozialen Mittelklasse in entwickelten Industriegesellschaften – Deutschland, Frankreich, USA und Japan – beleuchtet. Den Zusammenhang von wirtschaftlicher »Restrukturierung«, also dem anhaltenden Verlust von Industriearbeitsplätzen bei gleichzeitiger Zunahme materiell und rechtlich gering geschützter Beschäftigung, und Unsicherheiten in den mittelständischen Kernmilieus der Arbeitsgesellschaft diskutiert im europäischen Vergleich eine niederländische Forschergruppe.[14] Sie ziehen dabei eine Bilanz der wirtschaftlichen Transformationen der 1990er Jahre und kommen zu der These, dass wir an das Ende einer europäischen Erfolgsgeschichte des »immerwährenden« wirtschaftlichen Wachstums gekommen sind. Die Leidtragenden dieser Entwicklung sind nicht nur die Arbeiterklasse, sondern auch zahlreiche Mittelklassemilieus, deren ökonomische und betriebliche Grundlagen sich markant verändert haben. Vom Ende der »Vermittelschichtung« der Gesellschaft und von einer anhaltenden Destabilisierung der Mittelklasse ist schließlich in den Studien des französischen Soziologen Louis Chauvel, »Les classes moyennes à la derive«, die Rede. Auch diese Untersuchung zeigt am exemplarischen Fall der französischen Entwicklung, dass die

---

14 Vgl. Steijn u.a., Economic Restructuring.

aktuellen sozialen Fragen als Wohlstandsfragen und -konflikte gestellt werden. Es handelt sich mit Blick auf die europäische Entwicklung dabei keineswegs um ein »nationales« Thema. Vieles spricht dafür, dass die Wohlstandskonflikte, die aus der Mitte kommen, die Integrationkraft und Kohäsionsfähigkeit entwickelter Gesellschaften künftig verstärkt auf die Probe stellen. Wohlstandsfragen artikulieren sich als Statuskonflikte – das gilt für die große Mehrheit der entwickelten Industriegesellschaften.[15]

Die zeitdiagnostisch und gesellschaftspolitisch aussagefähige Soziologie wird daher nicht umhinkommen, die (Status-)Konflikte, die in der Mitte der Gesellschaft entstehen, zu einem zentralen Gegenstand ihrer Forschung zu machen. Die soziologische Rede von Individualisierung und Gemeinschaft, von Teilhabe und Ausschluss, von schrumpfenden und wachsenden Milieus bleibt in dieser Hinsicht zu unscharf. Wir benötigen empirische Stellungnahmen zu Konflikten um Privilegien und Zuwendungen oder um Belastungen und Abgaben. Sichtbar werden dann die Aufsteiger, die gegen ihren Abstieg kämpfen, die Statusbewussten, die unter Druck geraten, oder die neu etablierten Statusgruppen, die Morgenluft wittern und ihre Chance auf Etablierung und Aufstieg nutzen (möchten). Es werden differenzierte und abgestufte Wohlstandsgefährdungen sichtbar: Der *prekäre Wohlstand* der unsicher Beschäftigten, der *parzellierte Wohlstand* kreditbelasteter Eigenheimbesitzer und der *Scheinwohlstand* derer, die im Versuch sozialer und materieller Selbstbehauptung in die Schuldenfalle geraten oder falschen Gewinnerwartungen aufgesessen sind. In allen diesen Fällen geht es immer wieder um konkrete Fragen der Besitzstandswahrung und der Besitzstandsermöglichung.

Diese Fragen und sozialen Konstellationen fordern eine *politische Soziologie sozialer Ungleichheit*[16] heraus. Doch was leistet bisher die Soziologie als gesellschaftspolitisch orientierte empirische Sozialforschung? Sie bemüht sich auf der einen Seite nach Kräften und durchaus mit Erfolg um die Differenzierung ihrer Theorien mittlerer Reichweite und die Verfeinerung ihrer Methoden und statistischen Verfahren. Die Fähigkeiten, theoretische

---

15 Vgl. hierzu auch Baum-Ceisig/Faber, Soziales Europa?.
16 Vgl. hierzu auch Kreckel, Politische Soziologie.

»Ansätze« miteinander zu kombinieren und ins Verhältnis zu setzen, sind ebenso ausgereift wie die methodische Raffinesse zahlreicher Sozialstrukturanalysen und -vergleiche. Auch die komparativen Potentiale einer Soziologie der »europäischen Gesellschaft« haben sich in den vergangenen Jahren eindrucksvoll weiterentwickelt. Die Problemerkenntnis, die Diagnostik der wunden Punkte sozialer Entwicklung stellen sich mit Hilfe dieser theoretischen und methodischen Fähigkeiten freilich nicht zwangsläufig ein. Die wachsende Exaktheit der Empirie und die selbstreferentielle Überzeugungskraft der Daten scheinen den praktischen Zweifel ausgeschaltet zu haben. In vielen Fällen schiebt sich die Methode vor die Sache. Von Schelsky stammt aus den 1960er Jahren der Vorwurf soziologischer Regression, »die in der positivistischen Erörterung wissenschaftlicher Methoden, ohne zur Sache zu kommen«[17] gefangen ist. Zugleich trägt die Soziologie seit ihren Anfängen einen bisweilen latenten, in der Regel jedoch manifesten Affekt gegen das Ordnungsprinzip des Staates mit sich. Der Staat gilt vielen Soziologen als eine negative Kraft des Sozialen, als Ort der Herrschaft und der bürokratischen Verfahren. In der vorherrschenden soziologischen Meinung repräsentiert auch der Rechtsstaat bzw. das demokratische Staatswesen bürgerschaftsunsensible Autorität und verhärtete Verwaltung. In der Gesellschaft und ihren verschiedenen »Bewegungen« scheint hingegen die Kraft der Emanzipation zu liegen. Der im Frankfurter Milieu entworfene Begriff der »verwalteten Welt« vermochte in besonderer Weise das soziologische Bild vom Verhältnis Staat und Gesellschaft zu prägen. Auch die von Michel Foucault und in seiner Tradition gepredigte ubiquitäre Vermachtung und Rundumdisziplinierung des Sozialen durch staatliche Politik jeglicher Couleur prägten das soziologische Bild des Staates nachhaltig. Der (Wohlfahrts-)Staat produziert in der Rezeption Foucaults seit jeher in seinen öffentlichen Diensten Verwaltungsagenten und degradiert seine Klientel zu Stimmvieh und Unterstützungsempfängern, die einer allumfassenden Bürokratisierung ausgeliefert sind. Der Staat erzeugt auf diese Weise bei seinen Bürgern »das armselige Selbstbewusstsein von

---

17 Schelsky, Abschied von der Hochschulpolitik, S. 14.

Objekten der Fürsorge«.[18] Dieses antistaatliche Ressentiment der deutschen Soziologietradition setzt sich auch in aktuellen empirischen Arbeiten bis in unsere Tage fort und ist etwa in den Debatten um Sozialkapital und Bürgergesellschaft mehr oder minder offensichtlich präsent.[19] Freilich gibt es Ausnahmen und sehr produktive Ansätze für eine weiterführende politische Soziologie sozialer Ungleichheit: In ihrem instruktiven Band »Mehr Risiken – Mehr Ungleichheit?« umreißen Walter Müller und Stefanie Scherer präzise den sozialwissenschaftlichen Raum, in dem »Wohlstandskonflikte« zu behandeln sind. Das gilt für die konzeptionelle Ebene, auf der die Verbindung zwischen den drei zentralen Institutionen der Wohlfahrtsproduktion, zwischen dem Staat, dem Markt und der Familie, hergestellt wird. Aber auch (und gerade!) auf der empirischen Ebene müssen »bislang vergleichsweise unverknüpfte Forschungsstränge systematisch zusammengeführt werden. So ist beispielsweise eine Analyse der Konsequenzen der Flexibilisierung der Arbeitsmärkte für die Risiko- und Ungleichheitsstruktur einer Gesellschaft nicht ohne Berücksichtigung des Wohlfahrtsstaates, seiner absichernden und umverteilenden Maßnahmen und möglichen Kompensationen sinnvoll.«[20] Hinzu tritt in den Augen der Autoren die Notwendigkeit, gesellschaftliche Veränderungen und ihre ungleichen bzw. Ungleichheiten stiftenden Wirkungen nicht nur auf der Ebene individueller Lebenslagen oder Arbeitsbedingungen zu analysieren, sondern auch familiären oder nachbarschaftlichen Kontexten systematisch Aufmerksamkeit zu schenken. Verschiedene Aspekte und Fragen individueller und haushaltsbezogener »Wohlfahrtsentwicklung« werden seit langem in der sozialstatistischen Indikatorenforschung zur Lebensqualität behandelt.[21] Mit Blick auf die Lebenszufriedenheit und das subjektive Wohlbefinden sind Wohlstandsfragen mittlerweile auch fixer Bestandteil des Datenreports des Statistischen Bundesamtes.[22]

---

18 Vgl. Horkheimer, Autoritärer Staat.
19 Vgl. Albrecht, Schwanengesänge auf den Staat.
20 Müller/Scherer, Mehr Risiken, S. 11.
21 Vgl. Zapf, Modernisierung, oder Zapf/Habich, Wohlfahrtsentwicklung.
22 Vgl. Statistisches Bundesamt, Datenreport 2006, S. 441 ff.

Eine politische Soziologie des Kapitalismus bzw. der ökonomischen Wohlfahrt fordert der französische Ökonom Daniel Cohen. Er sieht ein neues Zeitalter der politischen Ökonomie kommen, in dem Fragen wirtschaftlicher und rechtlich-politischer Entwicklung wieder als universale Kräfte gesellschaftlicher Entwicklung zusammengedacht werden. In seiner anregenden Analyse zu Fragen der Neuverteilung des Wohlstands nimmt er zunächst in soziologischer Manier die »Verunsicherung des modernen Menschen« zum Ausgangspunkt seiner Überlegungen. »Paradoxerweise wird der neue Individualismus, der die im wirtschaftlichen Bereich wirksamen Zentrifugalkräfte politisch verstärkt, anstatt sie abzuschwächen, von der Furcht begleitet, das Ökonomische werde eine inegalitäre, ›entmenschlichende‹ Gesellschaft hervorbringen. Aus diesem unentschlossenen Hin und Her zwischen Ökonomischem und Politischem ergibt sich, was man als ›viertes Zeitalter der politischen Ökonomie‹ bezeichnen könnte, eine Epoche, in der sich das Ökonomische und das Politische wachsam im Auge behalten, ohne dass der eine Bereich den anderen dominieren könnte [das ist im Grunde die Ära des »gewährleistenden Wohlfahrtsstaates«, B.V.]. Beim derzeitigen Niveau der staatlichen Zwangsabgaben (fast 50 Prozent) kann man sagen, dass sich beide Bereiche die Waage halten.«[23] Die Sphäre der Politik hat jedenfalls – so die Interpretation Cohens – mit dem Ende der politischen Ökonomie des Keynesianismus an Stärke und Selbstbehauptungsfähigkeit gegenüber dem Ökonomischen eingebüßt. Interessanterweise konstituiert sich nun die Politik selbst als ein »Markt«. Politische Programme und Reformen werden von den Politikern »verkauft«, Marketing- und Public-Relations-Abteilungen dominieren die Programmkommissionen.[24] Und so überrascht es in dieser von Daniel Cohen skizzierten Logik der Veränderungen nicht, dass sich die politischen Aktivitäten mehr und mehr auf das interessanteste und umfangreichste Marktsegment konzentrieren: auf die Mittelklasse, die zum zentralen Aufmerksamkeitsort geworden ist, der unter Dauerbeobachtung der

---

23 Cohen, Fehldiagnose Globalisierung, S. 166f.
24 Vgl. hierzu auch die Analysen der »Symptome der Postdemokratie« von Colin Crouch, Postdemokratie, S. 30ff.

Markt- und Meinungsforschung steht. Den Wohlfahrtsstaat um-
bauen bedeutet in dieser Perspektive, in einem konfliktreichen
Prozess seine Institutionen den Ungleichheiten anpassen, die auf
der einen Seite die veränderten Markt- und Organisationsstruktu-
ren der Ökonomie, aber eben auch der Wohlfahrtsstaat selbst her-
vorgebracht haben.

Weiterhin ist eine politische Soziologie sozialer Ungleichheit
aufgefordert, sich Rechenschaft über die Funktionsprinzipien des
Politischen abzulegen, jenseits staatsrechtlicher Verallgemeinerung
und detaillierter Politikfeldanalyse. Anregungen liefert beispielsweise der Essay »On the Political« der belgischen Politikwissen-
schaftlerin Chantal Mouffe. Sie betont in ihrer »Kritik des gegenwärtigen postpolitischen Zeitgeistes«, dass es in der politischen
Gestaltung des Sozialen immer um die Ordnung agonistischer Leidenschaften geht. Demokratische Politik hat keineswegs nur mit
sozialer Versöhnung und politischem Konsens zu tun, sondern
in erster Linie mit Antagonismus und Konflikt. In Wohlstandskonflikten spiegeln sich nicht nur ökonomische Veränderungen.
Sie sind vielmehr mit der Neujustierung der institutionellen Architektur der Wohlfahrtsstaatlichkeit verknüpft. In dieser Lesart gesellschaftlicher Veränderung ist das Verhältnis von Politik und
Wohlstand nicht nur ein technisches Problem, das in die Hand der
»richtigen« Experten kommen muss. Wohlstandsfragen erfordern
Entscheidungen, mithin die Wahl zwischen konfligierenden Alternativen. Mouffe kritisiert eine sozialwissenschaftliche Haltung,
deren Ausgangspunkt stets der Einzelne ist, und die in geradezu
systematischer Weise das Kollektive, den Staat und die Politik
ignoriert. Sie hebt hervor, dass ein universeller Konsens über
Fragen des Wohlstands bzw. der Wohlstandsverteilung nicht möglich ist, denn jeder Konsens in diesen Fragen beruht auf selektiven
Prinzipien der Ausschließung: »Das Politische ist mit Akten hege-
monialer Instituierung verknüpft. In genau diesem Sinne muss
das Gesellschaftliche vom Politischen unterschieden werden. Das
Gesellschaftliche ist die Sphäre sedimentierter Verfahrensweisen,
d.h. von Verfahrensweisen, die die ursprünglichen Akte ihrer
kontingenten politischen Instituierung verhüllen und als selbstverständlich angesehen werden, als wären sie in sich selbst begründet. [...] Jede Ordnung ist die temporäre und widerrufliche

Artikulation kontingenter Verfahrensweisen. Die Grenze zwischen dem Gesellschaftlichen und dem Politischen ist nicht festgelegt und erfordert ständige Verschiebungen und Neuverhandlungen zwischen den gesellschaftlich Handelnden. [...] Jede gesellschaftliche Ordnung ist politischer Natur und basiert auf einer Form von Ausschließung.«[25] Jede Sozialordnung ist das Zwischenergebnis gesellschaftlicher, wirtschaftlicher und kulturell-symbolischer Konflikte. Das gilt auch für die Wohlstandslagen und Statuspositionen der gesellschaftlichen Mitte. Sie stehen permanent zur Verhandlung und sind Streitgegenstand. In klarer Abgrenzung zu einer »Politik der Lebensführung« oder zu Varianten einer »Subpolitik« betont Mouffe, dass »die Besonderheit der modernen Demokratie [...] in der Anerkennung und Legitimierung des Konflikts [liegt] und in der Weigerung, ihn durch die Auferlegung einer autoritären Ordnung zu unterdrücken«.[26] Demokratische Gesellschaften schaffen nicht Institutionen, um Konflikte zu unterdrücken, sondern sie schaffen Institutionen zur Konfliktbewältigung.

Was heißt das für die Forschung? In welche Richtung zielt die politische Soziologie gesellschaftlicher Ungleichheit? Woran orientiert sie sich, wenn sie von den Konflikten her denkt, die aus der Mitte der Gesellschaft kommen? Wenn es gilt, eine soziologische Idee des Verhältnisses von Staat und Gesellschaft zu entwickeln, dann kommen recht praktische Fragen ins Spiel: Wie arbeitet der Staat? Wer arbeitet für die öffentlichen Belange? Unter welchen Voraussetzungen findet die Arbeit in den öffentlichen Diensten statt? Notwendig ist daher die stärkere konzeptionelle Konzentration auf die Arbeitsfelder der öffentlichen Dienste und der Wohlfahrtspflege. Der Wohlfahrtsstaat muss als Praxis gedacht werden. Angesichts einer nach wie vor mangelhaften Forschungslage zur Staatspraxis kommen die Verdikte Hermann Hellers in den Sinn. Hellers kritische Bemerkungen zu einer Soziologie des Staates aus den 1930er Jahren sind in ihrer polemischen Schärfe keineswegs hinfällig und haben bemerkenswerterweise nichts an Relevanz verloren, daher seien sie an dieser Stelle in Erinnerung gerufen. Sie

---

25 Mouffe Über das Politische, S. 26f.
26 Ebenda, S. 42.

können als Kommentar zu einer politischen Soziologie gelesen werden, die nach wie vor kaum einen konzeptionellen und empirischen Weg zum »Staat« als Praxisfeld und Arbeitsort gefunden hat. »Ohne Übertreibung«, so Heller, »kann festgestellt werden, daß die Soziologie (ebenso wie die herrschende Jurisprudenz) dem Staatsproblem gegenüber versagt hat. Die Soziologen pflegen zwar zahllose, oft recht nebensächliche Erscheinungen des Gesellschaftslebens sehr genau zu behandeln, sie haben auch manches darüber gesagt, wie der Staat in geschichtlich kaum bezeugten Epochen entstanden sein könnte und was er einmal in fernster Zukunft sein wird. Bezüglich der Frage, was der Staat ist, wie seine konkrete Existenz als ein notwendiges Sosein und Gewordensein zu verstehen ist, bleiben nicht nur ihre Antworten, sondern bleibt in der Regel schon die Fragestellung völlig unbefriedigend.«[27] Dieser Bedarf an einer Forschung zum Thema Staatlichkeit und Staatsform, die stärker von der praktischen Seite der Verwaltung und der Sorgeleistung her betrieben wird – gewissermaßen als Arbeitssoziologie der öffentlichen Verwaltung –, besteht nach wie vor, gleichwohl besteht er heute unter den historischen Bedingungen einer hochentwickelten Staatlichkeit und entlang stark veränderter Ansprüche an den Staat als Arbeitsort und Leistungsorgan. Die gesellschaftspolitische Debatte um die künftige Gestalt des Wohlfahrtsstaates kann nicht alleine im Verwaltungsrecht, in der Sozialpolitikforschung oder in der Betriebswirtschaft geführt werden. Zudem bedarf es neuer empirischer und methodischer Orientierungen. Die Vergangenheit, aber auch die Zukunft des Wohlfahrtsstaates und damit der Wohlstandsfragen liegt vor Ort, in den Kommunen und Gemeinden. Moderne Wohlfahrtsstaatlichkeit ist von der sozialen Daseinsvorsorge und auch der sonstigen Leistungsverwaltung der Städte und Kommunen wesentlich geprägt. Zu dieser kommunalen Leistungsverwaltung zählen substantiell die ökonomisch-technischen wie politisch-rechtlichen kommunalen Infrastrukturen, deren Geschichte kaum geschrieben ist bzw. deren soziologische Erarbeitung und Systematisierung noch weitgehend aussteht. Die wachsende Privatisierung öffentlicher Infrastrukturen und Dienstleistungen erfordert es jedoch,

---

27 Heller, Staatslehre, S. 612.

diesem Arbeitsfeld größere soziologische Aufmerksamkeit zu schenken. Hier kann die Revitalisierung der soziologischen Tradition der Gemeindestudie weiterhelfen. Es bedarf soziologischer Beiträge und Forschungen zur »Stadtpolitik«,[28] in denen das Verhältnis von Staat und Gesellschaft nicht in den großen Worten vom »sorgenden« und »gewährleistenden« Staat, von »Integration« und »Exklusion« hängenbleibt. Es geht aktuell nicht nur um eine »Stärkung des Sozialen« gegen die Logik der Ökonomie, sondern auch um eine Stärkung des »Kommunalen« gegen die Logik der Zentralisierung gesellschaftspolitischer Gestaltung. In den Kommunen, Städten und Gemeinden haben die öffentlichen Dienste als dem Gemeinwohl verpflichtete Institutionen und die Verbände der Wohlfahrtspflege ihren Ort. Die Verbindung von arbeitssoziologischer Diagnostik, sozialstrukturanalytischer Empirie und kommunal- und stadtpolitisch orientierter Forschungsmethodik kann dazu beitragen, die Fragen nach der Quantität und vor allen Dingen nach der Qualität des Wohlstands neu zu stellen.

Was sind nun die *Maßstäbe der Wohlstandsfragen*? Wohlstandsfragen müssen sich an den folgenden Konflikt- und Handlungsfeldern messen lassen: an der *Qualität der öffentlichen Dienste* und der *sozialen Sorgeleistungen*; an der *Qualität des Rechtssystems* als Ordnungsprinzip des Sozialen und schließlich an der *Qualität des Kommunalen* als Ort sichtbarer Staatlichkeit und politischer Ordnung des Sozialen. Drei Forschungsfelder sind mithin angesprochen, die neuer Aufmerksamkeit bedürfen, um Antworten auf die Wohlstandsfragen der verunsicherten Mittelklassegesellschaft geben zu können. Die Soziologie muss sich erstens weit stärker als bislang auf veränderte Konditionen und Gefährdungen der öffentlichen Erwerbsarbeit im »gewährleistenden« Wohlfahrtsstaat konzentrieren: es geht um die öffentlich erbrachten Dienste und die gemeinwohlorientierten Sorgeleistungen; sie muss zweitens nicht nur die »allgegenwärtige Hintergründigkeit des Rechts« (Niklas Luhmann) analytisch zur Kenntnis nehmen, sondern auch die Institutionen, die Handlungsfelder und die Wirkungskreise des Rechts, insbesondere die besonderen Schutzfunktionen des Ar-

---

28 Vgl. Häußermann u.a., Stadtpolitik; aus verwaltungsrechtlicher Sicht grundlegend Laux, Vom Verwalten.

beits- und Sozialrechts; schließlich muss die Sozialforschung drittens die Lokalität und Kommunalität des sozialen, politischen, wirtschaftlichen sowie kulturellen Gemeinwesens berücksichtigen und auf diese Weise dem lokalen Wohlfahrtsstaat Beachtung schenken. Denn die Zukunft des sozialen Rechtsstaats liegt nicht zuletzt im vielfältigen Leben der Städte, Dörfer und Gemeinden. *Das alles zusammen – die Analyse und Empirie der öffentlichen Dienste, der Rechtspraxen und der Kommunalität – ergibt ein Plädoyer für eine Soziologie des arbeitenden Staates.* Der Orientierungspunkt dieses Plädoyers ist die normative Überzeugung, dass die Qualität des Sozialen substantiell mit der Qualität der staatlicherseits garantierten öffentlichen Dienste, Wohlfahrtsleistungen und Rechtsgewährungen verknüpft ist. Vieles deutet allerdings darauf hin, dass die Entwicklung in eine andere Richtung läuft: Die Substanz der öffentlichen Dienste scheint in »Public Private Partnerships« zerrieben zu werden, Rechtsschutz und -sicherheit drohen im Arbeitsleben an Wirkkraft zu verlieren, und den Kommunen droht im Schraubstock neuer Abgaben und Lasten die Kondition auszugehen.

Öffentliche Dienste und Sorgeleistungen

Die Tatsache, dass der öffentliche Dienst ein in struktureller und normativer Hinsicht besonderer Arbeitsort ist, an dessen Qualität und Quantität sich maßgeblich die Möglichkeiten und Spielräume der allgemeinen Lebensführung weiter Kreise der Bevölkerung sowie die Stabilität und Mentalität des Gemeinwohls bemisst, muss stärker ins soziologische Bewusstsein (zurück)gerufen werden. Um diese Bewusstseinserweiterung zu bewerkstelligen, kann die Staatsrechtslehre herangezogen werden. Sie ist für unseren Zusammenhang insofern hilfreich, da sie in Zeiten der Privatisierung öffentlicher Güter und Sorgeleistungen daran erinnert, dass die vielfältigen Verwaltungsfunktionen, die dem öffentlichen Dienst aufgetragen und zuerkannt sind, sich in verschiedener und substantieller Hinsicht vom Betrieb privater Dienstleister unterscheiden. Zum einen tragen die öffentlichen Dienste rechtsstaatliche Qualität, denn das Recht ist hier die Grundlage aller Aktivitäten und nicht nur Grenze oder Schranke wirtschaftlicher Tätigkeiten.

Das Recht konstituiert die Formen und die Inhalte des Verwaltungshandelns. Der Gesetzgeber (und kein Geschäftsführer, Kapitaleigner oder Firmenpatriarch) formuliert Aufträge, Programme und Produkte der öffentlichen Dienste. Sie sind nicht kundenselektiv, sondern zielen auf die Herstellung und Sicherung der (freiheitlichen) Rechte aller Bürger. Neben den Fragen rechtsstaatlicher Art steht ein weiterer, wichtiger Tätigkeitsbereich der öffentlichen Dienste: die Herstellung sozialer Sicherheit und die Ermöglichung gesellschaftlicher Partizipation.[29] Der öffentliche Dienst ist freilich nicht nur ein funktionales Instrument der Umsetzung und Durchführung spezifischer rechts- und wohlfahrtsstaatlicher Programmatiken – er ist selbst auch substantieller Bestandteil des »arbeitenden Staates« und bedarf demzufolge auch eines besonderen rechtsstaatlichen und sozialen Schutzes. Josef Isensee betont daher sehr zu Recht, dass auch »zu Gunsten der Bediensteten [...] die verfassungsrechtlichen Freiheitsgarantien und das Verfassungsziel der sozialen Gerechtigkeit [gelten]. Daraus ergibt sich für das Dienstrecht: die rechtliche Anerkennung der schutzwürdigen beruflichen Belange, die Durchsetzbarkeit der Ansprüche, die freiheitsermöglichende Begrenzung der Dienstpflichten, die sozial gerechte Gestaltung der Arbeitsbedingungen, nicht zuletzt die angemessene Abgeltung der Dienste und die soziale Sicherung. Diese Derivate des sozialen Rechtsstaats sind um des einzelnen Bediensteten willen da, aber auch um des Gemeinwohls willen. Denn die rechtliche und die wirtschaftliche Absicherung ist die unerläßliche Voraussetzung für die eigenverantwortliche, für die rechtlich

---

29 Zur Funktionsbestimmung des öffentlichen Dienstes führt Josef Isensee weiterhin aus: »Der soziale Rechtsstaat ist im Dienst des liberalen wie des sozialen Verfassungszwecks nicht Konkurrent der privaten Leistungsträger, sondern ihre Ergänzung, ihr Widerlager. Dem Subsidiaritätsprinzip verpflichtet, erbringt er die gemeinwohlförderlichen Leistungen, zu denen die Gesellschaft nicht fähig oder willens ist. Er kompensiert gesellschaftliches Versagen und korrigiert gesellschaftliches Fehlverhalten. [...] Das Recht des öffentlichen Dienstes muß den eigentümlichen Erfordernissen des sozialen Rechtsstaats Genüge tun und sich als das taugliche Mittel erweisen zur bedarfsgerechten, wirksamen und korrekten Umsetzung des Leistungsauftrags.« Vgl. Isensee, Öffentlicher Dienst, S. 1541.

integre und unbestechliche Amtsführung.«[30] Diese programmatischen Formulierungen eines spezifisch staatsrechtlichen Verständnisses öffentlicher Dienste umfasst markant einen besonderen Ort der Herstellung normativer Güter. Es handelt sich mithin um ein Betätigungsfeld, das besondere Leistungs- und Arbeitsbedingungen kennt.

In diesem Verständnis bildet der öffentliche Dienst idealtypischerweise gerade das Beharrende und Stabilisierende gegenüber der Dynamik wirtschaftlicher Prozesse und der Wechselhaftigkeit politischer Interventionen. Hier finden moderne, arbeitsteilige, mobile und individualisierte Gesellschaften einen Ruhepol und Stabilitätskern – oder sie könnten ihn dort finden, wenn sie es politisch wünschen. Die Kriterien der Gestaltung des Sozialen, die Idee der öffentlichen Amtsführung, die Gewährleistung selbstbewusster Rechtsstaatlichkeit, das Wissen um die Bedeutung des gemeinen Wohls und die notwendigen Trennungslinien zwischen privaten und öffentlichen Interessen drohen freilich mehr und mehr an Klarheit zu verlieren. Der britische Politikwissenschaftler Colin Crouch beschreibt diese Entwicklung unter dem Stichwort der »Postdemokratie«.[31] Im Mittelpunkt der Analyse von Crouch stehen der »Zusammenbruch des Selbstvertrauens des Staates und die Abwertung von Konzepten wie staatliche Autorität oder öffentlicher Dienst«.[32] Diese Entwicklung wird von der Vorstellung angetrieben, dass die privaten Unternehmen kluge und effiziente Organisationen sind, die öffentliche Hand jedoch töricht und verschwenderisch. »Daher rührt das chronisch schwache Selbstvertrauen, unter dem die öffentlichen Institutionen auf allen Ebenen leiden […]. Um ihre Selbstachtung zu bewahren und sich ein Minimum an Legitimität zu verschaffen, versuchen sie, sich so stark wie möglich privaten Unternehmen anzugleichen (z.B. durch die Einführung interner Märkte), indem sie auf das Fachwissen, auf Berater und auf die Dienste des privaten Sektors zurückgreifen und möglichst große Teile der (vormals) staatlichen Leistungen privatisieren und generell dem Urteil der Finanzmärkte aussetzen.

---

30 Isensee, Öffentlicher Dienst, S. 1541 f.
31 Crouch, Postdemokratie.
32 Ebenda, S. 123.

Die Unterscheidung zwischen dem Ethos des öffentlichen Diensts und jenem der profitorientierten Wirtschaft, die im 19. Jahrhundert entstand, fällt dieser Entwicklung zwangsläufig zum Opfer.«[33] Die Folge hiervon ist, dass Probleme des öffentlichen bzw. des allgemeinen Wohls immer seltener in der Sprache des Rechts, der Verwaltung oder des Politischen formuliert werden, sondern immer regelmäßiger in den Worten der Ökonomie im Allgemeinen und der Betriebswirtschaftslehre im Besonderen.[34]

Doch mit Blick auf die öffentlichen Dienste ist nicht nur ein normativer Substanzverlust und eine diskursive Defensive im gesellschaftspolitischen Grundverständnis zu konstatieren. Ein weiterer sehr wichtiger, allerdings kaum thematisierter Punkt kommt hinzu: Um Gemeinwohl stiftende und auf sozialen Ausgleich zielende Qualitäten erfüllen zu können, bedarf es eines entsprechenden Personals in den mittelbaren wie unmittelbaren öffentlichen Diensten sowie in den subsidiär organisierten Einrichtungen der Wohlfahrtspflege. Die Entwicklung in den unterschiedlichen Arbeits- und Berufswelten der öffentlichen Dienste geht – wie wir gesehen haben – ganz offensichtlich aber in eine andere Richtung. Der öffentliche Dienst ist zu einem Protagonisten einer auf Unsicherheit, Widerruflichkeit und Unabsehbarkeit gegründeten Arbeitswelt geworden. Der »arbeitende Staat« ist durchzogen von prekären Beschäftigungsverhältnissen. Die Erwerbsarbeit beim und für den Staat wird immer häufiger auf befristeter Grundlage, in Form von Minijobs oder durch arbeitsmarktpolitisch geförderte Arbeitsgelegenheiten verrichtet. Von einer »rechtlichen und wirtschaftlichen Absicherung« der öffentlichen Beschäftigung kann in Zeiten ihrer systematischen Neugliederung und der damit verknüpften Privatisierung öffentlicher Aufgaben immer weniger ausgegangen werden.[35] In seinem Beitrag zur Konzeption eines »vorsorgenden Sozialstaates« weist Wolfgang Schroeder präzise auf diesen Punkt hin, wenn er explizit den Blick auf Ausbildung und Rekrutierung der verantwortlichen Akteure wohlfahrtsstaatlicher Veränderung richtet. Insgesamt ist Schroeder einer der sehr

---

33 Ebenda, S. 127.
34 Vgl. Czerwick, Die Ökonomisierung des öffentlichen Dienstes.
35 Vgl. etwa Baumgartner, Ausgliederung und öffentlicher Dienst.

wenigen Autoren, die in der aktuellen Wohlfahrts- und Sozialstaatsdebatte systematisch die Beschäftigten in den unterschiedlichen Sparten des öffentlichen Dienstes mit einbeziehen. Ein hochwertiger und leistungsfähiger Wohlfahrtsstaat benötigt für sein Personal, so Schroeder, eine gute Ausbildung, eine hinreichende Entlohnung sowie gesellschaftliche Anerkennung und Unterstützung. »Dreh- und Angelpunkt einer qualitativ hochwertigen und leistungsfähigen Infrastruktur sind die Entscheidungsträger in den fördernden Einrichtungen. Deshalb geht es auch darum, wie die Erzieher, Sozialarbeiter, Lehrer, Fallmanager, Pfleger etc. ausgebildet, bezahlt, unterstützt und anerkannt werden, und ob sie selbst durch ein ausgeprägtes Berufsethos dazu beitragen, ihre Handlungsfähigkeit zu erweitern.«[36] Schroeder spricht sich auf dieser Linie für die Aufwertung der Beschäftigten in den verschiedenen wohlfahrtsstaatlichen Einrichtungen aus und fordert eine dementsprechend veränderte Rekrutierungs- und Professionalisierungspolitik für wohlfahrtsbezogene und das Allgemeinwohl betreffende Tätigkeiten.

Doch nicht nur die Beschäftigungssicherheit und die beruflichen Perspektiven schwinden aktuell in den öffentlichen Diensten, auch der Gesellschaft im Allgemeinen und den Gesellschaftswissenschaften im Besonderen geht der Sinn für die Besonderheit des Staates verloren. Der Staat wird in weiten Teilen der Öffentlichkeit und auch von starken Interessengruppen innerhalb des wohlfahrtsstaatlichen Personals mehr und mehr als ein Dienstleistungsunternehmen neben anderen wahrgenommen – als ein ineffizientes und kostenträchtiges Dienstleistungsunternehmen freilich, das in besonderer Weise reformbedürftig ist. Die betriebswirtschaftliche und finanzpolitische Sichtweise gewinnt zunehmend an Dominanz. Aus dem Blickwinkel fiskalischer und personalwirtschaftlicher Effizienzsteigerung ist der Bürger nun Kunde und Konsument, die erbrachten Dienste werden als Produkte definiert und die Amtsträger kommen in die Rolle der Produzenten und Anbieter. Inwieweit ein solcher ökonomisch orientierter Reformansatz, der sich an Fragen der Kostenreduktion orientiert, sinnvoll ist, sei an dieser Stelle dahingestellt. Erhebliche Zweifel bestehen aller-

---

36 Schroeder, Der deutsche Sozialstaat, S. 71.

dings, inwieweit ein öffentlicher Dienst, der sich im Wesentlichen als ein Dienstleistungsunternehmen versteht, gemeinwohlorientierten und daseinsvorsorgenden Pflichten nachzukommen imstande ist. Wenn im Rahmen öffentlicher Dienstleistungen prekarisierte Mitarbeiter mit prekären Ratsuchenden zusammentreffen, dann steht die Qualität und Nachhaltigkeit staatlicherseits erbrachter Leistungen erheblich in Frage. Können die öffentlichen Dienste und auch die Wohlfahrtsverbände dann noch prägende Kräfte der Gesellschaft sein? Die zunehmende Flexibilisierung und beschäftigungspolitische Verunsicherung ermöglicht den öffentlich Bediensteten kaum die Etablierung und Bekräftigung des von Wolfgang Schroeder zu Recht eingeforderten »Berufsethos«.[37] Die Verminijobbung und die Beschäftigung auf Leihbasis in der Wohlfahrtspflege schafft keine förderlichen Voraussetzungen für die von Ralf Dahrendorf mit dem öffentlichen Dienst in Zusammenhang gebrachten »Ligaturen« des Sozialen. Der öffentliche Dienst verliert zunehmend die politische, ökonomische und rechtliche Potenz, selbst eine wirksame »Ligatur« des gesellschaftlichen oder wirtschaftlichen Lebens zu sein. Daran ändert auch die »Rückkehr des Staates« in Zeiten krisengeplagter Absatz- und Finanzmärkte nichts. Die milliardenschwere Stützung strauchelnder Banken oder die politische Bereitschaft zum Konjunkturprogramm entschärft die finanziell prekäre Situation gemeinwohlorientierter Dienste nicht. Im Gegenteil, denn die Aufwertung des Staates dient in diesen Fällen der privaten Risikominimierung und Konsumförderung und keineswegs der Schaffung gemeinwohlbezogener Güter.

Die Formveränderungen der öffentlichen Dienste, die Privatisierung der Daseinsvorsorge und ihrer Infrastrukturen sowie die Prekarität wohlfahrtsstaatlicher Beschäftigungsverhältnisse bleiben nicht folgenlos. Sie schneiden tief in die Substanz des sozialen Rechtsstaats und seiner (Un-)Gleichheitsordnung ein. Die Organisation der Solidarität und der Subsidiarität, der gegenseitigen Verantwortung und des hilfreichen Beistands, mithin die von Oswald von Nell-Breuning beschriebenen »Baugesetze der Gesellschaft«, ruht substantiell auf starken, rechtsstaatlich orientierten öffentlichen Diensten, auf allgemein zugänglichen Infrastrukturen und

---

37 Vgl. hierzu auch Behnke, Alte und neue Werte.

auf einer leistungsfähigen Daseinsvorsorge. Gegen den seit den 1990er Jahren dominierenden Mainstream der stärker betriebswirtschaftlichen Ausrichtung der öffentlichen Beschäftigung orientieren sich aktuell die produktiven Überlegungen um die Konzeption und Methodik der »Wohlfahrtsverantwortung« an normativer Bekräftigung bzw. fiskalischer Stärkung wohlfahrtsstaatlicher Einrichtungen.[38] Schließlich hat in jüngerer Zeit auch die Diskussion um veränderte Leitbilder des Wohlfahrtsstaates an Fahrt gewonnen.[39] Von besonderem Interesse ist hier der Diskussionsbeitrag von Jens Kersten zur Entwicklung und Konzeption eines »nachhaltigen Wohlfahrtsstaates«,[40] der auf eine Bekräftigung familiärer und generationeller Verantwortung abzielt, vor dem Hintergrund demographischer Entwicklungen auf Fragen der sozialräumlichen Lebensqualität eingeht, und der »verfassungsrechtlich auf eine ressourcenschonende, langfristige und zukunftsfähige Politik verpflichtet«[41] ist. Kersten plädiert für ein wohlfahrtsstaatliches Grundverständnis, das nicht nur von dessen erwerbswirtschaftlicher Seite her denkt. Die Qualität wohlfahrtsstaatlicher Fortbildung sieht er vielmehr darin, »in der Familienpolitik, in den sozialen Sicherungssystemen, den schrumpfenden und wachsenden Städten sowie in der Daseinsvorsorge die Gegenseitigkeit der sozialen Beziehungen und Leistungen […] [der] Bürger zu aktivieren, öffentlich anzuerkennen, rechtlich einzurahmen und finanziell zu fördern. Die notwendige ›Stärkung des Sozialen‹ in einer schrumpfenden Gesellschaft beruht auf dieser staatlich initiierten Sichtbarkeit des gegenseitigen Zusammenhalts aller Bürger.«[42]

Die Zukunft der öffentlichen Dienste und der Daseinsvorsorge sind schließlich auch Gegenstand der Gestaltungsoptionen der europäischen Sozial- und Wohlfahrtspolitik.[43] Zwar steht die

---

38 Vgl. Dabrowski/Wolf, Aufgaben und Grenzen des Sozialstaats; Heimbach-Steins, Wohlfahrtsverantwortung.
39 Vgl. exemplarisch Schroeder, Der deutsche Sozialstaat, oder Lessenich/Möhring-Hesse, Ein neues Leitbild für den Sozialstaat.
40 Kersten, Demographie als Verwaltungsaufgabe, S. 313 ff.
41 Ebenda, S. 315.
42 Ebenda, S. 345.
43 Vgl. Baum-Ceisig/Faber, Soziales Europa?; Falkner/Treib, Europäische Sozialpolitik, und Treib/Leiber, Was bewirken EU-Richtlinien.

europäische Wohlfahrtspolitik in dem grundsätzlichen Ruf, der Vorreiter der Deregulierung des Sozial- und Arbeitsrechts und der Protagonist der Ökonomisierung der öffentlichen Daseinsvorsorge zu sein.[44] Dieser Ruf ist nicht unverdient und wird insbesondere durch die Arbeitsrechtsprechung des Europäischen Gerichtshofs, aber auch durch die »Dienstleistungsrichtlinien« der Europäischen Kommission bestärkt.[45] Zudem stößt die Europäische Union im sozialpolitischen Bereich auf zum Teil erhebliche Probleme der Rechtsbefolgung in den einzelnen Mitgliedsstaaten. Dennoch gelang es ihr, im Laufe der Jahre für die Durchsetzung insbesondere arbeitsrechtlicher Mindeststandards sowie für die Einrichtung sozialer Sicherheitsnetze gerade in Ländern mit niedriger rechtlicher Regulation zu sorgen. Die EU-Sozial- und Arbeitspolitik definiert auf diese Weise immerhin »ein Mindestniveau an Schutzstandards, das nationale Regierungen bei möglichen Deregulierungs- und Flexibilisierungsmaßnahmen in der Zukunft nicht mehr unterschreiten dürfen«.[46] Die Unklarheiten darüber, was und wie die Europäische Union künftig das Soziale und das Öffentliche regeln wird, dürfen nicht zu der zwangsläufigen Schlussfolgerung führen, dass die Europäisierung der Sozial- und Wohlfahrtspolitik das grundsätzliche Ende staatlicher Regulationsperspektiven und Interventionsmöglichkeiten bedeutet. Im Gegenteil belässt das zentrale sozialpolitische Instrumentarium der Europäischen Union, die »Offene Methode der Koordinierung« (OMK), erhebliche Gestaltungsspielräume für nationale Gesetzgeber. Während auf der einen Seite europakritische Stimmen zu viel sozialpolitische Intervention in »nationale Angelegenheiten« beklagen, monieren andere Stimmen, dass insbesondere die OMK zu wenig Gestaltung vorgibt, ja zu unverbindlich ist, um herrschende unternehmerische Interessen am europäischen Wirtschaftsraum sozialpolitisch einzuhegen. Zu einem ausgewogenen Urteil kommt hier Schroeder, wenn er resümiert, dass mit der »Offenen Methode der Koordinierung« zumindest ein erster Weg gefunden wurde, die öffentliche Diskussion über die Veränderungen

---

44 Vgl. Behning, Hartz IV, und dies., Sozialstaatliches Policy-Making.
45 Vgl. Supiot, L'Europe gagnée.
46 Treib/Leiber, Was bewirken EU-Richtlinien, S. 551.

bzw. die Veränderungsnotwendigkeiten des Wohlfahrtsstaates auf eine neue Grundlage zu stellen. Die politische Kraft der OMK ist sicher begrenzt, aber sie kann zumindest Impulse für eine europaweite Sozialpolitik setzen. »Dabei kommt es zwar nicht zu einer Aufhebung der nationalen Pfade in der Sozial- und Wohlfahrtspolitik, gleichwohl werden diese jedoch offener für externe Impulse und extreme Divergenzen schwächen sich ab.«[47] Die europäische Sozialpolitik führt nicht zwangsläufig zur deregulativen Auflösung sozialer und rechtlicher Standards. Als Gestaltungsebene künftiger »Wohlfahrtsverantwortung« und »nachhaltiger« oder »vorsorgender« Sozialpolitik ist sie ohnehin nicht zu umgehen und bleibt fixer Bestandteil einer transnationalen Politik wohlfahrtsstaatlicher Gestaltung.[48] Zu den normativ wie strukturell einflussreichen transnationalen Politikfeldern zählt in diesem Zusammenhang schließlich die seit Mitte der 1990er Jahre in Gang gesetzte GATS-Vertrag (General Agreement on Trade in Services), dessen Ziel die »fortschreitende Liberalisierung« der Dienstleistungsarbeit bzw. die politische und rechtliche (Er-)Schaffung von neuen Dienstleistungsmärkten ist. Insbesondere die öffentlichen Dienste geraten hier in ihrer rechtlichen und sozialen Gestalt unter Druck. Vorliegende empirische Studien, die sich zentralen Dienstleistungsorten zuwenden, weisen auf substantielle Veränderungen in den Arbeitsbedingungen der Dienstleistungsbeschäftigten hin.[49] Der Charakter, die Form und Gestalt der öffentlichen Dienste werden mehr und mehr zum Gegenstand einer Politik der Globalisierung, die neuer Gestaltungsprinzipien bedarf.[50]

Alle diese konzeptionellen und leitbildbezogenen Überlegungen zur Weiterentwicklung des Wohlfahrtsstaates sind insoweit weiterer Sozialforschung bedürftig, als die bisherige Diskussion den Akteuren öffentlicher Dienstleistungen und Daseinsvorsorge nur in sehr beschränktem Maße empirische Beachtung und Aufmerksamkeit geschenkt hat. Doch in diesen Akteuren treffen wir

---

47 Schroeder, Einzelstaatliche oder europäische Sozialpolitik?, S. 65.
48 Vgl. hierzu auch Eichenhofer, Geschichte des Sozialstaats in Europa.
49 Vgl. exemplarisch Scherrer/Fritz, GATS – Zu wessen Diensten?, und Scherrer u. a., GATS Dienstleistungsliberalisierung.
50 Vgl. Greven/Scherrer, Globalisierung gestalten.

auf die Trägergruppen künftiger Sorge- und Dienstleistungen. Deren Beschäftigungsbedingungen, Arbeitswirklichkeiten, Interessenlagen, Zukunftsbedürfnisse und professionelles Selbstverständnis entscheiden wesentlich über Quantität und Qualität der Bildungsangebote, der Sozialfürsorge, der Gesundheitspflege oder der Verkehrs- und Versorgungsinfrastrukturen von morgen. Hier kommen die *»Daseinsvorsorger«*, die *»Infrastrukturgewährleister«* und die *»Wohlfahrtsverwalter«* in den Blick; also diejenigen, die die Folgen der neuen Leitbildentwürfe in Zukunft nicht nur ertragen, sondern auch umsetzen und repräsentieren müssen. Sie sind die Protagonisten oder Aufhalter, die pragmatischen Dulder oder stillen Veränderer in den sozialen und politischen Konflikten um Wohlstandsermöglichung und Wohlfahrtsgefährdung. Der Forschungsblick auf diese »Typen« muss in den Debatten und Kontroversen der sozialwissenschaftlichen Wohlfahrtsstaats- bzw. Sozialpolitikdiskussion geschärft werden. Eine wichtige und überzeugende Studie zur Qualität und Quantität öffentlicher Dienstleistungen und Daseinsvorsorge wurde jüngst unter der Leitung von Claudia Neu und Peter Berger an der Universität Rostock erarbeitet.[51] In ihrer Untersuchung beschränkt sich die Forschergruppe nicht allein auf eine Kombinatorik ökonomischer und verwaltungsbezogener Strukturdaten, sondern sie bezieht über Umfragen und Interviews mit regionalen Akteuren systematisch die Frage nach den Infrastrukturqualitäten und den Versorgungsbedürfnissen mit ein. Dabei wird deutlich, dass die Neuordnung der Daseinsvorsorge und der öffentlichen Versorgung auch zu einer Auseinandersetzung über die lebensumfeldbezogenen Folgen der Aushandlungsprozesse zwischen Staat und (lokaler) Gesellschaft zwingt. Fragen sozialer Ungleichheit und territorialer Kohäsion werden aufgeworfen. Im Anschluss an diese Rostocker Studie lassen sich auf produktive Weise weitere Fragen stellen, die insbesondere die Arbeitsbedingungen, normativen Orientierungen sowie die Erwartungen und Interessen derer berücksichtigen, die kommunale und staatliche Dienste zu erbringen haben. In der Diskussion der Arbeitswirklichkeit, der symbolischen und sozialen Anerkennung sowie dem professionellen Selbstverständnis und

---

51 Vgl. Neu u.a., Daseinsvorsorge.

auch dem Berufsethos des öffentlichen Personals sind noch zwei weitere Aspekte enthalten, die wesentlich über die künftige Qualität von Wohlstandsfragen und -konflikten mitentscheiden: die Reichweite und die Wirkkraft des Rechts sowie die Handlungsspielräume des kommunalen Wohlfahrtsstaates. Beide Aspekte bilden das judikative und das exekutive Gerüst der in dieser Studie aufgeworfenen sozialen Fragen.

Rechtsbeziehungen und Schutzwirkungen

Die soziologische Wohlfahrtsstaatsforschung muss die formative Kraft des Rechts auf systematische Weise in ihren konzeptionellen Überlegungen und in ihren empirischen Interessen in Rechnung stellen. Ein vorzüglicher Anknüpfungspunkt sind hier zweifelsohne die Arbeiten Hugo Sinzheimers, des »Vaters« des deutschen und europäischen Arbeitsrechts. In Sinzheimers Verständnis ist »alles soziale Leben in seiner Eigenart durch menschlich gesetzte Regeln bestimmt, ›ohne die es in dieser Eigenart nicht denkbar ist‹, und [...] deshalb [ist es] die Aufgabe der soziologischen Methode [...], zu der Einsicht zu verhelfen, dass der ›höchste Beruf‹ der Rechtswissenschaft ›die Formung des sozialen Lebens‹ ist.«[52] Das Recht ist mit Blick auf die Gesellschaft »ordnende Form« und »geordnete Materie«.[53] Sinzheimer fasste das Recht unter einen hohen gesellschaftspolitischen Anspruch. Rechtsschöpfung und Rechtsanwendung zielen keineswegs nur auf die Reproduktion bestehender gesellschaftlicher Verhältnisse, sondern sind Instrumentarien der politischen Emanzipation und der Ermöglichung neuer Schutzrechte für diejenigen, die bislang ungeschützt den Wechselfällen des wirtschaftlichen Lebens und der Willkür anderer ausgesetzt waren. Das Recht habe insofern die vornehme Aufgabe, an der Vervollkommnung unseres sozialen Lebens mitzuarbeiten. Recht entsteht dabei nicht voraussetzungslos – es formt, so Sinzheimer, das Leben aus bereits geformtem Leben. Von soziologischem Interesse ist weiterhin, dass mit dem praktischen Ord-

---

52 Blanke, Soziales Recht, S. 25.
53 Ebenda, S. 30.

nungsprinzip des Rechts[54] immer auch handfeste Interessenkonflikte verbunden sind. Der im zweiten Kapitel skizzierte Kampfplatz »Wohlfahrtsstaat« ist in demokratischen und rechtsstaatlich organisierten Gesellschaften stets rechtlich strukturiert und formiert. Das Recht bietet die Grundlagen für Planung und Gestaltung, es ermöglicht Anpassung und Veränderung. Nach Schelsky leistet das Recht als Institution, als Praxis und Orientierungspunkt für die Gesellschaft vor allem dreierlei: Es stellt Gegenseitigkeit auf Dauer, es sorgt für Gleichheit bei Verschiedenheit und gewährt Personen Integrität und Autonomie gegenüber staatlichen Organisationen und Institutionen.[55] Dennoch wird das Recht in der Soziologie, genauer in den uns interessierenden Gebieten der Arbeitssoziologie, der Sozialstrukturanalyse oder der Sozialpolitikforschung, kaum als eigenständiger Faktor der Strukturprägung und Mentalitätsformierung gedacht und erforscht. Cum grano salis gilt daher immer noch das Monitum Schelskys aus seinem grundlegenden Aufsatz über die »Soziologen und das Recht«: »Das Recht ist eine der wichtigsten und unaufgebbaren Sozialbeziehungen unserer kulturellen Tradition und Situation. Von Kant bis Hegel hat die soziale Analyse im Recht die tragende Sozialbeziehung des Menschen gesehen. Demgegenüber hat die moderne deutsche Soziologie in ihren Hauptvertretern das Recht als grundlegende Sozialbeziehung entweder überhaupt ausgeblendet, eliminiert, oder es hat die Rechtsbeziehung auf ihre rein objektive Seite, den Einfluß der Rechtsinstitutionen auf das Verhalten der Subjekte, reduziert und vereinseitigt und – in typisch soziologischer Abstraktionserhöhung – mit allen anderen gesellschaftlichen Steuerungsmechanismen so zusammengedacht, dass das Recht seine Eigenständigkeit als Sozialbeziehung verlor. Der R(r)echt handelnde Mensch ist dieser Soziologie aus den Augen verschwunden.«[56] Mit Blick auf die Entwicklung von Arbeitsgesellschaft, sozialer Ungleichheit und wohlfahrtsstaatlicher Regulation gibt es eine Reihe guter Gründe, das Recht als »ordnende Form« und »geordnete Materie« in die Forschung einzubeziehen. Ein paradigmatisches Feld ist das Arbeitsrecht.

---

54 Vgl. auch Rückert, Stadt-Land-Recht-Agglomeration-Europa.
55 Schelsky, Die Soziologen und das Recht, S. 77 ff.
56 Ebenda, S. 79 f.

In historischer Perspektive sollte mit Hilfe des Schutzrechts der abhängigen Arbeit und der Einrichtung der Appellationsinstanz der Arbeitsgerichte der Arbeiterschaft auch die Einsicht nahegebracht werden, dass Recht und Staat weit mehr sind als Agenturen der herrschenden Klassen und dass das rechtsstaatliche System der bürgerlichen Gesellschaft eine soziale, integrative und an Normen der Fairness orientierte Gestaltung der Arbeitswelt ermöglicht. Die Herausbildung und Entwicklung des Arbeitsrechts folgte der Formel: Integration durch »Staatsfreundschaft« (Dolf Sternberger). Eine zentrale Vorstellung des europäischen Wohlfahrtsstaates als »sozialer Rechtsstaat« besteht darin, dass die Vertragsfreiheit zwischen Marktakteuren begrenzt und eingeschränkt wird – dies geschieht in aller Regel durch die Übertragung von Status- und Schutzrechten. Das höhere Ziel, das damit verknüpft ist, liegt in der Festigung und Stärkung sozialer Kohäsion und Integration. Die Systematik des Arbeitsrechts konstituiert ein Individual- und Kollektivrecht der abhängigen Arbeit. Es prägt, strukturiert und vervollkommnet in besonderer Weise die Arbeitswelt. Auch jenseits konkreter gesetzgeberischer Normsetzung und richterrechtlicher Entscheidungsfindung ist das Arbeitsrecht ein besonderes Feld der gedachten Sozialordnung. Die Vorstellungen einer nach gerechten Maßstäben geordneten Arbeitswelt, ja die Vorstellung, wie es überhaupt in der Arbeitswelt zugehen sollte, sind wesentlich durch das Arbeitsrecht (mit)geprägt. Doch ordnet das Arbeitsrecht noch die wachsende Vielfalt der Beschäftigungsverhältnisse und betrieblichen Organisationsformen der Erwerbsarbeit? Bindet es Arbeitnehmer und Arbeitgeber, Gewerkschaften und Unternehmerverbände zusammen? Moderiert es die verschärften Konflikte der Arbeitswelt? Auch mit Blick auf die Prinzipien begrenzter Vertragsfreiheit in der Arbeitswelt sind immer häufiger kritische Stimmen zu vernehmen. Erfüllen die Kodifikationen des Arbeitsrechts und das System der Arbeitsgerichtsbarkeit als Sondergerichtsbarkeit einer Gesellschaft, die sich wesentlich über die Erwerbsarbeit integriert und identifiziert, noch integrative Funktionen? Und für wen bzw. gegen wen?

Das Arbeitsrecht, verstanden als Ort der Sicherung spezifischer Arbeitsqualität und Statussicherheit, wird von verschiedenen Seiten »in die Zange« genommen: Der erste Zangengriff erfolgt durch die strukturelle und organisatorische Neuordnung der Arbeitswelt, in deren Mittelpunkt die sogenannte Entbetrieblichung der Arbeit und die Durchsetzungskraft einer projektorientierten Ökonomie steht. Der »neue Geist des Kapitalismus« durchweht auch das Arbeitsrecht. Der zweite Zangengriff kommt von Seiten der Neujustierung der Arbeitsmarktpolitik, die sich als Statusschutzpolitik verabschiedet und auf gesetzgeberischem Wege atypische Beschäftigungsformen (Leiharbeit, befristete und geringfügige Tätigkeiten) rechtlich erleichtert und normativ fördert. Drittens wirken als dauerhafte Zangengriffe die veränderten Bedürfnisse der immer besser qualifizierten Erwerbstätigen, die stärkere inhaltliche Ansprüche an die Erwerbsarbeit stellen, auf das Arbeitsrecht ein. In diesen Zusammenhang gehört auch die steigende Erwerbsbeteiligung der Frauen in allen Branchen und Berufsgruppen – insbesondere in den Bereichen hoher und höchster Qualifikation. Die Ansprüche an die Schutz- und Gewährungsfunktion des Arbeitsrechts geraten mehr und mehr unter den Druck veränderter individueller und familiärer Lebenswirklichkeiten, die in Einklang mit dem Arbeitsleben gebracht werden wollen bzw. müssen. Das Arbeitsrecht wird von verschiedenen Seiten problematisiert, es ist verwickelt in die Interessenkonflikte, Ansprüche und Ambivalenzen einer individualisierten Gesellschaft, die – keineswegs in allen, aber zumindest in gewichtigen Teilen – für die Abkehr von Kollektivität, Standardisierung und rechtlicher Regulation kämpft. Nicht nur die wirtschaftlichen Strukturen oder politischen Institutionen, auch die gedachten Ordnungen des Sozialen, die Rechtfertigungen gesellschaftlichen Zusammenhalts und die Bedürfnisstrukturen der sozialen Akteure verändern sich auf markante Weise und bleiben in ihren Veränderungen nicht rechtsunwirksam. Das Arbeitsrecht ist nicht nur eine Summe von Rechtsregeln, sondern eine Denkordnung der Arbeitswelt. Hier lässt sich gut die innere Dynamik des Wohlfahrtsstaates verfolgen. Die soziologische Forschung, die die Gestalt und Entwicklung von Wohlstandskonflikten auch in Abhängigkeit von der Entwicklung der Rechtsbeziehungen und in deren Ausgestaltung sieht, sieht sich durch folgende Fragen herausgefordert: Welche Funktion erfüllt das Arbeitsrecht heute? Ist es noch ein Schutzrecht der abhängigen

Arbeit oder privilegiert es die ohnehin Starken und verschärft bestehende soziale Ungleichheiten? Sind die Arbeitsgerichte Orte der Moderation sozialer Konflikte? Oder laufen die Konflikte, die sich aus veränderten betrieblichen Organisationsformen und neuen arbeitsbezogenen Bedürfnissen ergeben, an den Arbeitsgerichten vorbei? Und schließlich zu den Arbeitsrichtern selbst: Inwieweit können Arbeitsrichter noch die betriebliche und rechtliche Form der Erwerbsarbeit gestalten? Oder sind sie nur noch Verwalter einer erodierenden Arbeitswelt, in der die Prinzipien der Kollektivität an Kraft verlieren? Hier wird das normative Selbstverständnis der Richter als Konfliktmoderatoren angesprochen, aber auch die Frage, in welchen Entwürfen gedachter Ordnung die Arbeitsrichter als soziale Akteure auf den Wandel von Arbeitsgesellschaft und Sozialstaat einwirken (können).

Doch all diese Fragen finden vorerst nur wenige Antworten. In verschiedener Hinsicht ist das Arbeitsrecht in arbeitssoziologischer und sozialstrukturanalytischer Hinsicht eine Terra incognita. Der für das deutsche und auch für weite Teile des europäischen Sozialmodells so charakteristische »institutionalisierte Klassenkonflikt« erfordert in seiner rechtlichen und richterlichen Problematik Forschung. Wirkt im diskutierten arbeitsgesellschaftlichen und wohlfahrtsstaatlichen Wandel die von Hugo Sinzheimer angesprochene Vervollkommnungsfähigkeit des Rechts? Die Zeichen der Zeit deuten aktuell eher darauf hin, dass die Wirkkreise des (Arbeits-)Rechts, das auf eine öffentlich anerkannte Schutzbedürftigkeit zielt, offensichtlich immer enger gezogen werden. Doch von der Gestalt der Rechtsbeziehungen in der Arbeitswelt, aber auch in weiten Bereichen der Sozialfürsorge, der Gesundheitspflege oder der Infrastrukturdienste werden die Ergebnisse zahlreicher wirtschaftlicher, sozialer und politischer Wohlstandskonflikte abhängen. Auch wenn von einer empirischen Unterbelichtung der genannten »Rechtsfragen« die Rede ist: Einige exemplarische Befunde und Diskussionsbeiträge zu den Folgen der Neujustierung liegen freilich bereits vor. Die Rechtswissenschaftler Thomas Blanke und Peter Bleses sehen insbesondere im Arbeits- und Sozialrecht entscheidende Veränderungen in der rechtspolitischen und wohlfahrtsstaatlichen Entwicklung am Werk, die einer stärkeren soziologischen und vor allem gesellschaftspolitischen Beachtung bedürfen.[57] Am Beispiel der arbeits- und sozialrechtlichen Gesetzgebung der letzten Jahre zeigen sie, dass die (Status-)Schutzbedürftigkeit und -würdigkeit des Arbeitnehmers sukzessive in Frage gestellt wird. Sie skizzieren in der Reform dieser beiden Schutzrechtskreise gewissermaßen eine Doppelbewegung: aus dem Arbeitsrecht werden Stück für Stück die sozialpolitischen Bestandteile der Statussicherung ausgebaut; im Sozialrecht wird die Fixierung auf das Erwerbsarbeitssystem zurückgenommen, so dass sich soziale Leistungen immer weniger an der Erwerbsbiographie orientieren, sondern als universale Grundsicherungen auf niedrigem Niveau gewährleistet werden. Blanke und Bleses zeichnen die »sozial- und arbeitsrechtliche Radikalisierung des Transformationsprozesses«[58] des Wohlfahrtsstaates nach. Sie weisen darauf hin, dass »das Arbeitsrecht zurückgeholt wird in den Interpretationshorizont und Funktionskreis des allgemeinen Vertragsrechts«,[59] so dass die Grenzen zwischen rechtlich »privilegierter« Normalarbeit und prekärer Beschäftigung immer stärker verschwimmen. »Im Sozialleistungsrecht [...] besteht die Abkehr vom Statusschutz vor allem in der sukzessiven Aufgabe des Ziels ›lohnarbeitsbezogener Lebensstandardsicherung‹.«[60] Nicht die Arbeitsmarktkarriere, sondern die Bedürftigkeit ist jetzt der sozialrechtlich relevante Referenzpunkt. Findet in den wohlfahrtsstaatlichen Rechtsbeziehungen mithin so etwas wie ein Wertewandel[61] statt? In einem Sonderheft der WSI-Mitteilungen ist unter dem Schlagwort vom »Wertewandel im Arbeitsrecht« interessant und weiterführend von der »Individualisierung der betrieblichen Anerkennungsverhältnisse und der Krise des Arbeitsrechts«,[62] von der »Normenzersplitterung« und vom »neuen Beschäftigungsstatus«[63] oder von neuen »Gestaltungs- und Verhandlungsrechten der Beschäftigten«[64] die Rede. Diese

---

57 Vgl. Blanke/Bleses, Flexicurity im Arbeits- und Sozialleistungsrecht.
58 Ebenda, S. 372 ff.
59 Ebenda, S. 377.
60 Ebenda, S. 378.
61 Vgl. Pfarr/Kremer, Wertewandel im Arbeitsrecht.
62 Vgl. Voswinkel, Krise des Arbeitsrechts.
63 Vgl. Lefresne, Die Zukunft des Arbeitsvertrags in Frankreich.
64 Vgl. Kocher, Gestaltungs- und Verhandlungsrechte.

Diskussionen bieten am Beispiel des Arbeitsrechts neue Beleuchtungstechniken des Sozialen an, und sie liefern Ergebnisse, die deutlich machen, in welcher Weise sich die Schutzkreise des Rechts der Arbeit verändern und verschieben. Diese Entwicklungen treffen insbesondere diejenigen, die bislang aufgrund ihrer Erwerbskarriere und ihres beruflichen Status auf die Schutzwirkung des Rechts vertrauen konnten. Doch nicht nur die Wirkung und die Reichweite des Rechts verändert sich, auch die gestaltende Kraft kommunaler Politik – als Nukleus des Verwaltungs- und Leistungsstaates bzw. als Ausdrucksform und Medium moderner Wohlfahrtsstaatlichkeit – droht mehr und mehr zu erschöpfen.

Kommunalität und Gesellschaftsgestalt

Die Soziologin Tatjana Baraulina bringt es auf den Punkt: »Kommunen galten noch bis vor wenigen Jahren als Schreibstuben des deutschen Wohlfahrtsstaates. Dort wurde ausgeführt, registriert und kontrolliert, was im Bund und in den Ländern entschieden worden ist. Bis heute sind Kommunen damit beschäftigt, 80 Prozent aller Bundes- und Landesgesetze auszuführen und zwei Drittel aller staatlichen Investitionen zu tätigen.«[65] Zugleich stehen die Kommunen unter einer Dauerspannung zwischen dem hohen Gut der »kommunalen Selbstverwaltung«, die im Artikel 28 des Grundgesetzes in besonderer Weise hervorgehoben wird, und ihrer immer stärkeren gesamtstaatlichen Indienst- und Inpflichtnahme für eine Vielzahl neuer sozialer Problematiken. In gewissem Sinne wuchsen damit nicht nur die Belastungen der Städte, sondern auch deren Relevanz. Stadtpolitik wurde immer mehr zur Gesellschaftspolitik. »Städte und Gemeinden«, so Baraulina, »begannen Probleme zu thematisieren und nach Lösungen zu suchen, die von schrumpfenden Programmen des Bundes und der Länder nicht mehr erfasst wurden. Sie sahen sich auch mit den neuen Problemen konfrontiert, welche sich aus zurückgegangenen staatlichen Interventionen ergaben. Heute agieren Kommunen gleichzeitig als Ausführungsorgane des Staates und als autonome politische Akteure. Einerseits implementieren sie nationale politische Entschei-

---

65 Baraulina, Integration und interkulturelle Konzepte, S. 26.

300

dungen auf lokaler Ebene; andererseits entdecken sie neue Handlungsfelder und entwickeln eigene Problemlösungen. Kurz, sie sind die Moderatoren und Experimentierer des modernen Wohlfahrtsstaats.«[66] Auch Wollmann weist darauf hin, dass der Aufgaben- und Verwaltungsvollzug des Bundes und der Länder den Kommunen überantwortet ist. So wird »im bundesstaatlich-dezentralen Verwaltungssystem der größte Teil der öffentlichen Aufgaben, zumal in der unmittelbaren Verwaltung-Bürger-Beziehung, von den Kommunen vollzogen (sieht man einmal von der Finanzverwaltung als besonders ›bürgerintensiver‹ Vollzugsverwaltung und von den Schulen als Leistungsverwaltung ab)«.[67] Auch der größte Teil des EU-Rechts muss von kommunalen Dienststellen bewältigt werden. Die Funktionsfähigkeit des Wohlfahrtsstaates – ob in »sorgender«, »gewährleistender«, »aktivierender« oder »nachhaltiger« Justierung – ist wesentlich mit den Einrichtungen kommunaler Verwaltung verknüpft. Das gilt in besonderer Weise mit Blick auf soziale Fürsorge- und Versicherungsleistungen, aber auch bezüglich der infrastrukturellen Einrichtungen der Daseinsvorsorge.[68] Zugleich finden im »kommunalen Wohlfahrtsstaat« die normativen Bekräftigungen des Verhältnisses von Staat und Gesellschaft statt. Ernst Forsthoff schrieb Mitte der 1960er Jahre: »Wie [...] das Allgemeine sich aus dem Besonderen erhebt, so kann auch der Staat in seiner humanen Gestalt nur erhalten bleiben, wenn ihm aus seinen unteren Gliederungen humanisierende Kräfte zufließen.«[69] Die rechts- und wohlfahrtsstaatlichen Konstitutionsprinzipien der Daseinsvorsorge und der öffentlichen Verwaltung sind weit überwiegend kommunale und gemeindliche Aufgaben. In seinen Studien zur »Stadt als Dienstleistungszentrum«, die die Zusammenhänge von Infrastrukturpolitik, Dienstleistungen und sozialer Daseinsvorsorge im 19. und 20. Jahrhundert diskutieren, zeigt der Historiker Jürgen Reulecke, dass der Ausbau der »Städtetechnik« sowie die Entstehung und Ausdiffe-

---

66 Ebenda, S. 26.
67 Wollmann, Die traditionelle deutsche kommunale Selbstverwaltung, S. 47.
68 Vgl. auch Wollmann/Roth, Kommunalpolitik.
69 Forsthoff, Stadt und Bürger in der modernen Industriegesellschaft, S. 32.

renzierung eines kommunalen Berufsbeamtentums in der zweiten Hälfte des 19. Jahrhunderts für eine Professionalisierung und Profilierung der kommunalen Selbstverwaltung sorgte, die zu einer Ausdehnung und Bekräftigung öffentlicher Dienste führte. Die Realisationen der technischen und sozialen Daseinsvorsorge haben hier ihre Quellen. Mehr noch, die Gemeinden und Kommunen sind Bindeglieder zwischen dem Staat und seinen Bürgern. In der politischen Gemeinde, das heißt im »lokalen Wohlfahrtsstaat« kommen nicht nur in der staats- und verwaltungsrechtlichen Lesart Forsthoffs Staat und Gesellschaft auf produktive und für das Gemeinwohl gewinnbringende Weise zusammen. Ohne die Städte ist offensichtlich kein Staat zu machen. Doch wie steht es um die politische Funktionsfähigkeit, die wirtschaftliche Potenz und die soziale Wirkkraft des lokalen Wohlfahrtsstaates? Nach einer langen Aufstiegsgeschichte des kommunalen Wohlfahrtsstaates im 20. Jahrhundert kehren die Beschreibungen der »Stadt in der Krise«[70] auf die Agenda der Gesellschaftspolitik zurück. Vieles spricht dafür, dass der Appell Georg Kronawitters »Rettet unsere Städte jetzt« aus den 1990er Jahren an Dringlichkeit und Nachdruck gewonnen hat. Was sind die Indikatoren hierfür?

Die Erosion der Kommunalfinanzen, die umfassende Veräußerung des Kommunalvermögens und die Überlastung der Städte und Gemeinden mit gesamtstaatlichen Aufgaben drohen die Substanz der kommunalen Verwaltung zu destabilisieren, ja zu zerstören. Die Städte sehen sich gezwungen, sich aus der Verantwortung öffentlicher Aufgabenerfüllung zurückzuziehen. Stadtwerke werden ebenso privatisiert wie Krankenhäuser oder andere kommunale Einrichtungen der Daseinsvorsorge. Neue Formen der Finanzierung haben weitreichende Konsequenzen für das Funktionieren und die Gestaltungskraft wohlfahrtsstaatlicher Einrichtungen. Das öffentliche Sozialeigentum, das Robert Castel als charakteristisches Merkmal moderner Wohlfahrtsstaaten bezeichnet,[71] wird in private Hände gegeben und geht den Kommunen verloren. Klärwerke, Kanalnetze, Straßenbahnen und U-Bahnen, aber auch kommunaler Wohnungsbestand und öffentliche Liegenschaften

---

70 Vgl. Jungfer, Die Stadt in der Krise.
71 Vgl. Castel, Die Metamorphosen der sozialen Frage.

werden im Rahmen des Cross-Border-Leasing (CBL) an private Investorengruppen veräußert. CBL ersetzt die hoheitlichen Aufgaben der technischen und infrastrukturellen Daseinsvorsorge in den Kommunen. Die Verwaltung der öffentlichen Güter und Infrastrukturen ist gerade auf der kommunalen Ebene immer weniger eine gemeinwohlorientierte bzw. -verpflichtete Aufgabe, sondern immer mehr eine finanzwirtschaftliche und renditeorientierte Investitionsstrategie.[72] Die Geschichte der Entwicklung der sozialen und technischen Infrastrukturen erhält eine neue Wendung. Um diese neuen Investitionsstrategien in öffentliche Güter und in das kommunale Versorgungswesen organisiert sich eine »Leasingindustrie«. Das »Big Ticket Leasing« ist eine eigene Finanzsparte, die neue Tätigkeitstypen hervorbringt, die sich weitgehend außerhalb soziologischer Beobachtung und gesellschaftspolitischer Debatte befinden. Es handelt sich um »Dienstleistungsarrangeure« wie debis, Wertgutachter wie Ernst & Young, international tätige Kanzleien wie »Freshfields Bruckhaus Deringer«, die stark im kommunalen Versorgungsgeschäft tätig sind, oder auch um Wirtschaftsprüfer und Rating-Agenturen.[73] Gerade im Prozess der Privatisierung und »Entkommunalisierung« des Wohlfahrtsstaates eröffnen sich neue Tätigkeitsfelder und Berufskarrieren. Während sich die öffentlichen Dienste in finanziell ausgezehrten Kommunen in einen unübersichtlichen Tummelplatz der Prekärbeschäftigung verwandeln, etabliert sich eine neue Beratungs- und Dienstleistungsindustrie, die auf die Organisation öffentlicher Aufgaben spezialisiert ist. Der kommunalen Verantwortung bzw. der grundgesetzlich geschützten kommunalen Selbstverwaltung werden Stück für Stück ihre Grundlagen entzogen. Klaus Jungfer weist in seiner Streitschrift auf diesen Prozess der akuten Gefährdung gemeinwohlorientierter Kommunalität hin. Er plädiert gegen den Trend des Personalabbaus und des kommunalen »Investitionsverfalls« für eine Stärkung der Städte, für neue öffentliche Investitionen in kommunale Infrastrukturen und für eine Konsolidierung des kommunalen Personalbestands.[74] Denn in den Zugangsmög-

---

72 Vgl. Jungfer, Die Stadt in der Krise, S. 21 ff.
73 Vgl. exemplarisch Rügemer, Privatisierung in Deutschland.
74 Jungfer, Die Stadt in der Krise, S. 29 ff.

lichkeiten zu kommunalen Leistungen unter für die Stadtbevölkerung angemessenen Bedingungen sieht Jungfer das eigentliche »Vermögen« der Bürger. Das gilt gerade mit Blick auf die Bürger mit geringeren Ressourcen und Einkommen, die auf öffentliche Leistungen der Daseinsvorsorge angewiesen sind. Es gibt deutliche »Grenzen der Privatisierung«, die dann überschritten sind, wenn das Verhältnis von öffentlichen und privaten Aufgaben aus einem dem Gemeinwohl zuträglichen Gleichgewicht gerät. Wann ist das der Fall? Wann findet zu viel Privatisierung öffentlicher Güter und Aufgaben statt? International vergleichende Studien zeigen, »dass die Privatisierung angefangen hat, ›zu viel des Guten‹ zu sein«.[75] Paradigmatisch sind hier die Untersuchungen von Ernst Ulrich von Weizsäcker zu den Folgen der Privatisierung staatlicher Aktivitäten und öffentlicher Leistungen der Daseinsvorsorge. Als Beispiele werden der Bergbau, die Telekommunikation, die Stromversorgung, das kulturelle Erbe, die Eisenbahnen und die Wasserversorgung, die Polizei und die Gefängnisse vorgestellt. Die Untersuchung liefert im internationalen Maßstab exemplarische Fälle für Formen der Privatisierung, die unter dem Gesichtspunkt der Förderung des Gemeinwohls gelungen oder misslungen sind. Doch gelungene Privatisierung heißt nicht neue Regellosigkeit. Die Studie zeigt im Gegenteil, dass alle gelungenen Privatisierungen offensichtlich einer handlungs- und durchsetzungsfähigen staatlichen Ordnung bedürfen. Bisweilen führt die Privatisierung sogar zu einem erhöhten Neubedarf an Regulierung.[76]

Wie auch immer der künftige Regulierungsbedarf unterschiedlicher öffentlicher und auf das gemeine Wohl bezogener Aufgabenbereiche aussehen mag, so spricht dennoch vieles dafür, dass der Neubau staatlicher und privater Sicherung und Daseinsvorsorge auch in Zukunft wesentlich in den Kommunen stattfindet. Die Wohlstandsfragen der Zukunft sind nur mit Blick auf die Qualität des Kommunalen zu beantworten. In welcher Weise die Jungen und die Alten, die Alteingesessenen und die Zugezogenen, die Familien und die Singles, die Männer und Frauen, die Honoratioren und die Handwerker, die Verwaltungsbeamten und die Sozialhilfeempfän-

---

75 von Weizsäcker u.a., Grenzen der Privatisierung, S. 15.
76 Ebenda, S. 40 ff.

ger zusammenleben und -arbeiten, entscheidet sich vor Ort. Alexis de Tocqueville sagte, dass die Kraft der Freiheit in der Gemeinde ruhe. Gemeinsinn und Zusammenhalt entstehen wesentlich durch die lokale Verwaltung des Sozialen. Benötigen wir daher nicht eine stärkere Kommunalisierung der Sozialforschung, die sich mit der Zukunft von Wohlfahrtsstaat und sozialstruktureller Entwicklung auseinandersetzt? Zur Frage der »local governance« liegen bereits eine Reihe wichtiger empirischer Forschungen vor, die insbesondere die Kooperationen zwischen öffentlicher Hand und privaten Trägern vor Ort beleuchten.[77] Dabei gehen diese Studien auch der Frage nach Qualität und Perspektive kommunaler Dienstleistungsarbeit nach.[78] Doch können wir zur Aktivierung der sozialstrukturellen Fragen nicht auf die revitalisierbaren Traditionsbestände der soziologischen Gemeindeforschung als politische Soziologie zurückgreifen,[79] die die Fragen der Entwicklung der öffentlichen Dienste, der Daseinsvorsorge und der Wohlfahrtspflege zusammenbindet? In den Zusammenhang neuer Kommunalitätsforschung gehören auch die interessanten empirischen Arbeiten zur Interdependenz lokaler Ökonomie und Wohlfahrtsstaatlichkeit, die unter der Regie von Dieter Läpple am Beispiel Hamburgs entstanden sind,[80] oder die Ausarbeitung einer »kritischen Regionalwissenschaft« in der politikwissenschaftlich orientierten Wirtschafts- und Sozialgeographie.[81] Sie zeigen, dass die Gestalt der städtischen bzw. regionalen Sozial- und Wirtschaftsstruktur in erheblichem Maße den Einflüssen kommunaler Politik und lokaler Eigenentwicklung geschuldet ist und keineswegs nur als Resultat nationaler oder transnationaler Einflüsse diskutiert werden kann. Wohlstandsfragen sind auch stadtpolitische Fragen.[82] Doch für wen oder gegen

---

77 Vgl. Sack, Spiele des Marktes.
78 Vgl. Oppen, Lokale Governance.
79 Vgl. die exemplarische Gemeindestudie von Neckel, Waldleben; Vogel, Ohne Arbeit in den Kapitalismus, sowie Ellwein/Zoll, Die Wertheim-Studie; Häußermann, Das Erkenntnisinteresse von Gemeindestudien, und historisch interessant König, Einige Bemerkungen zur Soziologie der Gemeinde.
80 Vgl. Läpple/Walter, Lokale Ökonomie und soziale Stadt.
81 Vgl. Krumbein u.a., Kritische Regionalwissenschaft.
82 Vgl. Häußermann u.a., Stadtpolitik.

wen wird Stadtpolitik gemacht? Welche Probleme welcher Bewohnergruppen werden von Seiten der kommunalen Politik und ihrer Träger als echte Handicaps akzeptiert oder welche Probleme können in die Eigenverantwortung der Bürgerschaft zurückverlagert werden? Wie kann schließlich das Verhältnis von privatem Wohlstand und öffentlicher Knappheit in der Balance gehalten werden? Eine empirische Soziologie, die Fragen nach der Qualität und der Verteilung des Wohlstands beantworten möchte, muss von der Mitte der Gesellschaft und vom Gestaltungs- und Ordnungsprinzip des Wohlfahrtsstaates her denken. Öffentlicher Dienst, soziale und auf die Arbeitswelt bezogene (Schutz-)Rechte und die Ausgestaltung der Kommunalität sind hierbei wichtige, ja unabdingbare Referenzpunkte. In der wachsenden Ungleichheit und Prekarität der Beschäftigungsbedingungen im öffentlichen Dienst, in der Reduktion der Schutzkreise des Arbeitsrechts und in der Erschöpfung kommunaler Gestaltungskraft des Sozialen liegen die Potentiale aktueller und zukünftiger Konflikte um die Verteilung und Qualität öffentlichen und privaten Wohlstands. Der Zustand und die künftige Gestalt der Wohlstandsmitte der Gesellschaft stehen zur Diskussion.

Die Wohlstandsmitte.
Ein Ort sozialer Konflikte

Zu Beginn und im Laufe dieser Untersuchung war immer wieder davon die Rede, dass ein wirkmächtiges Zeitalter wohlfahrtsstaatlicher Intervention und arbeitsgesellschaftlicher Integration vergeht. Die Konturen des Neuen – die Physiognomie der prekären Arbeitswelt und die Entwicklung des projektorientierten, gewährleistenden Wohlfahrtsstaats – bleiben an manchen Stellen noch unscharf. Umso klarer und deutlicher tritt uns dafür die Epoche sozialen Aufstiegs und beruflicher Mobilität vor Augen, die den Referenzrahmen des aktuellen staatlichen und gesellschaftlichen Wandels absteckt. Diese Epoche sorgte für die Individualisierung von Lebenswegen und öffnete neue Handlungs- und Konsumspielräume. Wegbereiter und Garant dieser Ära wohlformierter Aufsteigergesellschaften war in weiten Teilen Europas die rechtsstaatlich gerahmte und korporativ gestaltete Sozialverfassung des Wohlfahrtsstaates.[1] Hier konnten sich auf der einen Seite ein starkes soziales Bewusstsein und die Bereitschaft zu gegenseitiger Verantwortung bzw. Hilfsbereitschaft entfalten; auf der anderen Seite entwickelten sich auch Haltungen individualisierten Eigennutzes, Praktiken materieller Mitnahmeeffekte und Konkurrenzen beruflicher Selbstbehauptung. Die Effekte dieses Zeitalters – dieses »golden age of capitalism« oder dieser »trente glorieuse« – waren daher durchaus zwiespältig und bei weitem nicht so eindeutig »golden« oder »glorreich«, wie es manchen Betrachtern (aus der publizistischen, politischen oder auch wissenschaftlichen Wohlstandsmitte) im milden Licht einer auslaufenden Epoche erscheinen mag. Jedenfalls gilt, dass diese Verbindung von Wohlfahrtsstaat, Sozialpolitik und Erwerbsarbeit den Referenzpunkt für

---

1 Vgl. Kaelble, Sozialgeschichte Europas, sowie die aktuellen und weiterführenden Beiträge der international vergleichenden Wohlfahrtsstaatsforschung, u.a. bei Rieger/Leibfried, Limits to globalization, oder bei Scharpf/Schmidt, Welfare and Work in the Open Economy.

aktuelle Wohlstandskonflikte bildet und den Maßstab für gesell-schaftliche Integration und wohlfahrtsstaatliche Steuerungsfähig-keit liefert. Ihre besondere Energie bezog diese Gesellschaft aus der Dynamik der Aufstiegsermöglichung, der produktiven (aber oft auch ressentimentgeladenen) Spannung zwischen Mobilität und Sekurität sowie aus neuen sozialen Perspektiven für viele und der Bereitschaft zur Sorge für alle. Das sozialstrukturelle und mentale Produkt dieser Zeit war die Etablierung einer breiten und stabilen Mittelklasse. Die umfangreiche und vielgestaltige Mitte der Ge-sellschaft ist das Ergebnis wohlfahrtsstaatlicher Politik, aber zu-gleich ist der Wohlfahrtsstaat fiskalisch, demographisch, kulturell und mental auf diese starke Mittelklasse als steuerkräftige Arbeit-nehmerschaft angewiesen. Wohlstand und Statussicherheit der sozialen Mitte sind ebenso staatsbedürftig wie die Leistungs- und Fürsorgesysteme des Wohlfahrtsstaates steuerbedürftig sind. Die-ses Bündnis wechselseitiger Abhängigkeit steht in Frage und hat viel von seiner Funktionsfähigkeit eingebüßt. Von den Ursachen dieser Entwicklung war in dieser Studie ausführlich die Rede. Zugleich beobachten wir, dass sich Aufgabenzuschnitt und Selbst-verständnis wohlfahrtsstaatlicher Aktivitäten zu verändern begin-nen. Dieser Prozess kommt in der institutionellen Fortbildung vom »sorgenden« zum »gewährleistenden« Staat zum Ausdruck und kann an den grundlegend veränderten Tätigkeitsfeldern der öffentlichen Dienste sowie der Wohlfahrts- und Rechtspflege gut nachvollzogen werden. Auch die Lebensformen und Mentalitäten, die Handlungsspielräume und Arbeitsweisen der Mittelklasse sind nicht mehr die alten. Prekäre Beschäftigungsformen machen sich in den Bereichen qualifizierter Fachtätigkeit breit, staatliche Ansprüche an private Vorsorgeleistungen schmälern das vorhan-dene Budget. In der Arbeitswelt und in den staatlichen Sorgeleis-tungen finden sich immer seltener Orte der Statussicherheit. Die Abstiegsangst der statusbewussten Mittelklasse ist mehr als ein Schlagwort. Das sozialstrukturelle Vokabular der »sozialen Ver-wundbarkeit« und des »prekären Wohlstands« bringt diese Ent-wicklungen auf den Begriff.

Prekarität und soziale Verwundbarkeit sind die Signalwörter neuer sozialer Ungleichheiten, die darauf hinweisen, dass be-stimmte soziale Milieus, die in der Mitte der Gesellschaft situiert

sind, unter Druck geraten sind – die Arbeitnehmerschaft der beruffachlich qualifizierten Facharbeiter und Fachangestellten im
privaten wie öffentlichen Sektor. Es sind freilich nicht nur deren
eigene berufliche Perspektiven brüchig geworden, auch die Weitergabe ihres sozialen Erbes steht in Frage. Statusfragen sind immer
auch Generationenfragen, Abstiegssorgen immer auch Sorgen um
die Zukunft des eigenen Nachwuchses. Die gesellschaftspolitische
Brisanz dieser biographischen Verunsicherungen und strukturellen Gefährdungen besteht darin, dass diesen Arbeitnehmermilieus
in der Entwicklungsgeschichte europäischer Wohlfahrtsstaaten
zentrale arbeitsgesellschaftliche Integrations- und Kohäsionsfunktionen zukommen. Sie repräsentieren die Trägerschichten
der Wohlstandsökonomie und des politischen Gemeinwesens. Sie
waren Profiteure und vorwärtstreibende Kräfte staatlicher Expansion, aber im Gegenzug auch Stabilitätskerne in einer mobilen
Sozialordnung. An diesen mittleren und zentralen Orten der Gesellschaft sind ein Gutteil der Steuerkraft, das Gros der Sozialversicherungsbeiträge und auch starke Potentiale bürgerschaftlichen
Engagements zu Hause. Doch die Befunde sind eindeutig: Am
Beispiel zahlreicher empirischer Studien konnte in dieser Untersuchung die allmähliche Erosion des gewerkschaftlich organisierten
Milieus der industriellen und handwerklichen Facharbeiterschaft
nachgezeichnet werden. Dieses Milieu war über lange Jahrzehnte
der Garant tarifvertraglicher Disziplin, gemeinwohlorientierter
Mitbestimmung und kompromissbereiter Leistungsbereitschaft;
zugleich deutet sich in den Berichten zum Wandel der öffentlichen
Beschäftigung an, dass das Mittelklassemilieu öffentlicher Dienste,
das loyal den normativen Haushalt der Gesellschaft pflegt und
bewirtschaftet und dafür eine moderate, aber sichere Entlohnung
sowie zukunftsfeste berufliche Laufbahngarantien erhält, in seiner
institutionellen, rechtlichen und materiellen Existenzgrundlage
bedroht ist. Wenn wir sehen, wie selbstverständlich mittlerweile
der Einsatz von Leiharbeitern und befristet Beschäftigten in der
Industrie geworden ist, wie konzessionsbereit sich Arbeiter und
Angestellte in nahezu allen Branchen gegenüber den »Anforderungen des Marktes« zeigen und wie weit die Verminijobbung der
öffentlichen Dienste bereits vorangeschritten ist, dann scheint die
Rede von der Verunsicherung der Mittelklasse tatsächlich zu blass

zu sein. Alles deutet darauf hin, dass in der Mitte der Gesellschaft nicht nur neue Spaltungen aufbrechen, sondern auch echte Verluste und neue Belastungen zu verkraften sind. Die Sorge, wenig gewinnen, aber viel verlieren zu können, ist nicht nur ein vages Gefühl der Bedrohung, sondern eine reale wirtschaftliche, berufliche und soziale Erfahrung. Arbeitnehmer, die vor Jahren noch davon ausgehen konnten, dass sie aufgrund ihrer beruflichen Fertigkeiten und professionellen Erfahrungen auf der sicheren Seite des gesellschaftlichen Wandels stehen, sehen sich nun bedroht und gefährdet, erleben Verluste und Deklassierungen. Das gilt keineswegs an allen, aber an immer mehr Orten der Gesellschaft. Die Zentralkonflikte der gesellschaftlichen Entwicklung werden sich in Zukunft immer intensiver auch an Statusfragen und Wohlstandschancen entzünden. Der Konfliktort ist die Mitte, die Kontrahenten sind die, die ihren Wohlstand festigen bzw. vermehren können, und die, die um seinen Bestand mehr und mehr kämpfen müssen. Vom prekären Wohlstand der unsicher Beschäftigten, vom parzellierten Wohlstand kreditbelasteter Eigenheimbesitzer und vom Scheinwohlstand derer, die auf Pump leben, war im Laufe der Untersuchung die Rede.

Auf die Tatsache, dass die mittleren Lebensbedingungen und Möglichkeiten der Lebensführung ungleicher werden, weisen insbesondere die Indikatoren der Einkommensverteilung hin. Zugleich machen arbeitssoziologische Befunde klar, dass sich die mittleren Arbeitsfelder und Professionen in ihren arbeitsrechtlichen Sicherungen und tariflichen Entlohnungen stark differenzieren. Die homogenisierenden und stabilisierenden Kräfte der Sozialversicherung, des Rahmentarifvertrags und der kollektiven Daseinsvorsorge – mithin die formativen Klammern der Mittelklasse – werden schwächer und wirken normativ erschöpft. Diese Entwicklung ist nicht allein Ausdruck ökonomischer Zwangsläufigkeiten. In ihr kommen auch veränderte politische Ordnungsvorstellungen des Sozialen bzw. des gesellschaftlich Allgemeinen zum Tragen. Diese Ordnungsvorstellungen sind keineswegs nur abstrakte Gebilde des Staats- oder Verwaltungsrechts. Sie konkretisieren, ja materialisieren sich in der Gestaltung und Justierung der öffentlichen Dienste, der Wohlfahrtspflege und der sozialen wie technischen Daseinsvorsorge. Diese Arbeitsfelder, die normative Güter bereitstellen und denen die öffentlichen Angelegenheiten anvertraut sind, unterliegen einem allmählichen, aber anhaltenden Prozess der Entwertung und Demontage. Diese Entwicklungen korrespondieren mit der Aufwertung des Privaten, das die partikularen Interessen der betriebswirtschaftlichen Rechnungslegung als universale Prinzipien gesellschaftlicher Gestaltung erscheinen lässt. Die zweifelsfreie Notwendigkeit kostenbewussten Wirtschaftens vermengt sich auf problematische Weise mit den je spezifischen Anforderungen staatlicher oder gemeinwohlorientierter Dienste. Diese Formveränderungen der wohlfahrtsstaatlichen Architektur, der Rede über das Öffentliche und die politische Selbstbehauptungsfähigkeit gegenüber wirtschaftlichen Imperativen bleiben nicht ohne gesellschaftliche Folgen. Für die Struktur, die Lebensführung, die Erwerbsbedingungen und die Mentalität der Mittelklasse sind sie von unmittelbarer Bedeutung. Denn deren steuerliche, berufliche, familiäre und normative Leistungskraft kann nicht unabhängig von der Entwicklung des staatlichen Gefüges gedacht werden. Selbst deren aktien- und investmentbezogene Riskiobereitschaft vergangener Jahre war dem hintergründigen Vertrauen in staatlichen Ausgleich geschuldet. Wohlstandskonflikte sind unmittelbar mit der Veränderung von Staatlichkeit verknüpft.

Sicher, anhand des Spannungsfeldes von »Minusvisionen« und neuen Gelegenheiten in der Mitte der Gesellschaft konnten wir in den vorhergehenden Kapiteln auch sehen, dass die Veränderungen von Wohlfahrtsstaat und Arbeitsgesellschaft keineswegs nur Verlierer und Absteiger hervorbringen. Die Dekonstruktionen der Arbeitswelt, die Neujustierung staatlicher Sicherung und Sorgeleistung, die Gefährdungen erreichter Statuslagen und die Entwertung bestimmter professioneller Milieus industrieller Facharbeit oder öffentlicher Dienste – das ist eine starke Entwicklungsrichtung gesellschaftlicher Veränderung. Doch selbstverständlich erschließen sich in jeder Veränderung der Strukturen, Organisationsformen und Anforderungen der Arbeitswelt neue berufliche und soziale Perspektiven. Exemplarisch gilt das für diejenigen, die in der wachsenden Verschränkung von öffentlichem Sektor und privatem Betrieb das Wasser der Veränderung auf ihre Mühlen lenken können. Für zahlreiche beratende, organisierende, gestaltende und therapierende Dienstleistungen öffnen sich neue Märkte

311

und Karrieren – gerade in den Bereichen der Arbeitswelt, in denen sich der Wohlfahrtsstaat in seiner neuen Rolle der Gewährleistung, Projektierung und Vertraglichung formiert. Keine Stagnation und auch kein Zerfall des Sozialen, nirgends. Alles in allem kann keine Rede davon sein, dass die Mittelklasse grundsätzlich an Dynamik oder Veränderungsfähigkeit verliert. Schon gar nicht droht ihr Verschwinden. Wenig spricht dafür, dass wir auf eine Gesellschaft zusteuern, die nur noch Arme und Reiche, Ausgeschlossene und Privilegierte kennt. Dennoch: Die strukturellen, die materiellen und die normativen Substanzverluste der Wohlstandsmitte sind erheblich. Die Gesellschaft beginnt sich ohne Zweifel nicht nur von ihren Randlagen der Armut und Dauerarbeitslosigkeit, sondern immer stärker auch aus ihrer Mitte heraus zu verändern. Insbesondere mit der politisch forcierten Strukturveränderung der öffentlichen Dienste droht der strukturelle und normative Kern demokratischer, auf sozialen Ausgleich, Gemeinwohl und Vorsorge bedachter Gesellschaften brüchig zu werden. Der Ort des gesellschaftlichen Konfliktausgleichs ist zu einem neuen beruflichen, materiellen und symbolischen Konfliktzentrum geworden. Ob diese Konflikte um die Neubestimmung von Wohlstandsfragen und Wohlstandsqualitäten allein destruktive Wirkungen entfalten oder ob sie auch eine konstruktive Seite entwickeln können, ist freilich nicht von vornherein ausgemacht. Die Möglichkeiten zur Belebung der öffentlichen Dienste, zur Anpassung sozial- und arbeitsrechtlicher Schutzkreise an veränderte soziale Bedürfnisse und zur Neubestimmung der Kommunalität gesellschaftlicher Gestaltung werden wichtige Anhaltspunkte und Maßstäbe für die Zukunft nicht nur der »Wohlstandsmitte« sein.

Es darf dabei kein Zweifel darüber bestehen, dass bestimmte Gruppen und Milieus (nicht nur in der Mitte der Gesellschaft) künftig entsprechend ihrer Leistungsmöglichkeiten und ihrer Fähigkeit zur Selbstsicherung stärker in Anspruch genommen werden müssen. Sie sind zahlungskräftig, sie konnten von staatlichen Einrichtungen und Vorsorgesystemen profitieren und sind die Trägergruppen aktueller Veränderungen privatwirtschaftlichen wie öffentlichen Wirtschaftens. Als Gewinner sozialen Wandels bedürfen sie weit weniger staatlicher Unterstützung, als sie das selbst oft für sich reklamieren. Doch für eine wachsende Zahl von

Personen und insbesondere für Familien in der Mittelklasse sind die Veränderungen in der Arbeitswelt und in der Wohlfahrtspflege immer schwieriger zu verkraften. Sie sind staatsbedürftig, sie erwarten eine Politik, die klüger, gerechter und ungleichheitssensibler ist als leere Marktrhetorik, und sie lehnen ein Gesellschaftsmodell ab, das sich in seinen wirtschaftlichen Zielsetzungen und seiner politischen Programmatik von einer Gewinner-Verlierer-Mentalität leiten lässt. Wohlstandskonflikte sind nicht nur materieller Natur. Sie enthalten auch Wertmaßstäbe für die Qualität des gesellschaftlichen Zusammenlebens und für eine tragfähige sowie verantwortungsvolle wirtschaftliche, ökologische, soziale und rechtliche Ordnung, die die nächste Generation und ihre Lebensbedingungen respektiert und in ihre Überlegungen mit einbezieht. In den Wohlstandskonflikten von heute spiegeln sich die gesellschaftlichen Zukunftsfragen von morgen. Als Zukunftsfragen fordern sie die soziologische Diagnostik gegenwärtiger Konflikte heraus. Deren Quelle entspringt in der Mitte der Gesellschaft.

Literatur

Abelshauser, Werner, Erhard oder Bismarck? Die Richtungsentscheidung der deutschen Sozialpolitik am Beispiel der Reform der Sozialversicherung in den Fünfziger Jahren, in: *Geschichte und Gesellschaft* 22, 1996, H. 3, S. 375–391.

Abelshauser, Werner, Deutsche Wirtschaftsgeschichte seit 1945, Bonn 2004 (Bundeszentrale für politische Bildung, Band 460).

Ahlers, Elke, Beschäftigungskrise im öffentlichen Dienst?, in: *WSI-Mitteilungen,* 2004, H. 2, S. 78–83.

Ahlers, Elke, Arbeitsbelastungen im öffentlichen Dienst – Prävention (noch) kein Thema?, in: *WSI-Mitteilungen*, 2005, H. 6, S. 346–351.

Alber, Jens, Vom Armenhaus zum Wohlfahrtsstaat: Analysen zur Entwicklung der Sozialversicherung in Westeuropa, Frankfurt am Main/ New York 1982.

Alber, Jens, Versorgungsklassen im Wohlfahrtsstaat. Überlegungen und Daten zur Situation in der Bundesrepublik, in: *Kölner Zeitschrift für Soziologie und Sozialpsychologie* 36, 1984, H. 2, S. 225–251.

Albrecht, Clemens, Schwanengesänge auf den Staat. Die Frankfurter Schule und ihre Bundesrepublik, in: *Vorgänge. Zeitschrift für Bürgerrechte und Gesellschaftspolitik*, 2007, Nr. 177, H. 1, S. 31–39.

Allmendinger, Jutta/Werner Eichhorst/Ulrich Walwei (Hg.), IAB Handbuch Arbeitsmarkt. Analysen, Daten, Fakten, Frankfurt am Main/ New York 2005.

Ambrosius, Gerold, Öffentliche Verwaltungen, öffentliche Unternehmen und wirtschaftliche Krisen seit dem 19. Jahrhundert in Deutschland. Versuch einer Synthese, in: Jahrbuch für Europäische Verwaltungsgeschichte, Bd. 7: »Öffentliche Verwaltung und Wirtschaftskrise«, Baden-Baden 1995, S. 201–222.

Andersen, Arne, Der Traum vom guten Leben. Alltags- und Konsumgeschichte vom Wirtschaftswunder bis heute, Frankfurt am Main/ New York 1997.

Antoni, Manfred/Elke J. Jahn, Arbeitnehmerüberlassung. Boomende Branche mit hoher Fluktuation, iab-kurzbericht Nr. 14 vom 19. 9. 2006, Nürnberg.

Aristoteles, Die Nikomachische Ethik, München 1991.

Atkinson, Anthony B., Ungleichheit, Armut und der Wohlfahrtsstaat: Eine europäische Perspektive zur Globalisierungsdiskussion, in: Walter Müller/Stefanie Scherer (Hg.): Mehr Risiken – mehr Ungleichheit? Abbau von Wohlfahrtsstaat, Flexibilisierung von Arbeit und die Folgen, Frankfurt am Main/New York 2003, S. 63–82.

Atzmüller, Roland/Christoph Hermann, Liberalisierung öffentlicher Dienstleistungen – Auswirkungen auf Beschäftigung, Arbeitsbedingungen und Arbeitsbeziehungen, Studie im Auftrag der Kammer für Arbeiter und Angestellte, Wien 2004.

Bäcker, Gerhard/Gerhard Naegele/Reinhard Bispinck/Klaus Hofemann/Jennifer Neubauer, Sozialpolitik und soziale Lage in Deutschland, 2 Bände (Band I: Grundlagen, Finanzierung, Einkommen, Arbeitsmarkt, Band II: Arbeit und Gesundheit, Gesundheitssystem, Familie, Alter, soziale Dienste), 4. Aufl., Opladen 2007.

Bäcker, Gerhard, Was heißt hier »geringfügig«? – Minijobs als wachsendes Segment prekärer Beschäftigung, in: WSI-Mitteilungen, 2006, H. 5, S. 255–262.

Bauer, Michael W., Auf dem Weg zur »analytisch-kommunikativen Verwaltung«? Zum Wandel der öffentlichen Verwaltung in den liberalisierten Netzwerkindustrien, in: Die Verwaltung. Zeitschrift für Verwaltungsrecht und Verwaltungswissenschaften 36, 2003, H. 2, S. 197–224.

Baum-Ceisig, Alexandra/Anne Faber (Hg.), Soziales Europa? Perspektiven des Wohlfahrtsstaates im Kontext von Europäisierung und Globalisierung, Opladen 2005.

Bauman, Zygmunt, Flüchtige Moderne, Frankfurt am Main 2003.

Bauman, Zygmunt, Verworfenes Leben. Die Ausgegrenzten der Moderne, Hamburg 2005.

Baumgartner, Gerhard, Ausgliederung und öffentlicher Dienst, Wien 2006.

Baraulina, Tatjana, Integration und interkulturelle Konzepte in Kommunen, in: Aus Politik und Zeitgeschichte, Nr. 22–23 vom 29. 5. 2007, S. 26–32.

Barlösius, Eva, Die Macht der Repräsentation. Common Sense über soziale Ungleichheiten, Opladen 2005.

Beaud, Stephane/Michel Pialoux, Die verlorene Zukunft der Arbeiter, Konstanz 2004.

Beck, Ulrich, Risikogesellschaft. Auf dem Weg in eine andere Moderne, Frankfurt am Main 1986.

Beck, Ulrich/Christoph Lau (Hg.), Entgrenzung und Entscheidung: Was ist neu an der Theorie reflexiver Modernisierung?, Frankfurt am Main 2004.

Becker, Rolf, Arbeitsmärkte im öffentlichen Dienst und in der Privatwirtschaft. Eine Längsschnittuntersuchung aus der Perspektive von Berufsverläufen, in: *Zeitschrift für Soziologie* 19, 1990, H. 5, S. 360–375.

Becker, Rolf, Staatsexpansion und Karrierechancen. Berufsverläufe im öffentlichen Dienst und in der Privatwirtschaft, Frankfurt am Main/New York 1993.

Becker, Rolf, Intergenerationale Mobilität im Lebensverlauf oder: Ist der öffentliche Dienst ein Mobilitätskanal zwischen Generationen?, in: *Kölner Zeitschrift für Soziologie und Sozialpsychologie* 46, 1994, H. 4, S. 597–618.

Behning, Ute, Hartz IV und Europa, in: *Blätter für deutsche und internationale Politik*, 2005, H. 2, S. 217–226.

Behning, Ute (Hg.), Sozialstaatliches Policy-Making im europäischen Mehrebenensystem. Analysen aktueller sozialpolitischer Reformprozesse in der Bundesrepublik Deutschland, Berlin 2007.

Behnke, Nathalie, Alte und neue Werte im öffentlichen Dienst, in: Bernhard Blanke/Stephan von Bandemer/Frank Nullmeier/Göttrik Wewer (Hg.), Handbuch zur Verwaltungsreform, Opladen 2005, S. 243–251.

Behrend, Olaf, »... das geht zu Lasten eigener Emotionalität« – Instrumente zur Kundensteuerung in Arbeitsverwaltungen aus Sicht von Arbeitsvermittlern, in: Wolfgang Ludwig-Mayerhofer/Olaf Behrend/Ariadne Sondermann (Hg.), Fallverstehen und Deutungsmacht. Akteure in der Sozialverwaltung und ihre Klienten, Opladen/Farmington Hills 2007, S. 97–117.

Bellmann, Lutz/Christian Hohendanner/Markus Promberger, Welche Arbeitgeber nutzen Ein-Euro-Jobs? Verbreitung und Einsatzkontexte der SGB II-Arbeitsgelegenheiten in deutschen Betrieben, in: *Sozialer Fortschritt* 55, 2006, H. 8, S. 201–207.

Berger, Peter A., Soziale Unterschiede auf hohem Niveau. Jenseits von Schichten und Klassen? Alte und neue Ungleichheiten in einer wohlhabenden Gesellschaft, in: *Frankfurter Rundschau* vom 19. November 2002, S. 24.

Berger, Peter A., Kontinuitäten und Brüche. Herausforderungen für die Sozialstruktur- und Ungleichheitsforschung im 21. Jahrhundert; in: Barbara Orth/Thomas Schwietring/Johannes Weiß (Hg.), Soziologische Forschung: Stand und Perspektiven, Opladen 2003, S. 473–490.

Berghoff, Hartmut, Moderne Unternehmensgeschichte, Paderborn 2005.

Berman, Harold J., Recht und Revolution. Die Bildung der westlichen Rechtstradition, Frankfurt am Main 1991.

Berting, Jan, Rise and Fall of Middle Class Society? How the Restructuring of Economic and Social Life creates Uncertainy, Vulnerability and Social Exclusion, in: Bram Steijn/Jan Berting/Mart-Jan de Jong (Hg.), Economic Restructuring and the Growing Uncertainty of the Middle Class, Boston, Dordrecht/London 1998, S. 7–24.

Birkmann, Joern/Ben Wisner, Measuring the Un-Measurable: The Challenge of Vulnerability. Publication-Series of United Nations University, No. 5, Bonn 2006.

Blanke, Thomas, Thesen zur Zukunft des Arbeitsrechts, in: *Kritische Justiz*, 2004, H. 1, S. 2–20.

Blanke, Thomas/Bernhard Bleses, Flexicurity im Arbeits- und Sozialleistungsrecht. Vom Statusschutz zur allgemeinen Mindestsicherung?, in: Martin Kronauer/Gudrun Linne (Hg.), Flexicurity. Die Suche nach Sicherheit in der Flexibilität, Berlin 2005, S. 365–384.

Blanke, Sandro, Soziales Recht oder kollektive Privatautonomie? Hugo Sinzheimer im Kontext nach 1900, Tübingen 2005.

Blossfeld, Hans-Peter/Rolf Becker, Arbeitsmarktprozesse zwischen öffentlichem und privatwirtschaftlichem Sektor, in: *Mitteilungen aus der Arbeitsmarkt- und Berufsforschung*, 1989, H. 2, S. 33–247.

Böckenförde, Ernst-Wolfgang, Lorenz von Stein als Theoretiker der Bewegung von Staat und Gesellschaft zum Sozialstaat, in: ders., Recht, Staat, Freiheit, erw. Ausg., Frankfurt am Main 2006, S. 170–208.

Bode, Ingo, Disorganisierter Wohlfahrtskapitalismus. Die Reorganisation des Sozialsektors in Deutschland, Frankreich und Großbritannien, Wiesbaden 2004.

Bode, Ingo, Disorganisation mit System. Die Neuordnung der »governance of welfare« in Westeuropa, in: *Berliner Journal für Soziologie* 15, 2005, H. 2, S. 219–239.

Bofinger, Peter/Martin Dietz/Sascha Genders/Ulrich Walwei, Vorrang für das reguläre Arbeitsverhältnis: Ein Konzept für Existenz sichernde Beschäftigung im Niedriglohnbereich. Gutachten für das Sächsische Ministerium für Wirtschaft und Arbeit, Dresden 2006.

Bogumil, Jörg/Werner Jann/Frank Nullmeier (Hg.), Politik und Verwaltung, Sonderheft 37 der *Politischen Vierteljahresschrift*, Opladen 2006.

Bogumil, Jörg/Stephan Grohs/Sabine Kuhlmann, Ergebnisse und Wirkungen kommunaler Verwaltungsmodernisierung in Deutschland – Eine Evaluation nach 10 Jahren Praxiserfahrungen, in: Bogumil, Jörg/Werner Jann/Frank Nullmeier (Hg.), Politik und Verwaltung, Sonderheft 37 der *Politischen Vierteljahresschrift*, Opladen 2006, S. 151–184.

Böhnke, Petra, Teilhabechancen und Ausgrenzungsrisiken in Deutschland, in: *Aus Politik und Zeitgeschichte*, 2005, Nr. 37, S. 31–36.

Bollinger, Heinrich/Anke Gerlach/Michaela Pfadenhauer (Hg.), Gesundheitsberufe im Wandel. Soziologische Beobachtungen und Interpretationen, Frankfurt am Main 2005.

Boltanski, Luc/Eve Chiapello, Der neue Geist des Kapitalismus, Konstanz 2003.

Boltanski, Luc/Eve Chiapello, Die Rolle der Kritik für die Dynamik des Kapitalismus: Sozialkritik versus Künstlerkritik, in: Max Miller (Hg.), Welten des Kapitalismus. Institutionelle Alternativen in der globalisierten Ökonomie, Frankfurt am Main/New York 2006, S. 285–322.

Bonß, Wolfgang, Beschäftigt – Arbeitslos, in: Stephan Lessenich/Frank Nullmeier (Hg.): Deutschland – Eine gespaltene Gesellschaft, Frankfurt am Main/New York 2006, S. 53–72.

Bosch, Gerhard/Thorsten Kalina, Niedriglöhne in Deutschland – Zahlen, Fakten, Ursachen, in: Gerhard Bosch/Claudia Weinkopf (Hg.), Arbeiten für wenig Geld – Niedriglohnbeschäftigung in Deutschland, Frankfurt am Main/New York 2007, S. 20–105.

Bouckaert, Gert, Auf dem Weg zu einer neo-weberianischen Verwaltung. New Public Management im internationalen Vergleich, in: Jörg Bogumil/Werner Jann/Frank Nullmeier (Hg.), Politik und Verwaltung, Sonderheft 37 der *Politischen Vierteljahresschrift*, Opladen 2006, S. 354–372.

Bourdieu, Pierre, Die feinen Unterschiede. Kritik der gesellschaftlichen Urteilskraft, Frankfurt am Main 1984.

Bourdieu, Pierre, Sozialer Raum und symbolische Macht, in: ders., Rede und Antwort, Frankfurt am Main 1992, S. 135–154.

Bovensiepen, Nina, Hartz IV für Staatsdiener, *Süddeutsche Zeitung*, Nr. 63 vom 14. März 2008, S. 19.

Braun, Hans, Helmut Schelskys Konzept der »nivellierten Mittelstandsgesellschaft« und die Bundesrepublik der 50er Jahre, in: *Archiv für Sozialgeschichte* 1989, Band XXIX, S. 199–223.

Brauns, Hildegard/Susanne Steinmann/Dietmar Haun, Die Konstruktion des Klassenschemas nach Erikson, Goldthorpe und Portocarero (EGP) am Beispiel nationaler Datenquellen aus Deutschland und Frankreich, in: *Zentrum für Umfragen, Methoden und Analysen*, Nachrichten Nr. 46, 2000, S. 7–42.

Bremer, Helmut/Andrea Vester-Lange, Soziale Milieus und Wandel der Sozialstruktur. Die gesellschaftlichen Herausforderungen und die Strategien der sozialen Gruppen, Opladen 2006.

Brinkmann, Ulrich/Klaus Dörre/Silke Röbenack, gem. mit Klaus Kraemer/Frederic Speidel, Prekäre Arbeit. Ursachen, Ausmaß, soziale Folgen und subjektive Verarbeitungsformen unsicherer Beschäftigungsverhältnisse, Friedrich-Ebert-Stiftung, Berlin 2006.

Bröckling, Ulrich, Projektwelten. Anatomie einer Vergesellschaftungsform, in: *Leviathan* 33, 2005, H. 3, S. 364–383.

Brunner, Otto/Werner Conze/Reinhart Koselleck (Hg.), Geschichtliche Grundbegriffe. Historisches Lexikon zur politisch-sozialen Sprache in Deutschland, darin Band 4: »Mittelstand«, S. 49–92, und Band 7: »Wohlfahrt, Wohltat, Wohltätigkeit, Caritas«, S. 595–636, Stuttgart 1997.

Budäus, Dietrich/Stefanie Finger, Stand und Perspektiven der Verwaltungsreform in Deutschland, in: *Die Verwaltung. Zeitschrift für Verwaltungsrecht und Verwaltungswissenschaften* 32, 1999, H. 3, S. 313–343.

Bude, Heinz, Was kommt nach der Arbeitnehmergesellschaft?, in: Ulrich Beck (Hg.), Die Zukunft von Arbeit und Demokratie, Frankfurt am Main 2000, S. 121–134.

Bude, Heinz, Generation: Elemente einer Erfahrungsgeschichte des Wohlfahrtsstaates, in: Stephan Lessenich (Hg.), Wohlfahrtsstaatliche Grundbegriffe. Historische und aktuelle Diskurse, Frankfurt am Main/New York 2003, S. 287–300.

Bude, Heinz/Andreas Willisch (Hg.), Das Problem der Exklusion. Ausgegrenzte, Entbehrliche, Überflüssige, Hamburg 2006.

Bude, Heinz/Andreas Willisch (Hg.), Exklusion. Die Debatte über die »Überflüssigen«, Frankfurt am Main 2008.

Bull, Hans-Peter, Positionen, Interessen und Argumente im Streit um das öffentliche Dienstrecht, in: *Die Verwaltung. Zeitschrift für Verwaltungsrecht und Verwaltungswissenschaften* 37, 2004, H. 4, S. 327–352.

Bull, Hans-Peter, Absage an den Staat?, Berlin 2005.

Bundesministerium des Innern (BMI) (Hg.), Der öffentliche Dienst in Deutschland (Stand: April 2006), Berlin 2006.

Bundesnetzagentur für Elektrizität, Gas, Telekommunikation, Post und Eisenbahnen, »Leitlinien für die Regulierungspolitik« des Wissenschaftlichen Arbeitskreises für Regulierungsfragen bei der Regulierungsbehörde, http://www.bundesnetzagentur.de/enid/0,0/ Wissenschaftlicher_Arbeitskreis_fuer_Regulierungsfragen/ (8. 12. 2006).

Buono, Clarisse/Alexandra Poli/Nikola Tietze, Die Mediation. Ein europäischer Vergleich, Paris 2002.

Busch, Berthold, Deregulierung der Postmärkte in Deutschland und Europa, Köln 2001.

Butterwegge, Christoph, Wohlfahrtsstaat im Wandel. Probleme und Perspektiven der Sozialpolitik, Opladen 2001.

Cardona, Omar D., The Need for Rethinking the Concepts of Vulnerability and Risk from a Holistic Perspective: A Necessary Review and Criticism for Effective Risk Management, Chapter 3, in: Greg Bankoff/Greg Frerks/Dorothea Hilhorst (Hg.), Mapping Vulnerability: Disasters, Development and People, London 2003.

Castel, Robert, Die Metamorphosen der sozialen Frage. Eine Chronik der Lohnarbeit, Konstanz 2000.

Castel, Robert, Die Stärkung des Sozialen. Leben im neuen Wohlfahrtsstaat, Hamburg 2005.

Chambers, Robert, Vulnerability, Coping and Policy (Editorial Introduction), in: IDS Bulletin 37, 2006, H. 4, S. 33–40.

Chauvel, Louis, Les classes moyennes à la derive, Paris 2006.

Clarke, John, Changing Welfare, Changing States. New Directions in Social Policy, London 2004.

Cohen, Daniel, Fehldiagnose Globalisierung. Die Neuverteilung des Wohlstands nach der dritten industriellen Revolution, Frankfurt am Main/New York 1998.

Crouch, Colin, Postdemokratie, Frankfurt am Main 2008.

Czerwick, Edwin, Die Ökonomisierung des öffentlichen Dienstes. Dienstrechtsreformen und Beschäftigungsstrukturen seit 1991, Wiesbaden 2007.

Czerwick, Edwin, Demokratisierung der öffentlichen Verwaltung in Deutschland. Von Weimar zur Bundesrepublik, in: Geschichte und Gesellschaft 28, 2002, H. 2, S. 183–203.

Czerwick, Edwin/Helmut Willems, Der Staat als Arbeitgeber und die Entwicklung des öffentlichen Dienstes in Deutschland 1991–2001, in: *Verwaltungsrundschau. Zeitschrift für Verwaltung in Praxis und Wissenschaft* 50, 2004, H. 3, S. 82–89.

Dabrowski, Martin/Judith Wolf (Hg.), Aufgaben und Grenzen des Sozialstaats, Paderborn 2007.

Dahme, Heinz-Jürgen/Gertrud Kühnlein/Norbert Wohlfahrt (unter Mitarbeit von Monika Burmester), Zwischen Wettbewerb und Subsidiarität. Wohlfahrtsverbände unterwegs in die Sozialwirtschaft, Berlin 2005.

Dahrendorf, Ralf, Soziale Klassen und Klassenkonflikte in der industriellen Gesellschaft, Stuttgart 1957.

Dahrendorf, Ralf, Recent Changes in the Class Structure of European Societies, in: *Daedalus*, Vol. 93, 1964.

Dahrendorf, Ralf, Gesellschaft und Demokratie in Deutschland, München 1965.

Dahrendorf, Ralf, Der moderne soziale Konflikt, Stuttgart 1992.

Dahrendorf, Ralf, Wann ist der öffentliche Dienst erfolgreich?, *Süddeutsche Zeitung* vom 22. Dezember 2003, S. 2.

De Botton, Alain, StatusAngst, Frankfurt am Main 2004.

Derlien, Hans-Ulrich, Öffentlicher Dienst im Wandel, in: Klaus König (Hg.), Deutsche Verwaltung an der Wende zum 21. Jahrhundert, Baden-Baden 2002, S. 229–253.

Derlien, Hans-Ulrich/Stefan Frank/Silke Heinemann/Stefan Lock, The German Public Service – Structure and Statistics, Verwaltungswissenschaftliche Beiträge 35, Universität Bamberg 2005.

De Swaan, Abram, Der sorgende Staat, Frankfurt am Main/New York 1993.

Deutsche Bundesbank, Rascher Wandel der Erwerbsarbeit, in: *Monatsbericht der Deutschen Bundesbank* 57, 2005, H. 7, S. 15–27.

Deutscher Gewerkschaftsbund (DGB), DGB-Index Gute Arbeit 2007 – Der Report. Wie die Beschäftigten die Arbeitswelt in Deutschland beurteilen, was sie sich von Guter Arbeit erwarten, Berlin 2007.

Deutschmann, Christoph, Postindustrielle Industriesoziologie. Theoretische Grundlagen, Arbeitsverhältnisse und soziale Identitäten, Weinheim 2002.

Drieschner, Frank, Die Mitte und der Abgrund, *Die Zeit*, Nr. 28 vom 3. Juli 2003, S. 2.

Ehrenreich, Barbara, Angst vor dem Absturz. Das Dilemma der Mittelklasse, München 1992.

Ehrenreich, Barbara, Qualifiziert und arbeitslos. Eine Irrfahrt durch die Bewerbungswüste, München 2006.

Eichenhofer, Eberhard, Geschichte des Sozialstaats in Europa. Von der »sozialen Frage« bis zu Globalisierung, München 2007.

Ellwein, Thomas/Ralf Zoll, Die Wertheim-Studie, Opladen 2003.

Engelmann, Jan/Michael Wiedemeyer (Hg.), Kursbuch Arbeit. Ausstieg aus der Jobholder-Gesellschaft – Start in eine neue Tätigkeitskultur?, Stuttgart/München 2000.

Eppler, Erhard, Auslaufmodell Staat?, Frankfurt am Main 2005.

Erikson, Robert/John Goldthorpe, Trends in Class Mobility: The Post-War European Experience, in: David B. Grusky (Hg.), Social Stratification. Class, Race, an Gender in Sociological Perspective, Boulder (Colorado) 2001, S. 344–372.

Esping-Andersen, Göran, The Three Worlds of Welfare Capitalism, London 1990.

Faigle, Philip, Mehr Lohn für gute Arbeit, Zeit-Online vom 30. März 2008, http://www.zeit.de/online/2008/14/Kommentar-Oeffentlicher-Dienst (19. 9. 2008).

Falkner, Gerda/Oliver Treib, Europäische Sozialpolitik in der nationalen Praxis, in: Alexandra Baum-Ceisig/Anne Faber (Hg.), Soziales Europa? Perspektiven des Wohlfahrtsstaates im Kontext von Europäisierung und Globalisierung, Opladen 2005, S. 220–238.

Faust, Michael/Peter Jauch/Peter Notz, Befreit und entwurzelt: Führungskräfte auf dem Weg zum »internen Unternehmer«, München/Mering 2000.

Faust, Michael, Karrieremuster von Führungskräften der Wirtschaft im Wandel – Der Fall Deutschland in vergleichender Perspektive, in: SOFI-Mitteilungen, H. 30, Juli 2002, S. 69–90.

Federwisch, Joachim, »Bürgernähe« in Theorie und Praxis. Ein empirischer Beitrag zur Verwaltungssoziologie, Hamburg 1981.

Fenske, Hans, Verwaltungskunst, Frankfurter Allgemeine Zeitung vom 27. August 2004, S. 6.

Feuilletonredation der Frankfurter Rundschau, Boheme mit Lebensversicherung, Frankfurter Rundschau vom 7. August 2004, S. 15.

Fligstein, Neil, Verursacht Globalisierung die Krise des Wohlfahrtsstaates?, in: Berliner Journal für Soziologie, 2000, H. 3, S. 349–378.

Forsa (Gesellschaft für Sozialforschung und statistische Analysen mbH), Bürgerbefragung öffentlicher Dienst. Einschätzungen, Erfahrungen und Erwartungen. Deutscher Beamtenbund und Tarifunion, Berlin 2007.

Forsthoff, Ernst, Stadt und Bürger in der modernen Industriegesellschaft. Schriftenreihe des deutschen Städtebundes, H. 4, Göttingen 1965.

Forsthoff, Ernst, Der Staat der Industriegesellschaft, München 1971.

Foucault, Michel, Geschichte der Gouvernementalität, Band II: Die Geburt der Biopolitik, Frankfurt am Main 2004.

Franks, Suzanne, Das Märchen von der Gleichheit. Frauen, Männer und die Zukunft der Arbeit, Stuttgart 1999.

Franzius, Claudio, Die europäische Dimension des Gewährleistungsstaates, in: *Der Staat. Zeitschrift für Staatslehre und Verfassungsgeschichte, Deutsches und Europäisches Öffentliches Recht* 45, 2006, S. 547–581.

Friedeburg, Ludwig von, Bildungsreform in Deutschland. Geschichte und gesellschaftlicher Widerspruch, Frankfurt am Main 1992.

Fuchs, Marek/Michaela Sixt, Zur Nachhaltigkeit von Bildungsaufstiegen. Soziale Vererbung von Bildungserfolgen über mehrere Generationen, in: *Kölner Zeitschrift für Soziologie und Sozialpsychologie* 59, 2007, H. 1, S. 1–29.

Gabriel, Karl/Hermann-Josef Große Kracht, Joseph Höffner (1906–1987). Soziallehre und Sozialpolitik, Paderborn 2006.

Gabriel, Karl, Caritas und Sozialstaat unter Veränderungsdruck. Analysen und Perspektiven, Berlin 2007.

Gaus, Günter, Wo Deutschland liegt, München 1983.

Geiger, Theodor, Panik im Mittelstand, in: *Die Arbeit*, 1930, H. 7, S. 637–653.

Geiger, Theodor, Die soziale Schichtung des deutschen Volkes, Stuttgart 1932.

Geiger, Theodor, Die Klassengesellschaft im Schmelztiegel, Köln/Hagen 1949.

Genschel, Philipp/Stephan Leibfried/Bernhard Zangl, Zerfaserung und Selbsttransformation – Das Forschungsprogramm »Staatlichkeit im Wandel«, TranState Working Papers No. 45, Bremen 2006.

Gerstlberger, Wolfgang/Karsten Schneider, Öffentlich Private Partnerschaften. Zwischenbilanz, empirische Befunde und Ausblick, Berlin 2008.

Glade, Thomas, Naturgefahren, Naturrisiken und Naturkatastrophen, in: Rüdiger Glaser/Hans Gebhardt/Winfried Schenk (Hg.), Geographie Deutschlands, Darmstadt 2007, S. 206–211.

Glotz, Peter, Die Arbeit der Zuspitzung. Über die Organisation einer regierungsfähigen Linken, Berlin 1984.

Goldthorpe, John H./John Lockwood, Der »wohlhabende« Arbeiter in England, München 1970.

Goldthorpe, John H., Globalisierung und soziale Klasse, in: Walter Müller/Stefani Scherer (Hg.), Mehr Risiken – Mehr Ungleichheit? Abbau von Wohlfahrtsstaat, Flexibilisierung von Arbeit und die Folgen, Frankfurt am Main/New York 2003, S. 31–61.

Grabka, Markus M./Joachim R. Frick, Schrumpfende Mittelschicht – Anzeichen einer dauerhaften Polarisierung der verfügbaren Einkommen?, DIW-Wochenbericht 10/08 vom 5. März 2008.

Gramm, Christof, Privatisierung und notwendige Staatsaufgaben, Berlin 2001.

Grass, Günter/Daniela Dahn/Johano Strasser (Hg.), In einem reichen Land. Zeugnisse alltäglichen Leidens an der Gesellschaft, Göttingen 2002.

Greven, Thomas/Christoph Scherrer, Globalisierung gestalten. Weltökonomie und soziale Standards, Bonn 2005.

Grimm, Natalie/Berthold Vogel, Gespaltene Belegschaften, in: *Die Mitbestimmung. Magazin der Hans-Böckler-Stiftung*, 2007, H. 10/11, S. 35–37.

Groh-Samberg, Olaf, Armut und Klassenstruktur. Zur Kritik der Entgrenzungsthese aus multidimensionaler Perspektive, in: *Kölner Zeitschrift für Soziologie und Sozialpsychologie* 56, 2004, H. 4, S. 654–683.

Groh-Samberg, Olaf (2006): Arbeitermilieus in der Ära der Deindustrialisierung. Alte Benachteiligungen, gebrochene Flugbahnen, neue Ausgrenzungen, in: Helmut Bremer/Andrea Lange-Vester (Hg.), Soziale Milieus und Wandel der Sozialstruktur. Die gesellschaftlichen Herausforderungen und die Strategien der sozialen Gruppen, Opladen 2006, S. 237–261.

Grunow, Dieter/Friedhardt Hegner/Franz-Xaver Kaufmann, Soziologische Probleme publikumsbezogenen Verwaltungshandelns, in: Lepsius, M. Rainer: Zwischenbilanz der Soziologie, Verhandlungen des 17. Deutschen Soziologentages in Kassel, Stuttgart 1976, S. 373–391.

Hajen, Leonhard, Gesundheitsökonomie: Strukturen, Methoden, Praxisbeispiele, Stuttgart 2006.

Häußermann, Hartmut, Die Politik der Bürokratie. Eine Einführung in die Soziologie der staatlichen Verwaltung, Frankfurt am Main/New York 1977.

Häußermann, Hartmut, Das Erkenntnisinteresse von Gemeindestudien. Zur De- und Rethematisierung lokaler und regionaler Kultur, in: Hans-Ulrich Derlien/Uta Gerhardt/Fritz W. Scharpf (Hg.), Systemrationalität und Partialinteresse. Festschrift für Renate Mayntz, Baden-Baden 1994, S. 223–245.

Häußermann, Hartmut/Walter Siebel, Dienstleistungsgesellschaften, Frankfurt am Main 1995.

Häußermann, Hartmut/Dieter Läpple/Walter Siebel, Stadtpolitik, Frankfurt am Main 2008.

Haussleiter, Otto, Verwaltungssoziologie: Gegenstand, Geschichte, Gegenwartsprobleme, Baden-Baden 1969.

Heimbach-Steins, Marianne, Wohlfahrtsverantwortung. Ansätze zu einer sozialethischen Kriteriologie für die Verhältnisbestimmung von Sozialstaat und freier Wohlfahrtspflege, in: Martin Dabrowski/Judith Wolf (Hg.), Aufgaben und Grenzen des Sozialstaats, Paderborn 2007, S. 9–42.

Heitmeyer, Wilhelm, Wo sich Angst breit macht, *Die Zeit* vom 14. Dezember 2006, S. 21–22.

Heller, Hermann, Staatslehre (1934), Tübingen (Leiden) 1983.

Henneberger, Fred, Arbeitsmärkte und Beschäftigung im öffentlichen Dienst. Eine theoretische und empirische Analyse für die Bundesrepublik Deutschland, Bern/Stuttgart/Wien 1997.

Hennis, Wilhelm, Tocquevilles »neue politische Wissenschaft«, in: ders., Politikwissenschaft und politisches Denken, Tübingen 2000, S. 297–330.

Herbert-Quandt-Stiftung (Hg.), Zwischen Erosion und Erneuerung. Die gesellschaftliche Mitte in Deutschland. Ein Lagebericht, Frankfurt am Main 2007.

Herkommer, Sebastian (Hg.), Soziale Ausgrenzungen. Gesichter des neuen Kapitalismus, Hamburg 1999.

Herrlitz, Hans-Georg/Wulf Hopf/Hartmut Titze, Deutsche Schulgeschichte von 1800 bis zur Gegenwart. Eine Einführung, Weinheim/München 1993.

Hilhorst, Dorothea/Greg Bankoff, Introduction: Mapping Vulnerability, in: Greg Bankoff/Georg Frerks/Dorothea Hilhorst (Hg.), Mapping Vulnerability. Disasters, Development and People, London 2004, S. 1–9.

Hirschman, Albert O., Entwicklung, Markt und Moral. Abweichende Betrachtungen, Frankfurt am Main 1993.

Hockerts, Hans Günter, Metamorphosen des Wohlfahrtsstaats, in: Martin Broszat (Hg.), Zäsuren nach 1945. Essays zur Periodisierung der deutschen Nachkriegsgeschichte, München 1990, S. 35–45.

Hockerts, Hans Günter, Vom Problemlöser zum Problemerzeuger? Der Sozialstaat im 20. Jahrhundert, in: *Archiv für Sozialgeschichte* 47, 2007, S. 3–29.

Hoffmann-Riem, Wolfgang, Tendenzen in der Verwaltungsrechtsentwicklung, in: *Die öffentliche Verwaltung. Zeitschrift für öffentliches Recht und Verwaltungswissenschaft* 50, 1997, H. 11, S. 433–442.

Hoffmann-Riem, Wolfgang, Modernisierung von Recht und Justiz. Eine Herausforderung des Gewährleistungsstaates, Frankfurt am Main 2000.

Hohendanner, Christian, Verdrängen Ein-Euro-Jobs sozialversicherungspflichtig Beschäftigte in den Betrieben? IAB-discussion paper 08/2007.

Höland, Armin, Die Doppelmechanik des Arbeitsrechts, in: *WestEnd. Neue Zeitschrift für Sozialforschung*, 2005, H. 2, S. 84–89.

Horkheimer, Max, Autoritärer Staat, in: ders., Gesammelte Schriften, Band 5, Frankfurt am Main 1995.

Horn, Gustav/Camilla Logeay/Rudolf Zwiener, Wer profitierte vom Aufschwung? IMK (Institut für Makroökonomie und Konjunkturforschung), Report Nr. 27 vom März 2008.

Houseman, Susan/Arne L. Kalleberg/George A. Erickcek, The Role of Temporary Help Employment in Tight Labour Markets, Upjohn Institute, Staff Working Paper 01–73, 2001.

Hübinger, Werner, Prekärer Wohlstand. Neue Befunde zu Armut und sozialer Ungleichheit, Freiburg 1996.

Hübinger, Werner, Prekärer Wohlstand. Spaltet eine Wohlstandsschwelle die Gesellschaft?, in: *Aus Politik und Zeitgeschichte*, 1999, Nr. 18, S. 18–26.

Hughes, Michael L., Shouldering the Burdens of Defeat: West Germany and the Reconstrucition of Social Justice, London 2004.

Isensee, Josef/Paul Kirchhof, Handbuch des Staatsrechts der Bundesrepublik Deutschland, Band III: Das Handeln des Staates, Heidelberg 1988.

Isensee, Josef, Öffentlicher Dienst. § 32, in: Ernst Benda/Werner Maihofer/Hans Jochen Vogel (Hg.) unter Mitwirkung von Konrad Hesse und Wolfgang Heyde, Handbuch des Verfassungsrechts der Bundesrepublik Deutschland, Berlin/New York 1994, S. 1527–1577.

Isensee, Josef, Subsidiaritätsprinzip und Verfassungsrecht: eine Studie über das Regulativ des Verhältnisses von Staat und Gesellschaft, Berlin 2004.

Jansen, Stephan A./Birger P. Priddat/Nico Stehr (Hg.), Die Zukunft des Öffentlichen. Multidisziplinäre Perspektiven für eine Öffnung der Diskussion über das Öffentliche, Opladen 2007.

Jessop, Bob, The Changing Governance of Welfare. Recent Trends in Its Primary Functions, Scale and Models of Coordination, in: *Social Policy & Administration* 33, 1999, S. 348–359.

Joas, Hans (Hg.), Lehrbuch der Soziologie, Frankfurt am Main/New York 2001.

Joeres, Annika, Jobvermittlerin sucht Arbeit, *Frankfurter Rundschau* vom 18. Dezember 2007, S. 14.

Judt, Tony, Die Geschichte Europas seit dem Zweiten Weltkrieg. Bundeszentrale für politische Bildung, Band 548, Bonn 2006.

Jungfer, Klaus, Die Stadt in der Krise. Ein Manifest für starke Kommunen. Bundeszentrale für politische Bildung, Band 495, Bonn 2005.

Kaelble, Hartmut, Sozialgeschichte Europas. 1945 bis zur Gegenwart, Bonn 2007.

Kaelble, Hartmut/Günther Schmid (Hg.), Das europäische Sozialmodell. Auf dem Weg zum transnationalen Sozialstaat, WZB-Jahrbuch 2004, Berlin 2004.

Kaldybajewa, Kalamkas/Bernd Mielitz/Reinhold Thiede, Minijobs. Instrumente für Beschäftigungsaufbau oder Verdrängung von sozialversicherungspflichtiger Beschäftigung?, in: *RV aktuell* 4/2006, S. 126–132.

Kalina, Thorsten/Claudia Weinkopf, Weitere Zunahme der Niedriglohnbeschäftigung, IAQ-Report 1/2008. Aktuelle Forschungsergebnisse aus dem Institut Arbeit und Qualifikation, Universität Duisburg-Essen 2008.

Kalkowski, Peter, Der Vertrag als Kategorie der Arbeits- und Industriesoziologie. Text für das SOFI-Forschungskolloquium am 20. 10. 2006, Ms. Göttingen 2006.

Kästner, Karl-Hermann, Von der sozialen Frage über den sozialen Staat zum Sozialstaat. Zu Lorenz von Steins Sozialtheorie in ihrer Relevanz für die sozialen Probleme des 19. Jahrhunderts und für den sozialen Rechtsstaat der Gegenwart, in: Roman Schnur (Hg.), Staat und Gesellschaft. Studien über Lorenz von Stein, Berlin 1978, S. 381–402.

Katz, Michael B., The Price of Citizenship: Redefining the American Welfare State, Metropolitan/Holt 2002.

Kaufmann, Franz-Xaver, Diskurse über Staatsaufgaben, in: Dieter Grimm (Hg.), Staatsaufgaben, Frankfurt am Main 1996, S. 15–41.

Kaufmann, Franz-Xaver, Sozialpolitik und Sozialstaat: Soziologische Analysen, Reihe Sozialpolitik und Sozialstaat, Bd. 1, Opladen 2002.

Kaufmann, Franz-Xaver, Die Entstehung sozialer Grundrechte und die wohlfahrtsstaatliche Entwicklung, Nordrhein-Westfälische Akademie der Wissenschaften, Paderborn 2003.

Kaufmann, Franz-Xaver, Sozialpolitisches Denken, Frankfurt am Main 2003.

Keller, Berndt, Aktuelle Entwicklungen der Beschäftigungsbeziehungen im öffentlichen Dienst, in: *Die Verwaltung. Zeitschrift für Verwaltungsrecht und Verwaltungswissenschaften* 39, 2006, H. 1, S. 79–99.

Keller, Berndt, Wandel der Arbeitsbeziehungen im öffentlichen Dienst: Entwicklungen und Perspektiven, in: *Die Verwaltung. Zeitschrift für Verwaltungsrecht und Verwaltungswissenschaften* 40, 2007, H. 2, S. 173–202.

Keller, Berndt/Hartmut Seifert, Atypische Beschäftigungsverhältnisse: Flexibilität, soziale Sicherheit und Prekarität, in: *WSI-Mitteilungen*, 2006, H. 5, S. 235–240.

Kersbergen, Kees van, Social Capitalism: A Study of Christian Democracy and the Welfare State, London 1996.

Kersten, Jens, Demographie als Verwaltungsaufgabe, in: *Die Verwaltung. Zeitschrift für Verwaltungsrecht und Verwaltungswissenschaften* 40, 2007, H. 3, S. 309–345.

Klinger, Nadja/Jens König, Einfach abgehängt. Ein wahrer Bericht über die neue Armut in Deutschland, Berlin 2006.

Köhler, Christoph/Kai Loudovici/Olaf Struck, Generalisierung von Beschäftigungsrisiken oder anhaltende Arbeitsmarktsegmentation?, in: *Berliner Journal für Soziologie*, 2007, H. 3, S. 387–406.

König, René, Einige Bemerkungen zur Soziologie der Gemeinde, in: ders., Soziologie der Gemeinde, Sonderheft 1 der *Kölner Zeitschrift für Soziologie und Sozialpsychologie*, Opladen 1972, S. 1–11.

König, René, Soziologie und Ethnologie, in: Ernst-Wilhelm Müller/René König/Klaus-Peter Koepping/Paul Drechsel (Hg.), Ethnologie als Sozialwissenschaft, Sonderheft 26 der *Kölner Zeitschrift für Soziologie und Sozialpsychologie*, Opladen 1984, S. 17–35.

Koch, Rainer/Peter Conrad (Hg.), New Public Service. Öffentlicher Dienst als Motor der Staats- und Verwaltungsmodernisierung, Wiesbaden 2003.

Kocher, Eva, Gestaltungs- und Verhandlungsrechte von Beschäftigten, in: *WSI-Mitteilungen*, 2007, H. 8, S. 434–441.

Krätke, Michael, Sozialpolitik im Wohlfahrtsstaat, in: *Das Argument*, 1990, H. 183, S. 675–692.

Krätke, Michael, Steuergewalt, Versicherungszwang und ökonomisches Gesetz, in: *Prokla. Zeitschrift für kritische Sozialwissenschaft*, 1991, H. 82.

Kratzer, Nick, Arbeitskraft in Entgrenzung. Grenzenlose Anforderungen, erweiterte Spielräume, begrenzte Ressourcen, Berlin 2003.

Kreckel, Reinhard, Politische Soziologie der sozialen Ungleichheit, Frankfurt am Main/New York 1997.

Kronauer, Martin/Berthold Vogel/Frank Gerlach, Im Schatten der Arbeitsgesellschaft. Arbeitslose und die Dynamik sozialer Ausgrenzung, Frankfurt am Main/New York 1993.

Kronauer, Martin/Gudrun Linne (Hg.), Flexicurity. Die Suche nach Sicherheit in der Flexibilität, Berlin 2005.

Kronauer, Martin, Exklusion. Die Gefährdung des Sozialen im hoch entwickelten Kapitalismus, Frankfurt am Main/New York 2002.

Kronawitter, Georg u.a., Rettet unsere Städte jetzt. Das Manifest der Oberbürgermeister, Düsseldorf 1994.

Kropp, Sabine/Ricardo Gomèz (Hg.), Sozialraum Europa. Sozialpolitik in der erweiterten Europäischen Union, Freiburg i. Br. 2005.

Krugman, Paul, Der amerikanische Alptraum. Vom Millionär zum Milliardär. Befreit von Gleichheitsidealen, reißen die Reichen in den USA immer mehr Wohlstand an sich. Die Mittelschicht löst sich auf, *Die Zeit* vom 7. November 2002, S. 25–28.

Krumbein, Wolfgang/Hans-Dieter von Frieling/Uwe Kröcher/Detlev Sträter (Hg.), Kritische Regionalwissenschaft. Gesellschaft, Politik, Raum – Theorien und Konzepte im Überblick, Münster 2008.

Kuhlmann, Sabine, Evaluation lokaler Verwaltungspolitik. Umsetzung und Wirksamkeit des Neuen Steuerungsmodells in den deutschen Kommunen, in: *Politische Vierteljahresschrift*, 2004, H. 3, S. 370–394.

Kuhlmann, Sabine, Wandel lokaler Verwaltung in Kontinentaleuropa – ein deutsch-französischer Vergleich, in: Jörg Bogumil/Werner Jann/Frank Nullmeier (Hg.), Politik und Verwaltung, Sonderheft 37 der *Politischen Vierteljahresschrift*, Opladen 2006, S. 397–423.

Kuhlmann, Sabine, Öffentlicher Dienst in Deutschland: veränderungsfähig oder reformresistent?, in: Leo Kißler/René Lasserre/Marié-Hélène Pautrat (Hg.), Öffentlicher Dienst und Personalmanagement. Zur Verwaltungsreform in Deutschland und Frankreich, Frankfurt am Main/New York 2006, S. 71–96.

Kuhlmann, Sabine/M. Röber, Civil Service in Germany: Between Cutback Management and Modernization, in: V. Hoffmann-Martinot/Helmut Wollmann (Hg.), Modernization of State and Administration in Europe: A France-Germany Comparison, Wiesbaden 2006.

Kühnlein, Gertrud/Norbert Wohlfahrt, Soziale Träger auf Niedriglohnkurs? – Zur aktuellen Entwicklung der Arbeits- und Beschäftigungsbedingungen im Sozialsektor, in: *WSI-Mitteilungen*, 2006, H. 7, S. 389–402.

Kühnlein, Getrud/Norbert Wohlfahrt, Lohn und Profession. Zur aktuellen Tarifentwicklung in der Sozialen Arbeit, Manuskript 2008.

Landwehr, Achim, »Gute Policey«. Zur Permanenz der Ausnahme, Manuskript, Hamburg/Göttingen 2007.

Läpple, Dieter/Gerd Walter, Lokale Ökonomie und soziale Stadt, in: *StadtBauwelt*, Nr. 157, Themenheft: »Soziale Stadt«, Berlin 2003, S. 24–33.

Lash, Scott/John Urry, The end of organized capitalism, Cambridge 1987.

Latzel, Klaus, Gewalt, Leiden, Verletzbarkeit, in: *Simmel Studies* 13, 2003, H. 1, S. 122–141.

Laux, Eberhard, Vom Verwalten. Beiträge zur Staatsorganisation und zum Kommunalwesen, Baden-Baden 1993.

Lefresne, Florence, Die Zukunft des Arbeitsvertrags in Frankreich – Zwischen Normenzersplitterung und neuem Beschäftigungsstatus, in: *WSI-Mitteilungen*, 2007, H. 8, S. 455–461.

Legnaro, Aldo/Almut Birenheide/Michael Fischer, Kapitalismus für alle. Aktien, Freiheit und Kontrolle, Münster 2005.

Leibfried, Stephan/Michael Zürn (Hg.), Transformationen des Staates?, Frankfurt am Main 2006.

Lemke, Thomas, »Neoliberalismus, Staat und Selbsttechnologien. Ein kritischer Überblick über die gouvernementality studies«, in: Politische Vierteljahresschrift, 2000, H. 1, S. 31–47.

Lepenies, Wolf, Folgen einer unerhörten Begebenheit. Die Deutschen nach der Vereinigung, Berlin 1992.

Lepsius, M. Rainer, Soziale Ungleichheit und Klassenstrukturen in der Bundesrepublik Deutschland, in: ders., Interessen, Ideen und Institutionen, Opladen 1990, S. 117–152.

Lepsius, M. Rainer, Die Prägung der politischen Kultur der Bundesrepublik durch institutionelle Ordnungen, in: ders., Interessen, Ideen und Institutionen, Opladen 1990, S. 63–84.

Lessenich, Stephan (Hg.), Wohlfahrtsstaatliche Grundbegriffe. Historische und aktuelle Diskurse, Frankfurt am Main/New York 2003.

Lessenich, Stephan/Matthias Möring-Hesse, Ein neues Leitbild für den Sozialstaat. Eine Expertise im Auftrag der Otto-Brenner-Stiftung und auf Initiative ihres wissenschaftlichen Gesprächskreises, Berlin 2004.

Lessenich, Stephan/Frank Nullmeier (Hg.), Deutschland. Eine gespaltene Gesellschaft, Frankfurt am Main/New York 2006.

Lindner, Rolf, Die Entdeckung der Stadtkultur. Soziologie aus der Erfahrung der Reportage, Frankfurt am Main 1990.

Lindner, Ulrike, Die Krise des Wohlfahrtsstaates im Gesundheitssektor. Bundesrepublik Deutschland, Großbritannien und Schweden im Vergleich, in: Archiv für Sozialgeschichte 47, 2007, S. 297–324.

Lorig, Wolfgang H., Die Neugestaltung der Verwendungssysteme im öffentlichen Sektor: Stand und Perspektiven, in: Rainer Koch/Peter Conrad (Hg.), New Public Service. Öffentlicher Dienst als Motor der Staats- und Verwaltungsmodernisierung, Wiesbaden 2003, S. 93–122.

Ludwig-Mayerhofer, Wolfgang/Olaf Behrend/Ariadne Sondermann (Hg.), Fallverstehen und Deutungsmacht. Akteure in der Sozialverwaltung und ihre Klienten, Opladen/Farmington Hills 2007.

Luhmann, Niklas, Rechtssoziologie 1, Reinbek 1972.

Luhmann, Niklas, Politische Theorie im Wohlfahrtsstaat, München 1981.

Lutz, Burkart/Werner Sengenberger, Arbeitsmarktstrukturen und öffentliche Arbeitsmarktpolitik, Göttingen 1974.

Lutz, Burkart, Der kurze Traum immerwährender Prosperität. Eine Neuinterpretation der industriell-kapitalistischen Entwicklung im Europa des 20. Jahrhunderts, Frankfurt am Main/New York 1984.

Lutz, Burkart, Integration durch Aufstieg. Überlegungen zur Verbürgerlichung der deutschen Facharbeiter in den Jahrzehnten nach dem Zweiten Weltkrieg, in: Manfred Hettling/Bernd Ulrich (Hg.), Bürgertum nach 1945, Hamburg 2005, S. 284–309.

MAGS (Ministerium für Arbeit, Gesundheit und Soziales des Landes Nordrhein-Westfalen) (Hg.), Das Krankenhaus im Gesundheitsgewährleistungsstaat, Stuttgart 2008.

Maier, Hans, Katholizismus und Demokratie. Schriften zu Kirche und Gesellschaft 1, Freiburg i. Br. 1983.

Manske, Alexandra, Prekarisierung auf hohem Niveau. Alleinunternehmer in der Kreativwirtschaft, München 2007.

Marbach, Fritz, Theorie des Mittelstands, Bern 1942.

Marmy, Emil, Mensch und Gemeinschaft in christlicher Schau. Dokumente, Fribourg 1945.

Marshall, Thomas H., Bürgerrechte und soziale Klassen. Zur Soziologie des Wohlfahrtsstaates, Frankfurt am Main/New York 1992.

Mayer, Karl-Ulrich/Walter Müller, Lebensverläufe im Wohlfahrtsstaat, in: Ansgar Weymann (Hg.), Handlungsspielräume. Untersuchungen zur Individualisierung und Institutionalisierung von Lebensläufen in der Moderne, Stuttgart 1989, S. 41–60.

Mayer, Karl-Ulrich/Hans-Peter Blossfeld, Die gesellschaftliche Konstruktion sozialer Ungleichheit im Lebensverlauf, in: Peter A. Berger/ Stefan Hradil (Hg.), Lebenslagen, Lebensläufe, Lebensstile, Sonderband der Sozialen Welt, Göttingen 1990, S. 297–318.

Mayer, Karl-Ulrich, Sinn und Wirklichkeit. Beobachtungen zur Entwicklung sozialer Ungleichheit in (West-)Deutschland nach dem Zweiten Weltkrieg, in: Karl-Siegbert Rehberg (Hg.), Soziale Ungleichheit. Kulturelle Unterschiede. Verhandlungen des 32. Kongresses der Deutschen Gesellschaft für Soziologie in München 2004, Teil 2, Frankfurt am Main/New York 2006, S. 1329–1355.

Mayer-Ahuja, Nicole, Wieder dienen lernen? Vom westdeutschen »Normalarbeitsverhältnis« zu prekärer Beschäftigung seit 1973, Berlin 2003.

Mayntz, Renate, Soziologie der öffentlichen Verwaltung, Heidelberg 1998.

Mazower, Mark, Der dunkle Kontinent. Europa im 20. Jahrhundert, Berlin 2000.

Menasse, Robert, »Kassandras letzter Ruf«, *Die Zeit*, Nr. 17 vom 21. April 2005, S. 45.

Mendras, Henri, La Seconde Revolution française, Paris 1988.

Meschnig, Alexander/Mathias Stuhr (Hg.), Arbeit als Lebensstil, Frankfurt am Main 2003.

Mills, C. Wright, Power, Politics and People, New York 1963.

minijob-zentrale, Aktuelle Entwicklungen im Bereich der geringfügigen Beschäftigung, III. Quartal 2007, Knappschaft Bahn See, Essen 2007.

Mohr, Katrin, Pfadabhängige Restrukturierung oder Konvergenz? Reformen in der Arbeitslosensicherung und der Sozialhilfe in Großbritannien und Deutschland, in: *Zeitschrift für Sozialreform* 50, 2004, H. 3, S. 283–311.

Mooser, Josef, Arbeiterleben in Deutschland. 1900–1970. Neue Historische Bibliothek, Frankfurt am Main 1984.

Mouffe, Chantal, Über das Politische. Wider die kosmopolitische Illusion, Frankfurt am Main 2007.

Müller, Walter/Stefani Scherer (Hg.), Mehr Risiken – mehr Ungleichheit? Abbau von Wohlfahrtsstaat, Flexibilisierung von Arbeit und die Folgen, Frankfurt am Main/New York 2003.

Müller-Hilmer, Rita, Gesellschaft im Reformprozess. Zwischenergebnisse einer Studie der Friedrich-Ebert-Stiftung, durchgeführt von TNS Infratest Sozialforschung, München 2006.

Neckel, Sighard, Waldleben. Eine ostdeutsche Stadt im Wandel seit 1989, Frankfurt am Main/New York 1999.

Neckel, Sighard, Die Macht der Unterscheidung. Essays zur Kultursoziologie der modernen Gesellschaft, Frankfurt am Main/New York 2000.

Neckel, Sighard, Die Verwilderung der Selbstbehauptung. Adornos Soziologie: Veralten der Theorie – Erneuerung der Zeitdiagnose, in: Axel Honneth (Hg.), Dialektik der Freiheit. Frankfurter Adorno-Konferenz 2003, Frankfurt am Main 2005, S. 188–204.

Neckel, Sighard/Kai Dröge/Irene Somm, Das umkämpfte Leistungsprinzip – Deutungskonflikte um die Legitimationen sozialer Ungleichheit, in: *WSI-Mitteilungen*, 2005, H. 7, S. 368–374.

Nell-Breuning, Oswald von, Erwägungen zum Subsidiaritätsprinzip, in: ders., Wirtschaft und Gesellschaft heute, Band 1: Grundfragen, Freiburg 1956, S. 67–78.

Nell-Breuning, Oswald von, Baugesetze der Gesellschaft. Gegenseitige Verantwortung – Hilfreicher Beistand, Freiburg 1968.

Neu, Claudia u.a., Daseinsvorsorge im peripheren ländlichen Raum – am Beispiel der Gemeinde Galenbeck. Studie der Universität Rostock, mit Unterstützung des Ministeriums für Landwirtschaft, Umwelt und Verbraucherschutz Mecklenburg-Vorpommern, Rostock 2007.

Nienhüser, Werner/Wenzel Matiaske, Der »Gleichheitsgrundsatz« bei Leiharbeit – Entlohnung und Arbeitsbedingungen von Leiharbeitern im europäischen Vergleich, in: *WSI-Mitteilungen*, 2003, H. 8, S. 466–473.

Niethammer, Lutz, Erfahrungen und Strukturen. Prolegomena zu einer Geschichte der Gesellschaft der DDR, in: Hartmut Kaelble/ Jürgen Kocka/Helmut Zwahr (Hg.), Sozialgeschichte der DDR, Stuttgart 1994, S. 95–115.

Noller, Peter/Berthold Vogel/Martin Kronauer, Zwischen Integration und Ausgrenzung – Erfahrungen mit Leiharbeit und befristeter Beschäftigung, SOFI-Berichte, Göttingen 2004.

Nolte, Paul, Generation Reform. Jenseits der blockierten Republik, München 2004.

Nolte, Paul/Dagmar Hilpert, Wandel und Selbstbehauptung. Die gesellschaftliche Mitte in historischer Perspektive, in: Herbert-Quandt-Stiftung (Hg.), Zwischen Erosion und Erneuerung, Frankfurt am Main 2007, S. 11–101.

Nullmeier, Frank, Auf dem Weg zu Wohlfahrtsmärkten?, in: Werner Süß (Hg.), Deutschland in den neunziger Jahren. Politik und Gesellschaft zwischen Wiedervereinigung und Globalisierung, Opladen 2001, S. 269–281.

Offe, Claus, Soziale Sicherheit im supranationalen Kontext: Europäische Integration und die Zukunft des »Europäischen Sozialmodells«, in: Max Miller (Hg.), Welten des Kapitalismus. Institutionelle Alternativen in der globalisierten Ökonomie, Frankfurt am Main/New York 2005, S. 189–226.

Olk, Thomas/Thomas Rauschenbach/Christoph Sachße, Von der Wertgemeinschaft zum Dienstleistungsunternehmen. Wohlfahrts- und Jugendverbände im Umbruch, Frankfurt am Main 1995.

Olk, Thomas/Dieter Grunow, Soziale Infrastruktur und soziale Dienste in den 90er Jahren, in: Bundesministerium für Arbeit und Sozialordnung und Bundesarchiv (Hg.), Geschichte der Sozialpolitik in Deutschland seit 1945, Baden-Baden 2007, S. 986–1005.

Oppen, Maria, Lokale Governance und Perspektiven der Dienstleistungsarbeit, in: Eckart Hildebrandt/Ulrich Jürgens/Maria Oppen/Christina Teipen (Hg.), Arbeitspolitik im Wandel. Entwicklung und Perspektiven der Arbeitspolitik, Berlin 2007, S. 85–118.

Oschmiansky, Heidi/Günther Schmid, Wandel der Erwerbsformen. Berlin/die Bundesrepublik im Vergleich, Discussion Paper FS I 00–204, Wissenschaftszentrum Berlin für Sozialforschung 2000.

Oschmiansky, Heidi/Frank Oschmiansky, Erwerbsformen im Wandel: Integration oder Ausgrenzung durch atypische Beschäftigung?, Discussion Paper SP I 2003–106, Wissenschaftszentrum Berlin für Sozialforschung 2003.

Oschmiansky, Heidi, Der Wandel der Erwerbsformen und der Beitrag der Hartz-Reformen: Berlin und die Bundesrepublik Deutschland im Vergleich, Discussion Paper SP I 2007–104, Wissenschaftszentrum Berlin für Sozialforschung 2007.

Pankoke, Eckart, Verwaltungssoziologie. Einführung in Probleme öffentlicher Verwaltung, Stuttgart 1977.

Pankoke, Eckart, Soziale Politik als Problem öffentlicher Verwaltung. Zu Lorenz von Steins gesellschaftswissenschaftlicher Programmierung des »arbeitenden Staates«, in: Roman Schnur (Hg.), Staat und Gesellschaft. Studien über Lorenz von Stein, Berlin 1978, S. 405–418.

Paugam, Serge/Duncan Gallie, Soziale Prekarität und Integration. Bericht für die Europäische Kommission. Generaldirektion Beschäftigung. Eurobarometer 56.1, Brüssel 2002.

Paugam, Serge, La disqualification sociale. Essai sur la nouvelle pauvreté, Paris 2003.

Paugam, Serge, Die elementaren Formen der Armut, Hamburg 2008.

Pfarr, Heide/Stefani Kremer (2007): Wertewandel im Arbeitsrecht, Editorial, in: *WSI-Mitteilungen*, 2007, H. 7, S. 410.

Polanyi, Karl, The Great Transformation. Politische und ökonomische Ursprünge von Gesellschaften und Wirtschaftssystemen, Frankfurt am Main 1995.

Pongratz, Hans-J./G. Günter Voß, Arbeitskraft-Unternehmer. Erwerbsorientierungen in entgrenzten Arbeitsformen, Berlin 2003.

Prätorius, Rainer, Folgen der Planung: Untersuchungen zu politischen Verwaltungssoziologie des Interventionsstaates, Lollar/Lahn 1977.

Promberger, Markus, Leiharbeit. Flexibilitäts- und Unsicherheitspotentiale in der betrieblichen Praxis, in: Martin Kronauer/Gudrun Linne (Hg.), Flexicurity. Die Suche nach Sicherheit in der Flexibilität, Berlin 2005, S. 183–204

Promberger, Markus/Lutz Bellmann/Christoph Dreher/Frank Sowa/ Simon Schramm/Stefan Theuer, Leiharbeit im Betrieb. Strukturen, Kontexte und Handhabung einer atypischen Beschäftigungsform, Abschlussbericht für die Hans-Böckler-Stiftung, Nürnberg 2006.

Prowse, Martin, Towards a clearer understanding of »vulnerability« in relation to chronic poverty, CPRC (Chronic Poverty Research Center) working paper 24, Manchester 2003.

Regierungskommission des Landes Nordrhein-Westfalen (Hg.), Zukunft des öffentlichen Dienstes, öffentlicher Dienst der Zukunft, Düsseldorf 2003.

Renner, Karl, Wandlungen der modernen Gesellschaft. Zwei Abhandlungen über die Probleme der Nachkriegszeit, Wien 1953.

Reindl, Josef, Scheinselbstständigkeit. Ein deutsches Phänomen und ein verkorkster Diskurs, in: *Leviathan. Zeitschrift für Sozialwissenschaft*, 2000, H. 4, S. 412–433.

Reindl, Josef, Das Wachstum industrieller Dienstleistungen – Dienst am Kunden oder »Amerikanisierung« der Produktion?, in: *WSI-Mitteilungen*, 2002, H. 9, S. 510–516.

Reulecke, Jürgen (Hg.), Die Stadt als Dienstleistungszentrum. Beiträge zur Geschichte der »Sozialstadt« in Deutschland im 19. und frühen 20. Jahrhundert, Siegen 1996.

Ritter, Gerhard A., Eine Vereinigungskrise? Die Grundzüge der deutschen Sozialpolitik in der Wiedervereinigung, in: *Archiv für Sozialgeschichte*, 2007, H. 47, S. 163–199.

Rieger, Elmar, Soziologische Theorie und Sozialpolitik im entwickelten Wohlfahrtsstaat, in: Stephan Lessenich/Ilona Ostner (Hg.), Welten des Wohlfahrtskapitalismus. Der Sozialstaat in vergleichender Perspektive, Frankfurt am Main/New York 1998, S. 59–89.

Rieger, Elmar/Leibfried, Stephan, Limits to globalization. Welfare states and the world economy, Cambridge 2003.

Rodgers, Gerry, Precarious Work in Western Europe, in: ders./Janine Rodgers (Hg.), Precarious Jobs in Labour Market Regulation. The

Growth of Atypical Employment in Western Europe, Genf 1989, S. 1–16.

Rouault, Sophie, Multiple jobholding and path-dependent employment regimes – answering the qualification and protection needs of multiple jobholders, Discussion paper 02–201. WZB (Wissenschaftszentrum Berlin), Berlin 2002.

Rückert, Joachim, Stadt-Land-Recht-Agglomeration-Europa, in: Friedrich Lenger/Klaus Tenfelde (Hg.), Die europäische Stadt im 20. Jahrhundert. Wahrnehmung, Entwicklung, Erosion, Köln 2006, S. 171–231.

Rüfner, Wolfgang, Daseinsvorsorge und soziale Sicherheit, in: Josef Isensee/Paul Kirchhof (Hg.), Handbuch des Staatsrechts der Bundesrepublik Deutschland. Band III. Das Handeln des Staates, Heidelberg 1988, S. 1037–1085.

Rügemer, Werner, Cross Border Leasing. Ein Lehrstück zur globalen Enteignung der Städte, Münster 2004.

Rügemer, Werner, Privatisierung in Deutschland. Eine Bilanz, Münster 2006.

Saage, Richard, Zur Aktualität des Begriffs »Technischer Staat«, in: *Gewerkschaftliche Monatshefte*, 1986, H. 1, S. 37–47.

Sachße, Christoph, Subsidiarität: Leitmaxime deutscher Wohlfahrtsstaatlichkeit, in: Stephan Lessenich (Hg.), Wohlfahrtsstaatliche Grundbegriffe. Historische und aktuelle Diskurse, Frankfurt am Main/New York 2003, S. 191–212.

Sack, Detlef, Spiele des Marktes, der Macht und der Kreativität – Öffentlich-private Partnerschaften und lokale Governance, in: Lilian Schwalb/Heike Walk (Hg.), Local Governance – mehr Transparenz und Bürgernähe?, Wiesbaden 2007, S. 251–278.

Sackmann, Reinhold, Konkurrierende Generationen auf dem Arbeitsmarkt: Altersstrukturierung in Arbeitsmarkt und Sozialpolitik, Opladen 1998.

Sauer, Dieter, Arbeit im Übergang. Zeitdiagnosen, Hamburg 2005.

Schader-Stiftung (Hg.), Die Zukunft der Daseinsvorsorge. Öffentliche Unternehmen im Wettbewerb. Schader-Kolloquium, Darmstadt 2001.

Schäfers, Bernhard/Wolfgang Zapf (Hg.), Handwörterbuch zur Gesellschaft Deutschlands. Bundeszentrale für politische Bildung, Bonn 1998.

Scharpf, Fritz W./Vivian A. Schmidt (Hg.), Welfare and work in the open economy. From Vulnerability to Competitiveness, Vol. I, Oxford 2001.

Schelsky, Helmut, Auf der Suche nach Wirklichkeit. Gesammelte Aufsätze, Düsseldorf/Köln 1965.

Schelsky, Helmut, Über die Stabilität von Institutionen, besonders Verfassungen. Kulturanthropologische Gedanken zu einem rechtssoziologischen Thema, in: ders., Auf der Suche nach Wirklichkeit. Gesammelte Aufsätze, Düsseldorf/Köln 1965, S. 33–55.

Schelsky, Helmut, Die Bedeutung des Schichtungsbegriffes für die Analyse der gegenwärtigen deutschen Gesellschaft, in: ders., Auf der Suche nach Wirklichkeit. Gesammelte Aufsätze, Düsseldorf/Köln 1965, S. 331–336.

Schelsky, Helmut, Der Mensch in der wissenschaftlichen Zivilisation, in: ders., Auf der Suche nach Wirklichkeit. Gesammelte Aufsätze, Düsseldorf/Köln 1965, S. 439–480.

Schelsky, Helmut, Abschied von der Hochschulpolitik, Bielefeld 1969.

Schelsky, Helmut, Die Soziologen und das Recht. Abhandlungen und Vorträge zur Soziologie von Recht, Institution und Planung, Opladen 1980.

Scherrer, Christoph/Thomas Fritz, GATS – Zu wessen Diensten?, Hamburg 2002.

Scherrer, Christoph/Thomas Fritz/Kai Mosebach/Werner Raza, GATS Dienstleistungsliberalisierung. Sektorale Auswirkungen und temporäre Mobilität von Erwerbstätigen in Umwelt-, Transport- und Gesundheitsdienstleistungen, Düsseldorf 2006.

Schenk, Ulrich, Flexibilisierung betrieblicher Arbeitsmärkte. Fallstudien strategischer Nutzung der Zeitarbeit, München/Mering 2002.

Schenk, Ulrich, Arbeitnehmerüberlassung im Rahmen der Flexibilisierung betrieblicher Arbeitsmärkte. Zwei Fallstudien über Ursachen und strategische Nutzung, in: Berthold Vogel (Hg.), Leiharbeit. Neue sozialwissenschaftliche Befunde zu einer prekären Beschäftigungsform, Hamburg 2004, S. 98–118.

Schmeiser, Martin, »Missratene« Söhne und Töchter. Verlaufsformen des sozialen Abstiegs in Akademikerfamilien, Konstanz 2003.

Schmid, Günther, unter Mitarbeit von Christine Ziegler, Die Frauen und der Staat. Beschäftigungspolitische Gleichstellung im öffentlichen Sektor aus internationaler Perspektive. WZB (Wissenschaftszentrum Berlin) discussion papers FS I 91–12, Berlin 1992.

Schmidt, Manfred G., Der Sozialstaat in Deutschland. Ein Sanierungs-fall?, in: Thomas Hertfelder/Andreas Rödder (Hg.), Modell Deutschland. Erfolgsgeschichte oder Illusion?, Göttingen 2007, S. 96–107.

Schneider, Volker/Marc Tenbrüggen (Hg.), Der Staat auf dem Rückzug. Die Privatisierung öffentlicher Infrastrukturen, Frankfurt am Main/ New York 2004.

Schroeder, Wolfgang, Der neue Arbeitsmarkt und der Wandel der Gewerkschaften, in: *Aus Politik und Zeitgeschichte*, 2003, Nr. 47–48, S. 6–13.

Schroeder, Wolfgang, Einzelstaatliche oder europäische Sozialpolitik? Der Einfluss der EU auf die Wohlfahrtsstaaten durch die Offene Methode der Koordinierung, in: *SoWi*, 2004, H. 2, S. 55–65.

Schroeder, Wolfgang, Der deutsche Sozialstaat ist besser als sein Ruf, in: *Neue Gesellschaft/Frankfurter Hefte*, 2006, H. 1/2, S. 69–73.

Schultheis, Franz/Kristina Schulz (Hg.), Gesellschaft mit begrenzter Haftung. Zumutungen und Leiden im deutschen Alltag, Konstanz 2005.

Schultheis, Franz, Bourdieus Wege in die Soziologie, Konstanz 2007.

Schulze, Gerhard, Die Erlebnisgesellschaft. Kultursoziologie der Gegenwart, Frankfurt am Main/New York 1992.

Schumann, Michael, Metamorphosen von Industriearbeit und Arbeiterbewusstsein. Kritische Industriesoziologie zwischen Taylorismusanalyse und Mitgestaltung innovativer Arbeitspolitik, Hamburg 2003.

Schuppert, Gunnar Folke, Staatswissenschaft, Baden-Baden 2003.

Schütte, Christian, Progressive Verwaltungsrechtswissenschaft auf konservativer Grundlage. Zur Verwaltungsrechtslehre Ernst Forsthoffs, Berlin 2006.

Sengenberger, Werner, Struktur und Funktionsweise von Arbeitsmärkten. Die Bundesrepublik Deutschland im internationalen Vergleich, Frankfurt am Main/New York 1987.

Shavit, Jossi/Hans-Peter Blossfeld, Persistent Inequality: Changing educational stratification in thirteen countries, Boulder (Colorado) 1993.

Shipler, David R., The working poor. Invisible in America, New York 2004.

Siedentopf, Heinrich, Stand und Entwicklungsperspektiven einer Flexibilisierung von Beschäftigungsverhältnissen, in: Rainer Koch/Peter Conrad (Hg.), New Public Service. Öffentlicher Dienst als Motor der Staats- und Verwaltungsmodernisierung, Wiesbaden 2003, S. 79–91.

Siegrist, Hannes: From Divergence to Convergence. The Divided German Middle Class 1945–2000, in: Olivier Zunz/Leonard Schoppa/ Nobuhiro Hiwatari (Hg.), Social Contracts under Stress. The Middle Classes of America, Europe, and Japan at the Turn of the Century, New York 2002, S. 21–46.

Simmel, Georg, Soziologie. Untersuchungen über die Formen der Vergesellschaftung; in: ders., Gesamtausgabe, Band 11, Frankfurt am Main 1992.

Smith, Adam, Der Wohlstand der Nationen. Eine Untersuchung seiner Natur und seiner Ursachen, München 1978.

Solga, Heike/Justin Powell, Gebildet – Ungebildet, in: Stephan Lessenich/Frank Nullmeier (Hg.), Deutschland – Eine gespaltene Gesellschaft, Frankfurt am Main/New York 2006, S. 175–190.

Somm, Irene, Lokale Zugehörigkeit und Status. Zur Analyse lokaler Statusunsicherheiten bei urbanen Mittelklassemilieus, Manuskript der Dissertation, Universität Gießen 2006.

Spindler, Helga, Rechtliche Rahmenbedingungen für eigenverantwortliche Lebensführung in Umbruchssituationen, in: *Jahrbuch Arbeit. Bildung. Kultur 2005/06*, Forschungsinstitut Arbeit, Bildung, Partizipation (FIAB). Institut an der Ruhr-Universität Bochum, Band 23/24, Bochum 2006, S. 169–184.

Statistisches Bundesamt (Hg.), Datenreport 2006. Zahlen und Fakten über die Bundesrepublik Deutschland. In Zusammenarbeit mit dem Wissenschaftszentrum Berlin für Sozialforschung (WZB) und dem Zentrum für Umfragen, Methoden und Analysen Mannheim (ZUMA), Bonn 2006.

Steijn, Bram/Jan Berting/Mart-Jan de Jong (Hg.), Economic Restructuring and the Growing Uncertainy of the Middle Class, Boston/ Dordrecht/London 1998.

Sternberger, Dolf, Staatsfreundschaft, in: ders., Schriften IV, Frankfurt am Main 1981.

Struck, Olaf/Michael Grotheer/Tim Schröder/Christoph Köhler, Instabile Beschäftigung. Neue Ergebnisse zu einer alten Kontroverse, in: *Kölner Zeitschrift für Soziologie und Sozialpsychologie 59*, 2007, H. 2, S. 294–317.

Süß, Winfried, Der bedrängte Wohlfahrtsstaat. Deutsche und europäische Perspektiven auf die Sozialpolitik der 1970er Jahre, in: *Archiv für Sozialgeschichte*, 2007, H. 47, S. 95–126.

Supiot, Alain, L'Europe gagnée par »l'economie communiste de mar-

ché«, Revue du MAUSS, 30. 1. 2008 (http://www.journaldumauss/
net.spip.php?article283 (5. 4. 2008).

Sutterlüty, Ferdinand (zusammen mit Ina Walter), Übernahmegerüchte.
Klassifikationskämpfe zwischen türkischen Aufsteigern und ihren
deutschen Nachbarn, in: *Leviathan* 33, 2005, H. 2, S. 182–204.

Sutterlüty, Ferdinand, Wer ist was in der deutsch-türkischen Nachbarschaft?, in: *Aus Politik und Zeitgeschichte*, 2006, Nr. 40/41, S. 26–34.

Sutterlüty, Ferdinand, Blutsbande. Ethnische »Verwandtschaft« als Tie-
fendimension sozialer Ungleichheit, in: *WestEnd. Neue Zeitschrift
für Sozialforschung* 3, 2006, H. 1, S. 36–70.

Trampusch, Christine, Die Bundesanstalt für Arbeit und das Zusammenwirken von Staat und Verbänden in der Arbeitsmarktpolitik von
1952 bis 2001. Max-Planck-Institut für Gesellschaftsforschung,
working paper 02/05, Köln 2002.

Trampusch, Christine, Status quo vadis? Die Pluralisierung und Liberalisierung der »Social-Politik«: Eine Herausforderung für die politik-
wissenschaftliche und soziologische Sozialpolitikforschung, in: *Zeitschrift für Sozialreform* 52, 2006, H. 3, S. 299–323.

Treib, Oliver/Leiber, Simone, Was bewirken EU-Richtlinien in der Sozialpolitik?, in: *WSI-Mitteilungen*, 2006, H. 10, S. 547–552.

Trube, Achim/Norbert Wohlfahrt, Von der Bürokratie zur Merka-
tokratie? System- und Steuerungsprobleme eines ökonomisierten
Sozialsektors, in: Karl-Heinz Boeßenecker/Achim Trube/Norbert
Wohlfahrt (Hg.), Privatisierung im Sozialsektor, Münster 2000,
S. 18–38.

Trute, Hans-Heinrich, Verantwortungsteilung als Schlüsselbegriff eines
sich verändernden Verhältnisses von öffentlichem und privatem
Sektor, in: Gunnar Folke Schuppert (Hg.), Jenseits von Privatisierung
und »schlankem« Staat: Verantwortungsteilung als Schlüsselbegriff
eines sich verändernden Verhältnisses von öffentlichem und privatem
Sektor, Baden-Baden 1999, S. 13–45.

Uchatius, Wolfgang, Die neue Unterschicht, *Die Zeit* vom 10. März
2005, S. 21.

Ullmaier, Johannes, Schicht! Arbeitsreportagen für die Endzeit, Frankfurt am Main 2007.

Ullmann, Hans-Peter, Der deutsche Steuerstaat. Geschichte der öffentlichen Finanzen, München 2006.

Van Laak, Dirk, Infra-Strukturgeschichte, in: *Geschichte und Gesellschaft* 27, 2001, H. 3, S. 367–393.

Van Stolk, Bram/Cas Wouters, Die Gemütsruhe des Wohlfahrtsstaates, in: Peter Gleichmann/Johan Goudsblom/Hermann Korte (Hg.), Macht und Zivilisation. Materialien zu Norbert Elias' Zivilisationstheorie. Bd. 2, Frankfurt am Main 1984, S. 242–260.

Vehrkamp, Robert B./Andreas Kleinsteuber, Soziale Gerechtigkeit 2007. Ergebnisse einer repräsentativen Bürgerumfrage. Gemeinschaftsinitiative der Bertelsmann Stiftung, Heinz Nixdorf Stiftung und Ludwig Erhard Stiftung, Gütersloh 2007.

Vester, Michael/Peter von Oertzen/Heiko Geiling/Thomas Hermann/Dagmar Müller, Soziale Milieus im gesellschaftlichen Strukturwandel. Zwischen Integration und Ausgrenzung, Frankfurt am Main 2001.

Vester, Michael/Christel Teiwes-Kügler/Andrea Lange Vester, Die neuen Arbeitnehmer. Zunehmende Kompetenzen – wachsende Unsicherheit, Hamburg 2007.

Vester, Michael, Die »Eieruhr-Gesellschaft«. Die Wohlstandsmitte bröselt auseinander, und die Furcht vor sozialem Abstieg wächst, *Frankfurter Rundschau* vom 20. Mai 2005, S. 7.

Villagrán de León, Juan Carlos, Vulnerability. A Conceptual and Methodological Review, Publication-Series No. 4–2006 of United Nations University, Bonn 2006.

Vogel, Berthold, Ohne Arbeit in den Kapitalismus. Der Verlust der Erwerbsarbeit im Umbruch der ostdeutschen Gesellschaft, Hamburg 1999.

Vogel, Berthold, Wege an den Rand der Arbeitsgesellschaft – der Verlust der Erwerbsarbeit und die Gefahr sozialer Ausgrenzung, in: Eva Barlösius/Wolfgang Ludwig-Mayerhofer (Hg.), Die Armut der Gesellschaft, Opladen 2001, S. 151–168.

Vogel, Berthold, Brüchige Arbeitswelt. Verletzbare Gesellschaft. Ostdeutsche Zustände, in: SOFI (Soziologisches Forschungsinstitut Göttingen)-Mitteilungen Nr. 30, Göttingen 2002, S. 191–196.

Vogel, Berthold, Leiharbeit und befristete Beschäftigung. Chance zur Integration in den Arbeitsmarkt oder neue Form von sozialer Gefährdung?, in: Personalführung 5/2003, hrsg. von der Deutschen Gesellschaft für Personalführung (DGFP), S. 78–83.

Vogel, Berthold, Der Nachmittag des Wohlfahrtsstaates. Die politische Ordnung sozialer Ungleichheit, in: *Mittelweg 36* 13, 2004, H. 4, S. 36–55.

Vogel, Berthold, Leiharbeit. Neue sozialwissenschaftliche Befunde zu einer prekären Beschäftigungsform, Hamburg 2004.

Vogel, Berthold, Erwerbsbiographische Wege in Leiharbeit und befristete Beschäftigung in der Automobilindustrie. Eine typologische Interpretation, in: ders. (Hg.), Leiharbeit. Neue sozialwissenschaftliche Befunde zu einer prekären Beschäftigungsform, Hamburg 2004, S. 154–165.

Vogel, Berthold, Die Justierung des Sozialen. Anmerkungen zur laufenden Debatte, in: *Mittelweg 36* 14, 2005, H. 4, S. 5–14.

Vogel, Berthold, Soziale Verwundbarkeit und prekärer Wohlstand. Für ein verändertes Vokabular sozialer Ungleichheit, in: Heinz Bude/Andreas Willisch (Hg.), Das Problem der Exklusion, Hamburg 2006, S. 342–355.

Vogel, Berthold, Sicher-prekär, in: Stephan Lessenich/Frank Nullmeier (Hg.), Deutschland – eine gespaltene Gesellschaft, Frankfurt am Main/New York 2006, S. 73–91.

Vogel, Berthold, Grenzgänger der Arbeitswelt, in: *Die Mitbestimmung. Magazin der Hans-Böckler-Stiftung*, 2006, H. 12, S. 28–31.

Vogel, Berthold, Die Staatsbedürftigkeit der Gesellschaft, Hamburg 2007.

Vogel, Berthold, Biographische Brüche, soziale Ungleichheiten und politische Gestaltung. Bestände und Perspektiven soziologischer Arbeitslosigkeitsforschung, in: *Mittelweg 36* 17, 2008, H. 2, S. 11–20.

Vogel, Berthold, Prekarität und Prekariat – Signalwörter neuer Ungleichheiten, in: *Aus Politik und Zeitgeschichte* vom 11. August 2008, Nr. 33/34, S. 12–18.

Voswinkel, Stephan, Krise des Arbeitsrechts – Individualisierung der Anerkennungsverhältnisse, in: *WSI-Mitteilungen*, 2007, H. 8, S. 427–433.

Warner, Koko (Hg.), Perspectives on Social Vulnerability. Publication-Series No. 6–2007 of United Nations University, Bonn 2007.

Weber, Max, Die »Objektivität« sozialwissenschaftlicher und sozialpolitischer Erkenntnis, in: ders., Gesammelte Aufsätze zur Wissenschaftslehre, Tübingen 1982, S. 146–214.

Weinkopf, Claudia/Achim Vanselow, (Fehl-)Entwicklungen in der Zeitarbeit?, Expertise im Auftrag der Friedrich-Ebert-Stiftung, Bonn 2008.

Weizsäcker, Ernst Ulrich von/Oran R. Young/Matthias Finger (Hg.) (unter Mitarbeit von Marianne Beisheim/Harald G. Woeste), Grenzen der Privatisierung. Wann ist des Guten zuviel? Bericht an den Club of Rome, Stuttgart 2006.

Werthmann, Christoph, Staatliche Regulierung des Postwesens, Münster 2004.

Wesel, Uwe, Geschichte des Rechts. Von den Frühformen bis zur Gegenwart, München 2001.

Westerman, Frank, Ingenieure der Seele, Berlin 2003.

Wölfle, Tobias/Oliver Schöller, Soziale Disziplinierung im flexiblen Kapitalismus, in: *Prokla 136 »Umbrüche des Sozialstaats«. Zeitschrift für kritische Sozialwissenschaft*, 34. Jg., 2004, H. 3, S. 339–356.

Wollmann, Hellmut/Hans-Ulrich Derlien/Klaus König/Wolfgang Renzsch/Wolfgang Seibel (Hg.), Transformation der politisch-administrativen Strukturen in Ostdeutschland, Opladen 1997.

Wollmann, Hellmut/Roland Roth (Hg.), Kommunalpolitik. Politisches Handeln in den Gemeinden, Opladen 1998.

Wollmann, Hellmut, Die traditionelle deutsche kommunale Selbstverwaltung – ein »Auslaufmodell«?, in: *Deutsche Zeitschrift für Kommunalwissenschaften* 41, 2000, H. 1, S. 42–51.

Wunder, Bernd, Geschichte der Bürokratie in Deutschland, Frankfurt am Main 1986.

Zahlmann, Stefan/Sylka Scholz (Hg.), Scheitern und Biographie. Die andere Seite moderner Lebensgeschichten, Gießen 2005.

Zapf, Wolfgang, Modernisierung, Wohlfahrtsentwicklung und Transformation, Berlin 1994.

Zapf, Wolfgang/Roland Habich (Hg.), Wohlfahrtsentwicklung im vereinten Deutschland. Sozialstruktur, sozialer Wandel und Lebensqualität, Berlin 1997.

Zürn, Michael, Die Zukunft des Nationalstaats, *Frankfurter Allgemeine Zeitung* vom 19. Juli 2005, S. 8.

Zunz, Oliver/Leonard Schoppa/Nobuhiro Hiwatari (Hg.), Social Contracts under Stress. The Middle Classes of America, Europe, and Japan at the Turn of the Century, New York 2002.

Zurbriggen, Ludwig, »Die Koffer packen«, in: Franz Schultheis/Kristina Schulz (Hg.), Gesellschaft mit begrenzter Haftung. Zumutungen und Leiden im deutschen Alltag, Konstanz 2005, S. 152–161.

Danksagung

Die Entwicklung von einer Forschungsfrage über erste Skizzen, Aufsätze, Vorträge hin zu einer Buchveröffentlichung findet nicht unabhängig von institutionellen Möglichkeiten und persönlichen Bekräftigungen statt. Ohne dieses Umfeld tatkräftiger Unterstützung, anregender Begegnungen und aufmunternder Gespräche läge diese Schrift nicht vor. An erster Stelle möchte ich daher dem Hamburger Institut für Sozialforschung danken, der Institutsleitung und allen Mitarbeiterinnen und Mitarbeitern: in der Bibliothek, im Archiv und an der Pforte, in der Öffentlichkeitsarbeit und der Verwaltung, in Verlag und Zeitschrift. Sie alle sind verantwortlich für die Atmosphäre intellektueller Großzügigkeit, intensiver Gesprächsfreude und ausdauernder Hilfsbereitschaft, die dieses Institut auf so besondere Weise auszeichnet. Ein herzlicher Dank geht an Heinz Bude, der mich zunächst als Fellow an das Hamburger Institut für Sozialforschung einlud und in dessen Arbeitsbereich »Die Gesellschaft der Bundesrepublik« ich meine Forschungen seit 2006 fortführe. Heinz Bude begleitete stets mit großer Verbundenheit und kritischen Anregungen meine Vorhaben und Aktivitäten. Zahlreiche wertvolle Impulse erhielt ich aus produktiven Gesprächszusammenhängen innerhalb des Instituts: aus der sogenannten Wissenschaftlerrunde, in der ich Ende 2003 erstmals meine Gedanken zu dieser Studie vorstellen durfte, und aus einem gemeinsam mit Michael Wildt initiierten Arbeitskreis zu Fragen der Rechts- und Sozialstaatlichkeit. Wichtige Gesprächspartner waren Martin Bauer, Christoph Fuchs, Klaus Naumann, Nikola Tietze und Michael Wildt. Unsere regelmäßigen Diskussionen »zum Thema« waren zentrale Prüfsteine im Fortgang der Arbeit. Mit gutem Rat und vielen Taten standen mir auch Jürgen Determann und Matthias Kamm zur Seite. Ihnen allen möchte ich für Kollegialität und Freundschaft danken. Das gilt selbstverständlich auch für Birgit Otte, die mit kritischem Blick und wohlwollendem Rat das Manuskript auf den Weg zum Buch gebracht hat. In der Schlussphase dieser Arbeit waren einige Auszeiten aus den laufenden Forschungsprojekten notwendig. Dankenswerterweise wurde mir hier mit großer Nachsicht von meinen Mitarbeiterinnen und Mitarbeitern in den Projekten der Rücken freigehalten – das gilt in besonderer Weise für Natalie Grimm. Wenn von den institutionellen Möglichkeiten meiner wissenschaftlichen Arbeit die Rede ist, dann darf auch das Soziologische Forschungsinstitut in Göttingen nicht unerwähnt bleiben. Hier habe ich mein Handwerk gelernt. Michael Schumann, mein Doktorvater, und all die, mit denen ich am SOFI über fünfzehn Jahre zusammengearbeitet habe, werden – so hoffe ich – ihre Spuren in der vorliegenden Arbeit finden. Die Studie wurde unter dem Titel »Wohlstandsfragen« im Mai 2008 im Fachbereich Gesellschaftswissenschaften der Universität Kassel als Habilitationsschrift eingereicht. Neben Heinz Bude waren Wolfgang Schroeder von der Universität Kassel und Franz Schultheis von der Universität St. Gallen als Gutachter tätig. Ihnen gilt mein ausdrücklicher Dank.

Eine wertvolle kritische Gegenlektüre dieses Textes leistete Klaus Barck. Unkompliziert und spontan erklärte er sich zu einem wichtigen Zeitpunkt hierzu bereit, vielen Dank. Und auch an meiner Frau Anke Herrmann-Vogel ging der Kelch der Korrekturen nicht vorüber. Ihr klarer Blick und Verstand, ihre unverzichtbare Gegenwart stärkte und beruhigte mich ungemein – und das gilt bei weitem nicht nur für die Abfassung dieses Textes. Ihr und unseren Kindern ist diese Arbeit zugedacht. Ein letztes Wort zu den Möglichkeiten und Bekräftigungen, die einem im Leben zuteil werden können: Ich habe sie überreichlich von meinen Eltern erfahren. Der Dank hierfür versteht sich von selbst.

Göttingen und Hamburg, 12. September 2008

Robert Castel
Die Stärkung des Sozialen

Leben im neuen Wohlfahrtsstaat

Die soziale Unsicherheit kehrt zurück. In Zeiten des
Wirtschaftswachstums allenfalls eine Randerscheinung,
gefährdet sie heute den Fortbestand der »Gesellschaft
der Ähnlichen«, die ihren Mitgliedern zwar keine absolute
Gleichheit, wohl aber neben dem Schutz der Grundrechte
auch soziale Absicherung garantierte. Castel bereichert
die aktuelle Debatte um eine politische Theorie sozialer
Ungleichheit. Er gibt neue Anstöße zu einer soziologisch
fundierten und juristisch informierten Auseinandersetzung
mit der Neuordnung des Sozialstaats.

Berthold Vogel
**Die Staatsbedürftigkeit
der Gesellschaft**

In den Mittelpunkt sozialer und politischer
Konflikte treten mehr und mehr die Fragen
nach Sicherung, Gewährleistung und Verteilung des Wohlstands. Durch die Veränderungen der Arbeitswelt, die Privatisierung sozialer
Risiken und die Schrumpfung öffentlicher Infrastrukturen verschärfen sich Staatssorgen und
soziale Vorwundbarkeiten werden spürbar.
Die Mittelstandsgesellschaft entdeckt ihre
Staatsbedürftigkeit neu.

Robert Castel

Die Stärkung des Sozialen.
Leben im neuen Wohlfahrtsstaat

Aus dem Französischen
von Michael Tilmann

136 Seiten. Gebunden

ISBN 978-3-936096-51-4

»Der Wohlfahrtsstaat wandelt
sich, aber es gibt ihn noch, sagt
der französische Soziologe
Robert Castel und sucht nach
neuen Wegen aus der Krise der
Arbeitsgesellschaft.«
Literaturen,
Buchtipp des Monats

»Über die momentanen Pro-
bleme und eine mögliche Weiterentwicklung des Sozialstaates
gibt Castels Büchlein einen pro-
funden Überblick.«
Jens Becker,
Frankfurter Rundschau

Berthold Vogel

Die Staatsbedürftigkeit
der Gesellschaft

134 Seiten. Gebunden

ISBN 978-3-936096-77-4

»Vogel knüpft mit seiner Analyse an Robert Castels viel be-
achtete Studie über ›Die Stärkung des Sozialen‹ an. Er präzisiert und politisiert, wo dieser
noch im Allgemeinen blieb.
Abstiegsvermeidung bedeutet
für ihn Aufstiegsermöglichung.
Aufstiegsermöglichung ist neben
der Gewährleistung von Fairness
und Sicherheit das Kriterium
guten Regierungshandeln. Mit
seiner produktiven Wendung
vermeidet Vogel das Dilemma
einer soziologischen Diagnostik,
die sich in der Klage über Nor-
menverletzungen erschöpft, aber
keine Handlungsanleitung mehr
zu bieten vermag.«
Dieter Rulff,
Frankfurter Rundschau

Hamburger Edition HIS Verlagsges.mbH, Mittelweg 36, D 20148 Hamburg, www.Hamburger-Edition.de

François Dubet

Ungerechtigkeiten

Zum subjektiven Ungerechtigkeitsempfinden
am Arbeitsplatz

Maria S. Rerrich
Die ganze Welt zu Hause

Cosmobile Putzfrauen
in privaten Haushalten

François Dubet
Ungerechtigkeiten.
Zum subjektiven Ungerechtig-
keitsempfinden am Arbeitsplatz
Aus dem Französischen
von Thomas Laugstien
517 Seiten. Gebunden
ISBN 978-3-936096-94-1

»Dem französischen Soziologen
François Dubet und seinen Mitarbeiterinnen und Mitarbeitern
ist Bemerkenswertes geglückt:
Eine in Südwestfrankreich durch-
geführte empirische Untersuchung über Ungerechtigkeitser-
fahrungen am Arbeitsplatz bietet ein aufschlussreiches Stück
Zeitdiagnose. Gleichzeitig erhalten hohl gewordene Begriffe
wie Gleichheit, Freiheit und
Autonomie Gehalt, Anschau-
lichkeit und Alltagsrelevanz
zurück.«
Rolf Wiggershausen,
Frankfurter Rundschau

Maria S. Rerrich
Die ganze Welt zu Hause.
Cosmobile Putzfrauen
in privaten Haushalten
168 Seiten. Gebunden
ISBN 978-3-936096-67-5

»Die Haushaltshilfen erwerben
keine Rentenansprüche, krie-
gen keine Lohnfortzahlung im
Krankheitsfall, kein Urlaubs-
geld. Sie ermöglichen vielen
Doppelverdiener-Haushalten
erst die Delegation von Haus-
und Familienarbeit [...] Ohne
sie würde unsere Gesellschaft
nicht funktionieren: Es ist vielleicht der eigentliche Skandal,
dass diese ›heimliche Unterschicht‹ keinerlei Vertretung in
Politik und Gewerkschaft ge-
nießt. Rerrichs ›ethnographi-
sche Feldforschung‹ macht dies
deutlich.«
Barbara Dribbusch,
die tageszeitung

Hamburger Edition HIS Verlagsges.mbH, Mittelweg 36, D 20148 Hamburg, www.Hamburger-Edition.de

Serge Paugam
**Die elementaren Formen
der Armut**
Aus dem Französischen
von Andreas Pfeuffer
336 Seiten. Gebunden
ISBN 978-3-936096-90-3

»Mit diesem Buch und seiner bewundernswerten Fülle an Informationen, Beobachtungen und Reflektionen hat Paugam einen analytischen Rahmen geschaffen, mit dem sich, wie er hofft, ›Armut in modernen Gesellschaften überhaupt denken lässt‹.«
*Rolf Wiggershausen,
Frankfurter Rundschau*

Heinz Bude / Andreas Willisch (Hg.)
**Das Problem der Exklusion.
Ausgegrenzte, Entbehrliche,
Überflüssige**
394 Seiten. Gebunden
ISBN 978-3-936096-69-9

»Es sind diese hintergründigen Fragen und die dazu differenziert aufgefächerten Antworten, die den Sammelband auszeichnen. Gerade weil das Buch nicht nur strukturelle Veränderungen auf dem Arbeitsmarkt und im Sozialstaat beschreibt, sondern diese Prozesse auch mit psychosozialen Aspekten und dem Alltags- wie Statusbewusstsein der Deutschen verknüpft, gerade deshalb hat das Buch das Zeug zu einer grundlegenden Studie des gesellschaftlichen Wandels, der sich nun seit mindestens 15 Jahren abzeichnet.«
*Angela Gutzeit,
Frankfurter Rundschau*

Hamburger Edition HIS Verlagsges.mbH, Mittelweg 36, D 20148 Hamburg, www.Hamburger-Edition.de